새 시대를 위한 서경

상

새시대를 위한 **서경**

書經

上

서정기 역주

살림터

보불도(黼黻圖) / 서정기 작

『새 시대를 위한 서경(書經)』을 탈고한 기념으로 보불(黼黻)을 그려 21세기 새로운 정치문화를 창조하는 결단력과 추진력을 징표하였다.

보(黼)는 검은 실과 흰 실로 도끼의 모양을 수놓은 문양으로 결단력을 상징하고 불(黻)은 검은 실과 푸른 실로 亞의 모양을 수놓은 문양으로 추진력을 상징하는데 왕(王)의 대례복(大禮服)인 곤룡포(袞龍袍)의 하단에 좌우로 무늬를 넣어서 천자(天子)가 필수적으로 갖추어야 할 정치지도력임을 상징하였으니 이를 보불문장(黼黻文章)이라고 하여 용(龍)의 자유자재한 경영능력의 두 가지 기능으로 삼았다.

머리말

　『서경(書經)』은 공자(孔子)가 우서(虞書), 하서(夏書), 상서(商書), 주서(周書)를 모아서 서술한 책으로 도덕정치(道德政治)의 이념서이며, 요(堯), 순(舜), 우(禹), 탕(湯), 문무(文武)의 실록이다.

　그러므로 『서경』에는 요·순으로부터 춘추시대(春秋時代) 즉전에 이르기까지 약 1,500여 년에 걸쳐 역대 성왕(聖王)과 현신(賢臣)이 한결같이 있는 힘을 다해서 천덕왕도(天德王道)를 계승하여 덕치인정(德治仁政)을 베풀었던 전(典), 모(謨), 훈(訓), 고(誥), 세(誓), 명(命), 정(征), 공(貢), 가(歌), 범(範)이 갖추어 있어서 가장 진실한 합리주의(合理主義)에 기초하고 가장 착한 중용사상(中庸思想)을 개발하여 가장 아름다운 대동세계(大同世界)를 건설하는 길을 역사적으로 증명하고 있다.

　천덕왕도를 계승하는 것은 정치문화를 고도로 발전시켜서 인문주의 사회를 구현하는 것이고, 덕치인정을 베푸는 것은 인간의 지성을 밝게 개발하여 자율자치(自律自治)케 함으로써 예악(禮樂)이 일어나게 하는 것이다.

　문화(文化)란 천지만물의 자연적인 조리질서(條理秩序)를 밝혀 인공적(人工的)으로 화합조절(和合調節)한 아름다운 모양에서 찬란하게 나타나는 아롱진 문채(文彩)이고, 예(禮)는 인문주의적 지성인의 심리체계로서 인생만사의 모범적인 행동강령이며 인간의 행복을 길이 보장하는 원리이다. 따라서 인간의 본의를 밝히고 지역적 특성을 살려서 시대적 과업을 완수하여 가장 아름다운 정치문화를 일으키고 인간의 행복을 길이 보장하기 위해서는 천연적(天然的)인 질서를 찾는 작업이 선행되어야 하고 이어서 모범적인이 예법을 제정하여 먼저 실천한 노력이 있어야 되는 것이다.

그러므로 공자는 『서경』에서 천덕을 밝혀 천도(天道)를 본받는 것을 정치의 강령으로 뚜렷이 밝혔으니 요(堯)는 넓은 하늘을 공경하여 따랐다〔欽若昊天〕고 하였고, 순(舜)은 선기옥형(璿璣玉衡)의 혼천의(渾天儀)를 살펴서 7정(七政)을 가지런히 하였으며, 우(禹)는 홍범구주(洪範九疇)로 정치의 대원칙을 삼았으며, 중훼(仲虺)는 탕(湯)임금에게 천명(天命)을 받들어 따르라고 하였으며, 부열(傅說)은 고종(高宗)에게 밝은 왕은 천도를 받들어 따른다고 하였고, 문왕(文王)은 천문(天文)을 본받았고, 무왕(武王)은 천지는 만물의 부모요 사람은 만물의 영장이라고 하였으며, 주공(周公)은 예법을 제정하고 음악을 창작함에 천지 사시(天地四時)의 관(官)을 설치하고, 삼공(三公)은 음양을 협화(協和)하여 잘 다스리라고 하였음을 일관적으로 논증하였다.

이것은 모두 천하는 한 사람의 사유물이 아니고 하늘이 낸 천하사람의 것이므로 천하국가를 한 사람이 지배할 수 없는 것이요 오직 민심을 얻은 사람이 천명을 받아서 천하국가를 다스림에 천리(天理)를 밝히고 인심(人心)을 바로잡아 지치(至治)를 이룩해야 된다는 것을 변증하기 위함이다.

따라서 동양의 고대정치사에서 이 『서경』보다 높은 정치도덕과 넓은 정책사업과 많은 성공사례는 있지 않으니 천문학, 지리학, 정치학, 행정학, 교육학, 경제학, 형법학, 외교학, 군사학, 역사학, 도서학, 윤리학, 음악, 문학, 건축학, 예학 등을 망라하여 제왕학(帝王學), 제후학(諸侯學), 사대부학(士大夫學), 민중학(民衆學)을 연구하는 원조가 되었다.

이 『새 시대를 위한 서경』은 성인이 깊이 추구했던 정치의 이념과 행정의 목적을 뚜렷이 밝혀 인민이 나라의 본주(本主 : 民爲邦本)이기 때문에 언론의 자유는 필수일 뿐만 아니라 하늘의 소리(天視自我民視 天聽自我民聽)로 인식하여 왕도 민의(民意)에 의하여 천명을 받아 즉위하는 것임을 명확히 하였다.

그리고 정부조직은 인민의 자율자치를 숭상하여 홍범(洪範)의 대원칙에 따라 민권(民權)을 신장하고 왕권(王權)과 관권(官權)을 최소화하여 중앙의 왕(王)과 공(公)은 정치를 주재하고 경(卿)과 대부(大夫)는 행정을 분담 주관하며 지방의 제후국(諸侯國)은 정치, 교육, 경제, 외교, 국방 등의 모든 분야에 있어서 지방자치를 존중하였음을 확실히 논증하였다.

또한 중앙과 지방의 정부는 민중의 생활을 융성하게 보장하고 그 복지 향상에 주력해야 하며 민중의 문화발전과 교육을 평등하게 보장하고 국토를 방위하며 국제평화의 도덕질서를 길이 보장해서 안민(安民), 양민(養民), 호민(護民)의 책임을 성공적으로 완수해야 됨을 검증하였다.

이로써 천덕왕도(天德王道)의 대통(大統)과 도통(道統)을 찾아 인문주의적 정치문화의 정통성을 계승하는 길을 활짝 열고 덕치인정(德治仁政)의 민주국체(民主國體)와 공화정체(共和政體)를 확인하여 예법풍속(禮法風俗)을 일으켜 자립자치(自立自治)하여 주체성을 확립하는 방법을 제시하였으니 장차 시대와 국경을 초월하여 지치(至治)를 다시 볼 수 있게 했던 것이다.

대체로 『서경』의 문장체는 간결하면서도 정확성을 전제로 하는 사필체(史筆體)이기 때문에 그 시대상황과 사건내용에 대한 기본식견이 없으면 그 말의 뜻을 간파하기 어려운 까닭에 지금까지 정확하게 역주(譯註)한 사람이 없었다. 그 동안 오랜 패도정치(覇道政治)에 물들고 세속에 동화하여 글자의 뜻을 오해했고 문맥을 착각하여 그 내용을 다르게 해석하였을 뿐만 아니라 심지어 의심까지 함으로써 위작설(僞作說)이 나오게 된 배경이 되었으니 어찌 『서경』의 아름다운 정치문화가 다시 일어날 수 있었겠는가. 이로써 춘추전국시대 이후로 천덕왕도를 다시 볼 수 없게 되고 말았다. 나는 이것을 크게 근심하여 글자 하나 하나의 본뜻을 세밀하게 가리고 문장을 문법적으로 검토하여 진의를 밝히려고 노력하였으니 하나의 감탄사에 담긴 의미와 사가(史家)가 언행(言行)과 사적(事蹟)을 기록하는 사체(史體)를 규명하였다.

특히 약(若)의 감탄사와 왕왈(王曰), 우왈(又曰)의 해석과 소고(召誥), 낙고(洛誥), 다사(多士) 편을 보면 내가 얼마나 많이 경문의 해석을 바로잡았는지 알 수 있을 것이다.

이 『새 시대를 위한 서경』의 특징은 자연과학적 합리주의와 인문과학적 합리주의 그리고 사회과학적 합리주의를 새로 밝히고 중용사상을 바탕으로 민중주체 민주주의를 지향하여 공민권(公民權)의 신장을 통해 대동공화정치(大同共和政治)를 구현하고 양주쌍전주의(兩主雙全主義)의 인간관계로 공동분수사회(共同分數社會)를 건설해서 인류에게 복지낙원을 길이 보장한 것이다.

『서경』에는 여민(黎民), 하민(下民), 소민(小民)이란 말은 있어도 우민(愚民), 천민(賤民), 빈민(貧民)이라는 말은 없다. 이것은 대도정치(大道政治)가 사람은 모두 만물의 영장으로서 당당한 인격체임을 인정하여 비록 상하(上下)의 직분(職分)이나 대소(大小)의 역할(役轄) 차이는 있지만 하층의 약소한 민중이라고 해서 금수(禽獸)같이 취급되거나 어리석고 천하고 가난한 집단으로 치부되는 일은 결코 있을 수 없는 것임을 웅변한즉 후세의 패도정치(覇道政治)로 인하여 민중이 금수처럼 학대받고 우민, 천민, 빈민으로 호칭당한 시대와는 아주 다른 것임을 밝혀 민중이 곧 천민(天民)이므로 모든 정부는 마땅히 경민(敬民)해야 함을 확실히 증거하였다.

따라서 약소한 하층민중이 『새 시대를 위한 서경』을 통하여 문명(文明)한 정치의식을 함양하고 예악풍속을 일으켜서 수신(修身), 제가(齊家), 치국(治國), 평천하(平天下)의 도덕을 일으켜 스스로 현명하고 고귀하고 부유한 삶을 누리도록 한글로 쉽게 번역하고 간결하게 주해(註解)를 달았으니 모든 사람이 사람답게 살 수 있는 새 시대가 멀지 아니하리로다, 멀지 아니하리로다.

단기 4336년 3월 12일
북악동천(北岳洞天)에서
동양문화연구소 명예소장 서정기(徐正淇) 씀

새 시대를 위한 서경 (상)

상경(上經)

새 시대를 위한 서경 (하)

하경(下經)

부록

일러두기

    1. 이 책은 조선왕조에서 간행한 내각판3경(內閣版三經)의 『서전대전(書傳大全)』을 대본으로 하였다.

    2. 원본 앞에 새로 고유번호를 넣었는데 고유번호 제일 첫머리 숫자에 1은 우서(虞書), 2는 하서(夏書), 3은 상서(商書), 4는 주서(周書)를 뜻하고 가운데 숫자는 편의 차례를 뜻하며 끝에 숫자는 문장의 구절(句節) 순서이다.

    3. 현토(懸吐)와 구두법은 조선왕조에서 간행한 『내각판 삼경언해(三經諺解)』 성균관대학교 대동문화연구원의 영인본을 참고하였으나 구두법이 틀린 곳은 바로잡았다.

    4. 원문에 한글 번역은 간명하게 직역하였으니 의역은 독자로 하여금 착각하고 오해하게 할 위험의 소지가 있기 때문이다.

    5. 주해는 ◉표를 넣어 필자의 『새 시대를 위한 서경』임을 밝히고 원칙적으로 한글로만 해설하고 고유명사나 꼭 필요한 곳에만 괄호 안에 한자를 넣어서 읽기 쉽게 하였다.

    6. 이 책은 먼저 원문을 읽고 경전의 진수를 음미할 수 있도록 원문 위에 한글 음을 붙였으니 한자는 뜻에 따라 음이 다른 것이 있으므로 바르게 읽도록 돕기 위함이고 또한 한문을 몰라도 쉽게 읽을 수 있게 하기 위함이다. 따라서 한글세대도 『서경』을 부담 없이 애독할 수 있을 것이다.

    7. 원문을 존중한다는 뜻에서 원문을 먼저 넣고 번역문을 뒤로 넣었으나 한글세대는 번역문과 주해를 먼저 읽고 글의 뜻을 파악한 다음에 원문을 읽으면 암기하기 쉬울 것이다.

『서경(書經)』의 도덕과 사업

1. 지치(至治)의 헌장(憲章)

『서경』의 성대한 도덕과 위대한 사업은 모두 지치의 헌장이다.

지치(至治)란 지극(至極)한 정치(政治)라는 말로 천하의 만민이 다같이 존엄한 인간으로서 사람답게 사는 정치문화를 창조하여 도덕정치를 구현하고 아름다운 인류문명을 건설하여 한 사람도 인간의 권리를 누리지 못하는 이가 없이 즐겁게 태평가를 부르고 봉황이 춤추는 시대에 이르렀다는 뜻이다.

따라서 지치는 성왕(聖王)의 사업이요, 민중의 희망으로 일찍이 요(堯)임금과 순(舜)임금이 이로써 국가의 이념을 세우고 정치의 목적으로 삼아 천덕왕도(天德王道)를 밝혀 덕치인정(德治仁政)을 베풀어 천하만인이 안락태평한 시대를 개척하여 선사시대(先史時代)를 마감하고 유사시대(有史時代)를 개벽하니 장엄한 지치의 헌장이 인류사에 찬란하게 빛나서 왕도정치(王道政治)의 모범이 되었다.

이리하여 하늘땅의 진리가 뚜렷하게 밝혀지고 인간의 가치를 절실하게 깨달으며 사회의 윤리를 바르게 인식하여 인본주의에 기초한 도덕철학을 정립하고, 민본주의에 철저한 정치제도를 창설하며, 인문주의에 충실한 역사전통을 확립하였다.

하늘땅의 도덕과 천하국가의 정치제도와 인류발전의 역사는 전체 인류를 행복으로 인도하는 가장 중요한 기틀이다. 그러므로 요(堯)·순(舜) 이후의 하(夏), 은(殷), 주(周) 3대(代)의 성왕이 이를 계승하여 발전시켰으니 공자(孔子)는 그 가운데서 각 분야에 걸쳐 다양한 사례를 간추려『서경』을 편찬하여 지치의 헌장을 밝히고 정치학의 교재로 삼았던 것이다.

(1) 대통(大統)의 기원과 천명정치사상(天命政治思想)

대통(大統)은 요임금으로부터 기원한 천덕(天德)을 스스로 밝혀서 왕도정치를 베풀어 민중주체 민주주의와 공화정체의 체제를 갖추고 시대에 걸맞는 정책사업을 개발하여 성공적으로 천하국가를 경영해서 인민이 융성한 시대를 개척한 역사적 전통을 계승함이다.

따라서 대통은 왕통(王統)과는 전혀 다르다. 왕통은 단순히 왕위를 계승한 것으로 정치의 득실과 사업의 성패를 가리지 않고 오직 왕위를 이어가는 차례를 말하는 것이지만 대통은 시대와 국가를 초월하여 요(堯)의 정치이념을 성공적으로 계승발전시킨 정치지도자에게만 전해지는 것이다.

그러므로 대통을 이은 정치지도자에게 있어서 민심을 얻고 천명을 받아 왕위에 올라야 함은 기본이고 공론에 따라 대동공화정치(大同共和政治)를 베풀어 정덕(正德), 이용(利用), 후생(厚生)의 정책을 성공하여 민생을 안정하고 아름다운 풍속을 일으키며 국제평화를 보장하는 것은 필수이다.

이와 같이 그 사명과 책임이 막중하기 때문에 대통의 계승은 당대의 최고 현인에게 전하는 것인즉 요와 순과 우와 탕과 문무의 역사에서 확인할 수 있는 것이다. 다만 하, 상, 주의 왕조에서는 대통의 계승이 전자(傳子)로 내려온 까닭에 거의 왕통처럼 인식되었지만 우와 탕과 문왕의 자손들이 그 당시에 가장 어진 현성(賢聖)이었기 때문이지 결코 아들이란 이유만으로 왕위를 계승한 것이 아니며 또한 순임금과 우임금은 선양(禪讓)을 받아서 즉위하고 탕임금과 무왕은 정벌하고 혁명하여 즉위하였는바 이것은 시대적 상황이 다른 까닭에 그 방법이 같지 않을 뿐이요 민심을 얻고 천명을 받은 것은 똑같은 것이다.

이러한 천명을 얻으면 대통을 계승하고 천명을 잃으면 대통이 끊어지는 천명정치사상(天命政治思想)은 정치의식을 고도로 개발하여 사람이 사람을 다스리는 것이 아니라 하늘의 뜻을 받드는 천왕(天王)이 천리(天吏)로 하여금 천민(天民)을 위하는 세계를 경영하는 것으로 인식하게 되었으니 천연적(天然的)인 질서와 자연적(自然的)인 화합이 정치사회의 극치임을 홍범(洪範)의 대경대법(大經大法)으로 변증하였는데 이것은 자연의 대통일원리(大統一原理)인 태극(太極)과 인간의 고유한 천성(天性)을 완전하게 갖춘 인극(人極)과 사회의 대화합역량(大和合力量)을 구비한 황극(皇極)을 건립하여야 됨을 역설하는 데 이르렀다.

(2) 도통(道統)의 연원과 도덕교육사상(道德教育思想)

도통(道統)도 요임금이 스스로 밝힌 천덕(天德)에서 비롯한다. 요임금의 거룩한 인격은 그 덕성이 하늘같이 높고 땅처럼 넓으며 그 공명함은 해와 달처럼 밝으며 그 예절은 사시(四時)와 같이 차례가 있으며 그 지혜는 귀신처럼 빨리 예측하여 제왕의 자리에 올라서 근 100년 동안 천하의 만민을 다스리되 불언지교(不言之敎)와 무위지치(無爲之治)로 일관하여 단지 의상만 갖추고 남쪽을 향하여 앉아만 있어도 정치와 행정이 순조롭게 성공하였으니 천하의 어진 인재가 모두 조정으로 모이고 사회에 분쟁이 사라지며 민중이 함포고복(含哺鼓腹)하고 효도의 윤리가 일어나서 인도주의가 확립되고 지평천성(地平天成)의 태평시대가 되었으나 그것을 자기자신의 공적이라고 나타냄이 추호도 없어서 마침내 무성무취(無聲無臭)하였다.

이것은 바로 천인합일(天人合一)하고 만물일체(萬物一體)하여 우주가 쾌활한 정신세계에 이르른 것이므로 순임금이 이러한 정치지도력을 수양하는 방법을 후세에 전했으니 그것은 인간의 사리사욕을 억제하고 도덕심을 한결같이 지키는 것이라고 설파하였다.

처음 요임금은 순임금에게 제왕의 가장 중요한 덕목으로 "확고하게 중(中)을 잡는 것"이라고 하였는바 순임금이 우임금에게 다시 전하면서 말하기를 "인심(人心)은 오직 위태하고 도심(道心)은 오직 은미(隱微)하니 오직 정밀하게 살피고 오직 한결같이 지켜야 어여쁘게 그 중(中)을 잡으리라"고 해설하여 요임금의 거룩한 인격은 바로 도덕심을 한결같이 지키는 데서 이루어진 것임을 변증하였다.

그리하여 천덕은 바로 자기의 고유한 천성을 말미암은 도덕심을 완전하게 함양하여 한결같이 지키는 것임이 밝혀졌기 때문에 이후 이것을 도통심법(道統心法)으로 높이 받드는 만세심학(萬世心學)이 크게 일어났으니 요(堯)의 준덕(俊德), 순(舜)의 도심(道心), 우(禹)의 덕유선정(德惟善政), 고요(皐陶)의 구덕(九德), 탕(湯)임금의 덕일신(德日新), 이윤(伊尹)의 함유일덕(咸有一德), 부열(傅說)의 전우학궐덕수(典于學厥德修), 문왕(文王)의 천성(天性)과 불현지덕(不顯之德), 무왕(武王)의 회덕(懷德), 주공(周公)의 경덕(敬德)이 대통을 계승하는 기본학문이 되었던 것이다.

공자(孔子)는 이러한 도덕의 연원을 계승하여 인(仁)을 도덕심의 근본이라고 하였고, 증자(曾子)는 『대학(大學)』을 편집하고 자사(子思)는 『중용(中庸)』을 지어서 그 학문의 체계를 세웠으며, 맹자(孟子)는 인의예지(仁義禮智)가 도덕심의 네 가지 실마리〔四端〕라고 하였는데 정자(程子)와 주자(朱子)는 이기론(理氣論)으로 성리학(性理學)을 정립하여 비록 춘추전국시대 이래로 대통은 단절되었지만 그러나 모두 성학(聖學)의 도통(道統)을 이었으니 이 학문을 후세에 도학(道學), 심학(心學), 리학(理學)이라고 일컬으며 근세에까지 크게 유행하였다.

(3) 국제(國制)와 관제(官制)의 성립과 정책사업

천덕정치에 있어서 천하국가의 국제(國制)와 관제(官制)는 모두 천상(天象)을 본받는 것을 기본으로 하였으니 일월성신(日月星辰)의 천체현상(天體現象)과 일치하도록 제도를 만들었다.

요임금은 먼저 희공(義公)과 화공(和公)에게 하늘을 공경하여 따르도록 일월성신을 본받아 달력을 만들고 동서남북에 기상관측소를 설치해서 춘하추동의 기후변화에 알맞은 행성을 하였으니 천하국가는 하늘에 흩어져서 빛나는 무수한 크고 작은 별처럼 분포하여 있어도 모두 북극성을 중심으로 함께 운행하듯이 지리풍토에 따라 크고 작은 나라를 방방곡곡에 세우되 동서남북에 사악(四岳)을 두고 중앙정부에 천관(天官), 춘관(春官), 하관(夏官), 추관(秋官), 동관(冬官)을 두어 정치, 경제, 교육, 외교, 국방을 관장케 하였다.

순임금은 이것을 더욱 발전시켜 선기옥형(璇璣玉衡)을 연구하여 혼천설(渾天說)의 원리로 지구중심의 천체관(天體觀)을 정립하고 인본주의에 의한 다원주의, 복합사상을 개발하여 음양과 오행의 상생원리와 상극관계를 발명하고 십간(十干)과 12지(十二支)의 시간과 공간에 따른 활동법칙을 발견해서 지방을 12주(州)로 개편하며 중앙정부에 7정(七政)을 두었으니 곧 천문부(天文府), 지리부(地理府), 인도부(人道府), 춘부(春府), 하부(夏府), 추부(秋府), 동부(冬府)로써 천사(天事)를 분담하게 하였으며 사공(司空), 사도(司徒), 직(稷), 사구(司寇), 질종(秩宗), 전악(典樂), 납언(納言)의 관직제도와 6부(府), 3사(事)의 정책사업을 정착하는 데 이르렀다.

우는 홍범구주(洪範九疇)를 정치의 대원칙으로 정립하였으니 정전법(井田法)을 실시하며 천하를 9주(州)로 개편하고 5복(服)으로 나누었으며 중앙정부에 8정(政)을 두었으니 곧 식(食), 화(貨), 사(祀), 사공(司空), 사도(司徒), 사구(司寇), 빈(賓), 사(師)이다. 이에 고요모는 천공(天工)을 인간이 대신 경영하는 것이 정부의 소임임을 역설하며 천서(天叙)와 천질(天秩)을 본받을 것을 주장하고 하늘은 총명(聰明)할 뿐만 아니라 명외(明畏)한 것임을 설파하는 데 이르렀다.

은나라에서는 이러한 국제와 관제를 이어받아 그 인원수를 배로 늘여 확대하였는데 주나라에 이르러 크게 발달하였는바 주관(周官) 편에 자세히 밝히고 있다.

주나라는 왕과 삼공(三公)과 삼고(三孤)와 육경(六卿)의 직무와 사업을 나누어 천하만방(天下萬邦)을 다스렸으니 지방에는 9목(牧)을 두어 사해(四海)를 균평(均平)하게 경영하였으며 공자가 그 제도와 문화가 찬란하게 빛난다고 감탄하는 데 이르렀다.

하늘을 본받는 정치에 있어서 가장 특기할 것은 하루가 시작하는 시각과 한 해가 시작하는 정월(正月)을 정하는 역법(曆法)에 있어서 요·순과 하나라는 반명(半明)의 인시(寅時)를 새 날로 하고 인월(寅月)을 정월로 세웠으며 은나라는 계명(鷄鳴)의 축시(丑時)를 새 날로 하고 축월(丑月)을 정월로 세웠으며 주나라는 야반(夜半)의 자시(子時)를 새 날로 하고 자월(子月)을 정월로 세웠으니 모두 천도(天道)와 지도(地道)와 인도(人道)를 배합하여 천지인의 삼극의 도를 구현하려는 방법이었다.

(4) 산업의 발달과 세제(稅制)의 정착

효심(孝心)으로 9족(九族)이 협력하여 부지런히 자연자원을 개발 이용해서 스스로 후생복지(厚生福祉)를 도모하도록 경제정책을 개발했던 요임금 시대에는 의식이 풍부하여 9족이 친목하며 백성이 밝고 천하가 협력하여 화평하였다.

순임금은 농업정책을 특별히 중시하여 후직(后稷)으로 하여금 우량종자 개발과 파종 시기 및 농기구 개량에 힘쓰게 하고 우로 하여금 수토(水土)를 편편하게 하여 경지를 정리하고 지질을 조사하며 지방의 특산물을 개발하게 하며 도로를 개통하니 산업이 크게 발달하였다.

그 자세한 내용은 우공(禹貢) 편에 기록되어 있는바 9주(州)의 경계와 도로망과 토질 및 특산물을 확연히 알 수 있다. 그리고 천자국에는 공물을 바치고 지방국가에는 부세(賦稅)를 바치게 하였는데 모두 일정한 정량이 있어서 임의로 초과 징수하지 못하게 하였는데 대개 공(貢)은 특산물을 매년 자진 납부하고 부(賦)는 매년 수확한 곡물에 대

하여 9등급의 토질과 풍년 및 흉년에 따라 평가한 총생산의 10분의 1
을 납부하는 것이었다.

이러한 부세는 하나라에 들어와서 정전법(井田法)으로 제도화하였
으니 일정한 토지를 정(井)자 모양으로 아홉으로 나누어 중앙은 공전
(公田)으로 하고 나머지 여덟은 사전(私田)으로 해서 8가(家)가 각각
경작하며 중앙의 공전은 그 여덟 집이 함께 경작해서 나라에 부세로
바치게 하였다.

이러한 제도는 농민에게 대단한 호응을 얻어서 은나라를 거쳐 주나
라까지 계속 시행되었는데 다만 경작법이 발달하고 농기구가 발전하
여 하나라는 사전의 크기가 50묘(畝)이었으나 은나라는 70묘로 늘었
고 주나라는 다시 100묘로 확대하였으니 가정의 소득과 국가의 재정
이 모두 증가하였던 것이다.

맹자는 이에 대하여 말하기를 "하나라 시대에는 50묘로 하여 현물
세(現物稅)를 납부했고 은나라 사람들은 70묘를 경작하면서 노력봉사
를 하였고 주나라 사람은 100묘를 경작하여 중앙은 현물세를 납부하
고 지방은 노력봉사를 하였으니 그것은 실로 모두 10분의 1을 세율로
한 것이다. 『맹자(孟子)』 등문공상(滕文公上)]"라고 하여 요·순·삼
대(三代)의 담세율은 한결같이 1년 동안의 실질소득에 10분의 1이었
음을 확인하였다.

대저 세율이 무거우면 인민이 고달프고 세율이 지나치게 가벼우면
국가의 재정이 궁핍하므로 왕도정치에서는 사농공상이 각각 부지런
히 노력하여 산업을 진흥하여 1년 동안의 생산물을 먹고 쓰고도 반드
시 3분의 1정도는 남게 해서 3년의 저축으로 1년 동안 충분히 먹고
쓰게 하였으니 곧 27년을 저축하면 9년 동안 먹을 식량이 비축되어
홀아비와 과부 그리고 자식 없는 노인과 고아도 충분히 먹고 살 수
있어야 태평시대라고 하였다.

(5) 교육입국사상(敎育立國思想)과 교육제도정착

사람들로 하여금 인문주의적 지성을 고도로 개발하여 자기자신의 권리와 의무를 스스로 깨달아 떳떳하게 사는 자율자치의 도덕문화를 숭상하는 왕도정치는 교육입국사상으로 충만하여 일찍이 인류역사에 가장 빛나는 교육제도를 정착시켰다.

요임금은 준덕(峻德)을 잘 밝혀서 사람들로 하여금 가정에서의 도리와 국가에 대한 의무, 그리고 세계발전에 이바지하는 길을 자각하게 했으며 순임금은 사리사욕을 억제하고 도덕심을 한결같이 길러서 아름다운 오전(五典)으로 오품(五品)의 직분을 가르쳐 백성을 화친케 하였다.

화평사회(和平社會)를 건설하기 위해서는 현명하고 유능한 국민을 길러야 하므로 순임금은 인류역사상 처음으로 정부에 교육부와 음악부를 설치하여 정책적으로 교육진흥에 힘썼으니 설(契)을 사도(司徒)로 임명하여 오교(五敎)를 계속적으로 베풀게 하였고, 기(夔)를 전악(典樂)으로 임명하여 어린이를 노래와 춤으로 대동화합하는 정서를 기르게 하여 크게 성공하였다.

우임금은 인격교육을 더욱 강조하여 홍범(洪範)에서 오사(五事)를 역설하였으니, 첫째 용모가 공손하고 엄숙하며, 둘째 말이 예쁘고 순하며, 셋째 보는 것이 명철하며, 넷째 듣는 것이 총민하며, 다섯째 생각이 깊고 달통하는 것이 사람이 갖추어야 될 인격이라고 하였다.

탕임금은 거룩한 하느님이 하층 민중에게 착하고 성실함을 내렸나니 항성(恒性)이 있는 것을 따르게 하는 것이 왕도정치의 기본임을 설파하였고 부열(傅說)은 옛날 성현의 교훈을 배우는 것이 도를 아는 길임을 역설하였다.

주나라 문왕과 무왕은 오직 천지는 만물의 부모요 오직 사람은 만물의 영장이므로 모든 사람은 하늘땅을 공경하여 본받는 것이 스스로 행복을 추구하는 길임을 밝혔고, 이어 주공(周公)은 자연질서를 본받아 예법을 제정하여 자연조화를 본받아 음악을 창작하여 널리 보급하였다.

따라서 하, 은, 주의 3대에는 고을마다 소학교가 있었고 나라마다 태학(太學)이 있어서 그 제도와 규모와 내용이 아름다웠으니 지금도 일부의 교재가 전하고 있다.

맹자는 3대(代)의 국가교육제도에 대하여 말하기를 상(庠)과 서(序)와 학(學)과 교(校)를 설립하여 국민을 교육하였으니 상은 늙은 선생을 봉양하는 곳이란 뜻이고, 교는 국민을 교육하는 곳이란 뜻이며, 서는 활쏘기를 가르치는 곳이란 뜻이니 하나라는 교라 하였고 은나라는 서라고 하며, 주나라는 상이라고 하였는데 태학은 3대가 공통이었으니 모두 인간의 윤리를 밝히는 것을 교육원리로 삼았는바 인륜이 위에서 밝혀지면 약소한 민중이 아래에서 친근(親近)하게 된다[『맹자(孟子)』 등문공상(滕文公上)]고 하였다.

(6) 법률명령(法律命令)과 형벌규정(刑罰規定)

법(法)은 정치사회를 경영하는 일반적인 제도와 아름다운 헌장(憲章)이고 율(律)은 만사에 조리와 체계를 세워서 분수(分數)를 정하여 분쟁을 방지하는 규칙(規則)으로 천하국가를 경영하는 대경대법(大經大法)이요 만물을 조절하고 만사를 해결하는 원리원칙(原理原則)이다.

또한 명(命)은 사업을 분야별로 나누어 일정한 직무와 권리를 아랫사람들에게 맡겨서 스스로 책임을 지고 경영하게 함이고 영(令)은 어떤 일을 사람에게 시키면서 계속 지휘감독하는 것이니 명(命)은 임명(任命)이고 영(令)은 사령(使令)인데 임명을 받은 사람은 그 일을 주관하는 주인으로 곧 주무(主務), 주임(主任), 주사(主事) 또는 지사(知事)라 일컫고 사령을 받은 사람은 그 일에 종사하는 사자(使者)로 곧 사역(使役), 고용인(雇傭人)이라 일컫는다.

고대의 왕도정치는 비록 성문법은 없었지만 불문법과 불문율은 엄연히 존재하여 고대의 관습법을 지극히 존중하였는데 이른바 요·순의 법으로 곧 천하만세(天下萬世)의 대법(大法)이라고 하였던 것이다.

요임금은 하늘을 본받아 자연법칙을 존중해서 천하만물이 합동변화(合同變化)하도록 역법(曆法)을 제정하여 천하국가의 제도와 헌장과 규칙을 뚜렷이 온 세상에 밝혀서 하늘과 땅 그리고 사람이 화합하는 문명시대를 개척하였으니 바로 공개정치, 투명행정이다.

순임금은 천하의 도량형기(度量衡器)를 통일하였고 오서(五瑞), 9경(卿), 12주(州)를 세우고, 오전(五典), 오교(五敎)를 밝히며 12율(律), 오례(五禮), 오옥(五玉), 삼백(三帛), 오기(五器)를 다듬어 정리하였고 또한 구체적으로 일정한 형벌규정을 만들어 5형(刑)의 처벌과 용서의 한계를 정하였으니 곧 관형(官刑), 교형(敎刑), 속형(贖刑), 사형(肆刑), 적형(賊刑)이다.

요·순의 정치에서 특기할 것은 정치와 행정을 분리하여 왕은 공경(公卿)을 임명하되 절대로 사령(使令)하지 못하게 함이다. 이것은 왕의 역할을 정치의 주재자로 한정하여 행정권은 중앙정부의 경(卿)과 지방정부의 제후(諸侯)에게 위임하여 주관토록 함인바 곧 권력분립제도로 지방자치와 책임정치를 구현하려는 뜻이었다.

익(益)은 법도(法度)를 잃어버림이 없어야 정치발전을 이룩할 수 있다고 강조하였고 고요(皐陶)는 벌은 자손에게 미치지 않게 하고 상은 후세에 뻗치게 하며, 과실범은 용서하고 고의범은 엄벌하며, 죄가 의심스러우면 가볍게 처벌하고 공이 의심스러우면 무겁게 표창하며, 그 죄가 없는 사람을 죽이는 것보다는 차라리 미제사건으로 두는 것이 낫다고 하였다.

우임금은 요·순의 정치제도를 홍범구주로 정립하여 왕도정치의 대헌장으로 삼았고 탕임금은 우임금의 옛 제도를 계승하여 그 전장(典章)을 따름에 마치 천명을 받드는 것처럼 공경하여 모든 관료로 하여금 떳떳한 법이 아닌 것을 따르지 말고 음란하여 방종함에 나가지 못하게 해서 각각 그 상전(常典)을 지키도록 하였다. 그리하여 이윤(伊尹)은 관형(官刑)을 다시 제정하여 관리들을 경계하였던 것이다.

문왕은 정치와 행정을 공명정대하게 베풀었기 때문에 마치 해와 달이 조림(照臨) 하듯이 사방에 비쳐서 서쪽 땅이 뚜렷했다고 하였으며 무왕은 5작(爵)을 베풀어 펼치고 국토를 대국(大國), 차국(次國), 소국(小國)으로 나누어 관직을 설치하여 오직 어진 이를 임명하고 사무를 나누되 오직 능력자를 사령(使令)하여 인민에게 오교(五敎)를 신중하게 펴되 오직 식량(食糧)과 상장(喪葬)과 제사(祭祀)를 중대하게 여겨서 믿음을 돈독히 하고 의리를 밝혀 덕을 숭상하고 공을 표창하였다.

그리하여 주공은 문왕과 무왕의 법을 총정리하여 『주관(周官)』과 『주례(周禮)』를 완성하였으니 그 아름다움은 이미 천문(天文)과 인문(人文)을 완벽하게 갖추어 인류역사에 찬연히 빛난다. 더욱이 형벌규정까지도 주나라에서 대완성하였으니 강고(康誥)와 여형(呂刑) 편으로 증명한다.

(7) 국제평화보장과 정벌(征伐)의 원칙

천하에 도덕을 밝히는 것을 건국의 이념으로 하고, 인류에게 문화생활을 누리게 하는 것을 정치의 목적으로 하는 왕도정치는 천자(天子)에게 국제평화를 보장하는 책임과 정벌권(征伐權)을 주었다.

따라서 민심을 얻어 천명을 받은 천자는 먼저 아름다운 문덕(文德)으로 천하의 인류를 밝게 교화하여 평화로운 국제질서를 유지해서 국가의 안전과 인류의 행복을 길이 보장해야 한다.

그러나 또한 끝까지 도덕문화를 거부하고 포학하게 역천(逆天), 패륜하여 천재지변이 거듭되거나 잔인하게 죄없는 사람을 죽이고 인민을 착취하거나 교만방자하게 반란을 일으켜 지역에 활거하면서 침략과 약탈을 일삼는 나라가 있다면 부득이 천하의 무력을 동원하여 정벌하지 않을 수 없는 것이다.

신농(神農)시대에 이미 치우(蚩尤)가 강성한 변방지역의 군장(君長)으로 난폭하게 약탈과 살육을 일삼았기 때문에 황제(黃帝)가 제후의 군사를 동원하여 탁록(涿鹿) 벌판에서 전쟁하여 사로잡아 죽였으며 (4-29-2 참조) 또한 순임금 시대에 묘(苗)나라 정부가 도덕정치의 문화제도인 민중민주국체와 대동공화정체(大同共和政體)를 거부하고 전제독재체제(專制獨裁體制)를 고집하므로 우에게 가서 정벌하라고 하니 우가 출정, 군사에게 맹세하여 말하기를 "이 묘(苗)나라 정부가 준동하여 날뛰면서 혼미하여 공경하지 않고 남을 무시하며 스스로 현명하다고 생각하고 도를 어기고 덕을 해쳐서 군자는 초야에 있고 소인배가 벼슬자리에 있으며 민중을 버리고 보호하지 않으니 하늘이 벌을 내렸으므로 나는 그대들 여러 군사와 함께 임금의 말씀을 받들어 죄인을 정벌한다."(1-3-20 참조)라고 하였다.

이때에 우의 정벌군이 묘나라 국경선에 이르러 성토문(聲討文)을 전달하고 1개월을 기다려도 회답이 없으므로 익(益)이 우에게 건의하여 말하기를 "오직 덕만이 하늘을 움직이므로 멀리 이르지 않음이 없나니 가득함은 덜어냄을 부르고 겸손함은 보탬을 받는 것이 하늘의 도이다."라고 하면서 철군하여 문덕(文德)으로 감화시키자고 하므로 이에 우가 정벌군을 철수하여 돌아왔는데 70일 만에 묘나라 정부가 항복하여 왔던 것이다.

이리하여 천하국가에 군제(軍制)를 정하였는데 천자국(天子國)은 6군을 두었으니 곧 만승(萬乘)이요 대국(大國)은 3군, 차국(次國)은 2군, 소국(小國)은 1군을 두었으니 대략 천승(千乘)이라 일컫고, 공경과 대부는 백승(百乘)을 두었다. 제후국은 자위권만 행사하고 정벌권은 천자에게만 있어서 천하의 연합군을 통솔할 수 있게 하였다.

비록 제후에게 정벌권이 없었지만 그러나 천자가 포학하여 민심을 완전히 잃어 그 천명이 모두 단절되었으면 새로 민심을 얻어서 천명을 받은 사람이 즉각 제후의 군사를 출동하여 정벌해서 포학한 천자를 제거축출하여 혁명하고 새 나라를 세워 즉위해야 된다.

탕임금은 하나라 정부가 죄가 많으니 천명이 끊어졌기 때문에 감히 바로잡지 않을 수 없다고 하였고, 중훼(仲虺)는 하나라 정부가 혼미한 정치로 민중을 도탄에 빠지게 하였기 때문에 하늘이 탕임금으로 하여금 정벌케 하시니 동쪽을 향하여 정벌함에 서쪽 지방 사람이 원망하고 남쪽을 향하여 정벌함에 북쪽 지방 사람이 원망하며 말하기를 "왜 우리를 뒤에 해방시키는가"라고 하였다.

무왕은 정벌군을 출동하면서 군사에게 맹세하여 말하기를 이제 상나라 왕인 수(受 : 즉 紂)가 하느님을 공경하지 아니 하고 하층민중에

게 재앙을 내리고 주색에 빠져서 감히 포학하게 다스려서 그 죄가 세
상에 넘치므로 하늘이 죽이라고 명령하시니 내가 하늘을 따르지 않으
면 그 죄악이 오직 같은 것이라고 하였다.

이와 같이 탕임금과 무왕(武王)은 한결같이 천명을 받아 폭군에게
천벌을 집행한다고 하였으니 이것은 제후로서 천자를 정벌하는 이신
벌군(以臣伐君)이 아니고 이미 천명이 끊어지고 독재자로 전락해 버
린 한 사람의 죄인을 처단한 것으로써 민중해방의 천토(天討)이다.

끝으로 오랑캐가 집단적으로 지방에 횡행하거나 변방을 침략함에
해당 제후국이 독자적으로 방어할 수 없을 때는 즉각 천자에게 보고
하여 천자로 하여금 연합군을 출동하여 토벌케 하는 것이 원칙이니
비세(費誓)와 진세(秦誓) 편을 참고하기 바란다.

2. 패도정치(覇道政治)의 출현

천덕왕도를 밝혀 덕치인정을 베풀어서 태평성대를 건설하는 요·
순의 정치헌장은 춘추시대에 이르러 부국강병을 추구하는 5패(五覇)
의 출현으로 그 역사가 단절되었으니 이에 공자가 『춘추(春秋)』를 편
집하여 난신적자들이 권력을 출세의 도구로 이용하고 공무를 빙자하
여 사리사욕을 채웠던 역사적 사실을 낱낱이 밝혀 엄중히 심판하였
다.

나는 이미 『춘추』를 역주(譯註)하면서 『춘추』의 역사와 가치를 자
세히 해설하고 춘추시대의 성격을 규정하면서 도덕질서의 붕괴, 정치
체제의 붕괴, 국제와 관제의 붕괴, 세제의 붕괴, 예악의 붕괴, 군제의
붕괴, 학제의 붕괴를 밝혔으니 『새 시대를 위한 춘추』(1997년)를 참조
하기 바란다.

대체로 춘추시대의 5패는 천덕과 왕도에 대하여는 무지하면서도
천하를 제패하려는 야망을 품고 겉으로는 덕치인정을 가장하지만 속
으로는 수단방법을 가리지 않고 영토를 확장하며 인민을 착취하여 부

국강병만 추구하였다.

제(齊)나라 환공(桓公)은 관중(管仲)의 법치주의와 예의염치사상을 채택하여 제후를 규합해서 천하를 제패하였지만 천하는 더욱 어지러웠으니 그것은 관중의 법이 요·순의 광명정대한 만세공법(萬世公法)이 아니고 현실에 영합하여 국가목적을 달성하기 위한 일시의 편법이었으며 관중의 예의염치(禮義廉恥)는 요·순의 사랑하고 공경하며 사양하고 감사하는 천성의 떳떳한 도덕심으로 겉과 속이 같고 시작과 끝이 한결같은 것이 아니고 오직 이롭고 해로움과 얻고 잃음을 비교하고 계산하여 상대적 조건에 따라 그 사심을 포장해서 일시적으로 예법을 감쪽같이 가장하는 겉치레 인사법이었다. 그러므로 공자는 관중을 그릇이 적고 예를 모르는 사람이라고 준엄하게 비판하였다.

대저 요·순의 법과 예의염치는 스스로 인생을 경영하는 주인의식을 가지고 능동적으로 보편적 가치를 실천하는 아름다운 규범이기 때문에 요·순의 민중은 떳떳하고 당당했으나 관중의 법과 예의염치는 군주의 지배하에 종속한 충복으로서 그 출세를 보장하는 순종의 미덕이기 때문에 피동적으로 움직이는 노예적인 삶으로 길들임으로써 결국 우민으로 전락하게 되었다.

초(楚)나라는 춘추시대에 요·순의 관직 임명제를 버리고 모조리 사령제로 바꾸었는바 심지어 행정의 총책임자를 영윤(슈尹)이라고 호칭하고 그 임금까지도 스스로 왕이라고 일컬었으니 모든 것을 임금이 직접 처리하면서 신하들을 권리는 없고 책임만 있는 사역의 노예로 격하시켰으며, 진(晉)나라는 임금의 형제친척에게 공족대부(公族大夫)의 관직을 주고 6군을 설치하여 막강한 힘을 천하에 과시하였으니 문덕(文德)을 빛내기 위한 무력이 문덕을 말살하는 사나운 무력으로 변질하였다.

진(秦)나라 효공(孝公)은 유림(儒林)의 반대를 무릅쓰고 상앙(商鞅 : ?~기원전 338)의 법술주의(法術主義)를 채택하여 표면적인 덕치인정이라는 가면까지도 완전히 벗어던지고 부국강병을 도모하여 엄법(嚴法)을 시행하면서 가족을 해체하고 토지제도를 바꾸며 중세(重稅)를 걷으며 지방자치를 폐지하고 중앙집권제도를 시행하여 오로지 용맹한 군사를 기르는 데 총력을 집중하니 민중은 국가사업에 종사하는 천민으로 전락하였으며 이어 진(秦)나라 혜왕(惠王)은 장의(張義 : ?~ 기원전 309)의 연형책(連衡策)을 채택하여 원교근공(遠交近攻)의 외교정책을 써서 왕도정치의 크고 작은 나라가 서로 섬겨서 우호교린하는 신의외교(信義外交) 전통을 파괴하여 버렸다.

한(漢)나라 무제(武帝)는 상홍양(桑弘羊)의 부국강병론을 채택하여 유림(儒林)의 완강한 반대에도 불구하고 신경제정책을 실시하여 민간상업을 금지하면서 소금과 철 그리고 술을 국가가 독점판매하는 전매제와 그것을 수송하는 평준법(平準法)을 시행하여 대외전쟁의 비용을 조달하니 민중은 오로지 농업에만 종사하면서 무거운 세금과 오랜 병역 그리고 힘든 노역에 시달리는 빈민으로 전락하고 말았다.

천하는 천하사람의 것이므로 국가의 본래 주인은 민중임에도 부국강병으로 높은 공적을 세워 이름을 세상에 드날리며 화려한 궁전에서 어여쁜 희빈(姬嬪)들과 끝없는 환락을 누리면서 천하를 호령하려는 야망가들이 계속 나와서 그 민중을 우민(愚民), 천민(賤民), 빈민(貧民)으로 전락시켜 인간다운 삶을 누릴 수 없는 한계상황에서 사주팔자를 탄식케 하는 암담한 운명의 굴레를 뒤집어씌운 지가 실로 오래 되었으니 어찌 천덕왕도의 전장(典章)이 아름다운 것을 알 것이며 어찌 덕치인정의 법도가 고귀한 것을 깨달을 것인가? 이리하여 왕도정치에서 하층 약소민중을 공민(公民), 양민(良民), 천민(天民)으로 받들어왔던 경민사상(敬民思想)이 세상에서 소멸되었던 것이다.

3. 후세의 『서경』 연구

(1) 『서경』의 출현

민심을 얻어야 천명을 받으므로 민심을 잃은 독재는 즉각 정벌하여

축출하고 혁명해서 새 나라를 세워야 된다는『서경』의 왕도정치이념
은 공자의 제자들에 의하여 거듭 연구되면서 하나의 유림세력을 형성
하여 끊임없이 패도정치의 천명을 경시하고 민의를 무시하는 권력만
능주의를 비판하였다.

그러나 전국시대의 어지러운 현실정치에서 유림의 목소리는 떨치
지 못하고 마침내 병가(兵家), 법가(法家), 외교가(外交家) 등을 비롯한
제자백가의 주장 속에 묻혀버렸는데도 민중의 지지를 받은 유림은 초
야에서 학문을 강론하면서 인간성을 회복하고 사회정의를 구현하여
국제평화를 보장할 것을 역설하였다.

소위 진시왕(秦始王 : 기원전 246~210)이 무력으로 6국을 멸하고 통
일하여 민권을 압살하면서 권도정치(權道政治)로 왕권을 크게 강화하
자 유림이 궐기하여 중앙집권제인 군현제도를 폐지하고 지방자치제
인 봉건제를 회복하라고 주장하면서 정부법령을 비판하니 진시왕이
전국적으로『서경』과『시경』을 비롯하여 유교의 경전을 몰수하여 불
태우고 협서률(挾書律)을 반포하여 민간의 장서와 유통을 엄금하며
민간의 사학을 금지하였을 뿐만 아니라 유림 460여 명을 생매장하였
으니 이것을 분서갱유(焚書坑儒)라고 한다. 진시왕은 여기에 그치지
않고 또한 문자까지 새로 바꾸어 옛 문헌을 읽지 못하게 만들었다.

한(漢)나라 혜제(惠帝 : 기원전 194~188)가 협서률을 폐지한 뒤로 유
교의 경전은 다시 연구되기 시작하였는데 문제(文帝 : 기원전 179~
157)가 진(秦)나라의 박사(博士)이었던 제남인(濟南人) 복생(伏生)에게
조착(鼂錯)을 보내서『상서(尙書)』를 전수받았고 또 경제(景帝 : 기원전
156~141) 때에 노공왕(魯恭王)이 궁실을 확장하기 위하여 공자의 구
택(舊宅)을 허물다가 그 벽 속에서『서경』과『춘추』,『논어』,『효경』
등을 함께 얻으니 모두 과두문자로 되어 있었으므로 해독한 사람이
없었는데 일찍이『금문상서(今文尙書)』를 배웠던 공안국(孔安國)이 금
문으로 해독하고 소(詔)를 받아『선전(書傳)』을 만들어 사마천(司馬遷 :
서기 208~255)에게 가르치니『고문상서(古文尙書)』연구의 시작이었
다. 그리하여 이를『고문상서』라고 이름하였고, 이미 복생에게서 전수

받은 책을 『금문상서』라고 호칭하였는바 『상서』는 국가를 경영했던 임금의 실록이라는 뜻이다.

(2) 『금문상서(今文尚書)』와 『고문상서(古文尚書)』의 내용 차이

『금문상서』는 우, 하, 상, 주의 네 나라 실록으로 엮었는데 모두 29편이니 하서(夏書)는 요전(堯典), 고요모(皐陶謨), 우공(禹貢), 감세(甘誓)이고 상서(商書)는 탕세(湯誓), 반경(盤庚), 고종융일(高宗肜日), 서백감려(西伯戡黎), 미자(微子)이며 주서(周書)는 목세(牧誓), 홍범(洪範), 금등(金縢), 대고(大誥), 강고(康誥), 주고(酒誥), 재재(梓材), 소고(召誥), 락고(洛誥), 다사(多士), 무일(無逸), 군석(君奭), 다방(多方), 입정(立政), 고명(顧命), 강왕지고(康王之誥), 여형(呂刑), 문후지명(文候之命), 비세(費誓), 진세(秦誓)로 구성되어 있다.

그런데 『고문상서』는 『금문상서』의 29편을 포함하여 총 45편이었으니 순전(舜典), 골작(汨作), 구공(九共), 대우모(大禹謨), 익직(益稷), 오자지가(五子之歌), 윤정(胤征), 탕고(湯誥), 함유일덕(咸有一德), 전보(典寶), 이훈(伊訓), 사명(肆命), 원명(原命), 무성(武成), 여오(旅獒), 경명(冏命)의 16편이 더 많았다.

『금문상서』는 무제(武帝 : 기원전 156~87)의 학술진흥책에 의하여 관학(官學)에 오경박사(五經博士)를 두고 가르쳤고 『고문상서』는 평제(平帝 : 서기 1~5) 때에 관학에서 교재로 채택하여 가르쳤으니 금문학파(今文學派)와 고문학파(古文學派)가 서로 정통임을 다투어 논쟁이 일어났다.

유향(劉向 : 기원전 77~6)과 왕충(王充 : 서기 27~90)은 『금문상서』를 연구하였고, 유향의 아들 유흠(劉歆)과 가규(賈逵), 마융(馬融), 정현(鄭玄 : 서기 127~200), 복건(服虔) 등은 『고문상서』를 존중하였다.

그러나 5호(五胡) 16국이 등장하는 영가(永嘉 : 서기 307~313)의 난이 일어남에 『고문상서』의 16편을 망실하였는데 동진(東晋 : 서기 317~420)시대에 공안국(孔安國)이 지은 『상서전(尚書傳)』을 예장내사(豫

章內史)로 있던 매색(梅賾)이 얻어서 임금에게 바쳤다. 이때에는 순전(舜典)이 없었으나 남제(南帝)의 건무(建武 : 서기 494∼497)년간에 오흥(吳興) 사람 요방흥(姚方興)이 대항두(大抗頭)에서 또 공안국의 『상서전』을 얻어 임금에게 바쳤는데 이 책에는 순전이 있으며 마융, 정현이 주(注)를 단 것보다 28자가 많았으니 곧 "왈약계고제순(曰若稽古帝舜) 왈중화협우제(曰重華協于帝) 준철문명(濬哲文明), 온공윤색(溫恭允塞), 현덕승문(玄德升聞), 내명이위(乃命以位)"이었으므로 가장 완벽한 것이었다.

(3) 공안국(孔安國)의 『상서전(尙書傳)』

매색과 요방홍이 발견한 공안국의 『서전(書傳)』은 총 58편으로 그 목록은 다음과 같다.

우서(虞書)에는 요전(堯典), 순전(舜典), 대우모(大禹謨), 고요모(皐陶謨), 익직(益稷)이요, 하서(夏書)에는 우공(禹貢), 감세(甘誓), 오자지가(五子之歌), 윤정(胤征)이며, 상서(商書)에는 탕세(湯誓), 중훼지고(仲虺之誥), 탕고(湯誥), 이훈(伊訓), 태갑상 · 중 · 하(太甲上 · 中 · 下), 함유일덕(咸有一德), 반경상 · 중 · 하(盤庚上 · 中 · 下), 열명상 · 중 · 하(說命上 · 中 · 下), 고종융일(高宗肜日), 서백감려(西伯戡黎), 미자(微子)이고, 주서(周書)에는 태세상 · 중 · 하(泰誓上 · 中 · 下), 목세(牧誓), 무성(武成), 홍범(洪範), 여오(旅獒), 금등(金縢), 대고(大誥), 미자지명(微子之命), 강고(康誥), 주고(酒誥), 재재(梓材), 소고(召誥), 락고(洛誥), 다사(多士), 무일(無逸), 군석(君奭), 채중지명(蔡仲之命), 다방(多方), 입정(立政), 주관(周官), 군진(君陳), 고명(顧命), 강왕지고(康王之誥), 필명(畢命), 군아(君牙), 경명(冏命), 여형(呂刑), 문후지명(文候之命), 비세(費誓), 진세(秦誓)이니 그 경문(經文)을 살피면 복생의 『금문상서』 29편과 공안국의 『서전』 33편은 그 내용이 똑같으면서도 편수만 다르고 복생의 『금문상서』에는 없는데 공안국의 『서전』에는 25편이 더 많이 있었다.

대개 복생의 『금문상서』에는 없고 공안국의 『서전』에는 있는 대우
모, 오자지가, 윤정, 중훼지고, 탕고, 이훈, 태갑상·중·하, 함유일덕,
열명상·중·하, 태세상·중·하, 무성, 여오, 미자지명, 채중지명, 주
관, 군진, 필명, 군아, 경명의 내용은 당대의 현인이 왕위를 계승해야
하므로 포학한 군주는 반정하거나 혁명해야 하며 어진 이를 초야에서
등용하고 세금을 법에 정한대로만 거두어서 법도를 허물지 말아야 하
며 왕권과 관권 그리고 민권을 조화하여 균형을 잃지 말라는 것이었
다.

　따라서 『금문상서』는 진(秦)나라의 왕권신성불가침(王權神聖不可侵)
공작과 한(漢)나라의 패권정치(覇權政治)를 합리화시키기 위한 작업으
로 복생이나 조착(鼂錯) 또는 문제(文帝)가 삭제하고 재구성했다고 볼
수 있다. 왜냐하면 『금문상서』에는 폭군을 단죄하는 내용인 오자지가,
탕세, 중훼지고, 탕고, 이훈, 태갑 등과 같은 편을 찾아볼 수 없기 때
문이다.

　공안국은 복생에게 『금문상서』를 직접 배우고 또한 『고문상서』를
해독하여 『서전』을 만들었으니 가장 믿을 만하고 더욱이 그는 공자의
11대 손으로 곡부(曲阜)에서 살았기 때문에 공자의 사상과 학문을 가
장 바르게 계승하려고 노력하였음을 의심할 수 없다.

(4) 공영달(孔穎達)의 『상서정의(尙書正義)』

　당(唐)나라에 이르러 태종(太宗 : 서기 626~649)은 사상계를 통일하
여 정치안정을 꾀하기 위하여 유교의 경전의 해석을 여러 학자들에게
명하여 『5경의소(五經義疏)』를 펴내게 하였는데 이때에 공영달(孔穎
達 : 서기 574~648)과 안사고(顔師古) 등이 공안국의 『상서전』을 저본
(底本)으로 채택하고 여러 학설을 참고했으나 당나라의 패도정치의
목적에 부합하도록 소(疏)를 붙혀서 『상서정의(尙書正義)』를 완성하였
는바 그 뒤에 증보·수정하여 고종(高宗 : 서기 653) 때에 반포되어 과
거시험의 기준이 되었다.

이렇게 공안국이 『상서전』을 진본 『고문상서』로 인정하게 됨으로써 복생의 『금문상서』는 물론 정현 등이 주석한 상서(尙書)도 후세에 전하지 않게 되었니 그것은 사상을 국가가 통제하였기 때문에 학자들의 관심이 경학(經學)에서 떠나 시문학으로 돌아가 미사여구만 나열하는 사륙문(四六文)이 극성하였다. 그리하여 한유(韓愈 : 서기 768~824)는 경학과 문학의 통합을 주장하고 원인(原人)과 원도(原道)를 지어서 원초적인 인간상을 정립하며 요·순의 도덕과 제도를 밝히려고 노력하였다.

(5) 채침(蔡沈)의 『서집전(書集傳)』

송(宋)나라(서기 960~1279)는 태조(太祖)가 5대(五代)의 난(亂)을 겪으며 군벌통치의 폐해를 잘 알고 있었기 때문에 무치(武治)를 버리고 문치(文治)를 건국의 국시(國是)로 정하여 문화국가를 표방하며 문인과 학자를 대거 등용하고 학문을 권장하며 예술을 진흥하였으니 『서경』을 본받아 왕이 붕(崩)한 뒤에 그 실록을 편찬하는 제도를 도입하고 대통을 계승하기 위하여 노력하여 중세의 문예부흥을 선도하였다.

그리하여 구양수(毆陽修 : 서기 1007~1072)는 고문(古文) 부흥운동을 전개하고 군자당(君子黨)의 필요성을 강조하였으며 주렴계(周濂溪 : 서기 1017~1073)는 태극도설(太極圖說)을 지어 태극, 음양오행으로 요·순의 공명정대한 천지(天地)를 다시 개벽하여 성인(聖人)은 중정인의(中正仁義)의 인격을 확립하여 가슴속이 깨끗해서 광풍제월(光風霽月)과 같아야 함을 설파하였고, 정명도(程明道 : 서기 1032~1085)는 충신(忠信)으로 대덕(大德)을 기르고 학문으로 지식을 쌓아 합리적으로 실천하는 것이 원초적 인간성을 함양하는 학문이고 요·순의 정치로 가는 길임을 주창하였으며 정이천(程伊川 : 서기 1033~1107)은 학문으로 지성을 높이고 성경(誠敬)으로 인간성을 함양하여 행실이 규구준승(規矩準繩)처럼 방원평직(方圓平直)한 법도를 갖추어야 요·순의 정치문화를 재건할 수 있다고 하였고, 소강절(邵康節 : 서기 1011~

1077)은 『황극경세(皇極經世)』를 지어 대우주의 선천세계(先天世界)를 해부하고 태극의 대통일원리(大統一原理)로 제왕학(帝王學)을 정립하여 현상으로 나타나기 이전에 본체의 도덕을 갖추는 것이 요·순의 정치자세임을 변증하였으며, 장횡거(張橫渠: 서기 1020~1077)는 일대 청허(一大淸虛)한 태허(太虛)가 하늘의 원상(原象)임을 밝혀 손오불로(孫吳佛老)를 노예학(奴隷學)으로 규정하고 주인학(主人學)을 역설하여 『서명(西銘)』을 지어 하늘은 나의 아버지요 땅은 나의 어머니며 인류는 나의 동포형제이고 만물은 나의 더부살이라는 천하일가사상(天下一家思想)을 제창하여 요·순의 이상세계는 모든 민중이 주인으로 거듭나야 실현될 것임을 역설하였다.

이러한 학문은 몸소 격물(格物), 치지(致知), 성의(誠意), 정심(正心)의 공부로 한 몸을 닦아 호연(浩然)한 대아(大我)의 공덕(公德)을 이룩한 다음 제가(齊家), 치국(治國), 평천하(平天下)의 사업에서 소우주(小宇宙)의 사명을 다하여 천지만물의 도가 모두 인간의 경영으로 성취되도록 하는 것이다. 그러므로 학자는 마땅히 인간의 본성을 알고 천리(天理)를 알아서 위로 태극과 태허의 본체를 탐구하여 대중지정(大中至正)의 도를 배우고 정치인은 당연히 시대적 사명과 민심을 살펴 신속 정확하게 책임을 완수할 수 있는 사업추진능력을 길러야 된다. 따라서 문자학(文字學)의 경박풍조를 지적하고 도덕학(道德學)의 중요성을 강조하면서 이상정치의 실현은 돈후(敦厚)한 풍속을 일으켜 사랑하고 공경하며 사양하는 인간성과 성실, 정직, 공명한 사회성을 기르는 교육이 필수임을 강조하였다.

그리하여 현실정치에 영합했던 한(漢)·당(唐)의 경전주해(經傳註解)를 버리고 멀리 요, 순, 우, 탕, 문무, 주공, 공자, 맹자의 도통을 계승하는 논리로 4서5경을 재해석하여 새로운 이기설(理氣說), 심성설(心性說), 정통론(正統論), 윤리론(倫理論) 등을 제창하였으니 이를 성리학(性理學), 도학(道學), 이학(理學), 심학(心學)이라고 한다.

남송(南宋)의 주자(朱子: 서기 1130~1200)는 공자의 도덕을 밝히기 위하여 성리학을 집대성하고 『소학(小學)』을 편집하여 입교(立敎), 명륜(明倫), 경신(敬身)의 공부로 질직홍의(質直弘毅)한 기상과 실체역행(實體力行)하는 정신을 갖추어 그 재능과 도량이 요·순의 이상세계를 능히 경영할 수 있고, 그 기풍과 절조는 모두 민중을 감동시킬 만해서 비록 어렵고 괴로운 일이 있다 하여도 절대로 그 배운 바를 저버리지 않으며 언제나 공론의 대변자가 되고 천하의 정의를 스스로 책임지면서 의논함에 바른 말을 서슴없이 하며 시비와 선악을 도끼로 쪼개듯이 확연히 밝히는 용기를 기르게 하였다.

이러한 기걸찬 학풍은 요·순의 이상세계를 당대에 실현하려는 강력한 의지로 충만하였으니 조정에 있을 때에는 임금을 성왕(聖王)의 길로 권하고 초야에 있을 때에는 민중을 교육하여 줄기차게 도덕을 밝히고 교화에 전념하는 것이었다. 그리하여 치세에는 온량공검양(溫良恭儉讓)의 풍모를 가지면서도 또한 난세에는 악세력(惡勢力)을 배척하는 영수(領袖)가 되고 오랑캐의 침략에는 저항의 최선봉이 되어 살신성인(殺身成仁), 사생취의(捨生取義)의 장엄한 인문정신을 크게 밝혔다.

이에 주자는 『서경』의 중요성을 인식하여 새롭게 주석하려고 시도하였으나 이루지 못하고 그 제자 채침(蔡沈 : 서기 1167~1230)에게 유언하였다. 이에 채침이 요전, 순전, 대우모의 각 편은 주자의 교열을 기초로 하고 그 이외의 부분은 선유(先儒)들의 학설을 인용하면서 10년 동안 작업하여 서기 1209년에 『서집전』을 완성하였다. 그러나 송나라 정부에서는 십삼경주소(十三經注疏)를 편집하면서 공안국의 전(傳)과 공영달의 소(疏)를 합쳐 『상서정의』 20권을 간행하여 유포시켰으므로 『서집전』은 민간에서 유행하였다.

이 『서집전』은 처음 6권이었는데 성리학의 인기와 함께 널리 민간에서 읽혀져서 원(元)나라 인종(仁宗 : 서기 1312~1320) 때에는 공영달의 『상서정의』와 더불어 과거의 공식해석으로 채택하였으니 학문 발전의 시대적 요구를 거역할 수 없었기 때문이었다.

명(明) 나라(서기 1368~1661) 태조(太祖) 주원장(周元璋)은 하층민중을 세력화하여 외세통치(外勢統治)로 지배했던 원나라를 타도하고 다시 문치를 회복하여 도덕을 숭상하고 학자를 등용하면서 역시 송나라처럼 왕이 붕한 뒤에 그 실록을 편찬하여 공개하는 제도를 다시 채택하고 대통계승에 힘써서, 근세의 인문주의를 창도하였다.

이러한 국책사업의 하나로 호광(胡廣 : 서기 1370~1418) 등 40여 명의 학자가 칙명을 받아 채침의 『서집전』에 다시 한, 당, 송, 원, 명의 여러 학자의 해설을 작은 글자로 분주(分註)하여 주자의 학설을 보강해서 총 10권으로 만들고 이름을 『서전대전(書傳大全)』이라고 하니 이 책이 『서경』을 연구하는 독보적 위치에 올랐기 때문에 한·당의 주소(注疏)는 자동적으로 폐지되었던 것이다.

그러나 청(淸)나라(서기 1616~1912)는 외세통치로 부국강병을 추구하여 세제를 개악하고 사상을 통제하면서 사고전서(四庫全書)를 편찬한다는 명목으로 정자와 주자의 왕도정치 이념서를 색출하여 불태우니 학문사상계가 크게 위축되어 오로지 청나라의 정치목적에 부합하는 학문만 유행하였다.

그리하여 고염무(顧炎武)와 혜사기(惠士奇)를 중심으로 송·명의 성리학을 버리고 한·당의 주소(朱疏)로 돌아갈 것을 주장하였으며 더욱이 염약거(閻若璩)는 『고문상서』를 위서라고 공격하고 그것은 왕숙(王肅 : 서기 195~256)이 지은 위작이라고까지 하였다. 이러한 시대조류에서 학자가 살아남기 위해서는 가급적 사상에 대한 말을 삼가고 글자의 뜻풀이나 하게 되었으니 이것을 고증학(考證學)이라고 하였다.

(6) 우리나라의 『서경』 연구

우리나라는 삼국시대부터 경전을 수입하여 태학(太學)에서 『상서(尙書)』를 가르쳤으니 상서박사(尙書博士)와 상서조교(尙書助敎)가 있었고 설총(薛聰)이 우리나라의 말로 9경(九經)을 해석하였다. 특히 신라가 통일하기 이전의 것으로 보이는 임신서기석(壬申誓記石)에는 『상서』와 『시전(詩傳)』을 3년 내에 읽자고 맹세한 글이 있으니 그 인기를 알 수 있다.

고려시대는 태조(太祖) 13년에 서경(西京)에다 태학을 세우고 수재 정악(廷顎)을 서학박사(書學博士)로 임명해서 6부의 생도를 가르치게 하였으며 최충(崔沖 : 서기 984~1068)은 9재학당(九齋學堂)을 설치하여 9경(九經)을 가르쳐서 많은 인재를 배출하였다. 그러나 이때에는 불교가 극성하여 유교의 정치이념은 아직 채택되지 못하였다.

유교의 왕도정치이념은 조선왕조에 이르러서야 비로소 건국의 국시가 되었고 송나라와 명나라처럼 왕이 붕한 뒤에 그 실록을 편찬하여 후세에 거울로 삼게 하였다. 태조 이성계는 고려 말에 수입한 성리학을 숭상하여 무치를 버리고 문치로 전환하여 토지제도를 개혁하고 교육을 진흥해서 일대 개혁정치를 단행하였다.

이러한 혁명정신에 따라 정도전(鄭道傳)은 『조선경국전(朝鮮經國典)』을 편찬하고 또 조준(趙浚)과 함께 『경제6전(經濟六典)』을 편찬하여 정치의 원칙을 세웠으며 또 세종대왕(世宗大王)은 집현전(集賢殿)을 설치하여 유교이념을 연구하여 왕도정치의 규모와 제도를 밝혀 정책결정에 반영하도록 함과 동시에 한글을 제정해서 경전을 언해(諺解)하여 일반민중이 쉽게 읽도록 배려하였다. 중종(中宗) 때의 조광조(趙光祖 : 서기 1482~1519) 선생은 요·순의 지치주의(至治主義)를 실현하기 위하여 유학을 장려하여 풍속을 순화하고 어진 이를 등용하여 덕치인정을 베풀려고 적극 추진하였으니 비록 중도에 와해되었지만 그것은 시대정신으로 계속 영향을 끼쳤다.

이러한 정책 아래에서 조선의 성리학은 크게 일어났으니 서울의 성균관(成均館)과 지방의 향교(鄕校) 및 서원(書院), 서당(書堂)에서 모두 『서경』을 읽었는데 『서경』의 가치가 송나라나 명나라보다도 더욱 높았다. 대저 유교의 기본경전으로 3경(三經)이라고 할 때에 한나라 안사고(顔師古)는 『주역』, 『시경』, 『춘추』라고 하였고, 송나라 왕안석(王安石)과 왕응린(王應麟)은 『시경』, 『서경』, 『주례』라고 하였으며 청나라 『건륭어찬3경(乾隆御纂三經)』은 『시경』, 『역경』, 『춘추』라고 하였는데 우리나라에서는 한결같이 『시경』, 『서경』, 『주역』을 3경으로 일컬어 왔다.

조선왕조(서기 1392～1905)는 내각에서 경전을 간행하여 반포하였는데 『서경』은 한결같이 명나라의 『서전대전』으로 하였으니 곧 채침의 『서집전』이고 바로 공안국의 『고문상서』이다.

지금은 영조(英祖) 36년 경진(庚辰 : 서기 1760)본이 전하고 있으며 선조(宣祖 : 서기 1568～1608) 때에 『서경』을 한글로 언해해서 발간하였는바 이 책도 영조 36년에 내각에서 다시 간행하였다. 그리고 정조(正祖 : 서기 1777～1800)의 칙명으로 편찬한 『상서강의(尙書講義)』와 『어제서전조문(御製書傳條問)』이 있고, 조익(趙翼)의 『서경천설(書經淺設)』, 정약용(丁若鏞)의 『상서고훈(尙書古訓)』과 『상서지원록(尙書知遠錄)』 그리고 『매씨상서평(梅氏尙書平)』이 있으며 또 찬자(撰者)를 알 수 없는 『서전대문(書傳大文)』과 『서전정음(書傳正音)』이 있다.

『서경』의 전장제도(典章制度)는 조선왕조의 후기에서 그 장엄한 불꽃을 피웠으니 효종(孝宗 : 서기 1650～1659)은 즉위하자 명나라가 청나라의 침략으로 멸망한 것을 천하의 대통이 단절된 것으로 인식하고 이에 우리나라가 대통을 계승하여 청나라를 정벌하고 명나라를 광복시키려고 북벌(北伐)을 계획하였으며 이에 송시열(宋時烈) 선생은 북벌계획이 어려움에 봉착하자 초야에서 산림학자양반(山林學者兩班) 세력을 거대하게 형성하여 공자, 맹자, 정자, 주자의 도통을 받들고 예의염치를 지키며 효제충신(孝悌忠信)의 실천을 강조하니 전국의 산림학자가 모두 결연히 떨치고 일어나서 우주의 진리를 한 마음에 갖추고 사람의 정신을 온누리에 밝히며 요, 순, 3대의 도덕과 사업을 한결같이 경영하였다. 그리하여 마침내 동방예의지국(東方禮義之國)을 건설함으로써 사문동래(斯文東來)의 위업을 이룩하여 근세 300년 동안 소중화(小中華)의 빛나는 이름으로 도통유교(道統儒敎)의 중심국이 되었다.

(7) 후세 『서경』 연구의 한계

지금까지 『서경』에 대한 연구는 많았지만 그러나 그 경문의 뜻을 제대로 파악하지 못한 부분이 많으므로 학자마다 해석이 달라서 이론이 분분하게 되었다. 그리하여 『서경』의 이념과 목적 그리고 사업과 방법이 통일되지 못하였고 또 제왕의 정치지도력이 미비하여 그 감화력과 추진력 그리고 결단력이 부족하였으며 또한 민중의 자율자치의 의식이 결핍하였기 때문에 천덕왕도에 의한 덕치인정의 빛나는 역사를 완벽하게 재창조하지 못하였다.

　『서경』의 세계는 주인문화(主人文化)의 극치이다. 어떤 임금도 신하에게 충성을 말하지 않았고 오직 효도만을 말했으니 그 신하를 종으로 부리지 않고 주인으로 대하여 비록 공식행사중이라도 누구나 자유언론을 허용하였으며 또한 그 문자는 정치용어이고 그 문체는 역사문체(歷史文體)이다. 따라서 일반적인 자전으로는 그 글자의 뜻을 파악하기 어렵고 역사문체의 관용어를 모르면 문맥이 통하지 않은 것이다. 전배(前輩)들이 『서경』을 오해하고 의심한 함정이 여기에 있었던 것이다.

　나는 여기에 주목하여 그들의 오해한 부분을 바로잡았으니 몇 가지만 예로 들면 다음과 같다. 첫째 그들은 약(若)이 감탄사인 줄을 몰랐다. 그리고 감탄사를 세밀하게 분석하지 않았으니 자(咨)는 아차, 아뿔싸이고, 우(吁)는 에이끼, 에구구이며, 오(於)는 와, 약(若)은 어이쿠, 유(兪)는 응, 네, 도(都)는 아아~, 차(嗟)는 아이고, 오호(嗚呼)는 오호, 희(噫)는 으아이다. 둘째 그들은 시제부사를 분석하지 않았으니 이(已)는 조금 있다가의 뜻이고, 유(猷)는 머뭇거리다가, 유(惟)는 생각하다가이다. 셋째 그들은 사체(史體)의 관용어를 몰랐다. 내언(乃言)은 겨우 언급(言及)함이고, 문장의 중간에 다시 왕왈(王曰)이나 모왈(某曰)이 있는 것은 앞에서 한 말에 대하여 해당인이 가부의 의사표시를 해야 마땅함에도 아무런 대답이 없을 때에 사관이 그 정황을 밝히기 위하여 기록한 문장투이며, 우왈(又曰)은 용서하여 말함으로 모두 어맥을 연결한다.

　이와 같이 사관이 말의 내용을 기록하면서 그 어세와 어감 그리고 발언의 태도 및 청중의 반응까지 사실을 낱낱이 밝힌 문장인데도 지난 2500년 동안 그것을 아는 학자가 없었으니 어찌 『서경』을 알았다고 말하겠는가!

다음으로 전배(前輩)들의 한계는 제도적으로 왕도를 알지 못했다는 점이다. 오랜 전제군주의 통치 아래에서 민중에게 은덕을 베풀어야 된다는 임금의 착한 마음만을 강조하고 근본적으로 천하는 천하사람의 것이므로 나라의 본래 주인은 민중이며 따라서 민중주체 민주국체와 대동공화정체(大同共和政體)를 먼저 확립하여야 임금이 실질적으로 민중을 위하여 봉사할 수 있다는 사실을 간과하여 버렸다.

끝으로 천덕왕도가 발전하는 원리를 깨닫지 못하였다. 천도(天道)는 운행하고 역사는 발전하는 것이 원칙이다. 따라서 신세대와 구세대가 사상적인 갈등이 일어나기 전에 국가의 이념과 정치의 목적을 새롭게 발전시켜야 마땅하고, 지역 또는 계층간의 세력적인 간격이 벌어지기 전에 정치사업과 생활방법을 다시 변화시켜야 당연함에도 전배들은 원리원칙만을 고수한 나머지 융통성을 용납하지 아니 하였다.

이리하여 민중을 위하여 만든 법과 제도가 민중을 보호하는 기능을 하지 못할 뿐만 아니라 도리어 민중을 탄압하는 도구로 이용하는 데까지 이르렀으니 이것이 어찌 공자가 『서경』을 편집한 뜻이겠는가?

결론적으로 공자가 『서경』을 엮은 이래로 동양의 정치사에 끼친 영향은 지대하였으니 비록 천덕왕도를 밝혀 덕치인정을 완성하여 태평성대를 건설하지는 못했어도 송나라와 명나라 그리고 조선왕조의 문화정치를 누리면서 민중으로 하여금 희망을 가지게 하였고 또한 진의 권도정치와 한, 당의 패도정치 및 원, 청의 세도정치에 대항하여 용감하게 싸우는 이론적 기초가 되었다.

대체로 『서경』의 역사를 믿는 사람은 도덕문화를 밝혀 민중해방을 도모하는 학자이고 『서경』의 역사를 부정하면서 위서라고 주장한 사람은 무단정치에 기생하며 기득권에 안주하여 민중의 고통을 외면한 곡학아세배이었으니 송나라와 명나라 그리고 조선왕조에는 도덕학을 숭상하여 『서경』에서 모범을 찾으려고 노력하는 학자들이 많았고 그 이외의 나라에서는 『서경』을 변질왜곡해서 현실정치에 부합시키거나 통채로 위작으로 치부하여 말살하려는 사이비 학자가 많았으니 진나라의 분서갱유와 청나라의 위작설에 이르러서는 하늘땅이 뒤바뀌고 해와 달도 빛을 잃어버림으로써 민중에게 이상세계에 대한 희망이 전혀 없는 암흑사회로 전락하였다.

4. 현대의 『서경』 연구와 전망

(1) 현대 서경학(書經學)의 몰락과 재건작업

인간의 상상을 완전히 초절(超絶)한 『서경』의 세계는 현대인들에게 꿈같은 옛날 이야기로 인식되어서 도저히 실현 불가능한 사상으로 치부해 버렸기 때문에 오늘날은 서경학(書經學)이 지상에서 소멸하였다.

19세기 말로부터 20세기 초에 이르는 서구 열강의 침략정책에 편승한 일본의 군주 명치(明治)와 군국주의세력은 영일공수동맹(서기 1902년 1월)과 미국과 일본의 가쓰라-태프트 밀약(서기 1905년 7월)에 고무되어 서기 1905년 11월 17일에 일본이 일방적으로 발표한 을사5륵약(乙巳五勒約)과 서기 1907년 7월 정미7륵약(丁未七勒約) 및 그 비밀부수각서(秘密部隨覺書)로 대한제국의 주권을 약탈하는 만행을 저질렀다.

이때에 한국의 노유(老儒) 최익현(崔益鉉)은 국가신의론(國家信義論)을 주장하며 의병을 일으켰다가 일본군에게 체포되어 대마도에서 아사하였으며, 일본의 유림 서판풍(西坂豊)이 평화공존론(平和共存論)을 주장하며 한국의 서울에 와서 일본군경의 철수를 호소하면서 보신각(普信閣)에서 투신자결하였고, 또 청나라 유림 반종례(潘宗禮)가 한·청·일의 협력론(協力論)을 주장하며 한국의 서울에 와서 같은 동양인끼리 분열대립하는 것은 자멸일 뿐임을 경고하고 역시 보신각에서 투신자살하였다.

이후 동방예의지국의 위대한 전통을 수호하려는 우리나라의 산림

학자양반은 분연히 궐기하여 해산군인과 힘을 합쳐 30만 의병으로 13도민군(十三道民軍)의 원수부(元首府)를 세우고 양반 10만과 유생 110만의 적극적인 지원 아래 1907년부터 1910년까지 3년에 걸쳐 대한독립을 위하여 결사항전하였으니 그 영웅적인 의병장으로 유인석(柳麟錫), 이인영(李麟榮), 허위(許蔿), 이강년(李康秊), 김동식(金東植), 안중근(安重根) 장군이 유명하였다.

그러나 일본은 끝내 반성하지 않고 도리어 일본의 황도유학(皇道儒學)으로 우리나라의 성리학을 대체하여 도학(道學)을 한학(漢學)으로 변질시키면서 성균관과 향교 및 서당을 폐쇄하고 신학교를 세워 도덕학과 한국사 그리고 정치학을 가르치지 못하도록 금지함으로써 세계에 유일하게 남았던 우리나라의 서경학도 몰락하고 말았다.

특히 20세기는 자본주의와 공산주의가 크게 일어나 대립하였는데 마침내 서기 1945년 한국이 해방을 맞이하였어도 또다시 남북이 분단되고 이어 6·25동란으로 미·소의 직접 영향권에 편입되었기 때문에 지난날의 학문전통을 되살릴 수 있는 기회를 잃었다.

중국은 홍수전(洪秀全 : 서기 1814~1864)이 반청혁명(反淸革命)을 주도하면서 유교경전을 요서사설(妖書邪說)로 배격하였고 또 신문화운동가들이 러시아의 10월혁명에 영향을 받아 서기 1919년 5월 4일 북경에서 반제국주의운동과 반봉건운동을 전개하면서 타도공가점(打倒孔家店)을 주장하였으며 모택동은 공산당을 조직하여 서기 1949년 중화인민공화국(中華人民共和國)을 세우고 서기 1965년부터 1977년까지 13년에 걸쳐 중국 프롤레타리아 문화대혁명을 단행하며 유교문화를 모조리 파괴하고 문자까지 간자(簡字)로 바꾸어서 유교사상을 멸절시켰다.

일본은 대동아제국을 건설하려는 야망을 품고 동남아시아를 무차별적으로 침략하다가 끝내 서기 1941년 미국과 태평양전쟁을 일으켰으나 서기 1945년 무조건 항복하여 패전국이 되어 평화헌법을 채택하고 이제는 문화교류에 힘쓰고 있지만 일찍이 『서경』의 정치이념을 현실정치에 도입한 역사가 없기 때문에 오로지 황도유학에 전념하고 있을 따름이다.

그 동안 20세기를 혼란으로 몰아넣었던 일당독재의 공산국가가 해체되었고 수단과 방법을 가리지 않고 황금만능의 사회를 만들었던 천민자본주의국가도 사양길에 접어들었다.

이제 21세기의 인류는 진정한 평화를 소원하고 아름다운 도덕문화를 갈망하면서 유교정치에 주목하고 있는바『서경』의 천덕왕도를 밝혀 덕치인정을 베풀어 태평성대를 건설하는 도덕과 사업이야말로 첨단과학시대에 인류행복을 담보하는 사상이라고 할 것이다.

그리하여 우리나라의 유교는 이미 현대화·대중화·과학화의 작업을 거의 마쳤으니 21세기 유교의 이념으로 자연과학적 합리주의에 철저한 천리(天理), 물리(物理), 사리(事理)와 인문과학적 합리주의에 철저한 성리(性理), 심리(心理), 정리(情理)와 사회과학적 합리주의에 철저한 윤리(倫理), 도리(道理), 의리(義理)를 체계적으로 분류정리하여 유교합리주의를 개발하고, 만물의 성질과 모양과 색깔과 맛을 그대로 살려서 가장 편안한 상태로 화합조절하여 치우치거나 기울어짐이 없으며 지나치거나 미치지 못함도 없이 자연스러운 안정과 발전을 이룩하는 중용사상을 제시하며, 하늘과 땅과 사람과 만물이 모두 화합하여 공존공영하는 대동세계정신(大同世界精神)을 역설하였다.

그리고 21세기 유교의 사회윤리로 양주쌍전주의(兩主雙全主義)와 공동분수주의(共同分數主義)를 정립하여 전체가 평등하면서 개인적으로 자유스러운 5륜(五倫)의 인간관계를 재해석하고 집단의 이념과 목적은 같으면서도 구성원 각자의 사업과 방법은 서로 다르게 추진하는 길을 정립하였다.

이러한 논리에 바탕하여 나는 이미『대학』,『중용』,『주역』,『춘추』,『시경』을 역주하여 발간해서 모두 전자책으로 만들어 새 시대에 유교를 연구하는 길을 열었으며 또한 '정통가정의례'와 '유교' 그리고 '동양문화연구소' 사이트 인터넷 홈페이지(my.netian.com/~bookac)를 개설하여 현재 100만이 넘은 네티즌이 방문해서 최고 인기등급인 으뜸추천의 영예를 안았으니 학생들의 추천사에서 말하기를 "대단해요 저는 유교적인 나라가 좋아요. 요즘 나라는 싫어요"라고까지 하였다.

세상은 바뀌었다. 밤도 낮도 없고 안도 바깥도 없는 사이버 공간에서 민중이 공유한 대량정보는 스스로 신속한 결단력, 강력한 추진력 공고한 단결력을 발휘하며 자체적으로 정부를 선택하고 나라를 경영하여 민중의 힘으로 이상세계를 개척하는 시대가 도래하였다.

그렇다면 장차 많은 민중이 뜻을 숭상하여 성인을 흠모하고 도를 좋아하여 경서를 애독하게 될 것이니 『서경』의 연구는 지난 2,500년의 침잠에서 벗어나 새로운 인류의 희망으로 떠올라서 빛나는 광채를 찬연히 발휘하여 세계의 어느 나라 어느 민족이나 민중이 융성한 사회를 스스로 창조함으로써 봉황이 노래하고 기린과 추우(騶虞)가 춤출 날이 멀지 않을 것이다.

(2) 새 시대 서경학에 대한 부기

오늘날 마르크스(Karl Heinrich Marx : 1818~1883)가 사적 유물론으로 역사 발전과정을 원시공산사회, 고대노예제사회, 중세농노제사회, 미래공산주의사회로 설정한 유럽사의 시대구분을 세계사의 보편적 역사발전의 법칙으로 발전시키는 풍조가 있다.

그리하여 중국에서도 서기 1930년에 곽말약(郭沫若)이 『중국고대사회연구』에서 마르크스 사관을 적용하여 은대(殷代) 및 그 이전을 원시공산사회, 서주(西周)를 노예제사회, 춘추(春秋) 이후를 봉건제사회로 구분하였다. 이에 여진우(呂振羽)는 갑골문을 사료로 은대가 노예제사회이고 서주는 봉건제사회라고 보았다. 이 두 가지 주장에 대한 논쟁이 전개되어 수정하여 은대도 노예제사회이며 춘추시대 말까지 지속되었다고 하였다. 또 후외로(侯外盧)는 중국의 노예제를 아시아적 생산양식론에 근거하여 특수한 노예제로 보고 곽말약과 여진우의 설을 절충하였는데 대체로 은대는 노예제사회, 서주(西周) 이후는 봉건제사회로 인식하는 세태이다.

이 세 사람은 모두 『서경』을 실록으로 인정하지 않았을 뿐만 아니라 또한 요·순의 실존도 의심하면서 심지어 공자와 맹자의 도덕까지 비판했으니 오로지 마르크스와 모택동 사상만을 금과옥조(金科玉條)로 받들고 신괘령조(神卦靈兆)로 믿으며 공산당의 집권하에 서슬 푸른 양날의 칼을 들고 중국사를 재단하여 중화인민공화국이 극락이나 천당보다도 살기 좋은 공산사회의 입구임을 선전하였다.

속담에 이런 말이 있으니 말하기를 "꺼적대기 할아버지에 비단 손자가 나와야지 비단 할아버지에 꺼적대기 손자가 되어서는 안 된다"라고 하였다. 이것은 어진 자손은 조상의 역사를 빛내고 어리석은 자손은 조상의 역사를 욕되게 한다는 뜻이다.

공자가 편집한 『주역』, 『서경』, 『시경』, 『춘추』, 『예기』와 그 제자들이 엮은 『논어』 그리고 증자의 『대학』, 자사의 『중용』 및 맹자의 문인(門人)이 엮은 『맹자』는 추호도 의심할 이유가 없는 경전으로 받들며 수천 년 동안 이어온 동양의 정통학문임에도 하루아침에 이것을 모조리 타도하고 얼토당토않은 궤변을 농하여 요순시대를 전설로 치부하고 하, 은, 주를 노예제사회로 지목하여 춘추전국시대만도 못한 미개사회로 둔갑시켜서 끝끝내 요, 순, 우, 탕, 문무가 소위 폭군 진시왕보다도 못한 임금으로 격하하는 데 이르렀으니 역사 광란의 극치였다.

시대가 발전하거나 퇴보하는 것은 오직 한 가지의 원인 때문에 나타난 현상이 아니라 여러 가지의 복합적인 동기에서 발생함에도 유물주의사관은 물질생산의 구조만으로 사회의 성격을 규정하여 역사발전설을 주장하고 있는바 이것은 대단히 위험한 일방적인 견해이다.

인의예지신(仁義禮智信)의 덕망을 가진 성현을 국가의 최고지도자로 선출하여 균형이 있는 법률과 제도를 갖추어서 공명정대하게 경영하여 다스려야만 아름다운 대동태평성대를 건설하여 역사가 발전하는 것이요 잔악포학한 군주가 국가의 권력을 거머쥐고 야욕충족에 광분하면서 살육전을 일삼고 민중을 탄압하면 암흑시대로 전락하여 역사가 퇴보하는 것이다.

이와 같이 역사가 발전하고 퇴보하는 것은 전체 인류가 대동태평시대의 안락태평을 누리고 살았는가, 아니면 분열대립시대의 불안공포

속에 살았는가에 있는 것이지 무슨 물질을 얼마나 생산했느냐에 있는 것이 아니다. 따라서 물질이 비록 적어도 두루 떳떳하고 균안(均安)했다면 문명한 사회이고 또한 물질이 아무리 많아도 빈익빈 부익부하여 민중이 고통 속에 불평불안(不平不安)했다면 암흑사회로 규정하지 않을 수 없는 것이다.

이러한 유교적인 사관을 기초로 시대를 분류한다면 동양사는 마땅히 요순시대와 하, 은, 주는 천덕왕도로 덕치인정시대이고, 춘추전국은 오직 부국강병만을 추구하여 강대국을 건설하는 데 몰두한 패도정치시대이며, 진나라의 소위 시왕은 오로지 왕권만을 강화하여 영구독점을 기도하는 권도정치시대이고, 원나라와 청나라는 정복자로서 피정복민을 다스렸던 세도정치시대라고 할 것인즉 그 가운데 한나라와 당나라는 패도정치시대이고 송나라와 명나라는 왕도정치시대라고 규정해야 하며 따라서 동양사는 고대에는 발전했으나 춘추 이후에는 퇴보했는데 중세에 송나라와 명나라에서 다시 발전했다가 원나라와 청나라에서 다시 퇴보했고 오직 근세에 조선왕조에서만 크게 발전하였음을 알 것이니 성인이 다시 나와도 나의 말을 바꾸지 못할 것이다.

상경(上經)

Ⅰ. 우서(虞書) / 우(虞)나라의 실록(實錄)

우(虞)는 순(舜)의 씨(氏)인데 당시에는 시호(諡號)제도가 없었기 때문에 사람들이 인습적으로 순임금의 왕호(王號)로 사용하여 제순유우씨(帝舜有虞氏)라고 호칭하였다.

서(書)는 정치와 행정의 기록문서로 임금의 정치도덕과 행정원리 그리고 교육이념 등을 간추리고 또한 신하의 어질고 유능한 모범과 투철한 책임정신을 뽑아 후세에 교훈과 격언으로 삼고자 엮은 왕조의 실록(實錄)이다. 따라서 서(書)는 전 왕의 실록을 다음 시대에 편찬한 책이므로 임금이 당대에 자기의 실록을 편찬할 수는 없는 것이고 또한 어떠한 부분에서도 역사적 모범이나 인간적 본보기가 전혀 없는 임금은 뒷 임금이 그 실록을 편찬하지 않고 그 일기나 역사를 편찬하여 경계로 삼게 하였으니 서(書)는 고상(高尙)한 정치의 기록이기 때문에 후세에 상서(尙書)라고 일컬었던 것이다.

우서(虞書)에는 요전(堯典), 순전(舜典), 대우모(大禹謨), 고요모(皐陶謨), 익직(益稷) 등의 5편이 있는데 요전은 순임금 시대에 사관(史官)이 편찬한 것이고 순전과 순임금 시대에 어진 신하였던 우, 고요, 익, 직 등의 위대한 정책을 기록한 대우모, 고요모, 익직 편 등은 하(夏)나라 시대에 사관이 편찬한 것이다. 요전을 우서에 넣은 것은 요임금과 순임금은 하늘과 태양 같아서 서로 분리할 수 없기 때문에 요천순일(堯天舜日)의 세계를 현창(顯彰)하기 위함이다.

1. 요전(堯典) / 요(堯)임금의 전장(典章)

　요(堯)는 중국 상고시대에 실재했던 거룩한 제왕의 이름인데 씨(氏)가 당(唐)이므로 사람들이 인습적으로 왕호(王號)를 도당(陶唐)이라고 일컬었기 때문에 제요도당씨(帝堯陶唐氏)로 호칭하였다.

　전(典)은 전장(典章)이라는 뜻이니 요임금의 정치도덕과 행정원리 및 교육이념은 천하국가의 가장 보편적인 내용으로 영원히 불변하는 진리이기 때문에 후세의 정치가가 최고의 본보기로 삼아야 할 아름다운 정치문화임을 밝힌 것이다. 『서경(書經)』 58편 가운데 전은 오직 요전과 순전의 두 편밖에 없으니 마치 『주역(周易)』의 건(乾)과 곤(坤), 그리고 『시경(詩經)』의 주남(周南)과 소남(召南) 편처럼 소중한 의미를 가지고 있다. 이 요전 편은 『금문(今文)』과 『고문(古文)』에 모두 수록되어 있다.

1-1-1 ······························· 曰若稽古帝堯한대
曰放勳이시니 欽明文思가
安安하시며 允恭克讓하사
光被四表하시며 格于上下하시니라

　『어이쿠, 지난날의 제왕 요를 자세히 살피건대 천하에 정성을 다하여 이룩한 공로를 본받을 만하다고 할 것이니 경건하시며 밝으시며 문채 나시며 생각하심이 저절로 안정하시며 어여쁘게 공손하시고 잘 사양하사 아름다운 광택이 사방의 변두리에 미치시며 하늘과 땅에 이

『르시니라.』

　　☯︎ 공자가 순임금 시대의 사관이 요임금의 실록을 편찬한 내용을 기초로 하여 『서경』을 서술하면서 그 첫머리에 요임금의 위대한 도덕과 웅장한 사업을 기술한 내용이다. 요임금은 20세에 즉위하여 70세에 순을 등용하였고 90세에 순으로 하여금 섭정케 하다가 117세에 붕하시니 백성들이 마치 부모가 돌아가신 것처럼 슬퍼하였다. 그 재위 기간이 무려 97년인바 천하가 태평하여 어린이는 즐거운 강구연월가(康衢煙月歌)를 부르고 어른은 자유로운 격양가(擊壤歌)를 부르니 봉황이 나와서 춤을 추었다. 이에 사관은 이와 같이 즐겁고 자유로운 사회를 건설했던 원동력은 오로지 요임금의 위대한 정치지도력에서 연원한 것임을 변증하고, 요임금이 갖추었던 제왕의 덕은 경건한 마음, 밝은 지성, 문채 나는 행실, 고요하고 편안한 생각을 가지고 어여쁘게 공손하면서 잘 사양하는 것임을 증언하고 또한 그 덕이 너무도 커서 아름다운 정치문화가 사방의 변두리 나라에까지 미쳐서 개명한 인류사회를 개척했으며 마침내 하늘과 땅에까지 이르러 인간중심의 문명세계를 열게 되었음을 증명하였다.

　　왈(曰)은 말이 하고 싶은 충동을 느낀 발단사(發端辭)로 월(粵)이나 월(越)자와 같으며 약(若)은 발어사(發語辭)인데 왈약(曰若)은 상쾌하고 좋아서 매우 반기는 느낌을 나타내는 말이다. 계(稽)는 역사적 사실을 자세히 고찰함이요 제(帝)는 임금의 덕(德)이 하늘과 땅에 합하여 지극히 공정해서 사사로움이 없는 것을 상징하는 왕호(王號)이다. 왈(曰)은 일컫는 것이고 방(放)은 모방하여 본받는 것이며 훈(勳)은 훈로(勳勞)이니 천하에 정성을 다하여 성대하게 이룩한 업적이다. 이것은 요(堯)임금의 공덕을 총평한 말로 모든 사람이 우러러 받들 만한 인류의 사표요 정치가의 모범이 될 만하다는 뜻이다. 대저 대부(大夫)는 은혜로움을 표창하고 제후(諸侯)는 공로를 표창하며 제왕(帝王)은 훈로(勳勞)을 표창하는바 요임금은 유사 이래로 일백 제왕의 모범이다. 흠(欽)은 마음이 경건하여 항상 도덕심을 간직하는 것이고 명(明)은 지각이 밝아 사리(事理)에 달통한 것이며 문(文)은 문장(文章)이니 행실이 아름다워서 문채(文彩)가 아롱진 것이다. 사(思)는 의사(意思)이고 안안(安安)은 화평하고 안정한 모양이니 요임금은 천성이 순수하고 착해서 저절로 원만한 인격을 항상 간직했다는 뜻이다. 윤(允)은 믿음직하고도 어여쁜 것이고 공(恭)은 공손함이니 공경심이 밖으로 나타남이요 극(克)은 잘하는 것이며 양(讓)은 사양함이니 좋은 것을 남에게 양보하는 것이다. 이것은 요임금이 사람을 대하고 일을 처리함에 있어서 처음부터 끝까지 예절을 지켰다는 뜻이다. 광(光)은 광택(光澤)이니 찬란한 도덕문화의 아름다운 광택이며 피(被)는 미치는 것이고 사표(四表)는 사방의 국경 밖에 있는 변두리 지역이요 격(格)은 이르른 것이며 상(上)은 상천(上天)이고 하는 하지(下地)이다. 이것은 요임금의 덕화(德化)가 미치지 않은 곳이 없어서 온 세상을 빛나는 세계로 변혁했을 뿐만 아니라 인류역사상 선사시대를 마감하고 유사시대(有史時代)를 창조함으로써 신천지를 개벽하였음을 논증한 것이다.

공자가 말하기를 "크도다, 요가 임금 노릇함이여 우뚝하게 높은 것은 오직 하늘이 크거늘 오직 요임금이 하늘을 준칙으로 삼았나니 넓고도 커서 사람들이 말로 표현할 수 없도다.〔『논어(論語)』 태백(泰伯)〕"라고 하였다. 무릇 유사 이래로 제왕의 덕화가 요임금보다 성대한 것이 없고, 요임금의 덕은 여기보다 구체적인 기록이 없다. 그러므로 공자가 『서경』을 서술하면서 이에 흠명문사안안(欽明文思安安)의 덕성과 윤공극양(允恭克讓)의 행실이 성왕(聖王)이 되는 바탕임을 개권벽두(開卷劈頭)에서 밝혔으니 비단 제왕의 기본자질일 뿐만 아니라 또한 사람은 누구나 본받아 지켜야 될 지극히 자연스럽고 지극히 인간적이고 지극히 민주적인 덕목임을 깊이 음미하기 바란다.

극 명 준 덕   이 친 구 족
克明俊德하야 以親九族하신대

구 족 기 목   평 장 백 성
九族旣睦이어늘 平章百姓하신대

1-1-2 ······································

백 성 소 명　　　협 화 만 방
百姓昭明하며 協和萬邦하신대
여 민　　오 변 시 옹
黎民이 於變時雍하니라

『큰 덕을 잘 밝혀서 아홉 겨레를 친하신대 아홉 겨레가 이미 화목하거늘 백성을 고루 반듯하고 맵시가 나게 하신대 백성이 소상하고 명확하며 일만 나라를 협력하고 화합하게 하신대 서민대중이 아, 변화하여 이에 온화하게 어울리니라.』

☯ 요임금은 스스로 큰 덕을 잘 밝혀서 효도를 실천함으로써 사람을 감화시켜 마침내 온 세상에 본받아 떨치고 일어나서 화목한 가정, 문명한 국가, 평화로운 세계를 건설하게 되었음을 논증하였다. 이로써 요임금의 정치이념은 효도사상이고 그 정치목적은 인류문명을 창조하여 서민대중의 안락한 삶을 보장하는 것임을 변증하였다.

극명(克明)은 스스로 잘 밝히는 것이요 준덕(俊德)은 큰 덕이니 천부적으로 타고난 인간성인 즉 극명준덕(克明俊德)은 요(堯)임금이 자기의 고유한 덕성을 스스로 밝혔다는 뜻이다. 친(親)은 가까운 사이로 친밀하게 지내는 것이요 구족(九族)은 본족(本族)의 유복친(有服親)으로 고조(高祖)까지나 또는 현손(玄孫)까지의 4대 일가와 외족(外族)의 외조부모로부터 외숙, 외숙모, 이모와 외종형제자매 및 이종형제자매 등의 3대, 그리고 처족(妻族)의 장인, 장모와 처남, 처형, 처제 등의 2대를 지칭하는 것으로 이른바 혈연으로 맺어진 가까운 친척이다. 목(睦)은 화목하게 지내는 것이고 평(平)은 균평(均平)이니 고루 평평하고 반듯한 것이며 장(章)은 문채(文彩)가 아름답게 나타난 것이니 맵시가 나는 것이다. 백성(百姓)은 국민을 지칭하는 말로 국적이 있는 일반서민이다. 소(昭)는 소상(昭詳)함이니 분명하고 자상한 것이고 명(明)은 명확(明確)함이니 똑똑하고 확실한 것이다. 협(協)은 협력(協力)이니 힘을 합하여 서로 돕는 것이고 화(和)는 화합(和合)이니 서로 어울려서 정답게 지내는 것이며 만방(萬邦)은 사방에 있는 온갖 나라를 모두 지칭하는 말이다. 여민(黎民)은 고대에 서민은 관을 쓰지 않으므로 검은 머리가 보인다는 뜻에서 일반서민 대중을 지칭하는 용어로 쓰였으니 여원(黎元) 또는 검수(黔首)라고도 한다. 오(於)는 감탄사이고 변(變)은 변화이니 서민대중의 기질이 변화하여 밝고 씩씩한 삶의 자세로 바뀌었다는 뜻이며 시(時)는 시(是)자와 같으니 옛날에는 통용하였고 옹(雍)은 옹화(雍和)이니 온화하게 어울리는 것이다.

요임금은 천하를 다스림에 있어서 오로지 자기자신의 도덕적 감화력으로 태평성대를 건설하여 마침내 봉황이 이르러 왔으니 이것을 지치(至治)라고 하여 덕치인정(德治仁政)의 극치로 인식하였다. 이에 증자는 『대학』을 편집하면서 경1장(經一章)의 3강령(三綱領)인 명명덕(明明德), 신민(親民), 지어지선(止於至善)과 8조목(八條目)인 격물(格物), 치지(致知), 성의(誠意), 정심(正心), 수신(修身), 제가(齊家), 치국(治國), 평천하(平天下)를 주제로 논술하였으니 그 규모와 순서가 본래 여기에서 나오는 것임을 알 수 있을 것이다. 그러므로 자사는 『중용』에서 중니는 요·순을 조종(祖宗)으로 계승하시고 문왕과 무왕을 헌장으로 삼았다고 증언하였으니 도덕정치의 천하대통(天下大統)이 바로 여기에서 비롯함을 깊이 통찰해서 일심으로 본받으려고 노력해야 할 것이다.

1-1-3 ·· 乃命羲和하야 欽若昊天하야
曆象日月星辰하야 敬授人時하시다

『이에 희씨와 화씨를 임명하여 넓은 하늘을 자세히 관측해서 자연에 순응하여 날과 달과 시절과 시간을 달력으로 만들고 기상변화를 밝혀 공경하여 인민에게 때를 반포하여 알리라고 하시다.』

☯ 요임금은 스스로의 위대한 지도력으로 인민을 화합시켰을 뿐만

아니라 또한 인재를 발탁하여 자연과학에 철저한 문명세계를 개척하게 했던 사실을 여기에서 논증하였으니 아래도 같다. 하늘과 땅은 인간의 삶터이기 때문에 자연환경을 슬기롭게 이용해야만 인류의 발전을 보장할 수 있는 까닭에 가장 먼저 천시(天時)의 변화를 관측하여 달력을 만들어서 때에 따라 살도록 가르치는 것은 자연과학을 정치사회에 응용하는 시발이다.

내(乃)는 말을 계속하는 접속사이고 명(命)은 임명(任命)이며 희(羲)와 화(和)는 모두 씨(氏)로 두 사람의 천문기상전문가를 발탁한 것이다. 흠(欽)은 우러러 물끄러미 쳐다보고 관측하는 것이며 약(若)은 순응하여 따르는 것이다. 역(曆)은 날과 달의 수를 셈하여 보기 쉽게 정리한 것이니 일력(日曆), 월력(月曆), 세력(歲曆)이라고 하며 상(象)은 사물을 상징적으로 표상화하는 것이니 여기서는 기상의 변화를 알기 쉽게 표현한 것이다. 일(日)은 태양인데 지구중심설(地球中心說 : 天動說)로 말하면 태양이 지구를 돈다고 인식하여 한 바퀴 도는 것을 1일로 삼았고, 태양중심설(太陽中心說 : 地動說)로 말하면 지구가 자전(自轉)한다고 증명하여 한 번 자전하는 것을 1일로 삼았으니 모두 24시간으로 똑같다. 월(月)은 달인데 지구의 위성으로 지구중심설에서는 달이 지구를 하루에 한 번씩 돈다고 생각하였고 태양중심설에서는 한 달에 한 번씩 돈다고 증명하였으니 초생달, 보름달, 그믐달이 되었다가 태양과 지구의 일직선상에서 달이 만나는 주기는 모두 똑같이 27일 내지 32일이지만 음력에서는 29일이나 30일로 조절하고 양력에서는 30일이나 31일로 조합한다. 성(星)은 사방의 별자리에 일곱 개씩 모두 이십팔수(二十八宿)가 있는데 동쪽에는 각(角), 항(亢), 저(氐), 방(房), 심(心), 미(尾), 기(箕), 서쪽에는 규(奎), 루(婁), 위(胃), 묘(昴), 필(畢), 자(觜), 삼(參), 남쪽에는 정(井), 귀(鬼), 류(柳), 성(星), 장(張), 익(翼), 진(軫), 북쪽에는 두(斗), 우(牛), 여(女), 허(虛), 위(危), 실(室), 벽(壁) 등의 경성(經星)이다. 이러한 별들의 뜨고 지는 것으로 낮과 밤의 길고 짧음과 기상의 변화를 인식하였다. 신(辰)은 해와 지구의 일직선상에서 달이 해와 만나는 곳을 기점으로 하여 하늘을 일주하는 도수

(度數)를 나누어 12차(次 : 돌아가는 위치)로 삼았으니 1년 열두 달의 계절변화를 확인하여 때를 아는 방법이다. 경(敬)은 공경이니 일을 함에 있어서 신중히 처리하여 정확하고 믿음직하게 하는 것이며 수(授)는 반포하여 알리는 것이고 인(人)은 인민이요 시(時)는 세(歲), 월(月), 일(日)의 시간이 변화하는 주기로 1년은 12개월, 한 달은 30일, 1일은 12시[12辰]인바 세수(歲首)의 정월(正月) 원일(元日)과 매월의 초하루와 매일의 자시(子時)이다.

　요임금은 이와 같이 태양과 달과 별의 운행에 기초한 새로운 음양력(陰陽曆)을 반포하여 정월 초하루[正朔]를 시작으로 하는 1년 주기의 정치사업체제와 매월 초하루를 시작으로 하는 1개월 단위의 행정사업체계와 자시(子時)를 하루의 시작으로 하는 1일 단위의 담당사업 추진계획을 세워 시작하는 날과 끝내는 날을 분명히 함으로써 예측가능한 정치사회를 활짝 열었으니 이로부터 인류가 세월의 흐름에 따라 진보를 거듭하는 문명사회로 진입하게 되었는데 이것을 일컬어 요임금의 순천응시(順天應時)의 정치라고 한다.

1-1-4 ·····························　分命義仲하사 宅嵎夷하시니
　　　　　　　　　　　　　　　　　日暘谷이니 寅賓出日하야
　　　　　　　　　　　　　　　　　平秩東作이니 日中이요 星鳥하야
　　　　　　　　　　　　　　　　　以殷仲春이면 厥民은 析이요
　　　　　　　　　　　　　　　　　鳥獸는 孳尾니라

『분부하여 희중을 임명하여 우이 땅에 머물게 하시니 곧 해가 뜨는 곳으로 양곡이라 하노니 뜨는 해를 삼가 맞이해서 봄철의 경작에 일률적으로 질서를 세울지니 낮과 밤의 길이가 같고 해가 질 무렵에 성성이 정남방에 나타나 봄의 가운데로서 2월의 중춘이면 그 인민은 흩

어지고 새와 짐승은 새끼를 낳으려고 교미하니라.』

 ☯ 여기서부터는 요임금이 여러 사람에게 행정의 직책을 나누어서 새로운 음양력에 의거한 각 지역의 기후의 변화를 관측케 하여 그 기후의 변화에 순응해서 인민의 생활방식을 조절통일하고 자연자원을 철에 따라 활용할 것을 지시한 내용이다.

 분(分)은 분부(分付)이니 여러 사람에게 일을 나누어 시킴이고 희중(羲仲)은 희(羲)씨의 가운데 아들로 나이가 50 이상 된 사람이나 앞에 희 씨와 어떤 관계인지는 알 수 없다. 택(宅)은 정착하여 사는 집이니 해 뜨는 위치와 시간을 관측하는 장소가 일정해야만 그 변화를 비교하여 종합할 수 있으며 우이(嵎夷)는 동쪽 변경의 해변에 있는 땅이름으로 우공(禹貢)에서 청주(靑州)지역(2-1-19)이라고 했으니 대개 오늘날 중국 산동반도(山東半島) 일대로 추측할 수 있다. 양곡(暘谷)은 해가 뜨는 곳이라는 뜻을 가진 말이니 곧 우이 땅 내에 세운 일출관측소(日出觀測所)의 관청이름으로 희중의 관직명을 겸하며 인(寅)은 삼가 공경함이고 빈(賓)은 맞이하여 인도함이며 출일(出日)은 수평선에서 처음 떠오르는 태양인데 여기서는 춘분(春分)날 아침에 뜨는 태양이다. 즉 춘분날 아침에 희중이 바닷가에 나아가 삼가 태양을 공경하여 인도하는 의식을 거행하여 모든 사람들로 하여금 춘분이 된 것을 알리라는 뜻이다. 평(平)은 균일(均一)함이요 질(秩)은 질서이며 동(東)은 봄이고 작(作)은 경작이니 곧 봄철의 경작을 일률적으로 같이 시작하도록 질서를 세움이다. 일중(日中)은 낮과 밤의 길이가 똑같은 것이고 성(星)은 28수 가운데 하나인 성성(星星)이며 조(鳥)는 주작(朱雀)이니 정남방을 상징하는 동물인데 동방은 청룡(靑龍), 서방은 백호(白虎), 북방은 현무(玄武)로 지칭하는바 성성은 춘분날 황혼에 정남방의 하늘에 나타난다. 은(殷)은 가운데로 네 철의 가운데 달을 뜻하니 봄은 2월, 여름은 5월, 가을은 8월, 겨울은 11월인데 여기서는 2월을 지칭한다. 중춘(仲春)은 입춘(立春)과 입하(立夏) 사이의 중간의 봄으로 곧 2월에 해당한다. 궐(厥)은 그것을 지칭하는 대명사이고 민(民)은 생업에 종사하는 서민대중이며 석(析)은 분산이니 농부는 들에 농장으로 기술자는 일하는 작업장으로 흩어지는 것이다. 자(孳)는 새끼를 낳는 것이요 미(尾)는 교미(交尾)하는 것이다.

요임금의 행정이 조직적 체게를 세워서 직분의 한계를 분명히 하고 직무의 요령을 자세히 지시함에 가장 과학적인 방법으로 지극히 현실적인 문제를 처리하게 하였으니 따라서 인민대중은 대단히 쉽고도 능률적인 경영으로 소득을 증대하여 안락한 삶을 구가하여 후세의 사람이 그 태평시대를 그리며 흠모하게 되었다.

1-1-5 ······························· 申命羲叔하야　宅南交하시니
　　　　　　　　　　　　　　（曰明都니）　平秩南訛하야
　　　　　　　　　　　　　　敬致하라　日永이요　星火하야
　　　　　　　　　　　　　　以正仲夏하면　厥民은 因이요
　　　　　　　　　　　　　　鳥獸는　希革이니라

『다시 희숙을 임명하여 남방의 교지 땅에 머물게 하시니 (곧 명도라고 하노니) 여름철의 변화에 일률적으로 질서를 세울지니 공경하여 하지날의 해그림자를 표시하라. 낮이 길고 해질 무렵에 대화성이 정남방에 나타나 한여름으로서 5월의 중하면 그 인민은 안전한 지대에 의지해 살고 새와 짐승은 깃털이 빠져 듬성듬성하고 어린 새끼는 솜털을 가니라.』

● 요임금이 다시 희숙을 임명하여 남쪽지방의 여름철 기후를 관측하도록 분부하는 내용이다.

신(申)은 거듭함이고 희숙(羲叔)은 희씨로 위에 백형(伯兄)과 중형(仲兄)이 있는 사람인데 구체적으로 누구인지는 알 수 없다. 남교(南

交)는 남쪽 끝에 있는 교통의 요충지로 곧 남방의 교지(交趾) 땅이다.
왈명도(曰明都)는 경문(經文)에 없으나 정현(鄭玄) 이래로 여러 학자들
이 다음의 왈유도(曰幽都)에 의거하여 마땅히 보충해야 된다고 하였
다. 남(南)은 여름을 상징하고 와(訛)는 화(化)이니 여름철의 일기변화
에 따라 사람들이 하는 일도 일률적으로 질서를 세워서 공동보조를
맞추어 작업의 진도를 조절하여 변화하라는 뜻이다. 경(敬)은 공경하
여 살피는 것이고 치(致)는 지(至)와 같으니 곧 지일(至日)이다. 고대에
는 나무막대기를 지표에 세워놓고 매일 정오에 그 그림자를 보고 낮
이 길어지고 짧아지는 것을 살폈는바 특히 동지날과 하지날에는 그
그림자의 끝점을 표시하여 동지일(冬至日)과 하지일(夏至日)을 확인해
서 달력의 오차를 바로잡았다. 일영(日永)은 하지일에 낮이 가장 길다
는 뜻이고 성(星)은 중성(中星)이요 화(火)는 대화성(大火星)으로 동쪽
7수(宿) 가운데 심성(心星)인데 하지날 해질 무렵에 대화성이 정남방
에 나타난다. 정(正)은 바로 한창 또는 한가운데라는 뜻이고 중하(仲
夏)는 5월이다. 인(因)은 인연(因緣)이니 여름철의 더위와 비바람 및 홍
수를 피하여 가족을 이끌고 안전한 고지대로 옮겨서 서로 의탁하여
산다는 말이다. 희(希)는 희(稀)와 같으니 드물다는 것이고 혁(革)은 옛
것을 바꾼다는 것이니 희(希)는 큰 새나 짐승들의 깃털이 빠진다는 뜻
이고 혁(革)은 어린 새끼들이 자라면서 솜털이 빠지고 새로운 모양의
깃털이 나오는 것이다.

요임금이 일출관측소는 정동방에 세우고 여름기상관측소는 남쪽
땅 끝에 세웠으니 지극히 과학적인 위치선정이다.

1-1-6 ··· 分命和仲하야 宅西하시니

日昧谷이니 寅餞納日하야

平秩西成이니 宵中이요 星虛라

以殷仲秋면 厥民은 夷요
조 수　　　모 선
鳥獸는 毛毨이니라

『분부하여 화중을 임명하여 서쪽 땅에 머물게 하시니 곧 해가 지는 곳으로 매곡이라 하노니 지는 해를 삼가 배웅하여 보내고 가을걷이에 일률적으로 질서를 세울지니 밤과 낮의 길이가 같고 해질 무렵에 허성이 정남방에 나타나 가을의 가운데로서 8월의 중추면 그 인민은 평지에서 살고 새와 짐승은 털이 새로 나니라.』

☯ 요임금이 또 화중을 임명하여 서쪽 변방에서 천문과 기상을 관측토록 분부한 내용이다.

화중(和仲)은 화(和)씨의 가운데 아들로 50세 이상인 사람이고 서(西)는 서쪽지방의 변경이며 매곡(昧谷)은 해가 지는 곳이라는 뜻을 가진 말이니 곧 서쪽의 변방에 세운 일입관측소(日入觀測所)의 관청 이름으로 황중의 관직명을 겸한다. 전(餞)은 배웅하여 음식을 대접하고 송별함이요 납(納)은 납입(納入)이니 납일(納日)은 태양을 원래의 곳으로 안치(安置)한다는 말인즉 인전납일(寅餞納日)은 추분일(秋分日) 해질 무렵에 희중이 서쪽 산에 올라가 삼가 태양을 공경하여 인도하는 의식을 거행해서 모든 사람들로 하여금 추분이 된 것을 알리라는 뜻이다. 서성(西成)은 가을철의 일을 완성하는 것이니 곧 가을걷이이고 소중(宵中)은 밤과 낮의 길이가 똑같은 것이니 일중(日中)의 대칭이다. 성(星)은 중성(中星)이요 허(虛)는 허성(虛星)으로 북쪽 7수(宿)의 가운데 별로 추분날 해질 무렵이면 정남방에 나타난다. 중추(仲秋)는 8월이고 이(夷)는 평평함이니 평지에 산다는 뜻이며 선(毨)은 털이 새로 나서 고른 것이다.

중추가절에 민중으로 하여금 겨울준비를 서두르게 하는 것은 인민의 안전을 보장하려는 인정(仁政)의 실무이다.

申命和叔하야 宅朔方하시니

曰幽都니 平在朔易이니

日短이요 星昴라 以正仲冬이며

厥民은 隩요 鳥獸는 氄毛니라

『다시 화숙을 임명하여 북방에 머물게 하시니 곧 유도라고 하노니 겨울철의 해가 바뀜에 일률적으로 한 해가 지나감을 살피게 할지니 낮은 짧고 해질 무렵에 묘성이 정남방에 나타나면 한겨울로서 11월의 중동이면 그 인민은 집안에서 살고 새와 짐승은 가는 털이 나니라.』

☯ 화숙(和叔)은 화씨로 위에 형이 있는 사람이고 삭방(朔方)은 북쪽의 변방이니 삭(朔)은 소멸했다가 다시 소생한다는 뜻을 가진 말이기 때문에 태양은 동지에 다시 길어지고 달은 초하루에 다시 생기므로 낮이 거의 없어졌다가 다시 생기는 북방을 삭방이라고 하였다. 유도(幽都)는 북극지대의 겨울은 태양이 거의 뜨지 않아 어두컴컴한 날이 계속되기 때문에 사물이 어둠 속에 있는 도시라는 뜻이고 재(在)는 살핀다는 뜻이며 삭역(朔易)은 동지(冬至)에 해가 지극히 짧아졌다가 다시 길어지기 시작하므로 이에 천도(天道)의 운행도수가 바뀐 것을 깨달아 묵은해를 보내고 새해를 맞이하는 것이다. 그러므로 평재삭역(平在朔易)은 해가 바뀜에 모든 사람은 일률적으로 지난해를 결산하고 새해의 계획을 세우도록 살피게 하라는 뜻이다. 일단(日短)은 겨울에 북쪽지방은 낮이 지극히 짧다는 것이요 성묘(星昴)는 동지날 해질 무렵에 묘성(昴星)이 정남쪽 하늘에 나타나는 것이며 중동(仲冬)은 11월이다. 오(隩)는 실내이니 곧 집안이요 용(氄)은 가는 털로 체온을 보존하기 위한 솜털이다.

요임금이 천문과 기상을 관측함에 봄은 동풍에서 비롯하므로 동쪽 바닷가에서 일출을 관측케 하고 여름은 남풍에서 시작하므로 남쪽 변방에서 한여름의 더위를 관측케 하며 가을은 서풍에서 비롯하므로 서쪽 변방에서 일몰을 관측케 하고 겨울은 북풍에서 시작하므로 북쪽 변경에서 한겨울의 추위를 관측케 하여 인민으로 하여금 계절과 기후에 석응하여 일을 시작하고 끝낼 때를 밝혀서 일률적으로 질서 있게 사는 공동체사회 규범을 세웠으니 이로써 삶의 활기와 일의 능률을 가져와서 인류역사가 획기적으로 발전하는 체제를 마련하게 되었다.

1-1-8 ·· 帝가 日咨汝羲暨和야

朞三百有六旬有六日이니

以閏月이라야 定四時成歲하야

允釐百工하야 庶績이 咸熙하리라

『요임금이 말씀하시기를 "아차, 그대들 희공과 화공이여, 1년은 366일이니 윤달로 조절하여 네 철을 정해서 한 해를 이루어야 믿음으로 일백 기능공을 다스려서 여러 가지 업적이 모두 빛나리라."』

◉ 요임금이 희공과 화공에게 재차 당부한 내용을 그대로 인용하여 실록체로 기술하였다.

여기서부터 제왈(帝曰)을 거듭 쓴 것은 사관(史官)이 시차가 있었음을 밝히기 위하여 첨가한 것이다. 제(帝)는 요(堯)임금이고 자(咨)는 일에 실수가 있는 것을 깨닫고 깜짝 놀랄 때에 무심코 나오는 소리이며 기(暨)는 접속사이다. 요임금이 이미 희씨와 화씨에게 천문과 기상을 관측하여 새로운 달력을 제정하라고 앞에서 명령하였는데 이제 생각하니 꼭 해야 할 말이 빠졌으므로 이에 다시 추가 지시하려고 희공(羲公)과 화공(和公)을 부른 것이다. 기(朞)는 1년의 주기요 순(旬)은 10일인데 366일은 동지(冬至)를 기준으로 1년의 날짜를 셈하면 1년은 365

1. 요전(堯典) / 요임금의 전장 63

일과 940분의 235일이니 곧 365.25일인데 오늘날의 시간으로 환산하면 365일 6시간이기 때문에 대략 366일로 말한 것이다. 윤월(閏月)은 초하루를 기준으로 한 달의 날짜수를 계산하면 큰 달은 30일이고 작은 달은 29일인즉 1년의 12개월을 합치면 354일인데 정확히 해와 달이 일치하는 시각으로 측정하면 1년의 12개월은 354와 930분의 348일이다. 그러므로 태양을 기준으로 하는 태양력과 달을 기준으로 하는 태음력(太陰曆)을 적절히 조절하여 음(陰)과 양(陽)이 조화하도록 1년의 상수(常數)를 360일로 조절하여 음양력(陰陽曆)을 만들면 매년 태양력과 비교하여 셈했을 때에 5와 940분의 235일이 남고 태음력과 비교하여 셈했을 때에 5와 940분의 582일이 부족하므로 이에 해와 달의 1년 동안 시차가 10과 940분의 817일이 된다. 그리하여 3년마다 윤월(閏月)을 두어야만 태양의 고도에 의한 춘하추동의 네 절기와 달의 초생달과 보름달에 의한 삭망(朔望)을 대체로 일치시켜서 조화를 얻을 수 있는 것이다. 또한 3년 동안의 태양과 달의 시간 차이가 32와 940분의 601일이므로 5년이면 54와 940분의 375일이 되는 까닭에 5년에 두 번 윤월을 두고, 19년 동안에 7번의 윤월을 두어야 태양과 달의 주기가 일치하여 1장(一章)이 된다. 그러므로 요임금은 태양력은 달의 삭망(朔望)이 일치하지 않고, 태음력은 춘하추동의 사시(四時)가 일치하지 않으므로 이를 배합하여 음양력을 창제하여 윤월을 두어서 조절하라고 하였다. 정사시(定四時)는 봄, 여름, 가을, 겨울의 네 철이 바뀌는 기간을 춘분, 하지, 추분, 동지를 중심으로 각각 3개월씩 정하는 것이고 성세(成歲)는 1년 360일의 세력(歲曆)을 완성하는 것이다. 윤(允)은 신실함이고 리(釐)는 다스리는 것이며 백공(百工)은 일백 가지 기능공이니 계절 변화에 대한 확신을 가지고 공사를 추진한다는 뜻이다. 서적(庶績)은 여러 가지 사업의 공적이고 함희(咸熙)는 모두 빛난다는 말이다.

　이것은 요임금이 천문과 기상을 과학적으로 관측해서 지극히 실용적인 세력(歲曆)을 만들어 사용함으로써 기후변화에 대한 정확한 지식을 가지고 계획적으로 사업을 추진케 하는 과학행정을 거론한 내용이다.

1-1-9 ······································ 帝가 日疇咨若時하야 登庸고
放齊가 日胤子朱가 啓明하나이다
帝가 日吁라 嚚訟이어니 可乎아

『요임금이 말씀하시기를 "누가 시대에 순응할 인물을 찾아서 등용할꼬.", 방제가 말하기를 "맏아드님 주가 개방적이고 현명하나이다." 요임금이 말씀하시기를 "에이끼, 말이 충직하지 못하고 말다툼만 좋아하거니 쓰겠는가."』

☯ 여기서부터는 요임금이 70세가 되어서 왕위를 계승할 후계자를 물색하는 과정을 사실적으로 기록한 내용이다.

주(疇)는 누구를 지칭하는 의문대명사이고 자(咨)는 어떤 일을 꾀하여 해결점을 찾는 것이며 약(若)은 순응함인데 약시(若時)는 시대의 변화에 순응하여 정책을 개발할 사람이다. 용(庸)은 용(用)이고 방제(放齊)는 요(堯)임금의 신하이름이며 윤자(胤子)는 맏아들이요 주(朱)는 요임금의 아들 단주(丹朱)이다. 계(啓)는 개(開)이니 개방적인 성격이고 명(明)은 총명하여 사물에 통달함이다. 우(吁)는 거부를 뜻하는 감탄사로 '에이끼'이며 은송(嚚訟)은 말이 충직(忠直)하지 못하고 말다툼만 즐기는 것이며 가호(可乎)는 쓸 만하겠느냐고 반문하여 단호히 거부한 말이다.

이것은 요임금이 후계자를 찾음에 방제가 요임금의 위대한 덕을 기리기 위하여 그 아들 단주를 추천하였으나 요임금은 방제가 단주의 인간 됨됨이를 깊이 살피지 못하여 겉으로 나타난 면만을 보았음을 지적하고 단주에게는 내면에 잘난 척하며 남을 이기려는 승인지심(勝人之心)이 있는 까닭에 마침내 화합정치에 방해가 될 뿐이므로 일언

지하에 거절한 내용을 대화체로 서술하였으니 요임금의 마음은 지공무사(至公無私)하여 아들에 대한 인정 때문에 천하사람을 괴롭히지 않으려는 인정(仁政)의 법도를 찬미한 것이다.

1-1-10 ·· 帝가 曰疇咨若予采오
驩兜가 曰都라 共工이
方鳩僝功하나이다 帝가 曰吁라
靜言庸違하고 象恭滔天하니라

『요임금이 말씀하시기를 "누가 나의 정치사업에 순응할 인물을 찾을고.", 환두가 말하기를 "대체로 공공이 민중을 모으는 재간이 있어 공적을 보였나이다." 요임금이 말씀하시기를 "에이끼, 대책을 논의함에는 말을 잘하지만 써보면 어그러지고 모양은 공손하지만 하늘을 무시하니라."』

☯ 요임금이 다시 후계자를 추천하라고 하면서 이번에는 자기의 정치사업을 순조롭게 계속 추진할 사람을 물색토록 하였으니 차선책이다.
여(予)는 요(堯)임금이 자기를 지칭하는 말이고 채(采)는 사업이니 여채(予采)는 곧 요임금의 덕치인정(德治仁政)의 사업이다. 환두(驩兜)는 요임금의 신하이름으로 당파를 결집하는 간신으로 알려져 있고 도(都)는 전체적으로 말해서 '대체'의 뜻을 강조하여 여러 말 할 것이 없다는 뜻이니 도시(都是), 도무지와 같다. 공공(共工)은 관직명으로 대개 요임금 시대에는 물을 다스렸고 순(舜)임금 시대에는 일백 기능공을 다스렸다. 방(方)은 재간이 있는 것이고 구(鳩)는 대중을 모으는 것이며 잔(僝)은 보이는 것이니 방구잔공(方鳩僝功)은 감언이설로 대중을 모으는 재간이 있어 사업을 완성했다는 뜻이다. 정(靜)은 꾀하여

도모하는 것이니 대책을 세우는 것이고 언(言)은 말을 미끈하게 잘하
는 것이며 용(庸)은 쓰는 것이요 위(違)는 어그러지는 것인즉 정언용위
(靜言庸違)는 앉아서 대책을 논의함에는 교묘한 논리로 근사하게 해
결책을 제시하지만 실제로 채용하여 써보면 현실과 괴리하여 어긋난
다는 뜻이다. 상(象)은 겉으로 나타난 모양이고 공(恭)은 공손함이며
도(滔)는 능멸하여 업신여김이요 천(天)은 높은 하늘이니 상공도천(象
恭滔天)은 외모는 비록 공손하지만 속에 마음은 높은 하늘까지도 무
시하여 교만방자한 인간이란 뜻이다.

　이것은 요임금이 신하들의 파당적 움직임을 파악하고 있을 뿐만 아
니라 또한 그들의 언행(言行)과 심술(心術)까지도 정확하게 살피는 지
인지감(知人之鑑)이 있는 것을 찬미한 것이다. 학자는 여기에서 사람
을 평하는 법을 배워야 할 것이니 요임금이 단주는 성격의 단점만을
지적했고 공공은 정책의 비현실성과 직무수행의 자세를 비판하였으
니 단주는 행정의 실무를 맡은 바가 없었고 공공은 행정에 실무에 종
사하기 때문이다.

1-1-11 ·····································
제　　　왈자사악　　　상상홍수
帝가 曰咨四岳아 湯湯洪水가

방할　　　　탕탕회산양릉
方割하야 蕩蕩懷山襄陵하야

호호도천　　　하민기자
浩浩滔天일새 下民其咨하나니

유능　　　비예　　　첨왈오
有能으로 俾乂하라 僉曰於라

곤재　　　　제　왈우　　불재
鯀哉니이다 帝가 曰吁라 咈哉라

방명　　　비족
方命하며 圮族하느니라

악　왈이재　　　시가　　내이
岳이 曰异哉인저 試可오 乃已니이다

제　　　왈왕흠재
帝가 曰往欽哉하라 하시니

『요임금이 말씀하시기를 "아뿔싸, 사악아 출렁출렁 홍수가 널리 해처서 넘실넘실 산을 에워싸고 언덕으로 올라가서 질펀하게 흐르며 도도하게 하늘까지 뒤덮을 듯이 하므로 하층민중이 이에 아뿔싸 하나니 재능이 뛰어난 사람으로 오로지 다스리도록 하라." 모두 말하기를 "와~, 곤이니이다." 요임금이 말씀하시기를 "에이끼, 당치 않다. 명령을 거스르며 동료간의 화합을 허무느니라." 악이 말하기를 "그만둘진저, 가결한 것은 시험해 보시고 이에 그만하소서." 요임금이 말씀하시기를 "가서 공경하여 홍수를 다스릴지어다." 하시니 9년 동안에 치적의 효과가 달성되지 못하니라.』

   ☯ 여기서는 요임금이 홍수를 다스리는 국가적 대공사를 총감독할 책임자를 민주적으로 선출하는 과정을 서술하였다.

   자(咨)는 뉘우쳐서 탄식할 때에 내는 소리이니 '아뿔싸'이고 사악(四岳)은 동악(東岳 : 泰山), 서악(西岳 : 華山), 남악(南岳 : 衡山), 북악(北岳 : 恒山)의 제사를 관장하는 4방에 있는 지방국가의 맹주를 일컫는 관명이다. 상상(湯湯)은 물이 출렁출렁 파도를 치는 모양이고 홍수(洪水)는 큰비가 내려서 물이 역류하여 범람하는 것이요 방(方)은 사방으로 널리의 뜻이며 할(割)은 해친다는 말이다. 탕탕(蕩蕩)은 물결이 크고 힘차게 흐르는 모양이고 회산(懷山)은 산의 주변을 에워싸는 것이며 양릉(襄陵)은 언덕 위로 올라가는 것이다. 호호(浩浩)는 물이 질펀하게 흐르는 모양이고 도천(滔天)은 거침없이 하늘까지 뒤덮은 것이다. 하민(下民)은 자체적으로 재난을 극복할 힘이 없는 하층민중이고 기(其)는 이에, 유능(有能)은 재능이 뛰어난 사람이며 비(俾)는 전문직업에 종사하여 오로지 하는 것이고 예(乂)는 정리하여 다스리는 것이다. 첨(僉)은 첨의(僉議)이니 여러 사람의 의논이고 오(於)는 감탄사로 여기서는 여러 사람이 찬성하여 왁자지껄 응답하는 소리이다. 곤(鯀)은 숭(崇)나라 군장(君長)의 이름으로 곧 우(禹)의 아버지이다. 불(咈)은 어긋나는 것이니 당치않음이요 방명(方命)은 상부의 명령을 거스리고 월권행동을 함이며 비(圮)는 허무는 것이고 족(族)은 동류(同類) 또는 동료(同僚)이니 비족(圮族)은 동료간의 화합을 파괴하고 독선독주한다는 뜻이다. 이(㞕)는 그만두는 것이니 일사부재리(一事不再理)원칙에 따라 다시 거론하지 말라는 말이고 시(試)는 실지로 임용하여 평가하는 것이요 가(可)는 4악(四岳)이 논의하여 만장일치로 가결한 사항이다. 내이(乃已)는 이에 토론을 종결하고 가결한 사항을 선포하라는 뜻이다. 왕(往)은 홍수를 다스리기 위하여 공사를 착수하는 현장으로 부임하라는 말이고 흠(欽)은 많은 국력을 동원하는 국가적 사업의 중대성을 인식하고 정확히 측량하고 자세히 설계하여 한 치의 실수도 없이 추진하라는 당부의 말씀이다. 재(載)는 1년이니 요순(堯舜)시대에는 재(載)라고 하였고 하(夏)나라 시대는 세(歲), 상(商)나라 시대는 사(祀), 주(周)나라 시대는 연(年)이라고 하였다. 적(績)은 치적(治績)이요 용(用)은 효용(效用), 효과(效果)인즉 적용(績用)은 공사의 진척에 따른 예상효과이며 불성(弗成)은 예상목표를 달성하지 못했다는 말이다.

요임금은 국가재난의 비상시에도 민주적으로 논의하여 사업을 추진하고 인물을 등용하였으니 비록 자기의 뜻에 맞지 않아도 신하들의 총의를 받아들이는 아량이 있었기 때문에 비록 9년간의 치수사업(治水事業)이 예상목표를 달성하지 못했지만 정권이 흔들리지 않았고 오히려 요임금에 대한 신임이 더욱 높아졌으니 후세의 지도자는 본받을 지어다.

1-1-12 ··· 帝가 曰咨四岳아 朕이 在位나
七十載니 汝能庸命하나니 巽朕位인저
岳이 曰否德이라 忝帝位하리이다
曰明明할새 揚側陋하라 師가 錫帝하야

曰有鰥在下하니 曰虞舜이니이다

帝가 曰兪라 予聞하니 如何오

岳이 曰瞽子니 父頑母嚚하며 象傲어늘

克諧하야 以孝烝烝하며 乂不格姦하니이다

帝가 曰我其試哉인저 女于時하야

觀厥刑于二女하리라 하시고

釐降二女于嬀汭하사 嬪于虞하시고

帝가 曰欽哉하라 하시다

『요임금이 말씀하시기를 "아뿔싸 사악아 짐이 임금의 자리에 있으나 나이가 70세이니 그대들이 능히 천명을 받들 만하므로 짐의 임금자리를 사양하겠는저." 악이 말하기를 "옳지 않은 덕이므로 임금의 자리만 욕되게 하리이다." 말씀하시기를 "현명한 사람을 살피어 미천하고 누추하게 살지라도 천거하라." 여러 사람이 합동으로 요임금에게 대답하여 말하기를 "근심하여 잠을 자지 못하는 사람이 하층사회에 있으니 이르기를 우순이라고 하나이다." 요임금이 말씀하시기를 "응, 나도 들었나니 어떠한 사람인고." 악이 말하기를 "장님의 아들인데 아버지는 완악하고 어머니는 어리석으며 아우 상은 오만하거늘 잘 화합하야 효자로서 인기가 높으며 다스림이 거짓으로 꾸미는 데 이르지 아니하나이다." 요임금이 말씀하시기를 "내가 그것을 시험하여 등용할진저, 나의 딸을 이 사람에게 시집보내서 그 두 딸에게 대하는 법도를 관찰하리라." 하시고 두 딸을 단장하여 규강과 예수가 만나는 곳으로 내려보내서 우씨의 집안에 며느리가 되라 하시고 요임금이 말씀하시기를 "공경하고 경계하라." 하시다.』

◑ 요임금이 재위 70년에 나이가 90이 되었으므로 후계자를 찾음에 사악(四岳)이 모두 순을 추천한 까닭에 요임금이 순을 사위로 맞아서 그 효성의 지극함과 인간의 진실성을 직접 관찰하는 과정을 기술하였다.

짐(朕)은 자기자신을 지칭하는 대명사이고 재위(在位)는 임금의 자리에 있는 것이며 칠십재(七十載)는 요(堯)임금의 나이가 70세라는 뜻이다. 선배들은 재위칠십재(在位七十載)로 붙여 읽어서 임금의 자리에 70년 동안 있는 것으로 해석하였으나 그렇다면 요임금은 20세에 등극하였으니 곧 90세가 되는데 어찌 90 노인에게 시집 보낼 두 딸이 있겠는가? 용(庸)은 용(用)과 같고 명(命)은 천명(天命)이니 용명(庸命)은 천명을 받들어 인민을 다스리는 것이요 손(巽)은 사양함이니 손위(巽位)는 곧 양위(讓位)이다. 부덕(否德)은 옳지 않은 덕으로 단점이 많은 인격이란 뜻이다. 첨(忝)은 더럽혀서 욕되게 함이고 제위(帝位)는 임금의 자리이다. 명명(明明)은 명덕(明德)이 있는 사람을 밝게 살펴서 등용하는 것으로 앞에 명(明)자는 밝게 살핀다는 동사이고 뒤에 명(明)자는 밝은 덕성을 가진 사람이라는 뜻이다. 양(揚)은 후보자를 선택하여 추천하라는 말이고 측(側)은 미천한 것이요 루(陋)는 누추한 것인즉 미천한 신분으로 누추한 곳에 있는 사람이다. 요임금이 후계자를 발탁함에 신분의 높고 낮음과 형세의 있고 없음을 가리지 않고 오로지 현명한 사람을 찾으니 천하의 미래를 걱정하는 마음이 깊도다. 사(師)는 여러 사람이 합동한 것이고 석(錫)은 주는 것이니 대답하여 보고함이다. 환(鰥)은 밤에도 눈을 뜨고 자는 고기의 이름인데 또한 근심걱정으로 잠을 이루지 못하는 홀아비를 일컫는바 여기서는 순(舜)이 어버이의 사랑을 그리워하여 밤낮으로 근심하는 모양을 상징적으로 표현하였다. 하(下)는 하층사회이니 초야를 의미하고 우(虞)는 씨(氏)이고 순(舜)은 이름이며 유(兪)는 호응하여 인정하는 말로 짧게 '응' 하는 소리다. 문(聞)은 일찍이 그런 소문을 들었다는 말이요 여하(如何)는 소문의 진실 여부를 묻는 것이며 고(瞽)는 장님이니 순의 아버지가 맹인이기 때문에 고수(瞽瞍)라고 불렀다. 완(頑)은 완악(頑惡)함이고 모

(母)는 순의 계모(繼母)이며 은(嚚)은 어리석어서 고자질을 잘함이요
상(象)은 순의 이복동생의 이름이며 오(傲)는 교만방자함이다. 해(諧)는
기쁘게 따르며 화합함이고 증증(烝烝)은 뜨거운 김이 화끈하게 올라
가듯이 사람들로부터 인기가 대단하다는 뜻이다. 예(乂)는 어여쁘게
다스림이고 격(格)은 이르는 것이며 간(姦)은 거짓으로 꾸미는 것이니
허식으로 가장함이다. 순은 자기를 미워하는 부모와 동생을 오히려
공경하고 사랑하므로 효자라고 소문이 크게 나서 온 나라 사람의 인
기를 한 몸에 모았는데도 다스림에 과시하려는 가식이 전혀 없었으니
지극히 성실한 청년이다. 시(試)는 사실을 확인하여 등용하는 것이요
여(女)는 딸을 시집보내는 것이며 시(時)는 시(是)자와 같고 형(刑)은
법도이다. 이녀(二女)는 요임금의 두 딸인 아황(娥皇)과 여영(女英)이
다. 요임금은 사람이 총각시절과 결혼한 다음에는 그 효성이 다를 수
있기 때문에 결혼한 뒤에도 효심이 똑같은가를 확인하고 또한 두 사
람의 아내를 거느리고 원만하게 살기는 매우 어려운 것이므로 순에게
두 딸을 시집보내서 그 공평하고 자상한 마음씨를 살피려고 하였다.
이(釐)는 신부를 단장함이요 강(降)은 하혼(下婚)이니 임금의 딸을 평
민에게 시집보내므로 공주 신분의 국혼이 아닌 서민 신분의 혼례로
결혼식을 거행했다는 뜻이다. 혼례는 예로부터 신랑의 신분으로 거행
하였으니 바로 요순시대부터 내려온 전통이다. 규(嬀)와 예(汭)는 모두
강의 이름인데 역산(歷山)의 남쪽에 규수(嬀水)가 흐르고 북쪽에는 예
수(汭水)가 흘러 서쪽에서 서로 만나 황하(黃河)로 들어가니 오늘날 산
서성(山西省) 영제현(永濟縣)의 남쪽으로 순이 농사지으며 사는 고을
이다. 빈(嬪)은 부(婦)와 같으니 며느리가 되는 것이고 우(虞)는 우씨의
집안이니 곧 순의 아버지 고수(瞽瞍)를 지칭한 말이며 흠(欽)은 공경하
고 경계하며 며느리의 도리와 아내의 직분을 다하라는 뜻이니 곧 요
임금이 두 딸을 시집보내며 당부하는 말씀이다.
　요임금의 덕은 하늘처럼 높고 태양처럼 밝아서 이미 30세가 된 우
순의 탁월한 덕망과 지식과 경륜을 익히 듣고 있으면서도 그 신분을
보증하고 후계자로 공인하기 위하여 두 딸을 시집보내서 사위로 삼은

것이니 두 딸의 행복을 걱정하는 아버지의 도리를 다하고 아울러 인민의 미래를 생각하는 임금의 사명을 다했다고 하겠다. 이상으로 요전이 끝났으니 대개 요임금의 위대한 도덕으로부터 인민을 교육하여 천하국가를 다스리는 정치강령과 조목을 서술하고 이어 순천응시(順天應時)하는 행정체제의 합리성을 열거한 다음 국가재난에 대처하는 요령을 기술하고 끝으로 후계자를 물색하는 과정을 상술하였으니 그 말은 비록 간결해도 그 내용은 대단히 풍부하고 그 사업은 비록 단순해도 그 규모는 대단히 원대하니 나라의 지도자는 깊이 음미하여 인류의 사표가 되고 정치인의 모범이 되는 길이 바로 여기에 있음을 명심하기 바란다.

2. 순전(舜典) / 순(舜)임금의 전장(典章)

　순(舜)은 고수(瞽瞍)의 아들로서 효자로 소문이 나 요(堯)임금의 뒤를 이어 임금의 자리에 올랐으니 성(姓)은 요(姚)이고 씨(氏)는 우(虞)이며 순(舜)은 이름인데 사람들이 인습적으로 왕호(王號)를 제순유우씨(帝舜有虞氏)라고 하여 요순(堯舜)시대를 당우(唐虞)시대라고 일컫는다. 전(典)은 앞에 요전(堯典)에서 해설하였다.

　순전(舜典) 편은 『금문(今文)』과 『고문(古文)』에 모두 수록되어 있으나 『금문』에는 순전이라는 편명과 첫머리에 왈약계고제순(曰若稽考帝舜) 왈중화협우제(曰重華協于帝) 준철문명(濬哲文明) 온공윤색(溫恭允塞) 현덕승문(玄德升聞) 내명이위(乃命以位)의 28자가 없이 요전에 이어져 있다. 그러나 서명(書名)이 이미 우서(虞書)인즉 요전만 있고 순전이 없다면 서명과 편명이 어긋나므로 순전이 있는 것이 당연하고 사마천(司馬遷)의 『사기(史記)』에 제순(帝舜)은 중화(重華) 등의 용어와 천하에 도덕을 밝히는 것이 우제(虞帝)로부터 비롯하였다고 하였으니 그 도덕의 높음을 헤아릴 수 있는 것이다.

　그렇다면 『고문상서(古文尚書)』에 의거하여 보충해야 마땅하거니와 『고문상서』의 출현은 한나라 경제(景帝) 때에 노(魯)의 공왕(恭王)이 공자(孔子)의 옛 집을 수리하려고 허물면서 얻었으나 또한 진(晉)시대에 『금문상서(今文尚書)』와 함께 모두 망실되었다가 동진(東晉)의 원제(元帝 서기 318~322년) 때에야 매색(梅賾)이 『공안국전고문상서(孔安國傳古文尚書)』를 임금에게 올렸으나 순전이라는 편명과 첫머리 28자가 빠져 있었다. 그런데 제(齊)시대 건무(建武) 4년(서기 497년)에 요방흥(姚方興)이 남방에서 순전이 있는 『공안국전고문상서』를 얻어서 임금에게 올렸는데 시행하기도 전에 요방흥이 죄를 받아 처형당했다. 그런 다음 수나라 개황(開皇) 초기(서기 581년)에 유실된 경전을 널리

구함에 비로소 얻었으니 순전의 편명과 첫머리에 28자가 온전하게 갖추어 있었다. 이러한 까닭으로 순전이라는 편명과 28자는 위조라는 주장이 끊임없이 제기되었으나 책의 편제에 어긋남이 없고 또한 그 내용이 사실에 부합하므로 과민하게 반응할 이유가 없으며 오히려 온전한 책을 얻은 노력에 감사할 일이다. 정자(程子)가 말하기를 "순전은 하(夏)나라의 사관(史官)이 기록한 것"이라고 하였으니 옳다.

1-2-1 ······················· 曰若稽考帝舜한대
曰重華함이 協于帝하시니
濬哲文明하시며 溫恭允塞하시어
玄德升聞하신대 乃命以位하시니라

『어이쿠, 지난날의 제왕 순을 자세히 살피건대 거듭 빛남이 요임금에게 합치한다고 할 것이니 깊으시고 슬기로우시며 문채 나시고 밝으시며 따뜻하시고 공손하시며 어여쁘시고 착실하시어 깊숙이 감추고 나타내지 않는 덕이 위로 올라가서 하늘에 들리신대 이에 천명을 받아서 임금의 자리에 오르시니라.』

☯ 공자가 우임금 시대의 사관이 순임금의 실록을 편찬한 내용을 기초로 하여 순전의 첫머리에 순임금의 거룩한 도덕과 훌륭한 업적을 통론하여 서술한 내용이다. 순임금은 동이(東夷)의 사람으로 20세에 효자로 소문이 크게 났고 30세에 발탁되어 요임금의 사위가 되었으며 50세에 섭정을 하였고 77세에 요임금이 붕하시니 3년상을 거행하고 80세에 요의 뒤를 이어 임금의 자리에 올라 태평성대를 건설하여 봉황이 노래하였으며 만년에 임금의 자리를 우에게 전하고 118세에 붕하시니 백성들이 요임금이 승하했을 때처럼 슬퍼하였다. 그 재위기간

이 섭정 28년에 재위 39년이었으니 도합 70년쯤 된다.

왈약계고(曰若稽考)는 요전(堯典)의 첫머리(1-1-1)에서 해설하였고 중(重)은 거듭이며 화(華)는 빛남이니 중화(重華)는 순(舜)임금은 오로지 요(堯)임금의 정치문화를 계승발전해서 거듭 찬란한 역사를 창조했다는 뜻인데 이로 인하여 순임금을 일컫는 호칭이 되었으니 날마다 거듭 새로운 꽃을 피우는 무궁화를 순(蕣)이라고 하여 순임금의 거듭 꽃피움으로 상징해서 순화(舜花), 순영(舜英)이라고 하였다. 협(協)은 합치(合致)함이니 협우제(協于帝)는 요임금의 도덕과 사업에 일치한다는 뜻이다. 준(濬)은 생각과 도량이 깊은 것이요 철(哲)은 슬기가 있음이니 사물의 이치를 빨리 깨달아 밝히고 시비와 선악을 정확하게 가려내는 능력이 있음이다. 문(文)은 조리가 있어서 문채(文彩)가 아롱진 것이고 명(明)은 광명(光明)이니 광명정대(光明正大)함이며 온(溫)은 사심이 없이 인정으로 대하여 인간미가 넘침이요 공(恭)은 공손함이니 내면의 경(敬)이 밖으로 나타남이며 윤(允)은 성실하고 믿음직하여 어여쁜 것이고 색(塞)은 속이 가득 찬 것이니 충실하고 착실함이다. 이것은 속이 준철(濬哲)하므로 밖이 문명(文明)하고 사람에게 온공(溫恭)하므로 행실이 윤색(允塞)한 것이니 순의 마음과 품행을 잘 요약한 글이다. 현덕(玄德)은 심원(深遠)한 덕을 속에 깊숙이 간직하고 있으면서도 밖으로 나타내지 않으므로 하늘처럼 헤아릴 수 없는 덕이요 승(升)은 올라가는 것이므로 승문(升聞)을 전배(前輩)들은 윗사람에게 소문이 들리는 것으로 해설하였으나 옳지 못하다. 이 구절은 순이 천명(天命)을 받아 임금의 자리에 오른 과정을 밝히는 대전제에 해당한다. 따라서 다음의 구절과 연결해서 해석하면 안 되고 순전의 총론으로서 독립구절로 보아야 옳다. 단언컨대 승문(升聞)은 하늘에까지 들림이요 명(命)은 천명을 받은 것이며 위(位)는 임금의 자리이다.

결국 순은 준철문명(濬哲文明)하시고 온공윤색(溫恭允塞)하심이 마침내 하늘에까지 들렸기 때문에 천명을 받아 임금이 된 것이지 다만 요임금이 듣고 임의로 왕위를 넘겨준 것이 아님을 여기서 확인해야 한다.

1-2-2 ························· 愼徽五典하신대 五典이 克從하며
　　　　　　　　　　　　신 휘 오 전　　　　　　오 전　　　국 종

納于百揆하신대 百揆가 時叙하며
　　　　　　　　　납 우 백 규　　　　　백 규　　　시 서

賓于四門하신대 四門이 穆穆하며
　　　　　　　　　빈 우 사 문　　　　　사 문　　　목 목

納于大麓하신대 烈風雷雨에 不迷하시다
　　　　　　　　　납 우 대 록　　　　　열 풍 뢰 우　　　불 미

『오전을 삼가 아름답게 하라 하신대 오전이 잘 따르며 일백 관직에 인재를 들이게 하신대 일백 관직이 임기의 차례로 하며 사문에서 손님을 인도하게 하신대 사문이 공경하고 화목하며 큰 산기슭에 들어가게 하신대 사나운 바람과 우레와 비에도 미로에 빠지지 않으시다.』

☯ 요임금이 순을 처음 등용하여 그 행정적 신임도와 업무장악능력과 사업추진역량과 비상시의 대처방략 등을 고루 시험하는 과정을 열거하였으니 곧 교육적 감화력과 행정적 조직력과 외교적 친화력과 군사적 작전능력을 모두 갖추어서 성공적으로 임무를 완수하였음을 기술하였다.

신(愼)은 삼가고 조심함이요 휘(徽)는 아름답게 다스리는 것이며 오전(五典)은 사람이 지켜야 할 다섯 가지 윤리로 부의(父義), 모자(母慈), 형우(兄友), 제공(弟恭), 자효(子孝) 등의 가족화목의 덕목이다. 후세의 학자는 오전(五典)을 바로 맹자(孟子)가 말한 오륜(五倫)으로 풀이하여 부자유친(父子有親), 군신유의(君臣有義), 부부유별(夫婦有別), 장유유서(長幼有序), 붕우유신(朋友有信)으로 해설하였지만 옳지 못하다. 오륜에는 군신유의가 포함되어 있기 때문에 맹자와 같은 초야의 현인은 가르칠 수 있지만 요(堯)임금과 같은 어진 임금은 국민에게 교육할 수 없는 것이다. 왜냐하면 임금이 직접 군신유의를 교육하면 결국 자기에게 충성하라고 강요하는 것이 되는 까닭이다. 따라서 밝은 임금은 가족의 화합을 가르칠 뿐이고 오직 아버지가 의(義)로워서 그 형제자녀에게 충의(忠義)를 가르치게 할 따름이다. 그러므로 오전(五典)은 나

라에서 교육하는 기본덕목이고 충의(忠義)는 가정에서 교육하는 기본
덕목이며 오륜은 초야의 어진 이가 교육하는 기본덕목인즉 각각 자기
의 직분에 따라 교육의 내용이 다른 것을 깨달아 임금이 직접 충성을
강요하거나 부모가 직접 효도를 요구하거나 초야의 어진 이가 직접
불충, 불효를 사주하는 일이 있어서는 안 된다. 요(堯)임금과 순(舜)은
이미 이러한 교육원리를 헤아려 자율적인 민주교육의 문을 열었으니
공자(孔子)가 대지(大知)라고 탄복하였다. 극종(克從)은 잘 따라서 본받
아 실천해서 아버지는 의(義)하고 어머니는 자애하고 형은 우애하고
아우는 공손하며 아들은 효도하므로 순이 교육부장관 즉 사도(司徒)
의 직책을 원만하게 수행했다는 뜻이다. 납(納)은 입(入)과 같으니 인
재를 선발하여 관료로 채용함이요 우(于)는 전치사이며 백규(百揆)는
백관(百官)이니 모든 관직이다. 시(時)는 관료의 임기이고 서(叙)는 차
례로 함이니 순이 유능한 인재를 널리 선발하여 적재적소에 배치하고
그 임기제를 처음 만들어서 차례로 승진하는 길을 여니 일백 관료가
조직적으로 화합하게 되었다는 말이다. 이것은 순이 행정부장관이 되
어 정부조직법을 합리적으로 제정하였다는 뜻이니 대저 정치와 행정
을 분리하고 업무를 분담한 역사는 순이 행정을 담당한 때로부터 비
롯하였다. 빈(賓)은 외교사절을 인도하여 안내함이고 사문(四門)은 사
방의 국경에 있는 관문이다. 순이 외교부장관이 됨에 외국의 사신을
국경의 관문에서부터 인도하여 안내하는 까닭에 국제간에 우호교린
(友好交隣)의 기풍이 일어나서 국경의 관문에 친선사절의 왕래가 많
은 것이고 목목(穆穆)은 공경하고 화목함이니 국제평화를 정착하여
국경에 분쟁이 일어나지 않음이다. 납우대록(納于大麓)은 순으로 하여
금 국방장관의 직을 주어 심산유곡에서 군사훈련을 실시케 하여 맹수
를 사냥케 함이며 열풍(烈風)은 맹렬하게 부는 바람인즉 태풍이나 폭
풍이고 뢰우(雷雨)는 우레를 동반하는 폭우이다. 불미(不迷)는 미로에
빠져서 헤매지 않았다는 말이니 순은 대군을 이끌고 맹수를 사냥하는
야전훈련에 치밀한 작전계획을 세우고 철저한 준비태세를 갖추었기
때문에 험난한 지리적 조건과 악천후 속에서도 사건사고가 전혀 없이

임무를 완수하였다는 뜻이다.

앞에서는 순의 아름다운 덕성을 통론하였고 여기에서는 순의 사업 추진역량을 각론하였으니 숭고한 덕성이고 광대한 사업이다.

1-2-3 ·· 帝가 曰格하라 汝舜아
詢事考言한대 乃言이 底可績한 지가
三載니 汝陟帝位하라 하시거늘
舜이 讓于德하사 弗嗣하시다

『요임금이 말씀하시기를 "가까이 오라. 그대 순이여. 뒷일을 의논하고 언론을 살피건대 이에 언론이 계승할 만하다고 일치한 지가 3년이니 그대는 임금의 자리에 오르라." 하시거늘 순이 덕이 있는 사람에게 사양하시며 이어받지 않으시다.』

◉ 요임금이 후사를 논의하여 언론의 향배를 살피니 천하의 공론이 모두 순이 정권을 이어받을 만하다는 합의에 이르른 지가 이제 3년이나 되었으므로 이러한 천명과 민심에 따라서 임금의 자리에 오르라고 하였으나 순은 오히려 덕이 있는 사람에게 사양하고 정권을 이어받지 않은 아름다운 선양(禪讓)의 미덕을 기록한 내용이다.

격(格)은 내(來)이니 오라는 말이고 순(詢)은 자문을 구하여 논의함이며 사(事)는 후사(後事)이니 후계자를 세워 요(堯)임금의 뒤를 이어 나라를 다스리는 일이다. 고(考)는 자세히 살펴서 여론을 조사함이요 언(言)은 언론(言論)이니 곧 여론의 향배인즉 고언(考言)은 각계각층의 여론을 자세히 조사함이다. 내언(乃言)은 이에 여론을 조사한 결과로 얻은 결론이고 지(底)는 치(致)와 같으니 일치함이며 적(績)은 계승한다는 뜻인데도 전배(前輩)들이 모두 공적(功績)으로 오역하여 본의를

잃었는바 가계(可繼)라고 해야 말이 순탄하고 가공(可功)이라고 하면 말이 되지 않은 것이다. 또한 다음의 삼재(三載)를 계승할 만하다고 공론(公論)이 일치한 지가 3년이라고 보아야 마땅하고 공적을 이룬 지가 3년이라고 보는 것은 순(舜)이 요임금을 섭정(攝政)한 기간이 28년인 것을 망각한 소치라고 하겠다. 척(陟)은 오르는 것이요 양(讓)은 사양함이며 덕(德)은 지도자의 아름다운 자질이 있는 사람이고 불(弗)은 불(不)이며 사(嗣)는 대를 이은 것이다.

요임금의 추천에도 불구하고 순은 겸양하여 더욱 훌륭한 사람을 찾으라고 하면서 등극하지 않았으니 진실로 지덕(至德)이다. 후세에 여론을 조작하고 천명을 가장하여 임금의 자리를 훔치는 난신적자(亂臣賊子)는 모두 여기에서 고개를 들지 못할 것이다.

1-2-4 ···································· 正月上日에 受終于文祖하시다

『정월 초하루에 문채의 근본을 받드는 사당에서 순이 요임금의 뒤를 이으시다.』

◉ 요임금이 90세가 되어 노쇠하였기 때문에 방금 50세의 나이로 연부역강(年富力强)한 순에게 임금을 대신하여 섭정하도록 통치권을 위임한 사실을 기술하였다.

정월(正月)은 1월이니 한 해의 첫 달은 바르게 시작해야 된다는 의미로 정월이라고 하며 바로 요(堯)임금이 즉위한 지 71년이 되는 해의 정월이고 또 순(舜)과 우(禹)는 왕위를 이어받으면서 역법(曆法)을 바꾸지 않았으므로 하(夏)나라의 정월은 곧 요임금의 정월과 같다고 볼 때에 인월(寅月)로 정월을 세운 1월이다. 수(受)는 순이 계승하여 취임함이며 종(終)은 끝이니 요임금의 뒤끝이다. 문(文)은 문채(文彩)이고 조(祖)는 근본으로 문조(文祖)는 태양신을 모시는 사당이다. 고대에는 천명을 받아 임금이 되면 다섯 채의 관청을 지어 상징적인 신을 모시

고 제사를 지내며 나라의 정사를 맡아보았으니 당우(唐虞)시대는 천부(天府)라고 불렀고 하(夏)나라 때에는 세실(世室), 은(殷)나라 시대는 중옥(重屋), 주(周)나라 때에는 명당(明堂)이라고 하였다. 대체로 요순시대에는 동쪽에 파란색 건물은 나무의 생명력을 상징하는 목신(木神)을 모셨기 때문에 영부(靈府)라고 이름하였으니 생명을 탄생하는 혼령이 있는 집이라는 뜻이며 주나라 때에는 청양(靑陽)이라고 개칭하였다. 남쪽에 붉은 색 건물은 문채 나는 광명의 원천인 태양신(太陽神)을 사당에 모셨기 때문에 문조(文祖)라고 하였으며 주나라 때에는 명당(明堂)이라고 개칭하였다. 서쪽에 흰색 건물은 금신(金神)을 모셨기 때문에 현기(顯紀)라고 하였으니 기강과 법도를 밝힌다는 뜻인데 주나라 때에는 총장(總章)이라고 개칭하였다. 북쪽에 검은색 건물은 수정(水精)인 달의 신을 모셨으니 물은 한밤중에 가장 맑으므로 현구(玄矩)라고 불렀는데 곧 고요하고 깨끗하게 계속 흘러가는 법도가 있음을 상징한 것이며 또 신종(神宗)이라고도 하였으니 물은 5행(五行) 가운데 가장 먼저 생성한 물질이기 때문이다. 주나라 때에는 현당(玄堂)이라고 하였다. 중앙에 노란색 건물은 천신(天神)과 지신(地神)을 모셨는데 중앙에서 신령하게 만물을 주재한다는 뜻으로 신두(神斗)라고 하였는바 두(斗)는 중앙에서 잡고 있는 조종간이라는 말이며 주나라 때에는 태실(太室)로 개칭하였다. 이것은 대단한 상징성을 가진 관청 배치원리인데 동쪽은 봄에 만물이 새로 태어나므로 교육부를 두어 인민을 새롭게 가르치고 남쪽은 여름에 만물이 무성하게 자라므로 경제부를 두어 인민이 넉넉하게 살게 하고 서쪽에는 가을에 만물이 결실하므로 사법부를 두어 인민에게 기강을 세우며 북쪽에는 겨울에 만물이 저장하므로 국방부를 두어 인민을 보호하며 중앙에는 네 철의 표준이므로 정치행정의 최고지도부를 두어 하늘처럼 밝고 땅처럼 안정하게 인민을 다스려야 된다는 뜻을 각각 담은 것이다.

　순은 요임금의 권위를 존중하여 신두에서 집무하지 않고 문조에서 임금의 권한을 대행하였기 때문에 문조에서 계승하였다고 기록하였으니 사관의 관찰력이 대단하다.

『선기옥형으로 살피시어 일곱 가지 정사를 가지런히 하시다.』

◑ 순이 요임금의 통치권을 대행하는 섭정왕위에 올라서 제일 먼저 천체의 구조를 본받아 정부의 기구를 새로 조직하여 자연적인 정치를 더욱 철저히 하려고 구상하여 정확한 천체의 모형을 만들고 그 해와 달과 별의 운행하는 도수를 밝혀 각각의 위치와 역할과 기능을 관찰해서 나라의 일을 일곱 개의 부서로 나누어 서로 균등하게 권력을 분배하고 사업을 분담하여 처리하도록 행정체제를 확립하였음을 논증하였다.

재(在)는 관찰하여 살핌이요 선기옥형(璿璣玉衡)은 천체의 운행과 위치를 관측하던 기계인데 상고시대에는 하늘이 땅을 덮고 있다는 개천설(蓋天說)이 있었으나 요(堯)임금 시대에 천체관측기술이 크게 발달하자 하늘이 지구를 계란의 노른자위처럼 감싸고 하루에 한 번씩 좌선하며 돈다는 혼천설(渾天說)이 순(舜)이 섭정(攝政)할 시점에 벌써 나타났다. 그리하여 북극성과 지구와 남극성을 수직축으로 하여 지구를 중심에 놓고 그것을 감싸는 둥근 달걀 모양의 천구(天球)를 만들어 지구를 중심으로 한 평면의 원둘레는 360°이고 북극성과 남극성을 극점으로 하는 위 아래의 덮개는 각각 182°5′씩으로 약간 볼록하게 만들어 해, 달, 별 등의 천상(天像)을 그려 넣어서 네 개의 다리가 있는 틀 위에 올려놓고 돌리면서 관측하는 놀라운 수준에 도달했다. 이에 하늘의 모양을 그린 천구를 선기(璿璣)라고 하고 그것을 회전시키는 작대기를 옥형(玉衡)이라고 하였으니 그 구체적인 제작법과 모양은 전하지 않으므로 자세히 고찰할 수 없다. 그러나 한(漢)나라 무제(武帝) 때부터 연구한 사람이 나오기 시작하여 선제(宣帝) 때에 이르러 경수창(耿壽昌)이 동(銅)으로 주조하였고 이어 송전락(宋錢樂)이 또 동으로 주조하여 혼천의(渾天儀)를 제작하였으니 형(衡)의 길이가 8척(尺)이고 구멍의 직경이 1촌(寸)이며 기(璣)의 직경이 8척이요 원주(圓

周)의 둘레가 2장(丈) 5척이었는데 회전시키면서 바라보면 해와 달과
별의 소재를 알 수 있게 하였으므로 그 대요를 짐작하게 되었다.

　이러한 선기옥형을 통하여 우주는 동서남북과 상하가 있는 육합(六
合)에 또 내외가 있는 팔굉(八紘)의 무한공간임을 깨닫고 그 가운데서
하늘땅이 올라가고 내려가는 현상을 파악하고 음과 양의 사시(四時)
변화가 일어나는 원인을 알며 해와 달이 운행하는 길이 있음을 인식
하고 성신(星辰)이 철에 따라 머무는 자리를 확인하여 종합적으로 천
체의 구조를 밝힐 수 있게 된 것이니 추상적인 우주관에서 과학적인
우주관으로 크게 발전한 새로운 우주를 발견한 것이다. 순은 천구의
(天球儀)를 살펴서 개천설(蓋天說)의 평면적인 천존지비(天尊地卑)의
우주관에다가 혼천설(渾天說)의 입체적인 천외지내(天外地內)의 우주
관을 배합하여 정치이념은 매우 높아 완벽한 지평천성(地平天成)의
이상국가건설을 목표로 삼으면서도 행정사업은 지극히 낮추어 제세
구민(濟世救民)의 서민대중보호를 기본으로 삼았고 천축(天軸)을 중심
으로 모든 별이 향하면서 일사불란하게 운행하듯이 또한 정부의 기구
도 지도자를 중심으로 일사불란하게 각각 맡은 바의 기능을 다해야
전체적인 화합이 이루어지는 조직의 논리를 정리한 것이다. 제(齊)는
가지런히 다스림이고 칠정(七政)은 일곱 가지 정사로 천문부(天文府),
지리부(地理府), 인도부(人道府)와 춘부(春府), 하부(夏府), 추부(秋府),
동부(冬府) 등인데 대개 천(天), 지(地), 인(人)의 삼재(三才)를 개발하여
춘하추동의 변화에 발맞추어 국가사회의 발전을 추구하려는 간절한
뜻을 담아서 부서를 일곱으로 나누고 각각 해당 부서에 상징적인 이
름을 부친 것이다.

사류우상제　　　　　인우륙종
1-2-6 ························ 肆類于上帝하시며　禋于六宗하시며
　　　　　　　　　　　　망우산천　　　　　편우군신
　　　　　　　　　　　　望于山川하시며　徧于群神하시다

『그리하여 하느님께 제사지내시며 여섯 가지 높은 신께 정결히 하여 제사지내시며 명산대천의 신령께 망제지내시며 여러 신령께 두루 제사지내시다.』

◑ 순이 섭정왕위에 올라 선기옥형으로 천문과 지리를 관찰하고 천체의 구조와 운행의 원리를 본받아 일곱 부서를 나누어 정부조직법을 새로 제정한 다음에 각 기관은 그 설립목적에 해당하는 상징적 신에게 제사를 지내서 그 설립한 목적을 잊지 않도록 깨우친 내용을 기술하였다.

사(肆)는 말끝을 잇는 말로 그리하여의 뜻이니 먼저 칠정(七政)을 가지런히 하고 이어서 각 부서로 하여금 해당 신에게 제사지내게 했음을 밝힌 것이다. 류(類)는 유제(類祭)이니 임금이 지내는 천제(天祭)의 이름이며 상제(上帝)는 천지만물을 주재하는 하느님이다. 그러므로 임금은 천문부(天文府)에서 하느님께 제사를 지내서 모든 기관의 가장 높은 중심임을 밝힌 것이다. 인(禋)은 정결히 제사지내는 것이고 육종(六宗)은 여섯 가지 하느님 다음가는 존엄한 신이니 곧 지리부(地理府)의 지신(地神)과 인도부(人道府)의 곡신(穀神)과 춘부(春府)의 목신(木神)과 하부(夏府)의 태양신과 추부(秋府)의 금신(金神)과 동부(冬府)의 수신(水神)이다. 망(望)은 망제(望祭)로 아래에서 우러러보며 지내는 제사인즉 공경하는 표시이고 산천(山川)은 명산대천(名山大川)이니 오악(五嶽)과 사독(四瀆) 등인데 지방의 제후가 제사를 주관하였다. 편(徧)은 두루 제사지내는 것이고 군신(群神)은 구릉(丘陵)과 분연(墳衍) 또는 옛날 성현의 사당과 조상신 등이니 모든 사람이 각각 해당하는 신령에게 제사를 지내게 했다는 뜻이다.

순이 관서의 위계질서를 제도화함에 천체의 구조에 따라서 대단히 합리적으로 조직체계를 세웠기 때문에 천연적인 화합질서를 이루게 되었다. 상제는 가장 높으므로 본받아 임금이 가장 높은 자리인 천문부에 거처하며 총괄하여 다스리고 그 다음은 육종이 높으므로 지리부, 인문부, 춘부, 하부, 추부, 동부 등의 중앙행정기관이 임금을 받들

고 각각 직무를 수행해야 하며 그 다음은 명산대천의 신이 높으므로
지방정부가 중앙정부의 명령을 받들고 행정을 하여야 하며 그 아래
군신은 더욱 낮으므로 하부관청과 서민은 지방정부의 지시를 따라야
한다. 순이 제정한 이러한 정부조직법은 그 논리체계가 아주 자연스
러워서 오늘날까지도 계속 유지되고 있는바 간단한 제도이고 또한 그
기능과 역할을 쉽게 분별할 수 있는 아주 쉬운 조직이다.

1-2-7 ·························· 輯五瑞하시니 旣月이어늘
乃日覲四岳群牧하시고
班瑞于群后하시다

『다섯 등급의 서옥을 거두시니 기약한 달이 이미 되었거늘 이에 날
로 사악과 여러 나라의 임금을 근례하게 하시고 서옥을 여러 제후에
게 나누어주시다.』

☯ 순이 섭정왕위에 올라 선기옥형으로 천체를 관찰하여 천문을 표
준으로 인문을 밝히면서 이미 7정을 가지런히 하여 각각 그 상징적인
신을 받들고 수행하여야 될 직능과 역할을 명확히 나누어 정부의 조
직을 완료하고 행정의 체제를 갖춘 다음에 즉각 지방의 모든 제후를
불러 그 신표인 서옥을 거두어 신분을 재확인하면서 이에 기일을 정
하여 제후로 하여금 해당국가의 정치업무를 천자께 보고하는 근례를
행하도록 직접 당부하고 재신임의 징표로 서옥을 나누어주는 광경을
기록하였다.

집(輯)은 염(斂)과 같으니 거두어 모으는 것이고 오서(五瑞)는 다섯
가지 서옥(瑞玉)으로 제후(諸侯)를 신임하는 징표인데 『주례(周禮)』의
근례(覲禮)에 따르면 공(公)은 항규(恒圭)를 들고, 후(侯)는 신규(信圭),
백(伯)은 궁규(躬圭), 자(子)는 곡벽(穀璧), 남(男)은 포벽(蒲璧)을 각각

들었으니 5등급이다. 이것은 같은 재질의 옥돌로 그 크기와 모양을
같게 해서 제후의 등급에 따라 나누어주고 천자나 제후의 모임에 들
고 다니게 하여 그 부합(符合) 여부로 신분을 확인하였던 고대의 임명
장이요 신임장이다. 기월(旣月)은 이미 정한 달이 된 것이니 천하의
제후를 소집한 달이다. 기월은 언제까지 오라고 예정한 달이 이미 된
것이니 제후가 모두 도착한 것을 뜻하고 내일(乃日)은 이에 정한 날이
니 대개 고대에는 5년마다 제후(諸侯)가 직접 천자(天子)를 조회(朝會)
하고 그 사이에 3년마다 경(卿)이 직접 천자에게 대빙(大聘)하며 또 그
사이에 매년 대부(大夫)가 천자에게 소빙(小聘)하였으니 일정한 기일
이 있는 것이며 이런 까닭으로 『주례』 대종백(大宗伯)에서 봄에 천자
를 알현한 것을 조(朝), 여름에 알현한 것을 종(宗), 가을에 알현한 것
을 근(覲), 겨울에 알현한 것을 우(遇)라고 한다고 하였다. 근(覲)은 알
현하라고 지시한 것이며 군목(群牧)은 9주(州)의 목백(牧伯)이니 4악(四
岳)의 맹주국가를 제외한 군소국가의 군장(君長)이다. 반(班)은 반(頒)
과 같으니 나누어주는 것이며 군후(群后)는 4악(四岳)과 군목(群牧)을
총칭한 말이다.

　순이 먼저 중앙정부를 새롭게 정비하고 이어 지방제후의 조직을 재
정비하였으니 근본의 시작을 먼저 다스리고 말단의 끝을 나중에 다스
리는 법도를 후세의 정치지도자는 본받아야 할 것이다.

1-2-8 ·· 歲二月에 東巡守하사

至于垈宗하야 柴하시며

望秩于山川하시다 肆覲東后하시니

協時月하사 正日하시며

同律度量衡하시며 修五禮하시며

五玉과 三帛과 二生과 一死贄러라

如五器하시고 卒乃復하시다

五月에 南巡守하사

至于南岳하사 如岱禮하시며

八月에 西巡守하사

至于西岳하사 如初하시며

十有一月에 朔巡守하사

至于北岳하사 如西禮하시고

歸格于藝祖하사 用特하시다

『같은 해 2월에 동쪽의 영토를 돌며 살피시어 대종에 이르러 하느님께 제사지내시며 산천에 차례로 망제지내시다. 그리하여 동쪽 나라의 임금을 접견하시니 철과 달을 맞추시어 날짜를 바로잡으시며 음률과 척도와 양기와 저울을 같게 하시며 다섯 가지 예법을 다듬으시며 다섯 가지 모양의 서옥과 세 가지 색깔의 비단과 두 가지 살아 있는 짐승과 한 가지의 죽은 새를 폐백으로 하시고 다섯 가지의 무기를 맞먹게 하시고 마치자 이에 돌아오시다.

5월에 남쪽의 영토를 돌며 살피시어 남악에 이르시어 대종에서의 의례와 같이 하시며 8월에 서쪽 영토를 돌며 살피시어 서악에 이르시어 처음과 같이 하시며 11월에 북쪽의 영토를 돌며 살피시어 북악에 이르시어 서쪽 지방에서의 의례와 같이 하시고 돌아와서 학예의 근본을 모신 사당에 이르러 황소를 희생으로 바치고 제사지내시다.』

◑ 순이 섭정왕위에 올라 4계절의 중월에 처음으로 각 지방을 직접 순시하며 인민의 생활상을 살피시고 천지신명과 5악 4독에 차례로 망

제를 지낸 다음 각 나라의 제후를 접견하고 역법을 비롯한 천하국가
의 제도와 의례와 문장을 통일하여 시행하도록 지도한 내용을 기술하
였다.

　세(歲)는 같은 해이니 순(舜)이 섭정왕위에 오른 해인즉 내정(內政)
과 외정(外政)을 동시에 신속하게 정비했음을 지적한 것이다. 2월(二
月)은 봄의 가운데 달이니 봄의 기운이 가장 왕성하므로 봄 제사를 지
내는 달인데 다음의 5월은 여름의 중월(中月)이고 8월은 가을의 중월
이며 11월은 겨울의 중월인즉 모두 네 철의 가운데 달로 제사지내는
달이다. 따라서 2월은 묘월(卯月)이고 5월은 오월(午月)이며 8월은 유
월(酉月)이요 11월은 자월(子月)이다. 동(東)은 중원(中原)의 동쪽 영토
로 황하와 양자강의 하류인 황해에 접한 지대이고 아래의 남(南)은 양
자강이 있는 남쪽지방이며 서(西)는 양자강의 상류지대이고 북(北)은
황하 이북의 지역이다. 순수(巡守)는 천왕(天王)이 직접 영토를 돌며
인민의 생활상을 살피고 지방정부의 정치를 확인하여 평가하는 일이
니 대개 5년에 한 번씩 지방국가를 시찰하였다. 대종(岱宗)은 동악(東
岳)의 이름으로 태산(泰山)이며 시(柴)는 하늘을 섬기는 제사인데 나무
를 쌓아놓고 불을 피운 다음 그 위에 희생(犧牲)을 올려 고기를 구어
서 제사를 지냈기 때문에 붙인 이름이다. 망(望)은 망제(望祭)이니 앞
에(1-2-6)서 해설하였고 질(秩)은 차례이니 모든 신의 자격과 등급을
정하여 그 제관(祭官)의 품계와 제물의 수량에 차등이 있게 함이다.
산천(山川)은 5악(五岳)과 4독(四瀆)이니 4독은 양자강(揚子江), 황하(黃
河), 회수(淮水), 제수(濟水)이다. 동후(東后)는 동방의 제후들이고 협
(協)은 조절하여 맞추는 것이요 시(時)는 4계절이니 남방은 여름이 길
고 북방은 겨울이 길며 동방은 봄이 빠르고 서방은 가을이 빠르기 때
문에 농사짓는 때를 조절하여 맞추어야 되며 월(月)은 달이니 달의 크
고 작음을 맞추어야 하는 것이다. 정일(正日)은 날짜를 바로잡는 것인
즉 곧 60간지(干支)에 의한 일진(日辰)을 천하가 똑같도록 통일함이다.
동(同)은 규범을 제도화하여 가지런히 통일시켰다는 말이고 율(律)은
음률의 12음계로 황종(黃鐘), 태주(太簇), 고선(姑洗), 유빈(蕤賓), 이측

(夷則), 무역(無射), 대려(大呂), 협종(夾鐘), 중려(仲呂), 임종(林鐘), 남려
(南呂), 응종(應鐘)인데 앞에 여섯은 양률(陽律)이고 뒤에 여섯은 음려
(陰呂)이다. 무릇 12개의 율관(律管) 직경을 3푼(分) 1리(釐)로 만들어
안구멍의 둘레를 9푼으로 똑같게 하여 황종은 길이가 9촌(寸)이니 기
본음계로 삼고 다음은 조금씩 짧게 해서 대려, 태주, 협종, 고선, 중려,
유빈, 임종, 이측, 남려, 무역, 응종의 차례로 율관의 길이를 점점 짧게
만드니 응종이 가장 짧다. 그러면 12율관의 소리가 모두 다르게 나는
데 율관이 긴 것은 소리가 낮고 짧은 것은 소리가 높은데 낮은 소리
는 중탁(重濁)하여 떨림이 퍼지고 느리며 높은 소리는 경청(輕淸)하여
떨림이 날카롭고 빠르다. 이러한 12음계를 다시 양율(陽律)과 음려(陰
呂)로 두 음계씩 배합하여 하나로 묶어 여섯 개의 음계〔六律〕로 분류
하고 또 궁(宮), 상(商), 각(角), 치(徵), 우(羽)의 5음계로 다시 분류하였
다. 도(度)는 길고 짧은 것을 헤아리는 척도(尺度)로 황종(黃鐘)의 율관
(律管)을 90으로 나누어 그 한 눈금의 길이를 1푼으로 정하고 10푼이
1척이요 10척을 1장으로 셈하였다. 량(量)은 많고 적음을 헤아려 부피
를 셈하는 양기(量器)로 황종(黃鐘)의 율관(律管) 통 속에 기장이나 피
같은 곡식을 넣으면 평균 1200개의 낱알이 들어가는데 이것을 약(龠)
으로 정하고 이에 10약(龠)은 1갑(合 : 홉), 10갑을 1승(升 : 되), 10승을
1두(斗 : 말), 10두를 1곡(斛 : 휘 또는 石)으로 셈하였다. 형(衡)은 무겁
고 가벼운 것을 헤아리는 저울로 황종(黃鐘)의 율관(律管) 속통에 채운
기장 1200개 낱알의 전체 무게를 12수(銖 : 저울눈)로 정하여 두 번 채
워 합친 무게 24수를 1양(兩)이라 하고 16양을 1근(斤), 30근을 1균(鈞),
4균을 1석(石)으로 셈하였다. 이것은 황종이 만사의 근본원리가 되는
것으로 달로는 1월 곧 인월(寅月)이 되고 음계의 기본음계가 되고 길
이의 표준이 되고 부피의 기준이 되고 무게의 단위가 되므로 천자가
제후국을 순수(巡守)하여 그것을 살펴서 같지 않음이 있으면 그 나라
의 황종을 다시 확인하여 같게 만들었던 것이다. 수(脩)는 정리하여
다스림이고 5례(五禮)는 길례(吉禮), 흉례(凶禮), 빈례(賓禮), 군례(軍禮),
가례(嘉禮)로 국가에서 거행하는 의례(儀禮)인데 길례(吉禮)는 나라의

귀신을 섬기는 제례(祭禮)이고 흉례(凶禮)는 국상(國喪)에 장사지내는 상례(喪禮)이며 빈례(賓禮)는 나라에서 외교사절을 접대하는 의식이요 군례(軍禮)는 군대를 훈련하고 출동하는 의식이며 가례(嘉禮)는 국혼(國婚)을 거행하는 혼례(婚禮)이니 국가의 5례(五禮)는 요순(堯舜)시대에 이미 정비되어 천하가 통일하였음을 알 것이다. 5옥(五玉)은 5서(五瑞)와 같으니 앞에(1-2-7)서 해설하였고 3백(三帛)은 세 가지 색깔의 비단이니 대개 검은색과 흰색과 붉은색 등의 비단으로 지방국가의 고급행정관료가 가지고 가는 폐백(幣帛)이요 2생(二生)은 두 가지 산 짐승으로 곧 염소와 기러기인데 지방국가의 중급행정관료는 형편에 따라 살아있는 어린 염소나 산 기러기를 예물로 가지고 갔다. 1사(一死)는 한 마리의 죽은 새로 곧 꿩인데 하급관료나 초급지식인은 경제력이 없으므로 죽은 꿩을 말려두었다가 행사 때에 폐백으로 쓰게 하였다. 지(贄)는 폐백으로 아랫사람이 윗사람을 찾아뵐 때에 예의를 갖추어 가지고 가서 올리는 일종의 선물이다. 따라서 모든 사람이 분수를 지키도록 그 신분에 알맞게 물품의 종류와 수량을 정했으니 사치와 방종을 막고 또한 뇌물로 변질하지 못하도록 제도화했으며 문명국가에서는 질박한 폐백에 고상한 뜻을 담아 인정을 두텁게 하기 위하여 옥(玉)의 아름다운 무늬로 마음의 아름다움을 상징하고 비단의 아름다운 색깔로 행실의 반듯함을 상징하고 염소로 무리를 이탈하지 않은 점을 상징하고 기러기로 정절을 상징하고 꿩으로 희생과 봉사를 상징하였으니 꿩은 스스로 산과 들에서 자라지만 그 고기를 사람에게 준다. 여(如)는 같게 함이고 5기(五器)는 각 국의 동서남북과 중앙에 배치한 5방(方) 군대의 깃발과 수레와 갑옷과 무기이며 그 색깔과 규격을 같게 해서 군비경쟁을 막고 통일편제하기 쉽게 하였다. 졸(卒)은 마침이니 모든 확인작업이 끝난 것이고 복(復)은 순(舜)이 중앙정부로 돌아온 것이다. 남악(南岳)은 형산(衡山)이고 여대례(如垈禮)는 대종(垈宗)에서의 의례(儀禮)와 같이 하였다는 뜻이다. 서악(西岳)은 화산(華山)이고 여초(如初)는 역시 대종(垈宗)에서의 의례와 같이 했다는 뜻이며 삭(朔)은 북방이요 북악(北岳)은 항산(恒山)이며 여서례(如西禮)는 서쪽을 순수하여 서악(西岳)에서 거행했던 의례와 같이 했다는 말이 니 곧 여초(如初)와 같은 뜻이다. 귀(歸)는 돌아옴이요 격(格)은 이르러 감이며 예조(藝祖)는 학예(學藝)의 근본으로 곧 영부(靈府)인데 순이 섭정왕위에 올라 지방의 징치문화를 제도화, 통일화시키고 이에 동쪽 의 파란색 건물에 이르러 가서 영부(靈府)에 고유(告由)하고 앞으로 각 급 학교에서 그 내용을 가르치도록 권장하였으니 영부(靈府)에 대한 내용은 앞에(1-2-4)서 자세히 설명하였다. 전배(前輩)들은 예조(藝祖)를 문조(文祖)와 같다고 하였으나 자세히 살피지 못한 소치이다. 용(用)은 제물로 쓴 것이고 특(特)은 황소이다. 전배들은 이 문장에 "5옥(五玉) 3백(三帛) 2생(二生) 1사(一死)"의 구절이 사근동후(肆覲東后)와 협시월 (協時月)의 사이에 놓여야 한다고 주장하였으나 그렇게 볼 하등의 이 유가 없고 오히려 수5례(脩五禮)의 연장으로 보는 것이 옳다.

  순이 지방을 초도순시함에 있어서 이와 같이 정밀하게 헤아리고 사 방을 평등하게 살폈으니 그 지혜와 사랑과 용기가 사람을 감동시킨 다.

1-2-9 ··· 五載에 一巡守어시든
群后는 四朝하나니
敷奏以言하시며 明試以功하시며
車服以庸하시다

  『5년에 한 번 천자가 직접 지방을 돌며 살피시거든 여러 지방국가 의 군장은 네 번 중앙정부로 가서 천자에게 배알하나니 베풀어 아뢰 게 하되 직언케 하시며 밝게 비교하여 공적을 평가하시며 수레와 옷 을 상으로 내리되 사용케 하시다.』

　　◐ 여기에서는 천왕의 순수와 제후의 조근(朝覲)을 정례화하고 그 직분을 규정한 내용을 기술하였으니 천왕은 5년마다 한 번씩 지방영토를 시찰하여 지방국가의 정치문화를 직접 확인하며 또한 지방국가를 다스리는 제후는 천왕이 순수한 해를 제외하고 매년 중앙정부에 가서 천왕에게 1년간의 정치사업을 분야별로 나누어 명백하게 보고하되 직언으로 해야 하며 천왕은 여러 나라의 정치문화를 비교하여 그 공적을 평가해서 우수한 나라의 제후에게는 수레와 옷을 상으로 내려 표창하는 조례를 제정한 것이다.

　　5재(五載)는 5년으로 국가가 사업을 계획하여 단기사업은 그 성공과 실패를 확인할 수 있는 기간이고 중장기사업은 그 진도의 빠름과 느림을 확인할 수 있는 기간이다. 일순수(一巡守)는 한 번 순수함이니 동서남북의 영토를 한 해에 모두 다니며 살필 수도 있고 첫 해는 동방을 순수하고 다음해는 남방을 순수하고 그 다음해에는 서방을 순수하고 또 그 다음해에는 북방을 순수할 수도 있으나 모두 시국의 현실에 맞출 일이다. 4조(四朝)는 지방국가의 군장은 5년 동안에 천왕(天王)이 순수한 해를 빼고 나머지 4년 동안에 해마다 중앙정부에 직접 가서 업무를 보고하는 일인데 만일 제후(諸侯)가 유고하면 그 나라의 고위관료가 대신해도 무방하다. 부(敷)는 베풀어 펼치는 것이니 업무내용을 사건별로 분류하여 조리와 체계를 갖춤이고 주(奏)는 왕에게 직접 아뢰는 것이며 언(言)은 직언(直言)이니 사실대로 정직하게 말하게 함인즉 언론자유를 보장하여 말로 인하여 문책하지 않겠다는 뜻이다. 시(試)는 비교하여 평가함인데 여러 나라의 정치사업에 대한 성과를 모두 비교하여 평가하는 작업이며 공(功)은 공적을 인정함이다. 거복(車服)은 임금의 수레와 임금의 의복이니 천왕이 제후에게 하사하는 상품이고 용(庸)은 떳떳하고 영광스럽게 사용하는 것이다.

　　순이 정치와 행정의 체계를 세우고 일반적인 규칙을 만들고 제도화함으로써 자율자치의 길을 더욱 넓혔으니 요·순같이 착한 덕성을 가지고도 자연법에 철저한 법률을 갖추었으므로 후세의 정치지도자는 덕치와 법치의 절묘한 배합을 본받아야 할 것이다.

封十有二山하시며 濬川하시다

『처음으로 12주를 만드시고 12산을 진산으로 봉하시며 시내를 준설하시다.』

◎ 이것은 천시(天時)에 12달이 있는 것을 본받아 땅을 12주로 구역을 나누고 또 12주에 진산을 정하여 벌채를 금지시켜 아름답게 보존함과 동시에 하천을 준설해서 지방도시의 생활환경을 깨끗하게 보호한 사실을 기록한 내용이다.

조(肇)는 조조(肇造)이니 처음으로 만든 것이며 십유이주(十有二州)는 12개의 주지역(州地域)으로 경계를 나눈 것인데 곧 양주(揚州), 형주(荊州), 예주(豫州), 청주(靑州), 연주(兗州), 옹주(雍州), 유주(幽州), 기주(冀州), 병주(幷州), 서주(徐州), 양주(梁州), 영주(營州)인바 우(禹)가 낙서(洛書)를 발견한 이후에는 9주로 통합하였다. 봉(封)은 봉표(封表)이니 산의 신령함을 보존하기 위하여 입산을 통제하고 벌채를 금지해서 깨끗한 자연환경을 수호함이요 십유이산(十有二山)은 12개 주마다 각각 주정부(州政府)가 있는 도시의 뒤에 위치한 진산(鎭山)이다. 준(濬)은 바닥을 깊이 파는 것이고 천(川)은 하천(河川)이다.

순이 국민의 생활환경을 개선하기 위하여 지방행정의 체제를 처음으로 만들고 치산치수(治山治水)의 작업에 들어가 먼저 지방도시의 환경을 깨끗하게 만들었으니 이로써 문명한 세상을 창조한 것이다.

鞭作官刑하고 扑作敎刑하며

金作贖刑하야 眚災는 肆赦하고

호종　　적형　　흠재흠재
怙終은 賊刑하되 欽哉欽哉하사

유형지휼재
惟刑之恤哉하시다

『구체적으로 일정한 형벌규정을 만들어 다섯 가지 형벌로 사회로부터 격리했다가 용서하시니 채찍으로부터 관리의 형벌을 시작하고 휘추리로부터 교육의 형벌을 시작하며 금전으로부터 속죄하는 형벌을 시작하되 자기의 과실이나 또는 재난에 의하여 범한 죄는 그 정상에 따라 용서하고 집단적인 범죄와 종내 반복하는 범죄는 도적의 형벌로 다스리되 공경하고 공경하사 오직 형벌의 시행을 신중히 해서 엄정하게 하시다.』

　☯ 여기에서는 형법의 체계를 정비하여 범죄의 종류와 형벌의 기준을 정하고 그 죄질에 따라서 처벌하되 법률과 양심에 따라 엄정하게 판단하였음을 기록하였다.

　상(象)은 구체적으로 내용을 열거하여 뚜렷한 체제를 갖춘 것이고 전형(典刑)은 일정한 법규(法規)이니 항구적인 전통으로 굳어진 관습법이다. 유(流)는 유배(流配)이니 사회로부터 일정기간 격리시킴이고 유(宥)는 죄를 용서하여 형기를 감면함이며 5형(五刑)은 다섯 가지 형벌로서 묵(墨 : 얼굴이나 팔에 먹물로 글자를 문신하는 형벌), 의(劓 : 코를 베는 형벌), 월(刖 : 발을 자르는 형벌), 궁(宮 : 불알을 까는 형벌), 대벽(大辟 : 사형) 등이니 무거운 형벌이다. 편(鞭)은 채찍으로 때림이요 작(作)은 시작하는 것이니 경범죄에 대한 최하의 징계수단이란 말이며 관형(官刑)은 상관이 하급관리의 범죄를 다스리는 형벌로 곧 관청에서 직무유기나 월권행위 또는 부정부패한 관료는 최하 편태(鞭笞)의 형벌로부터 시작하여 5형(五刑)에까지 올라간다는 뜻이다. 복(扑)은 휘초리로 종아리를 때리는 것이니 극히 경미한 징계수단이며 교형(教刑)은 교육장에서 교육자가 피교육자를 처벌하는 것인즉 교원(教員)은 교칙을 어기거나 학업을 게을리하는 생도에게 휘추리로 종아리를 한

대 때리는 벌로부터 점점 무거운 형벌로 올라간다는 말이다. 금(金)은 금전이니 유동적인 약간의 재물이고 속형(贖刑)은 재물을 내고 죄를 면하는 형벌인데 경미한 형벌이다. 그러므로 금작속형(金作贖刑)은 사회질서를 어지럽히는 경범죄를 다스림에 있어서 그 사회에 폐해를 끼치는 정도에 따라 가장 경미한 것은 약간의 금전으로 보상하는 단계로부터 시작하여 점점 많은 벌금형을 부과한다는 뜻이다. 생(眚)은 과실범(過失犯)이요 재(災)는 재난으로 저지른 범죄이며 사(肆)는 늦추어 주는 것이니 그 정상을 참작하여 너그럽게 처벌함이고 사(赦)는 용서하여 석방하는 것이다. 호(怙)는 호시(怙侍)이니 서로 의지하여 믿는 것으로 두 사람 이상이 작당하여 저지른 범죄인즉 주범(主犯)과 종범(從犯)이 있거나 또는 공동정범(共同正犯)이고 종(終)은 종내(終乃)이니 끝내 잘못을 뉘우치지 않고 다시 범법(犯法)하는 것이며 적형(賊刑)은 도적(盜賊)을 처벌하는 형벌이니 무거운 형벌로 다스린다는 뜻이다. 흌(恤)은 신중히 살펴서 엄정하게 판결함이다.

요·순은 덕치인정을 베풀고 형벌을 내세우지 않았지만 형벌의 규정을 자세히 밝혀 법을 운영함에 있어서 천리(天理)에 부합하고 인정(人情)에 합당하도록 배려하였으니 죄인에게 원한이 없고 심판관에게 부끄러움이 없도록 형벌의 등급을 제정하였다. 나라의 법을 관장한 사람은 사형제도와 같은 극형을 법규에서 삭제하려고 하지 말고 요·순처럼 형벌은 엄중하게 세우되 인민을 교화하고 문명한 사회를 만들어 극악무도한 범죄인이 나오지 않아서 저절로 사문화되도록 힘써야 할 것이니 만일 중형을 폐지했다가 간악한 무리들이 형벌을 무시하고 날뛰면 어떻게 대처할 것인가?

1-2-12 ·· 유공공우유주
流共工于幽州하며
방환두우숭산
放驩兜于崇山하며
찬삼묘우삼위
竄三苗于三危하며

극 곤 우 우 산　　　사 죄
殛鯀于羽山하야 四罪하신대

이 천 하　　　함 복
而天下가 咸服하니라

『공공을 유주로 유배보내며 환두를 숭산으로 추방하며 삼묘를 삼위 땅으로 귀양보내며 곤을 우산으로 귀양가서 죽게 하여 네 가지로 죄를 주신대 천하가 모두 친숙하였다.』

☯ 여기에서는 순이 법을 공평하게 집행하여 비록 고급관료라고 하여도 부정부패하거나 인민을 해치거나 나라를 어지럽히면 가차없이 처단하여 관기를 숙청해서 인민으로부터 신임받는 정부를 만든 내용을 기술하였다.

유(流)와 방(放)과 찬(竄)과 극(殛)은 모두 사회로부터 격리하는 중형으로 그 죄질에 따라 먼 지방과 가까운 지방의 차이가 있고 또 단기(短期)와 장기(長期)의 구별이 있다. 유(流)는 유배형(流配刑)이고 방(放)은 추방형(追放刑)인데 모두 가족의 도움을 받을 수 있으며 찬(竄)은 유배형에 금고형(禁錮刑)을 더한 것으로 일정한 처소에서 떠날 수 없는 형벌이고 극(殛)은 유배지에서도 구금당하여 죽을 때까지 징역을 사는 종신형벌인데 찬(竄)과 극(殛)은 가족과 함께 가서 도움도 받을 수 없는 무거운 형벌이다. 관료의 범죄에 이와 같이 큰 형벌을 내리는 것은 법 앞에 만인이 평등하다는 신념의 표시라고 할 것이다. 공공(共工)은 벼슬이름이고 환두(驩兜)와 곤(鯀)에 관해서는 앞의 요전에 등장했던 인물로 높은 권력을 휘두른 사실이 있으며 삼묘(三苗)는 강남(江南)에 있는 나라이름인데 여기에서는 나라를 어지럽힌 삼묘국의 임금을 지칭한다. 유주(幽州)와 삼위(三危)는 지명이고 숭산(崇山)과 우산(羽山)은 산이름인데 유주(幽州)는 북쪽 변방의 외딴 섬이고 숭산(崇山)은 남쪽 변방인 풍주(灃州)에 있는 산이며 삼위(三危)는 서쪽 변방에 있는 땅으로 오늘날 감숙성(甘肅省) 돈황(敦煌)의 동남에 삼위산(三危山)이 있으며 우산(羽山)은 동쪽 서주(徐州) 변방에 있는 산이다. 국가의 권력을 국리민복(國利民福)에 쓰지 않고 한갓 출세의 도구로 착각하여 음흉하게 사리사욕만 채우는 무리들을 엄단하여 국경 밖으로 구축(驅逐)함으로써 인민대중을 위한 정부로 쇄신함에 네 가지 엄중한 처벌을 내린 것은 인민의 뜻을 존중한 까닭이다. 사죄(四罪)는 유(流), 방(放), 찬(竄), 극(殛)의 네 가지 죄로 처벌함이고 천하(天下)는 온 세상이니 국내외를 뜻하고 함복(咸服)은 모두 열복(悅服)하여 가깝고 친숙하게 지냄이다.

　순이 고급관료의 범죄를 가차없이 엄벌하여 재발을 방지하였으니 성인은 인(仁)을 좋아하기 때문에 불인(不仁)을 미워하여 용서하지 않을 때가 있음을 알아야만 법의 기강을 세울 수 있는 것인즉 요·순이 어찌 사람을 미워하겠는가? 오직 그 죄를 미워했을 뿐이니 신상필벌은 요·순의 법이다. 대저 소인배는 처음에는 공손하다가 나중에는 교만방자하게 되고 작은 일은 잘하지만 큰일은 감당하지 못하므로 높은 벼슬자리에 오르면 방종하여 무책임하기 쉬운 것이다. 그러므로 공공과 환두와 삼묘와 곤이 요임금 아래에서는 자리를 지켰으나 순이 섭정하는 기간에는 파직당하고 유배까지 가게 된 것이니 벼슬아치는 노욕(老慾)을 경계해야 된다.

1-2-13 ························· 二十有八載에 帝乃殂落하시니

百姓은 如喪考妣를 三載하고

四海는 遏密八音하니라

　『28년에 요임금이 승하하시니 백성은 돌아가신 아버지와 어머니의 상복을 입듯이 함을 3년 하고 사해는 여덟 가지 음악소리가 그쳐 고요하니라.』

　◉ 이것은 순이 섭정왕위에 오른 지 28년에 요임금이 붕하시니 국

내의 인민은 아버지와 어머니가 돌아감에 상복을 입고 슬퍼하듯이 3년을 거상하였고 변경 밖의 이방인들도 요임금의 덕을 사모하여 노래를 그쳐서 천하가 조용했음을 기록한 것이다.

이십유팔재(二十有八載)는 요(堯)임금이 순(舜)에게 임금의 권한을 대행케 한 기간이고 제(帝)는 요임금이며 조락(殂落)은 현직에서 물러난 임금의 죽음을 지칭한 말로 조(殂)는 혼(魂)이 멀리 날아가고 락(落)은 백(魄)이 흩어졌다는 뜻이다. 요임금은 20세에 즉위하여 70세에 순을 등용해서 90세에 순으로 하여금 섭정(攝政)케 한 지 28년 만에 승하하셨으니 수(壽)가 117세이었다. 백성(百姓)은 영토 내의 국민 전체를 지칭하고 상(喪)은 상복(喪服)을 입고 근신함이다. 고(考)는 돌아가신 아버지를 호칭하는 말이고 비(妣)는 돌아가신 어머니를 호칭하는 말인데 어버이가 살아 있으면 부모(父母)라고 일컫고 죽었으면 고비(考妣)라고 일컬어 구별한다. 삼재(三載)는 3년이니 오랜 기간을 뜻하고 사해(四海)는 영토 밖의 외방으로 이방인을 뜻한다. 알(遏)은 막아서 끊어짐이요 밀(密)은 조용함이며 팔음(八音)은 여덟 가지 악기의 소리이니 금(金), 석(石), 사(絲), 죽(竹), 포(匏), 토(土), 혁(革), 목(木) 등으로 만든 악기이다.

요임금이 늙어서 권력을 순에게 위임하고 은퇴한 지 28년 만에 죽었지만 순이 요임금의 성덕을 이어 계승발전시켜서 그 덕을 더욱 발양했기 때문에 국내의 백성은 물론 외방의 사람들까지도 요임금의 덕을 잊지 않고 이와 같이 그 죽음을 만 2년 동안 애도하는 데 이르렀으니 순의 마음은 지극한진저!

1-2-14 ······························ 月正元日에 舜이 格于文祖하시다

『달은 정월 원일에 순이 문조에 이르시다.』

☯ 여기에서는 순이 요임금의 3년 상기를 마치고 민심과 천명에 따

라 지난 28년간 섭정왕의 집무실로 사용하던 문조를 모신 건물로 다시 돌아와서 즉위식을 거행한 사실을 기록하였다.

월정(月正)은 정월(正月)이란 말이고 원일(元日)은 첫째 날이니 초하루인즉 정월원일(正月元日)은 인월(寅月) 초하루로 곧 요(堯)임금 시대 음양력(陰陽曆)의 설날이다. 격(格)은 이르러 가서 제사를 지내고 취임을 고유(告由)함이며 문조(文祖)는 태양신을 모신 남쪽 붉은 건물이니 앞(1-2-4)에서 이미 해설하였다.

순은 섭정왕위에 올라서도 요임금이 사용하던 중앙의 노란색 건물인 신두(神斗)를 사양하고 남쪽의 붉은색 건물에 문조를 모신 집무실을 사용하다가 요임금이 승하하심에 요임금의 아들 단주(丹朱)에게 요임금의 후계자가 되도록 당부하고 스스로 초야로 물러나서 3년을 지냈으나 모든 관료와 지방의 제후가 정사를 순에게 찾아와 결재하기를 청하고 민심이 순에게로 돌아왔기 때문에 순이 이에 요임금의 3년 상기를 마친 다음 다시 옛 집무실로 되돌아와서 천명을 받아 즉위함에도 중앙의 정전을 사양하였으니 요임금을 존경하고 사모하는 마음은 끝이 없는진저!

1-2-15 ······························· 

『사악에게 물어서 의논하시어 사방의 문을 활짝 여시며 사방의 눈을 밝게 하시며 사방의 총명한 말을 사무치게 하시다.』

☯ 순임금이 즉위하자 제일 먼저 사악에게 물어서 의논하여 사방의 국경에 관문을 활짝 열어 인민의 거주이전의 자유를 보장하고 사방의 사람들이 자유롭게 관광할 수 있게 하여 사방에 사는 사람들의 눈을 밝게 만들며 또 언론의 자유를 보장하여 사방의 사람들의 총명한 말

을 창달케 하여 문명한 민주사회를 건설하는 토대를 구축한 내용을 기술하였다.

순(詢)은 아랫사람에게 물어서 의논함이고 사악(四岳)은 앞(1-1-11)에서 이미 해설하였으니 순(舜)임금이 즉위하자 새 시대 건설의 시정방침(施政方針)을 논의하기 위하여 사악회의(四岳會議)를 소집한 것이다. 벽(闢)은 개벽(開闢)인데 활짝 열어서 통행의 자유를 보장함이고 사(四)는 사방이며 문(門)은 성문(城門)이나 관문(關門)으로 통행을 감시하는 문이다. 벽사문(闢四門)은 동서남북의 모든 성문과 관문을 활짝 열어 누구나 자유롭게 왕래하도록 거주이전의 자유를 완전히 보장하는 것이다. 명(明)은 밝게 보는 것이니 사물을 정밀하게 분별하여 정확하게 인식함이다. 사(四)는 사방에 사는 인민대중이고 목(目)은 안목(眼目)이다. 순임금은 사방에 사는 인민대중으로 하여금 자유롭게 여행하고 관광하게 해서 사물을 관찰하고 비교함으로써 그 안목을 밝게 만들어 민도(民度)가 높은 문명사회를 창조하도록 이끌었다는 말이다. 달(達)은 사무치어 창달(暢達)함이고 사총(四聰)은 사방에 사는 사람들의 총명한 말로 순임금은 언론의 자유를 보장하여 누구나 자기의 의견이나 견해 또는 주장 등을 거리낌없이 자유로이 표현하여 전달해서 조정이나 먼 지방에까지 신속하게 미치어 통하게 하였다.

순임금이 민주적으로 정책을 결정함에 있어서 먼저 국내외인의 삶의 질을 높이기 위하여 모든 장벽을 허물고 거주이전의 자유를 보장하였고 또 여행과 관광을 자유롭게 허용하여 개명(開明)한 문물을 보급해서 시대발전의 동력을 확보할 뿐만 아니라 상의하달(上意下達)과 하의상달(下意上達)의 언로를 널리 열어놓고 언론의 자유를 보장함으로써 여론을 모아 공론이 저절로 나오도록 개방적 정치체제를 정착시켰으니 순임금은 민주정치를 제도화한 시조이다.

1-2-16 ························· 咨十有二牧하사 曰食哉惟時니라

유 원 능 이 　　　 돈 덕 윤 원
柔遠能邇하며 惇德允元하고
이 난 임 인 　　　 만 이 솔 복
而難任人이면 蠻夷率服하리라

『12주의 목민관회의를 열어 논의하시어 말씀하시기를 "식량의 생산은 오직 때를 맞추어야 하니라. 먼 지방 사람을 부드럽게 포용하고 가까운 곳에 사람을 잘 가르치며 덕이 있는 사람과 돈독하게 화합하고 어진 이를 신실하게 믿으며 간사한 사람을 꾸짖고 비난하면 변방의 오랑캐들도 따라서 복종하리라."』

　☯ 순임금이 12주의 목민관회의를 소집하여 지방행정의 중요시책을 논의한 다음 식량증산대책과 대민봉사행정 및 관리임용방침 등을 특별히 강조하여 시달한 내용이다.

　자(咨)는 아랫사람들에게 물어서 논의하는 것이고 십유이(十有二)는 앞(1-2-10)에서 해설한 12주(洲)이며 목(牧)은 주백(州伯)으로 각 주의 인민을 다스리는 수장이니 양민(養民)의 책임을 가지기 때문에 목민관(牧民官)이라고 한다. 왈(曰)은 순(舜)임금의 말씀이며 식(食)은 식량을 생산하는 것으로 곧 민생경제정책이며 시(時)는 농사짓는 때인데 식량을 증산하기 위해서는 농사짓는 때를 어기지 않아야 된다는 뜻이다. 여기에서 지방행정은 권농관(勸農官)의 역할이 중요함을 알 것이다. 유원(柔遠)은 먼 지방 사람이 기술을 익히며 문화를 배우려고 왔을 때 부드럽고 너그럽게 포용하여 가르쳐 주라는 말이고 능이(能邇)는 가까운 곳에 사는 사람에게는 부지런히 신기술을 개발하고 새로운 문화를 창조하여 능통하도록 이끌라는 말이다. 돈(惇)은 돈독함이고 덕(德)은 덕이 있는 사람이니 돈덕(惇德)은 덕이 있는 사람과 돈독하게 화합함이다. 윤(允)은 신실(信實)함이고 원(元)은 선(善)의 으뜸으로 곧 인(仁)이니 어진 사람인데 윤원(允元)은 어진 이를 신실하게 믿는 것이니 모두 공덕심(公德心)이 있고 사리사욕(私利私慾)이 없는 사람을 등용해서 지방정부가 주민으로부터 신임을 얻도록 하는 방법이다. 난

(難)은 힐난(詰難)이니 엄중히 꾸짖어 비난함이며 임인(任人)은 간사한
사람이다. 간사한 사람은 목적을 위하여 수단과 방법을 가리지 않고
아첨과 참소와 모함을 일삼으면서 심지어 편당을 만들어 분열과 대립
을 조장하므로 이를 엄중히 힐책하여 금지시키지 않으면 나라가 어지
럽고 민심을 잃어버린다. 만이(蠻夷)는 문명이 보급되지 아니하여 예
의도덕이 없는 변방의 미개한 오랑캐들이고 솔(率)은 자진하여 따르
는 것이며 복(服)은 유순하게 복종함이다.

　순임금은 12개 주의 지방국가 개발정책을 폄에 먼저 민생경제의 풍
족함을 도모하고 과학기술문화를 발달시키며 깨끗한 관료풍토를 조
성해서 국민은 물론 이방인들까지도 신뢰하고 따르는 평화사회를 지
향하였으니 그 정치의 이상이 대단히 높은진저!

1-2-17 ··· 舜이 日咨四岳아
有能奮庸하야 熙帝之載어든
使宅百揆하야 亮采惠疇하리라
僉이 日伯禹가 作司空하니이다
帝가 日兪라 咨禹야
汝平水土하니 惟時懋哉인저
禹拜稽首하야 讓于稷契과 暨皐陶한대
帝가 日兪라 汝往哉하라

『순이 말씀하시기를 "아차, 사악아 능히 일을 힘써 추진하여 요임
금의 사업을 빛내리 있거든 하여금 일백 관료를 임명하게 하여 사무
를 밝게 처리하며 동료를 화순케 하리라." 모두 말하기를 "숭백의 아

들 우가 사공을 잘하나이다." 순임금이 말씀하시기를 "응, 아차, 우야 그대가 강과 육지를 편편하게 다스리나니 오직 이에 힘쓸진저!" 우가 절하고 머리를 조아리며 직과 설 및 고요에게 사양한대 순임금이 말씀하시기를 "응, 그대가 가서 맡으라." 하시다.』

☯ 여기서부터는 순임금이 중앙행정의 관료를 민주적으로 사악과 논의하여 선임하는 과정을 기술하였다.

분(奮)은 분발하여 노력함이고 용(庸)은 사공(事功)이니 일이다. 희(熙)는 뚜렷하게 빛남이요 제지재(帝之載)는 요(堯)임금의 구세제민(救世濟民)하는 사업이다. 택(宅)은 적재적소에 선정함이고 백규(百揆)는 백관(百官)이니 앞(1-2-2)에서 이미 해설하였다. 양(亮)은 밝게 처리함이고 채(采)는 각종의 사무(事務)이며 혜(惠)는 화순(和順)이요 주(疇)는 동료(同僚)인즉 사택백규(使宅百揆)하야 양채혜주(亮采惠疇)는 모든 관료의 임면권을 가지고 고유한 업무의 한계를 뚜렷이 밝혀서 관료사회의 위계질서를 세워 화합하고 순종하는 기강을 확립하는 행정부의 수반으로 임명하겠다는 말이다. 첨(僉)은 모두이고 백우(伯禹)는 우(禹)의 아버지 곤(鯀)이 숭(崇)나라 임금이었기 때문에 우를 숭백자(崇伯子)라고 일컬었고 우는 이름이다. 작(作)은 하는 것이요 사공(司空)은 국토건설과 인민의 주택 및 농경지를 관리하는 장관이다. 제(帝)는 순(舜)임금을 지칭하는 말이니 순이 섭정왕위(攝政王位)에 있을 때에는 한번도 제(帝)란 말을 쓰지 않다가 이제 즉위한 뒤에는 제라고 호칭하였으니 사가(史家)의 필법이 엄중함을 알 것이다. 평수토(平水土)는 강과 육지를 평평하게 다스리는 것으로 곧 사공(司空)의 일이고 시(時)는 시(是)와 같으며 무(懋)는 부지런히 힘쓰는 것이니 곧 우에게 사공으로서 중앙행정의 수상(首相)을 겸직하여 부지런히 힘쓰라는 말이다. 배(拜)는 평절인데 무릎을 꿇고 손을 모아 이마를 손등에 대고 허리가 평형(平衡)이 되도록 굽히는 절이고 계수(稽首)는 큰절인데 손과 이마가 땅에 닿도록 평절보다 허리를 앞으로 더욱 숙이는 절이다. 양(讓)은 사양하여 양보함이고 직(稷)은 농정(農政)을 관장하는 관직의 이름인데

이때에 기(棄: 人名)가 농업전문가로 있었으니 성(姓)이 희(姬)고 태(邰)
나라에 봉(封)하였으며 설(契)은 신하이름으로 이때에 설이 훌륭한 성
품으로 사람의 존경을 받았으니 성은 자(子)씨이고 상(商)나라에 봉
(封)하였다. 기(暨)는 접속사로 밎이고 고요(皐陶)는 신하이름으로 이때
에 고요가 관료사회의 풍기를 바로잡아 명망이 있었다. 왕(往)은 수상
의 집무실로 가서 취임하라는 말이다.

　순임금이 사악회의의 추천을 받아서 중앙행정의 수반을 임명하고
우가 훌륭한 동료의 이름을 구체적으로 열거하면서 세 번 사양하였으
나 순임금이 듣지 않고 사악회의의 결의를 끝내 존중하였으니 공경하
고 사양하는 민주정신의 극치이다.

제　　왈 기　　여 민　　조 기
1-2-18 ···································· 帝가 曰棄야 黎民이 阻飢하리니

여 후 직　　　　파 시 백 곡
汝后稷하야 播時百穀하라

『순임금이 말씀하시기를 "기야 서민대중은 굶주림을 어려워하리니
그대가 농업부에 장관이 되어 이에 일백 곡식을 파종토록 하라."』

　☯ 여기에서는 순임금이 기를 후직으로 임명하여 흉년에 대비해서
식량을 증산하여 잉여농산물을 집집마다 비축토록 지시한 내용을 기
술하였다.

　기(棄)는 앞(1-2-17)에서 해설하였으니 농업전문가요 여민(黎民)은
서민대중으로 역시 앞(1-1-2)에서 해설하였다. 조(阻)는 곤궁하여 어려
워함이고 기(飢)는 굶주림이니 홍수나 가뭄으로 곡식이 여물지 아니
하여 흉년이 들면 서민대중이 가장 먼저 식량이 떨어져서 굶주리게
되는 것이다. 전배(前輩)는 조기(阻飢)를 이미 기근이 들어 곤궁함으로
해석하였으나 잘못이다. 요순(堯舜)시대에는 흉년에 대비하여 9년 먹
을 양식을 비축하고 있었기 때문에 기근(饑饉)이 없는 태평시대이었

다. 후(后)는 군장(君長)이니 여기서는 장관(長官)이며 직(稷)은 5곡(五穀)을 대표하는 메기장으로 농업부(農業部)를 지칭하였는데 곡식은 인민이 먹고사는 중요한 양식이므로 사직단(社稷壇)을 세우는 데 이르렀다. 파(播)는 파종(播種)이니 기후와 토질에 알맞은 곡식을 골라서 심게 함이고 시(時)는 이에이며 백곡(百穀)은 일백 가지 곡식이니 사람이 먹을 수 있는 모든 곡식과 채소와 과일을 총칭하고 있다.

기의 탄생설화는 『시경(詩經)』의 대아(大雅) 생민(生民) 편에 보이는 바 사생아로 태어나서 불우한 소년기를 보내면서도 홀로 열심히 종자와 토질을 연구하여 농업전문가가 되었는데 순임금이 이를 발탁하여 후직을 삼았으니 요·순은 인재등용에 있어서 처음부터 신분을 가리지 않고 오직 인격과 능력에 따라 등용하였음을 알 수 있는 것이다.

1-2-19 ·· 帝가 曰契아 百姓이 不親하고
五品이 不遜하리니 汝作司徒하야
敬敷五穀하되 在寬이니라

『순임금이 말씀하시기를 "설아 국민이 친절하지 않고 다섯 가지 사람 됨됨이가 공손하지 않으리니 그대가 교육부장관을 하여 경건하게 다섯 가지 교육을 베풀되 너그럽게 할지니라."』

☯ 여기에서는 순임금이 설을 교육부장관으로 임명하여 인간화합의 윤리를 교육하여 자유롭고 평등한 사회가 마침내 분열과 대립으로 타락하지 않도록 미리미리 5륜의 예절과 음악을 가르쳐서 화합의 길로 이끌라고 지시한 내용이다.

여기서부터 제왈(帝曰)을 반복한 것은 시차를 두고 각각 언급했음을 사관(史官)이 첨가하여 밝힌 것이다. 설(契)은 사람이름이니 앞(1-2-17)에서 해설하였고 백성(百姓)은 국민이니 역시 앞(1-1-2)에서 이

미 해설하였다. 친(親)은 친절함으로 사람은 배운 것이 없이 넉넉하게 잘 살면 교만하고 인색하기 쉽다. 5품(五品)은 다섯 가지 직분(職分)의 사람 됨됨이를 말한 것이니 곧 아버지는 정의롭고 어머니는 자애롭고 형은 우애하고 아우는 공경하고 아들은 효도하는 직분이다. 불손(不遜)은 공손하지 않음인데 사람이 천륜(天倫)의 도리를 모르면 은덕을 망각하고 원망하기 쉬운 까닭에 거칠게 행동하기 쉽다. 사도(司徒)는 학도(學徒)의 교육을 담당한 오늘날의 교육부장관이며 경부(敬敷)는 일관성이 있게 교육정책을 펴서 계속적으로 시행함이고 5교(五敎)는 5상(五常)의 가르침이니 인간의 항구적인 안정을 추구함에 있어서 기본적으로 갖추어야 될 다섯 가지 인간화합관계의 교육이념이다. 맹자는 이것을 5륜(五倫)이라고 밝혔으니 부자유친(父子有親)하며 군신유의(君臣有義)하며 부부유별(夫婦有別)하며 장유유서(長幼有序)하며 붕우유신(朋友有信)하는 것이다. 관(寬)은 교육방법을 너그럽게 함인데 거듭거듭 반복하여 가르치고 스스로 깨닫도록 계발해서 자율자치의 예절과 음악으로 보급해야 된다는 뜻이다. 이것은 인간을 노예로 길들이는 것이 아니라 주인으로 양성하는 교육방법이다. 따라서 아버지와 아들, 임금과 신하, 남편과 아내, 어른과 어린이, 벗과 학우는 주종(主從)관계가 아니라 양주쌍전(兩主雙全)의 관계로서 각각의 두 주체가 서로서로 짝을 지어 쌍사랑을 해야만 완전한 인격을 갖추어 온전한 삶을 영위할 수 있는 단순사회윤리이다. 아버지는 큰 주인이고 아들은 작은 주인이며 임금은 위에 주인이고 신하는 아래 주인이며 남편은 바깥주인이고 아내는 안주인이며 어른은 먼저 주인이고 어린이는 나중 주인이며 벗과 학우는 서로 주인과 손님이 되어 자유롭고 평등하게 화합하는 것이다. 그러므로 늙어서 아들이 없으면 독(獨)이요 어려서 아버지가 없으면 고아(孤兒)이며 신민(臣民)이 없으면 망국주(亡國主)요 군주(君主)가 없으면 망국노(亡國奴)이며 아내가 없으면 환(鰥 : 홀아비)이요 남편이 없으면 과(寡 : 과부)이고 어린 후배를 무시하면 못난이요 선배를 배척하면 호로(胡虜 : 호로자식)이고 벗이나 학우가 없으면 외톨이라고 하는 것인즉 이런 인간은 모든 사람이 불쌍하게 생각하는 대상이다. 또한 5륜에는 부자(父子)와 곤제(昆弟) 같은 천륜(天倫)과 군신(君臣), 부부(夫婦), 붕우(朋友)와 같은 인륜(人倫)이 있는바 천륜으로 맺어진 관계의 규범은 하늘과 땅의 관계를 표본으로 삼고 인륜으로 맺어진 관계의 모범은 해외 달의 관계를 표준으로 삼았으니 천륜은 어떠한 상황에서도 끊을 수가 없는 것으로 순(舜)의 효도와 우애에서 이미 본을 보았고 인륜관계는 도저히 유지할 수 없는 상황이 되어 세 번 충고해도 듣지 않으면 절교할 수 있는 것이다.

순임금은 인간의 나태한 정신이 결국 사람의 기질을 혼탁하게 만들 가능성이 있음을 미리 내다보고 이를 방지하기 위하여 교육기관을 설치해서 평생 부지런히 배우고 익혀 아름다운 인품이 되도록 하였으니 덕치인정의 기본정책이라 할 것이다. 그러므로 맹자는 말하기를 "사람이 배불리 먹고 따뜻하게 옷 입으면서 마음을 쓰는 곳이 없으면 짐승에 가까워지는 까닭에 성인이 이래서 학교를 설립하여 윤리를 교육하였다."라고 하였으니 후세에 우민화 정책으로 도덕과 역사와 정치학의 교육을 금지해놓고 장기집권을 획책한 독재자들은 여기에서 그 죄악을 회개하라. 문명한 정치는 윤리도덕의 교육에서 비롯하고 암흑정치는 우민교육으로 시작된다.

1-2-20 ······················· 帝가 曰皐陶야 蠻夷猾夏하며
　　　　　　　　　　　　　寇賊姦宄하리니 汝作士하야
　　　　　　　　　　　　　五刑으로 有服하되 五服에 三就하며
　　　　　　　　　　　　　五流에 有宅하되 五宅에 三居니
　　　　　　　　　　　　　惟明이라사 克允하리라

『순임금이 말씀하시기를 "고요야, 야만인이 문명중심국을 어지럽히며 겁탈하고 살인하고 바깥 도적이 교사하고 안 도적이 밀통하리니

그대가 법무장관을 하여 다섯 가지 형벌로 죄에 따라 벌을 받음이 있게 하되 다섯 가지 형벌로 죄에 따라 벌을 받음에 세 번을 나아가 심리하여 종결하며 다섯 가지 등급으로 유배를 보냄에 일정하게 거주할 집이 있게 하되 다섯 가지 등급의 유배지에서 세 가지로 거처하게 하리니 오직 밝게 판결해야만 잘 믿고 따르리라.”』

◑ 여기에서는 순임금이 세상을 예악으로 교화하여도 끝내 기질이 변화하지 않고 도리어 간교하고 사악하게 문명사회의 질서와 화합을 파괴하는 무리가 있을 것이므로 부득이 형벌로 다스리되 죄인이 승복할 수 있도록 3심제도를 만들어 지방재판소의 판결에 불복상소하면 고등재판소에서 재심하여 판결하고 또다시 불복상고하면 중앙재판소에서 3심하여 판결하는 것으로 종결하도록 제도화해서 억울하게 처벌당하는 사람이 없게 하라고 당부한 내용을 기록하였다.

만이(蠻夷)는 미개한 지방의 야만인이요 활(猾)은 어지럽히는 것이며 하(夏)는 광대한 문명사회로 곧 문화를 꽃피운 문명중심국을 지칭하여 화(華)라고도 한다. 구(寇)는 겁탈하는 것이니 재물을 갈취하는 떼강도질이고 적(賊)은 사람을 해치고 죽이는 잔인한 도적질이며 간(姦)은 간악한 무리들이 밖에서 교사하고 사주하는 것이요 궤(宄)는 악당들이 외부와 밀통하는 것으로 모두 사회질서를 파괴하고 나라를 위태롭게 하는 죄악이다. 사(士)는 사사(士師)이니 옥(獄)과 송(訟)을 다스리는 책임자로 오늘날 법무장관이다. 오형(五刑)은 앞(1-2-11)에서 해설하였고 복(服)은 복죄(服罪)로 죄에 따라 벌을 받는 것이며 오복(五服)은 5형(五刑)의 복죄(服罪)이니 다섯 가지 형벌로 죄에 따라 벌을 받게 함이다. 삼취(三就)는 3심(三審)으로 종결하는 제도로 죄인이 1심의 형량에 불복하면 2심에서 다시 심리하고 또 2심의 형량에 불복하면 또다시 3심에서 심리하여 판결해서 사건을 종결하는 것이다. 오류(五流)는 다섯 가지 등급으로 유배(流配)를 보내는 것이니 큰 죄인은 사방의 국경 밖으로 보내고 그 다음은 구주(九州) 밖으로 보내며 또 그 다음은 1,000리 밖으로 보내는 것으로 그 죄상과 죄질에 따라 멀고 가까운 등급을 다섯 가지로 정하였다. 택(宅)은 일정한 집이고 오택(五宅)은 다섯 가지 등급의 유배지에 마련한 집이며 삼거(三居)는 죄인이 거처하는 세 가지 방식이니 죄가 가볍거나 늙은 죄인은 가족의 도움을 받으며 살게 하고 보통 죄인은 울타리를 만들어 놓고 그 안에서만 생활하게 하며 극악한 죄인은 감옥 속에서 머물게 한 것이다. 따라서 다섯 등급의 유배지에 세 가지 거처하는 차별이 있으니 모두 15가지의 형량을 참작하도록 하였고 또 유배기간의 차이가 있으므로 억울한 사람이 없도록 세밀하게 배려할 수 있는 것이다. 명(明)은 양심과 법에 따라 밝게 살펴 판결함이요 극(克)은 잘함이며 윤(允)은 온당하게 믿고 따름이다.

　순임금이 범죄를 다스리되 죄는 미워해도 사람은 사랑하여 사형보다는 유배형을 기본으로 하면서 유배지에서 살길을 열어주도록 당부할 뿐만 아니라 법관의 판결이 공평해야만 준법정신이 일어나는 것임을 특별히 경계하였으니 오늘날 법치사회에서 본받아야 될 교훈이다.

1-2-21 ·· 帝가 曰疇若予工고
　　　　　僉曰垂哉인저 帝가 曰兪라
　　　　　咨垂야 汝共工이어다 垂가
　　　　　拜稽首하야 讓于殳斨曁伯與한대
　　　　　帝가 曰兪라 往哉汝諧하라

　『순임금이 말씀하시기를 "누가 우리의 공업을 순조롭게 발전시킬고." 모두 말하기를 "수인저." 순임금이 말씀하시기를 "응, 아뿔싸 수야 그대가 공업장관을 할지어다." 수(垂)가 절하고 머리를 조아리며 수(殳)와 장과 백여에게 사양한대 순임금이 말씀하시기를 "응, 가서 맡으라. 그대는 함께 화합하라."』

2. 순전(舜典) / 순임금의 전장　109

◉ 여기에서는 순임금이 공업장관을 임명하고 여러 기술자와 화합을 당부하는 내용을 기술하였다.

약(若)은 순조롭게 발전시키는 것이고 공(工)은 공업(工業)이니 일백 가지의 기술을 개발하여 일용품을 생산하는 직업으로 토공(土工), 금공(金工), 석공(石工), 목공(木工), 수공(獸工), 초공(草工) 등등 각각 전문직업에 종사하는 기술집약산업이다. 수(垂)는 사람이름이니 새로운 기술을 많이 발명한 공업전문가요 공공(共工)은 공업장관으로 공업기술을 전국에 보급하여 공산품의 생산을 장려하고 기술의 발전을 촉진하는 일을 담당하였다. 수(殳)와 장(斨)과 백여(伯與)는 세 사람의 이름으로 모두 전문기술자인데 수(殳)는 날 없는 창을 처음 만든 기술자요 장(斨)은 괴구멍 모진도끼를 처음 만든 기술자이니 옛날에는 새로 만든 물건의 이름으로 발명가의 이름을 삼기도 하였다. 해(諧)는 화합이니 수(殳)와 장(斨)과 백여(伯與)와 함께 화합해서 과학기술을 조화롭게 발전시키고 기술자를 화합하여 능률적으로 사업을 추진하라는 뜻이다.

순임금이 특별히 공업부서를 만들어 장관을 임명하고 백공(百工)의 기술을 개발해서 전업에 종사토록 배려하였으니 이로부터 인류의 문명이 급속도로 발전하는 과학기술의 시대를 열게 되었다.

1-2-22 ·································· 帝^제가 曰^왈疇^주若^약予^여上^상下^하草^초木^목鳥^조獸^수고

僉^첨曰^왈益^익哉^재인저 帝^제가 曰^왈俞^유라

咨^자益^익아 汝^여作^작朕^짐虞^우하라

益^익이 拜^배稽^계首^수하야 讓^양于^우朱^주虎^호熊^웅羆^비한대

帝^제가 曰^왈俞^유라 往^왕哉^재汝^여諧^해하라

『순임금이 말씀하시기를 "누가 우리 고원과 습지의 푸나무와 새짐

승을 순조롭게 발전시킬고." 모두 말하기를 "익인저." 순임금이 말씀하시기를 "응, 아뿔싸 익아, 그대는 나의 축산부장관을 하라." 익이 절하고 머리를 조아리며 주와 호와 웅과 비에게 사양한대 순임금이 말씀하시기를 "응, 가시 맡으라. 그대는 함께 화합하라."』

☯ 여기에서는 순임금이 익을 축산부장관으로 임명하고 여러 축산전문가와 화합하여 목축업을 장려한 내용을 기술하였다.

상(上)은 고원이고 하(下)는 습지이다. 고원지대와 습지대는 초목이 무성하여 새와 짐승이 서식하기 좋은 곳이기 때문에 이를 보호하여 목축업을 장려함으로써 축산업의 발전을 도모한 것이다. 익(益)은 사람이름으로 축산전문가이고 짐(朕)은 나를 지칭하는 대명사요 우(虞)는 산택(山澤)을 지키며 목축을 장려하는 축산부장관이다. 주(朱)와 호(虎)와 웅(熊)과 비(羆)는 네 사람의 동물연구가인데 옛날에는 전문으로 연구하는 동물의 이름으로 연구자의 이름을 삼기도 하였다.

사마천의 『사기』에서는 주, 호, 웅, 비가 익의 보좌관이라고 하였으니 순임금은 각 분야의 전문가를 모두 등용하여 힘써 자연자원을 개발해서 민생경제의 발전을 도모하였음을 알 수 있다.

1-2-23 ·························· 帝가 曰咨四岳아 有能典朕三禮아
俞曰伯夷인저 帝가 曰俞라
咨伯아 汝作秩宗하야
夙夜惟寅하야 直哉라사 惟淸하리라
伯이 拜稽首하야 讓于夔龍한대
帝가 曰俞라 往欽哉하라

『순임금이 말씀하시기를 "아차, 사악아 나의 세 가지 제례를 잘 주관할 이가 있는가." 모두 말하기를 "백이인저." 순임금이 말씀하시기를 "응, 아뿔싸 백아 그대가 예절부장관을 하여 이른 아침부터 깊은 밤까지 오직 삼가 공경하여 정직해야만 오직 몸과 마음을 깨끗이 하리라." 백이 절하고 머리를 조아리며 기와 용에게 사양한대 순임금이 말씀하시기를 "응, 가서 맡아 공경하라."』

☯ 여기에서는 순임금이 백이를 예절부장관으로 임명하고 천지신명과 종묘의 제사에 깨끗한 몸과 마음으로 정성을 다하여 공경하고 정직하게 받들어야 함을 지시한 내용을 기술하였다.

전(典)은 행사를 모범적으로 주관함이고 삼례(三禮)는 제천(祭天)과 제지(祭地) 그리고 종묘(宗廟)의 제사를 거행하는 세 가지 의례이니 모두 국가의 의례이고 백이(伯夷)는 순(舜)임금의 신하이름으로 성은 강(姜)이며 제사의식에 밝은 사람이다. 질(秩)은 질서를 세움이요 종(宗)은 종묘(宗廟)이니 질종(秩宗)은 종묘에서 예식을 주관하는 장관으로 하늘땅에 모든 신의 자격과 등급을 정하고 제사를 주관하지만 종묘를 위주로 관직의 이름을 붙였다. 숙(夙)은 이른 아침이고 야(夜)는 깊은 밤이며 인(寅)은 삼가 공경하고 두려워함이요 직(直)은 도덕적 양심(良心)을 항상 간직하여 정직한 자세로 예식을 거행하는 것이니 날짜와 장소와 의식과 절차와 축문 등에 거짓이나 꾸밈이 없는 것이다. 청(淸)은 깨끗한 정신으로 예식을 거행하여야 신명(神明)이 강림(降臨)하나니 제사에는 제주(祭主)의 정성뿐만 아니라 집례(執禮), 집사(執事)들의 경건한 마음가짐이 있어야 된다. 기(夔)와 용(龍)은 두 신하의 이름이다. 흠(欽)은 홀로 공경하고 힘쓰라는 뜻이니 기(夔)와 용(龍)은 다른 직책을 맡기려고 생각한 까닭인즉 다음 문장을 보라.

순임금이 제사의 의식을 주관하는 사람에게 공경과 정성 그리고 정직과 청결을 훈시하였으니 그 의미가 심장하도다.

1-2-24 ·· 帝가 曰夔야 命汝典樂하노니

敎胄子하되 直而溫하며 寬而栗하며

剛而無虐하며 簡而無傲케하리니

詩는 言志요 歌는 永言이요

聲은 依永이요 律은 和聲하나니

八音이 克諧하야 無相奪倫이어야

神人以和하리라 夔曰於予擊石拊石하야

百獸率舞하리이다

『순임금이 말씀하시기를 "기야 그대를 음악장관으로 임명하노니 차세대 자녀를 교육하되 정직하면서도 온순하며 너그러우면서도 치밀하며 굳세면서도 해침이 없으며 간단하고 쉬우면서도 거만함이 없게 할지니 시는 뜻을 말로 표현함이요 노래는 말을 길게 뽑음이요 소리는 노래를 길게 뽑음에 높낮이를 붙임이요 가락은 높낮이 소리를 서로 어울리게 함이니 여덟 가지 악기의 울림이 잘 화합하여 서로 조리와 질서를 잃어버림이 없어야 신령과 사람이 화순하리라." 기가 말하기를 "와~ 저는 큰 석경을 치고 작은 석경을 두드림에 일백 짐승이 따라서 모두 춤을 추게 하리이다."』

　☯ 여기에서는 순임금이 기의 음악에 대한 조예를 익히 알고 있는 까닭에 직접 음악장관으로 임명한 다음 차세대의 교육목표를 밝히고 아름다운 음악으로 정서를 순화시킬 것을 당부한 내용을 기술하였다.
　기(夔)는 음악에 조예가 깊은 신하이름이고 전악(典樂)은 음악장관이며 주(胄)는 세대를 이을 자손이니 주자(胄子)는 차세대를 이을 자녀들로 모든 미성년자를 지칭한다. 전배(前輩)들은 주자(胄子)를 국자(國

子) 또는 장자(長子)로 풀이하였으나 요(堯)·순(舜)의 문명하고 평등한
교육이념을 망각하고 전제봉건시대의 귀족교육풍토에 함몰된 주장들
이다. 직(直)은 양심(良心)에 정직함이고 온(溫)은 행실이 온순함이며
관(寬)은 도량이 관대함이요 률(栗)은 세밀하게 살펴 시비(是非)와 곡
직(曲直)을 분별하여 부정불의를 추호도 용납하지 않은 위엄이 있는
것이다. 강(剛)은 의지가 굳세어 용기가 있는 것이고 학(虐)은 함부로
해치는 것이며 간(簡)은 사람을 만나고 일을 처리함에 간단하고 쉽게
함이요 오(傲)는 거만하여 남을 무시하고 일을 귀찮게 여기는 것이다.
이상은 차세대 교육의 목표를 밝힌 내용으로 인문주의적 지성인을 양
성하는 자율적 덕목이다. 시(詩)는 문학의 한 부문으로 인생과 자연의
모든 사물에 관하여 일어난 감흥이나 사상 등을 담아 간결하게 짧은
문장의 형식으로 서술한 것인데 압운(押韻), 운률(韻律), 자수(字數) 등
의 율격이 있는 것과 자유롭게 산문적인 것이 있으며 또 서정시, 서사
시, 비유시, 극시 등의 분류가 있다. 언(言)은 말로 표현함이요 지(志)
는 마음이 가는 바이니 느낌과 생각을 헤아려서 하나의 대응방법을
결정한 마음속의 뜻이다. 가(歌)는 가사에 곡조를 붙인 형식으로 사상
과 감정을 표현하는 예술작품인데 곧 노래이다. 영(永)은 소리를 길고
짧게 뽑음이고 언(言)은 말인데 여기서는 시나 가사를 뜻한다. 성(聲)
은 사람의 목소리로 내는 소리인데 궁(宮), 상(商), 각(角), 치(徵), 우(羽)
의 5성(五聲)이다. 대체로 목소리가 가장 길고 낮으면서 탁한 것이 궁
인데 점차로 짧고 높으면서 맑아지면 상이 되고 각이 되고 치가 되고
우가 되나니 우는 가장 짧고 높으면서 맑은 소리이다. 의(依)는 의탁
하여 붙임인데 고저와 청탁을 붙이는 것이며 영(永)은 노래의 장단이
니 성의영(聲依永)은 5성의 높고 낮음과 맑고 흐림을 노래의 장단에
붙여야 소리가 된다는 뜻이다. 율(律)은 12율이니 가락의 강약을 조절
함인즉 앞(1-2-8)에서 자세히 해설하였고 화성(和聲)은 여러 가지 소리
를 섞어서 2부, 3부, 4부 따위로 갈라져 높이가 다른 여러 개의 선율
을 동시에 노래할 때에 전체적으로 음악적 조화가 이루어지는 현상이
다. 따라서 화성은 합창에서 나타나고 독창이나 제창은 오직 단선율

(單旋律)을 노래부르기 때문에 화성이 없는 것이다. 순임금 시대에 벌써 여러 가지의 소리를 섞어 합창과 중창의 선율을 조화시키는 합주곡을 숭상하였으니 화합정신의 극치라고 하겠다. 팔음(八音)은 여덟 가지 재료로 만든 악기의 합주곡인데 금(金), 석(石), 사(絲), 죽(竹), 포(匏), 토(土), 혁(革), 목(木) 등으로 만든 악기를 함께 울려서 연주하는 것이고 극해(克諧)는 잘 화합함이요 탈(奪)은 남의 영역을 침범하여 빼앗는 것이며 륜(倫)은 자연적인 화합질서인바 아름다운 조직의 원리와 질서의 체계를 갖춘 협화음(協和音)을 지칭하는 음악용어이다. 신(神)은 신령(神靈)이고 이화(以和)는 아름다운 음악에 감동하여 화순(和順)하게 됨이다. 이것은 고상한 음악을 연주하면서 제사를 지내거나 향연을 베풀 때에 불협화음이 생기면 정신이 산만하게 되는 까닭에 귀신과 사람이 모두 거칠어져서 위화감이 조성되는 것을 경계한 것이다. 오(於)는 감탄사이고 여(予)는 기(夔)가 자기자신을 일컫는 대명사이며 격(擊)은 망치로 치는 것이요 부(拊)는 막대로 두드리는 것이다. 석(石)은 석경(石磬)으로 큰 것과 작은 것이 있는데 옥(玉)이나 돌로 ㄱ자처럼 만들어 경쇠틀 즉 경거(磬簴)에 매달아 놓고 연주하는 아악기이고 백수(百獸)는 일백 가지 짐승으로 날짐승과 들짐승을 총칭한 말이요 솔(率)은 모두 따르는 것이며 무(舞)는 좋아서 펄펄 뛰며 노래하고 춤추는 것이다. 대체로 독창이나 독무보다는 제창이나 군무가 더 즐겁고 제창이나 군무보다는 합창과 만무(萬舞)가 더욱 즐거우니 모두 각각 자기의 신명에 따라 함께 노래하고 춤추기 때문이다. 이것은 기(夔)의 음악이 천지만물의 이치에 기초하여 삼라만상이 대동화합하여 만물일체의 쾌활한 우주를 즐기는 우아한 정악(正樂)이라는 뜻이니 진정 어린이와 무식대중도 즐길 수 있도록 보편적인 풍류를 보급해서 결단코 부자연스럽고 비인간적이며 반사회적인 속악(俗樂)은 보급하지 않겠다는 결심의 표현이다. 그러므로 순임금은 그 음악교육 방침이 마음에 든 까닭에 말없이 인정하였다.

　순임금이 음악에 대하여 이와 같이 정통하였으니 순임금의 정치를 예악정치(禮樂政治)라고 칭송하였는바 다양한 악기를 배합하여 동시에 여러 가지 가락을 각각 연주해서 전체적으로 협화음을 이루는 음악의 원리로 정치사회를 경영하여 각계각층이 협력하고 화합하는 세계를 건설하였으니 순임금의 음악정치는 위대한저!

○ 대동세계(大同世界)는 유일사상(唯一思想)에 의한 획일주의(劃一主義)로 만드는 것이 아니라 음양사상(陰陽思想)에 의한 다원주의(多元主義)로 이룩하는 것이다. 그러므로 『주역(周易)』에서 복합사회의 다양한 논리를 개발하여 합리적인 음양의 조직체계를 밝혔으니 전체의 목적과 이념은 똑같을지라도 구성된 개체의 사업과 방법은 각각 다르게 해야만 능률적임을 설파하였다. 그리하여 전체의 목적과 이념이 바뀌면 그 구성원 개체의 사업과 방법도 또한 바뀌는 것인데 대체로 상부의 사업과 하부의 사업이 다르고 대내적 방법과 대외적 방식이 다르며 또 시작하는 방법과 끝내는 방법이 다른 것이다. 그리고 각각 그 직위에 알맞는 역할을 해야 되는 것이니 지도자는 득중(得中)하여 시대적 사명을 뚜렷이 밝혀서 전체를 지도하고 구성원 각자는 정위(正位)하여 각각 맡은바 책임을 독창적인 자기의 방식으로 수행해야 하며 또 상하와 내외적으로 정응(正應)하는 응원세력을 확보해서 비상시에 서로 의지하고 역시 주변의 이웃과 친비(親比)하여 긴급한 상황에서 서로 친밀하게 돕는 관계를 형성하여 천하가 일가(一家)처럼 살게 하여야 자율적 복합사회의 자유, 평등, 화합을 보장할 수 있는 것이므로 이것이 음악의 합창에서 화성(和聲)을 이루는 원리와 다름이 없는 것이다.

1-2-25 ······························· 帝^제가 曰^왈龍^용아 朕^짐은 聖^질讒^참說^설할새
殄^진行^행토록 震^진驚^경朕^짐師^사하리라
命^명汝^여作^작納^납言^언하노니 夙^숙夜^야에

『순임금이 말씀하시기를 "용아, 나는 거짓으로 꾸며서 참소하는 말을 미워하므로 그러한 행위를 근절하도록 나의 관료들을 떨며 놀라게 하리라. 그대를 임명하여 공보부장관을 하게 하노니 이른 아침부터 깊은 밤까지 나의 명령을 내고 들이되 오직 신실하라."』

◑ 여기에서는 순임금이 용을 공보부장관으로 임명하면서 언론정책의 기본방침으로 참설을 엄중히 근절하여 진실에 기초한 신뢰사회의 기풍을 조성할 것을 당부한 내용을 기술하였다.

질(聖)은 싫어하고 미워함이요 참설(讒說)은 허위사실을 조작하여 사람을 해치는 참언(讒言)이다. 진(殄)은 근절하여 없애는 것이며 행(行)은 간교하고 사악하게 참소하는 행위이고 진경(震驚)은 처벌이 무서워서 벌벌 떨고 깜짝깜짝 놀라는 것이요 사(師)는 집안의 무리이니 짐사(朕師)는 순(舜)임금 정부의 뭇 관료들이다. 납언(納言)은 왕명을 출납하는 관직으로 곧 공보부장관인데 임금의 명령을 발표하고 또한 여론을 임금에게 보고하는 역할을 담당한다. 윤(允)은 신실(信實)함이니 언로(言路)를 넓게 열어서 믿고 진실을 말할 수 있는 언론자유를 보장하라는 뜻이다.

순임금이 명랑사회를 건설하기 위하여 먼저 관료의 허위조작행위를 엄절히 단속하였으니 정부를 신임하고 진실을 숭상하는 사회기풍이 여기에서 조성된다는 사실을 후세의 정치지도자는 명심해야 할 것이다. 왜냐하면 임금이 아첨을 좋아하면 조정에 아첨배가 가득할 것이요 임금이 소인배를 가까이 하면 조정에 소인배가 넘칠 것이니 어떻게 국민의 신임을 받을 것이며 어떻게 진실이 밝혀질 것이며 어떻게 언론의 자유가 보장될 것인가?

『순임금이 말씀하시기를 "아뿔싸, 그대들 22인이여, 공경하여 오직 때로 하느님의 공덕을 도울지어다."』

● 여기에서는 순임금이 중앙과 지방의 주요 관직에 적임자를 각각 임명하고 총체적으로 화합하여 임무를 완수할 것을 당부한 내용을 서술하였다.

이십유이인(二十有二人)은 4악(四岳)을 포함한 12목(牧)과 우(禹), 기(棄), 설(契), 고요(皐陶), 수(垂), 익(益), 백이(伯夷), 기(夔), 용(龍) 등의 9장관(長官) 및 무임소장관 팽조(彭祖)를 합쳐서 22인이다. 전배(前輩)들은 4악과 12목을 다르게 보았으나 그렇지 않다. 동서남북에 각각 3개의 주(州)를 두고 3개의 주 가운데 중심이 되는 맹주의 나라가 악이 되고 나머지 두 개의 나라는 목이 되었으므로 12목에는 이미 4악이 포함되어 있는 까닭에 우서(虞書)에 4악과 12목을 동시에 호칭하는 구절이 전혀 없는 것이다. 양(亮)은 위를 보좌하여 돕는 것이요 천공(天功)은 천제(天帝)의 공덕이니 자연의 조화인데 여기서는 천덕(天德)으로 왕도정치(王道政治)를 해서 만물을 모두 생성발전시켜 활발한 우주를 창조하라는 뜻이다.

순임금이 정치의 목적을 하늘의 일을 인간이 대신하는 것으로 규정하여 만물을 일체(一體)로 인식해서 쾌활한 우주활동을 도우려고 진력하였으니 순임금의 정치목표는 거룩하고 거룩하다.

『3년에 공적을 자세히 고찰하시고 세 번을 고찰하여 어두운 사람을 축출하고 밝은 사람을 승진하신대 여러 공적이 모두 널리 일어나더니 삼묘를 분리하여 버리시다.』

☯ 여기에서는 순임금이 관료의 사업추진능력을 평가하여 승진제도를 처음으로 시행함으로써 무능한 관료를 도태시키고 현명한 관료를 진출시키니 국가가 크게 발전한 내용을 기술하였다.

고(考)는 자세히 고찰하여 평가함이고 적(績)은 공적(功績)이다. 삼고(三考)는 세 번 고찰하여 평가함이니 9년 동안의 결과로 평가함이요 출(黜)은 강등하거나 퇴출시킴이고 척(陟)은 승진하여 관직을 올리는 것이며 유(幽)는 유암(幽暗)이니 사물에 어두워 사업을 그르친 관료요 명(明)은 현명하여 능률적으로 사업을 추진해서 조기에 성공한 관료이다. 그러므로 무능한 관료를 퇴출시키고 현명한 관료를 승진시킴으로써 관료사회가 활기를 얻어 국가발전을 이룩하는 동력이 되었다. 서적(庶績)은 정치와 행정의 여러 가지 공적이고 함(咸)은 모두이며 희(熙)는 널리 일어나서 발전함이다. 분(分)은 분활하여 분리시킴이고 패(北)는 포기하여 버리는 것이며 삼묘(三苗)는 나라이름으로 앞(1-2-12)에서 이미 해설하였다.

순임금이 문명세계를 건설하여 인류의 안녕과 행복을 보장하려고 관료의 업무평가제도를 시행하여 널리 문화사회를 건설하였으나 오직 삼묘나라는 이를 거부하고 추장과 주민이 무사안일한 구태를 고수하므로 마침내 그 영토를 분활하여 독립시켜서 자치토록 하였으니 그 나라의 역사와 풍토를 존중해서 각각 자유롭게 살도록 배려한 까닭이다. 후세에 강대국들은 약소국을 침략하여 무력으로 병탄하고 개화·개방이라는 미명으로 식민지를 개척하였는바 순임금의 도덕문명으로도 따르지 않은 오랑캐를 독립 자치케 하면서 그 역사와 풍속을 계승케 한 사실에 비교하면 너무나도 부도덕하고 추악한 침략자의 강변이다.

『순은 출생하사 30세에 요임금의 부름을 받아 쓰이시고 30년을 섭정왕위에 계시다가 즉위하신 지 50년에 지방의 순수길에 올랐다가 이에 승하하시니라.』

☯ 여기에서는 순임금의 평생 동안 활동하신 경력을 기간별로 요약하여 기술하였다.

생(生)은 출생함이니 순(舜)은 20세에 이미 효자로 소문이 났다. 삼십(三十)은 30세이며 징(徵)은 징소(徵召)로 요(堯)임금으로부터 부름을 받음이고 용(庸)은 등용(登用)으로 관직에 오름이다. 삼십재위(三十在位)는 순이 50세에 섭정왕위(攝政王位)에 올라 요임금이 붕(崩)하여 3년 상기를 마칠 때까지의 30년간을 섭정왕위에 있었다는 말이고 오십재(五十載)는 순임금이 정식으로 즉위하여 39년 동안 재위하고 118세에 승하하였으나 101세 때에 우(禹)에게 17년 동안 섭정토록 하였기 때문에 실지로 국정을 주재한 기간은 22년이므로 순이 섭정하던 30년과 합쳐서 52년이기 때문에 대략 50년이라고 말한 것이다. 척방(陟方)은 지방을 순수(巡狩)하는 것이니 맹자(孟子)는 말하기를 "순은 저풍(諸馮)에서 출생하시어 부하(負夏)로 옮겨 살다가 명조(鳴條)에서 돌아가시니 동이(東夷)의 사람이시다."(『맹자』 이루장구하)라고 하였고 사마천(司馬遷)은 『사기(史記)』에서 밝히기를 "순은 제위(帝位)에 오르신 지 39년에 남쪽을 순수하시다가 창오(蒼梧)의 들판에서 붕하시어 양자강 남쪽 구의산(九疑山)에 장사지냈으니 이를 영릉(零陵)이라고 하였다."라고 하였다.

순임금의 일생은 천하만세(天下萬世)에 빛나는 요임금의 위대한 정치사상과 교육이념을 계승발전해서 인류문화가 무궁하게 발전할 수 있는 아름다운 제도와 문물을 개발하는 일로 일관하였다. 위로 천문을 관측하고 아래로 지리를 관찰하여 자연과학적 합리주의에 철저했고 안으로 인간의 내면구조를 밝혀 인문과학적 합리주의에 철저함과 동시에 밖으로 사회구조를 분석하여 사회과학적 합리주의에 철저하였으니 인간의 의식주를 해결하고 생활용기를 사용하고 법도를 갖추고 예악을 일으키는 장엄한 역사를 창조하였다. 이로써 후세의 사람이 우러러 본받아 인생을 바르게 사는 뚜렷한 모범을 알게 되었으니 거룩하고 거룩하다.

3. 대우모(大禹謨) / 위대한 우(禹)의 정책

우(禹)는 곤(鯀)의 아들로 치수(治水)사업을 성공함으로써 순(舜)임금
의 뒤를 이어 임금의 자리에 올랐으니 성(姓)은 사(姒)이고 우(禹)는 이
름이며 나라이름을 하(夏)라고 하였다. 대(大)는 위대하다는 말이요 모
(謨)는 나라를 다스리는 중대한 정책이라는 뜻이다. 요(堯)와 순(舜)과
우(禹)는 그 정치도덕과 교육문화가 동일하여 나눌 수 없고 또한 순임
금은 요임금을 이어 우임금에게 넘겨주었기 때문에 그 역사의 시작과
끝을 구체적으로 파악하기 위하여 부득이 대우모(大禹謨)를 우서(虞
書)에 편집하였다.

그러나 우임금의 정치는 이미 거룩한 요임금과 순임금의 전장(典
章)을 다듬어 완비하는 데 그쳤기 때문에 그 공덕을 한 등급 낮추어
모(謨)라고 하여 분별하면서도 또한 앞에 대(大)자를 놓아서 위대함을
찬양하여 대단한 도덕문명이었음을 확인하였다.

이 대우모 편은 『고문상서(古文尙書)』에만 있고 『금문상서(今文尙
書)』에는 누락되었기 때문에 의심하는 사람이 있으나 그 내용을 살피
면 그 아름다운 말씀과 좋은 정책을 어찌 의심하겠는가. 성인(聖人)의
말씀과 위대한 정책이 요전(堯典)과 순전(舜典)에 어긋남이 없으니 학
자는 깊이 살피기 바란다.

1-3-1 ·· 日若稽考大禹한대

日文命을 敷于四海하시니

祇承于帝하시다

『어이쿠, 지난날의 위대한 우를 살피건대 문화교육을 사해에 베풀었다고 할 것이니 순임금에게서 경건히 받들어 이어받으시다.』

● 우임금이 승하한 다음 하나라 사관이 전왕인 우임금의 실록을 편찬한 내용을 기초로 하여 공자가 대우모의 첫머리에 우임금의 위대한 공적과 아름다운 도덕을 통론하여 서술한 내용이다. 왕조의 실록은 그 임금이 승하한 뒤에 국가에서 사초를 정리하여 실록을 편집하는 것이 원칙이다.

왈약계고(曰若稽考)는 사관(史官)이 요전(堯典)과 순전(舜典)의 체제를 본받아 서술한 문장체이고 대(大)는 위대함을 형용한 말이며 명(命)은 도덕과 학문을 가르침이니 문명(文命)은 곧 문교(文敎)로 문명한 교화(敎化)이다. 부(敷)는 베풀어 보급하는 것이고 사해(四海)는 사방의 바다에 이르는 곳까지인즉 곧 동해, 서해, 남해, 북해에 있는 사방의 외국까지를 포함하여 지칭한 말이다. 지(祗)는 삼가 공경하고 받드는 것이요 제(帝)는 순(舜)임금이다.

요임금의 도덕이 천지와 일월처럼 빛나는 까닭에 순임금이 이어받아서 구체적으로 제도화하였고 우임금이 다시 이어받아 크게 성공함으로써 인류는 마침내 선사시대(先史時代)를 마감하고 유사시대(有史時代)의 광명세계를 열어 인류의 행복을 길이 보장하는 문명사회를 개척하였으니 요·순·우의 지극한 정치는 영원한 인류의 희망이다.

1-3-2 ·· 曰后가 克艱厥后하며
臣이 克艱厥臣이라사
政乃乂하야 黎民이 敏德하리이다

『말씀하시기를 "임금은 그 임금 노릇이 어려운 쪽을 담당하고 신하는 그 신하 노릇이 어려운 쪽을 담당해야만 정치가 이에 가지런하게

다스려져서 서민대중이 도덕에 민감하리이다.”』

● 여기에서는 우가 순임금의 신하로 있을 때에 임금과 신하의 안일한 생각을 버리고 있는 힘을 다하여 정책을 수립하고 힘써 추진해야만 국가건설의 추동력을 결집할 수 있다고 역설한 내용을 기술한 것이다.

왈(曰)은 우(禹)가 말한 것이요 극(克)은 한 쪽을 담당하는 것이며 간(艱)은 이상이 높고 사업이 커서 어려운 것이고 궐후(厥后)는 그 임금 노릇이니 그 임금이 지도해야 될 직무이다. 이것은 임금은 마땅히 보다 낳은 국가를 건설하기 위하여 정책을 세우고 사업을 추진함에 마땅히 어려운 쪽을 담당해야 된다는 뜻이다. 궐신(厥臣)은 그 신하 노릇이니 그 신하가 책임져야 될 직책이다. 임금이 정치에 나태하면 신하가 행정편의주의적 사고에 빠지는 까닭에 사회가 부패하고 인민이 타락하게 되어 정사가 어지러운 것이다. 예(乂)는 가지런하게 정돈함이고 민(敏)은 민감하게 반응함이며 덕(德)은 착한 인간성이다.

인간은 정치에 민감하게 반응하기 때문에 정치를 주재하는 임금과 행정을 주관하는 신하가 애써 어려운 역할을 담당해야만 중대한 정책사업을 추진하여 크게 성공할 수 있고 나라의 중대한 정책사업이 성공해야만 서민대중이 정부를 신임하고 떨쳐 일어나서 분발하는 것이다. 그러므로 공자가 말하기를 임금 노릇하기도 어렵고 신하 노릇하기도 어렵다고 하였으니 그 의미가 심장하다.

제　　 왈유　　 윤약자
1-3-3 ·· 帝가 曰兪라 允若慈하면

가언　　 망유복　　 야무유현
嘉言이 罔攸伏하며 野無遺賢하야

만방　　 함녕　　 계우중
萬邦이 咸寧하리니 稽于衆하야

사기종인　　 불학무고
舍己從人하며 不虐無告하며

불 폐 곤 궁　　유 제　　시 극
不廢困窮은 惟帝가 時克이러시니라

『슈임금이 말씀하시기를 "응, 진실로 이와 같이 한다면 좋은 말이 숨을 곳이 없으며 초야에 파묻히어 있는 어진 이가 없어서 일만 나라가 모두 편안하리니 민중에게 살펴 자기의 생각을 버리고 인민을 따르며 하소연할 데가 없는 사람을 학대하지 아니하며 곤궁한 사람을 버려두지 아니함은 오직 요임금이 이에 잘하시더니라."』

　◉ 앞에서 우가 건의한 말을 여기에서 순임금이 적극 찬동하면서 시대적 난제를 군신이 각각 맡아서 총력을 경주하여 민생문제를 잘 해결했던 역사적 거울은 요임금에게 있음을 확인하며 격려하였다.

　제(帝)는 순(舜)임금이고 가언(嘉言)은 건설적인 좋은 말이며 유(攸)는 소(所)와 같으니 망유복(罔攸伏)은 잠복하여 숨을 데가 없다는 말로 언로(言路)가 열려서 막힘이 없는 것이다. 야(野)는 초야이고 유현(遺賢)은 등용되지 않고 민간에 파묻히어 있는 현인이니 야무유현(野無遺賢)은 어진 이를 모두 발탁하여 등용할 수 있도록 개방적인 선거제도를 시행했다는 뜻이다. 유제(惟帝)의 제(帝)는 요(堯)임금이고 시(時)는 시(是)와 같으며 극(克)은 능(能)이다.

　우가 시대적 난제를 해결하기 위하여 진취적으로 정책을 개발하여 과감하게 추진할 것을 요청하자 순임금이 적극 찬성하면서 그러한 일은 첫째 천하의 선언(善言)을 모두 모아야 하고 둘째 천하의 어진 이를 모두 발탁해야 가능하다고 지시하고 아울러 요임금처럼 민주적인 지도력을 가져서 국민적인 화합 속에 정책을 추진하는 결과가 약자를 보호하고 곤궁한 사람들을 이롭게 하는 것이어야 됨을 당부하였으니 이것은 대대적인 개혁정책이 요임금의 전통을 계승하는 사업이 되어야 함을 분명히 밝힌 것인즉 후세에 야망가들의 개혁정책은 오로지 전통을 파괴하는 것으로 일을 삼는 것과는 아주 다른 일이다.

 <ruby>益<rt>익</rt></ruby>이 <ruby>曰都<rt>왈도</rt></ruby>라 <ruby>帝德<rt>제덕</rt></ruby>이 <ruby>廣運<rt>광운</rt></ruby>하사
<ruby>乃聖乃神<rt>내성내신</rt></ruby>하시며 <ruby>乃武乃文<rt>내무내문</rt></ruby>하신대
<ruby>皇天<rt>황천</rt></ruby>이 <ruby>眷命<rt>권명</rt></ruby>하사 <ruby>奄有四海<rt>엄유사해</rt></ruby>하사
<ruby>爲天下君<rt>위천하군</rt></ruby>하시니이다

『익이 말하기를 "아아, 요임금의 덕이 광대하게 운행하사 이에 성스러우시며 이에 신비스러우시며 이에 위엄스러우시며 이에 문채 나신대 거룩한 하느님이 보살펴 명하사 사해를 모두 다스리는 천하의 임금을 삼으시니이다."』

☯ 앞 장절에서 순임금이 요임금의 위대한 정책을 찬양하고 계승발전할 것을 지시하니 익(益)이 이에 요임금의 덕은 신성하고 문무를 겸전했던 사실을 밝혀서 순임금도 마땅히 요임금의 덕을 본받아야 함을 강조하였다.

도(都)는 아아로 감탄사이고 제(帝)는 요(堯)임금을 지칭하며 광운(廣運)은 광대하게 운행하여 세상의 모든 사람을 새롭게 변화시킴이다. 요임금의 거룩한 도덕은 하늘과 같아서 광대하여 밖이 없고 끊임없이 운행하여 그침이 없었다는 말이다. 성(聖)은 성대하게 변화하는 거룩한 인격이요 신(神)은 신기하고 영묘하여 헤아릴 수 없는 인격이며 무(武)는 날래고 씩씩하여 위엄(威嚴)이 있는 인격이고 문(文)은 문장(文章)이 아름다워 광채가 나는 인격이다. 황천(皇天)은 거룩한 하느님으로 천지만물을 주재하는 상제(上帝)이며 권명(眷命)은 보살펴 돌봐주면서 시키는 것이고 엄유(奄有)는 남기지 아니하고 전부 다스림이요 위(爲)는 삼는 것이다.

먼저 우가 역사적인 사명을 완수하기 위하여 임금과 신하가 각각 시대적 난제를 해결하는 데 앞장서야 된다고 건의하니 순임금은 즉각 수용하면서도 또한 어진 이를 발탁하고 민중을 사랑하는 정책의 성공

은 요임금만이 가능한 일이라고 하므로 익이 우의 건의에 동조하여
순임금 자신도 분발하여 요임금의 신성하고 문무를 겸전한 인격을 구
비할 것을 다시 권고하였다.

1-3-5 ·· 禹가 日惠迪하면 吉하고

從逆하면 凶하거늘 惟影響하니이다

『우가 말씀하시기를 "순리를 따르면 길하고 거스림을 쫓으면 흉하
거늘 오직 그림자나 울림처럼 하니이다."』

☯ 우가 다시 중대한 정책을 개발함에 있어서 철두철미 합리주의에
충실할 것을 건의하였다.

혜(惠)는 능동적으로 따르는 것이고 적(迪)은 진실하고 착하고 공변
된 진리이다. 영향(影響)은 형체가 있으면 그림자가 나타나고 소리가
있으면 울림이 생기듯이 한 사물의 변화가 다른 사물의 변화에 반드
시 원인이 된다는 뜻이다.

자세히 분석하건대 모름지기 천하국가를 경영하는 중대한 정책을
세움에 있어서는 먼저 자연과학적으로 천리(天理)를 밝혀 진실한 세
계와 허망한 세계를 가리고 물리(物理)를 연구하여 이로운 물질과 해
로운 물질을 분석하며 사리(事理)를 통달하여 그 득실을 계산하여야
된다. 다음은 인문과학적으로 성리(性理)를 인식하여 인간본성의 착함
과 악함을 분별하고 심리(心理)를 깨달아 정심(正心)과 사심(邪心)을
확인하며 정리(情理)를 생각하여 방직(方直)함과 왜곡됨을 헤아려야
된다. 그리고 사회과학적으로 윤리(倫理)를 살펴 공정함과 사사로움을
분류하고 도리(道理)를 알아서 마땅함과 부당함을 구분하여 의리(義
理)를 밝혀 옳고 그른 시비를 가려야 된다. 그래야만 진실한 세계를
열고 이로운 물질을 개발하여 성공적으로 사업을 추진할 수 있으며

지극히 착한 인간성을 함양하고 마음을 바르게 간직하여 방직한 품행을 기를 수 있으며 공명정대한 윤리를 밝히고 당연한 도리를 실천하면서 올바른 의리를 구현할 수 있는바 이것이 인류의 복지낙원을 건설하는 대도(大道)이다.

1-3-6·· 益이 曰吁라 戒哉하소서

徽戒無虞하사 罔失法度하시며

罔遊于逸하시며 罔淫于樂하시며

任賢勿貳하시며 去邪勿疑하시며

疑謀勿成하셔야 百志惟熙하리이다

罔違道하야 以干百姓之譽하시며

罔咈百姓하야 以從己之欲하시며

無怠無荒하시면 四夷도 來王하리이다

『익이 말하기를 "에구구, 경계하소서. 염려가 없을 때에 미리 마음을 가다듬고 조심하시어 법도를 잃음이 없으시며 편안함에 유홍함이 없으시며 즐거움에 음란함이 없으시며 어진 이를 임명하되 변하지 마시며 간사한 사람을 버리되 머뭇거리지 마시며 의심스러운 논의를 종결하지 마셔야 일백 사람의 뜻이 오직 빛나리이다. 도의를 어겨서 국민의 칭찬을 추구함이 없으시며 국민을 거역하여 자기의 욕망을 쫓음이 없으시며 게으름이 없고 흐리멍덩함이 없으시면 사방의 오랑캐도 와서 임금께 알현하리이다."』

☯ 앞에서 우가 시대적 난제를 적극적으로 해결하는 정책을 세워서

합리적인 방법으로 추진할 것을 순임금에게 건의하니 익이 여기에 임금의 행동강령을 구체적으로 열거하면서 먼저 임금의 기본자세를 명확히 할 것을 강조하였다.

우(吁)는 몹시 낙심하거나 놀랐을 때에 절로 나오는 소리인데 윗사람은 '에이끼', 아랫사람은 '에구구'로 번역한다. 경계(儆戒)는 미리 마음을 가다듬어 조심함이요 우(虞)는 염려하여 근심하는 것이다. 망(罔)은 없다는 부정사로 비(非)가 명사를 부정하고 불(不)이 동사를 부정하는 데 비해 무(無)와 망(罔)은 명사와 동사를 모두 부정한다. 무(無)는 동사를 부정할 때에 뒤에 이(以)자를 써야 되지만 망(罔)은 그냥 쓴다. 유(遊)는 유흥(遊興)이요 일(逸)은 안일이며 음(淫)은 음란이고 락(樂)은 환락이다. 이(貳)는 변하여 처음과 다름이요 거(去)는 제거이며 사(邪)는 간사하고 사악한 관료이다. 의모(疑謨)는 의심스러운 논의이니 사실이 명명백백하게 아직 밝혀지지 않은 토론안건이고 성(成)은 회의에서 토론을 종결하고 결의안으로 성립시킨 것이며 백지(百志)는 일백 사람의 착한 뜻이니 곧 모든 사람이 지향하는 국가사업이고 희(熙)는 잘 다스려져서 성대하게 빛나는 것이다. 위도(違道)는 도덕을 어기는 것이니 나라를 다스리는 원리원칙인 대경대법(大經大法)을 어기고 편법과 술수로 처리함이요 간(干)은 추구하는 것이며 백성지예(百姓之譽)는 국민으로부터 칭찬을 받는 인기이다. 불(咈)은 거역함이요 기지욕(己之欲)은 자기의 욕망으로 사사로운 생각이며 사이(四夷)는 사방의 오랑캐 추장이고 래(來)는 스스로 이르러 오는 것이다. 왕(王)은 9주(州)의 밖에서 사는 외국의 추장이 1세(一世)에 한 번 천자께 알현하는 것을 뜻하는 말이다.

익이 거론한 정치지도자의 행동강령은 대단히 중요한 내용이다. 지도자는 마땅히 미리미리 대비하여야 법도를 지킬 수 있는 것이고 일락(逸樂)을 탐하지 않아야 나라에 기강을 세울 수 있는 것이며 어진 이를 등용하여 신임하고 간사한 무리를 단호히 축출해야 우수한 인재를 발탁할 수 있는 것이며 모든 의심이 풀릴 때까지 공개적으로 충분히 토론해서 합의하여야 최선의 방안을 찾아 사업을 성공할 수 있는 것이다. 그러나 마침내 현실에 영합하여 원리원칙을 어겨서 인기정책을 쓰거나 국민의 소리를 거역하고 사사로운 욕망을 채운다면 어찌 오래 가겠는가? 익의 경계는 정치지도자의 영원한 거울이다.

1-3-7 ································ 禹가 曰於라 帝여 念哉하소서
德惟善政이요 政在養民하니
水火木金土穀이 惟修하며
正德利用厚生이 惟和하야
九功이 惟叙하고 九叙를 惟歌어든
戒之用休하시며 董之用威하시며
勸之以九歌하사 俾勿壞하소서

『우가 말씀하시기를 "와~, 임금이시여 기억하소서. 덕성스러운 인격이 오직 정치를 바르고 착하게 하며 정치는 국민을 양육함에 있나니 물, 불, 나무, 쇠, 흙, 곡식이 오직 가지런하며 도덕을 바로잡고 쓰임을 이롭게 하며 생활을 넉넉하게 함이 오직 알맞게 하여야 아홉 가지 사업의 공효가 오직 차례로 펼쳐지고 아홉 가지가 차례로 펼쳐진 것을 오직 노래하거든 국민을 검소함으로 경계하시며 위엄으로 바로잡으시며 구가로 권장하사 하여금 허물지 말도록 하소서."』

☯ 우가 앞에서 익이 열거한 임금의 기본자세에 대한 내용을 적극 찬동하면서 다시 가장 중요한 양민정책을 수화목금토곡(水火木金土穀)의 6부(府)와 정덕(正德), 이용(利用), 후생(厚生)의 3사(事)로 나누어 추진하되 그 형평성을 유지하면서 알맞게 조절하여 순차적으로 시행하여야 됨을 역설하고 끝으로 정책이 모두 성공하여 국민이 행복을

노래할지라도 또한 건전한 풍속을 일으켜야만 길이 안락한 삶을 보장
할 수 있음을 강조하였다.

　덕(德)은 어질고 밝은 인간의 품격이고 양민(養民)은 국민을 밝고
튼튼하게 양육(養育)하는 것이니 민생경제를 안정하고 사회생활을 자
유롭게 보장하는 것이다. 수(水), 화(火), 목(木), 금(金), 토(土)는 5행(五
行)으로 만물을 생성하는 원질(原質)인데 물은 아래로 흐르고 불은 타
오르며 나무는 자라고 쇠는 날카로우며 흙은 두텁게 안정하는 성질을
가지고 있다. 그리하여 상생(相生)과 상극(相剋)의 작용을 하는바 물은
나무를 생성하고 나무는 불을 생성하며 불은 흙을 생성하고 흙은 쇠
를 생성하며 쇠는 물을 생성하여 계속 순환발전하는 상생의 관계에
있음과 동시에 또한 물은 불을 끄고 불은 쇠를 녹이며 쇠는 나무를
베고 나무는 흙을 파고들고 흙은 물을 막아 계속 모순에 도전하여 이
기고 발전하는 상극의 관계에 있는 것이다. 이러한 자연질서의 원상
(原象)을 국가조직에 응용하여 수(水)는 북방의 병부(兵府)를 상징하고
화(火)는 남방의 예부(禮府)를 상징하며 목(木)은 동방의 문부(文府)를
상징하고 금(金)은 서방의 법부(法府)를 상징하며 토(土)는 중앙의 총
리부(總理府)를 상징하였는데 곡(穀)은 인민의 식량이기 때문에 경제
부(經濟府)를 상징하여 모두 6부(府)로 정부를 조직하였던 것이다. 수
(修)는 6부가 가지런히 발전하도록 권력과 사업을 안배하여 조절하는
것이니 상생의 원리로 서로 돕고 상극의 원리로 서로 견제하여 균형
발전을 도모하는 것이다. 정덕(正德)은 인민이 착한 인간성을 길러 도
덕심을 간직해서 바르게 살도록 교육하는 일이고 이용(利用)은 자연
자원을 효율적으로 개발해서 유익하고 편리하게 활용하도록 과학을
발달시키는 사업이며 후생(厚生)은 인민의 생활을 풍족하게 만들어
안락하고 행복한 국가를 건설하는 과업이니 이것을 3사(三事)라고 하
여 국가경영의 세 가지 큰 사업으로 여긴다. 화(和)는 지나침이나 모
자람이 없이 꼭 알맞는 것이니 정책사업이 과중하면 과잉투자이고 부
족하면 다시 이중투자해야 되기 때문에 꼭 알맞게 추진하는 것이 기
본원칙이다. 구공(九功)은 6부와 3사를 합친 아홉 가지 사업의 공효(功

效)이니 모든 정책사업이 성공하여 효과가 나타남이고 서(叙)는 차례로 펼쳐지는 것인바 인민을 위하는 국가의 정책사업이 성공하여 그 효과가 차례로 나타나면 인민이 안락한 삶을 영위하므로 저절로 즐거워서 노래를 부른다. 용(用)은 이(以)와 같고 휴(休)는 검소질박함이며 동(董)은 감독하여 바로잡는 것이요 구가(九歌)는 아홉 가지 사업의 성공을 찬양하는 노래이다.

익은 순임금의 강력한 정책사업 추진력을 확립하도록 요청하고 우는 국가의 중대한 정책사업 추진방안을 건의하였으니 두 신하는 참으로 어질고 유능한 대신(大臣)의 모범이다.

1-3-8 ·· 帝가 日兪라 地平天成하야
六府三事가 允治하야
萬世永賴하리니 時乃功이니라

『순임금이 말씀하시기를 "어이쿠, 땅이 평화롭고 하늘이 생성하여 여섯 부서와 세 가지 일이 진실로 잘 다스려져서 만세에 길이 힘을 입게 하리니 이것은 그대들의 공력이니라."』

◉ 순임금이 우와 익의 의욕적인 건의사항을 마침내 흔쾌히 수용하면서 문명세계를 건설하여 영원히 빛나는 아름다운 역사를 창조하는 공적을 세우도록 격려하였다.

지평(地平)은 땅이 평화로운 것이니 치산치수(治山治水)를 잘하여 홍수, 지진 등의 재난이 없고 또한 전쟁이나 질병이 없어 지리적 환경이 맑고 깨끗한 것이요 천성(天成)은 하늘이 만물을 생성발전시킨 것으로 천체의 운행이 어그러짐이 없어서 날씨가 좋고 기후가 알맞아 삼라만상이 저절로 생성하여 길이 번영하는 것이다. 이것은 아름다운 정치사업에 하늘땅이 감응하여 보호하고 돕는 상서로운 현상인데 정

치지도자가 천덕(天德)을 밝혀 민중을 사랑하는 정치를 할 때에 나타
나는 자연현상이다. 육부(六府)와 삼사(三事)는 앞(1-3-7)에서 해설하였
으니 육부는 정부를 구성하는 여섯 부처의 행정기관이란 뜻이고 삼사
는 정부가 마땅히 해야 할 세 가지 정책사업이라는 말이다. 만세(萬
世)는 자손만대로 영원한 시간이요 뢰(賴)는 믿고 의지하여 은덕을 입
는 것이며 시(時)는 시(是)와 같고 내(乃)는 그대를 지칭하는 대명사이
다.

  처음에 순임금은 우가 건의한 정책에 대하여 요임금 같은 성군이나
가능한 일이라고 겸손하게 사양하였으나 우와 익이 반복하여 계속 건
의하므로 마침내 여기에서 결연히 수용할 것을 결정하고 우와 익을
격려하고 스스로 떨쳐 일어나 22년간 분발 노력하여 그 정책사업을
모두 성공해서 요임금 시대와 똑같은 태평성대를 건설하였으니 순임
금의 겸양하는 지도력과 우와 익이 돌아가며 두 번, 세 번 간절하게
건의하는 신하로서의 책임정신은 아름답기 그지없다. 후세에 교만방
자하게 날뛰는 정치실력자와 용렬하게 아첨만 일삼는 간신배는 여기
에서 부끄러워 땀이 날 것이다.

1-3-9 ·· 帝가 曰格하라 汝禹야

朕이 宅帝位가 三十有三載어니

耄期하야 倦于勤하노니 汝가

惟不怠하야 總朕師하라

『순임금이 말씀하시기를 "이르러 오너라, 그대 우여, 내가 임금의
자리에 있는 지가 33년이므로 90을 지나 100세가 되어 근무함에 고달
프니 그대가 오직 느리지 않으므로 나의 관료들을 거느리도록 하라."』

◐ 순임금이 늙어서 쇠약하므로 우에게 섭정할 것을 명령한 광경을 서술하였다.

격(格)은 이르러 와서 자리에 오르라는 말이고 택(宅)은 머물러 있는 것이며 모(耄)는 90을 먹은 늙은이요 기(期)는 100살을 먹은 노인이니 순(舜)임금은 이때에 101세이었다. 권(倦)은 힘이 부치어 고달픈 것이고 근(勤)은 직무에 종사하여 근무함이며 태(怠)는 게을리하여 사업에 진척이 없는 것이니 느린 것이다. 총(總)은 거느려 지휘감독함이고 사(師)는 집단의 무리로 짐사(朕師)는 순임금의 정부에 소속한 관료집단을 지칭한 말이다.

요임금은 90세에 순에게 섭정토록 하였고 순임금은 101세에 우에게 섭정토록 하였으니 모두 초인적인 체력과 정신력을 길러서 늙을수록 더욱 강건하여 왕성한 활동을 그치지 않았으니 지극히 강대한 원기요 순수한 체질이다.

1-3-10 ······································ 禹가 曰朕德이 罔克이라
民不依어니와 皐陶는 邁種德이라
德乃降하야 黎民이 懷之하나니
帝는 念哉하소서 念玆在玆하며
釋玆在玆하며 名言玆在玆하며
允出玆在玆리니 惟帝는 念功하소서

『우가 말씀하시기를 "나의 덕이 감당할 수 없으므로 인민이 의지하지 아니하거니와 고요는 힘써 덕을 베풀었기 때문에 민중이 사모하나니 임금은 생각하소서. 이것을 생각함이 여기에 있으며 이것을 풀어냄이 여기에 있으며 이것은 명분에 맞게 말함도 여기에 있으며 이것

을 잘 출발함도 여기에 있사오니 오직 임금은 성공을 생각하소서.”』

● 순임금이 우에게 섭정할 것을 명함에 우가 즉각 지도자의 역량
이 부족하다고 사양히고 대신 고요(皋陶)를 추천하면서 민중의 지지
가 있음을 역설한 다음 이러한 문제는 이 자리에서 당장 결정해야 되
는 중대한 사항이기 때문에 절대로 뒤로 미루지 말고 당장 고요를 섭
정왕으로 임명할 것을 재삼 반복하여 요청하였다.

극(克)은 감당하여 이겨냄이고 매(邁)는 용왕매진(勇往邁進)함이며
종(種)은 베풀어 펼침이요 강(降)은 아래로 내려감이다. 회(懷)는 사모
하여 그리워함이고 염자(念玆), 석자(釋玆), 명언자(名言玆), 윤출자(允
出玆)의 자(玆)는 섭정왕을 임명하는 이 안건(案件)을 지칭하는 대명사
이고 재자(在玆)의 자(玆)는 섭정왕의 임명을 논의하는 이 회의석상을
지칭하는 대명사이다. 염자(念玆)는 이에 대한 문제를 충분히 생각하
는 것이요 석자(釋玆)는 이에 대한 문제를 자세히 분석하여 해결하는
것이며 명언자(名言玆)는 이 문제를 명분과 의리에 맞게 결정하는 것
이고 윤출자(允出玆)는 이 문제를 진실로 발전적 새 출발의 계기로 삼
는 것이다.

우가 사안의 중대성을 내세워 즉각 이 자리에서 고요를 섭정왕으로
바꾸어 임명하라고 강력히 간청하였으니 진심으로 사양한 것을 알 수
있도다. 후세에 의례적으로 사양하는 가식적 인물은 부끄러운진저!

1-3-11 ·· 帝가 曰皋陶야 惟玆臣庶가

罔或干予正은 汝作士라

明于五刑하야 以弼五敎하야

期于予治할새 刑期于無刑하야

民協于中이어늘 時乃功이니 懋哉어다

『순임금이 말씀하시기를 "고요야, 오직 이에 신료와 서민이 혹시라
도 우리의 정당한 법률을 범함이 없음은 그대가 법무장관을 하기 때
문이로다. 다섯 가지 형벌에 밝아서 다섯 가지 가르침을 도와 나의 도
덕정치에 알맞게 하면서 형벌은 형벌받은 이가 없기를 기약하여 국민
이 중도에 협심하거늘 이는 그대의 공적이니 힘쓸지어다."』

　☯ 우가 앞에서 섭정왕의 자리를 고요에게 사양하니 순임금이 받아
들이지 않고 고요의 공정한 법집행을 칭찬하면서 계속 법무장관의 직
무에 충실할 것을 당부하였다.

　신서(臣庶)는 신료(臣僚)와 서민대중이고 혹(或)은 만약에 혹시라도
이니 뜻밖에 돌출한 상황이며 간(干)은 범(犯)함이다. 정(正)은 정당한
법률인바 여정(予正)은 순(舜)임금의 법률로서 자연법칙에 어긋나지
않고 인간의 양심에 거스르지 않으며 사회의 규범에 저촉하지 않은
공명정대한 법률이다. 오형(五刑)은 앞(1-2-11)에서 해설하였고 필(弼)
은 보필하여 돕는 것이며 오교(五敎)는 5품(五品)의 교화(敎化)로 앞
(1-2-19)에서 해설하였다. 기(期)는 합당(合當)하여 알맞음이고 여치(予
治)는 요(堯)임금의 덕치인정(德治仁政)을 계승하려는 순임금의 도덕
정치(道德政治)이니 곧 천덕(天德)으로 왕도정치(王道政治)를 하는 것
이다. 형기우무형(刑期于無刑)은 형벌을 씀에 사건의 전말을 정확하고
신속하게 규명하여 엄정하게 판결함으로써 억울하게 벌을 받거나 요
행히 형벌을 면하는 사례가 없기 때문에 사회에 준법정신이 일어나고
형벌을 두려워하여 범죄사건이 발생하지 않게 된다는 뜻이다. 협(協)
은 협심(協心)이고 중(中)은 중도(中道)인바 기울어지거나 치우침이 없
이 자주자립(自主自立)하여 자율자치(自律自治)하는 것이다. 시(時)는
시(是)이고 내(乃)는 그대를 지칭하는 대명사이며 무(懋)는 힘써 노력
함이다. 이것은 순임금이 고요(皐陶)에게 계속 법무장관의 직을 힘써
수행하라는 뜻이다.

　성왕(聖王)의 정치는 세금을 가볍게 정하고 형은 무겁게 정하며 교
육은 너그럽게 베풀고 법은 엄하게 펴며 상은 후하게 주고 벌은 가볍

게 주나니 모두 선덕(善德)을 권장하고 포악(暴惡)을 징계하여 지선(至善)의 세계를 건설하기 위한 방책이다.

1-3-12 ······································ 皐陶가 曰帝德이 罔愆하사
臨下以簡하시고 御衆以寬하시며
罰不及嗣하시고 賞延于世하시며
有過無大하시고 刑故無小하시며
罪疑惟輕하시고 功疑惟重하시며
與其殺不辜론 寧失不經이라하사
好生之德이 洽于民心이라
茲用不犯于有司니이다

『고요가 말하기를 "임금의 덕이 작은 허점도 없으시어 아래를 임하심에 간소로써 하시고 대중을 거느리심에 너그러움으로써 하시며 형벌은 아들에게 미치지 않게 하시고 포상은 자손에게 미치게 하시며 과실범을 용서함에 큰 것이 없게 하시고 고의범을 처벌함에 작은 것이 없게 하시며 죄상이 의심스러우면 오직 가볍게 하시고 공적이 의심스러우면 오직 무겁게 하시며 그 허물을 밝혀내지 못한 사람을 죽이는 것보다는 차라리 경위를 밝히지 못하고 잃어버리는 것이 낫다고 하사 살리기를 좋아하는 인애심이 국민의 마음에 젖어들어가므로 이리하여 사직당국에 범하지 아니하나이다."』

◑ 순임금이 우가 추천한 고요를 섭정왕으로 임명하지는 않으면서도 고요의 탁월한 재능과 다대한 공적만은 인정하고 계속 법무장관의

직책을 수행하라고 당부함에 고요가 이에 감사하여 자기의 모든 공적은 순임금의 위대한 도덕정치의 결과였음을 자세히 증언하며 찬미하였다.

　　제덕(帝德)은 순(舜)임금의 거룩한 정치지도력이고 건(愆)은 절차상의 작은 허점(虛點)이다. 하(下)는 아랫사람이고 간(簡)은 간단하고 쉬움이니 번거롭지 않음이요 어(御)는 거느림이며 중(衆)은 서민대중이고 관(寬)은 너그럽게 포용함이니 각박하지 않음이다. 급(及)과 연(延)은 모두 미치는 것인데 급(及)은 금방 미치는 것이고 연(延)은 멀리 미치는 것이며 사(嗣)와 세(世)는 모두 대를 이을 후손인데 사(嗣)는 가까운 자손이고 세(世)는 먼 후대의 자손이다. 벌(罰)을 받은 수모는 당대로 한정하고 상(賞)을 받은 영광은 후대에 미치게 함은 모든 사람에게 활발한 인생을 경영할 수 있는 평등한 기회를 부여하기 위함이다. 유(宥)는 죄를 용서함이고 과(過)는 과실범(過失犯)이며 대(大)는 사건이 큰 것이니 무대(無大)는 아무리 큰 사건이라도 동기가 선의에서 나왔다면 용서하여 처벌하지 않았다는 뜻이다. 형(刑)은 형사재판절차에 따라 처벌함이고 고(故)는 고의범(故意犯)이며 소(小)는 작은 사건인바 무소(無小)는 고의적으로 저지른 범죄는 아무리 작은 사건이라도 그 죄질이 나쁜 까닭에 엄중히 처벌하여 다시는 재범하지 못하도록 크게 경계시켰다는 뜻이다. 의(疑)는 증거가 명확치 않거나 말이 엇갈려서 경위가 선명하지 못함이니 죄가 의심스러워 주범과 종범이 가려지지 않고 동기와 방법과 목적이 석연하게 풀리지 않을 때에는 가장 가볍고 낮은 쪽으로 벌을 내리고 공(功)이 의심스러우면 가급적 크고 무거운 쪽으로 상을 내려서 모두 은덕에 감사하도록 배려하는 것이다. 여기… 영~(與其… 寧~)은 구문으로 …보다는 차라리 ~이 낫다는 말투이고 불고(不辜)는 피의자의 죄상을 밝혀내지 못함이요 불경(不經)은 사건의 경위를 밝혀내지 못함이다. 이것은 범인의 죄상을 밝히지 않고 사형에 처하는 것보다는 차라리 범인을 잡지 못하여 미제사건(未濟事件)으로 보류한 것이 낫다는 말이니 사건을 해결하는 치안질서의 확립 책임보다는 무고(無辜)한 사람을 살리려는 인명존중의 정신이 우선한다는 뜻이다. 사회정의를 확립하는 것은 의(義)이고 인간을 보호하는 것은 인(仁)이므로 인(仁)이 먼저고 의(義)가 다음이다. 호생지덕(好生之德)은 모든 생명체를 살리기를 좋아하는 인애심(仁愛心)이니 곧 천덕(天德)이며 흡(洽)은 푹 젖어들어 가서 가득 참이요 유사(有司)는 사직당국이다.

고요가 순임금의 국가이념과 정치목적을 이와 같이 명확하게 꿰뚫고 법무행정을 중정공평(中正公平)하게 집행하였으니 어질고 유능한 공신이며 또한 모든 공로를 임금에 돌려 찬미하였으니 순수하고 정직한 명신이다. 결국 선정(善政)은 국민을 착하게 살게 하고 착한 국민은 아름다운 풍속을 일으켜서 문명한 국가를 건설하는 것인즉 덕치(德治)가 법치(法治)보다 차원 높은 정치임을 여기에서 확인하라.

제　 왈 비 여　 종 욕 이 치
帝가 曰俾予로 從欲以治하야
사 방　 풍 동　 유 내 지 휴
四方이 風動한대 惟乃之休니라

1-3-13 ·······································

『순임금이 말씀하시기를 "나로 하여금 의욕적으로 쫓아 다스리게 하여 사방이 바람이 불듯이 하나니 오직 그대의 아름다움이니라."』

◉ 앞에서 고요가 법치의 성공은 순임금의 덕치의 결과라고 찬미하니 여기에서 순임금은 다시 덕치의 성공은 고요의 법치의 성공에 바탕한 것임을 찬미하여 그 공적을 재확인하였다.

욕(欲)은 의욕(意慾)이니 이상적인 목적을 실현하기 위하여 의욕적으로 사업을 추진하는 것인데 사람은 일이 순조로우면 저절로 신바람이 나서 적극적으로 활약하고 일이 복잡하고 어려워서 힘만 들고 성과가 없으면 의욕이 떨어지고 지쳐서 위축되기 마련이다. 풍동(風動)은 바람이 불듯이 사회기풍이 약동하는 것으로 곧 예악(禮樂)의 국풍(國風)이 일어났다는 뜻이고 내(乃)는 그대, 휴(休)는 아름다운 미덕(美

德)이다.

　임금의 정치력과 신하의 행정력이 결합하여 문명한 국가를 건설하는 것인즉 천자는 덕(德)을 기리고 제후는 공(功)을 기리며 대부는 혜(惠)를 기리는바 아름다운 왕도정치를 실현하면 성대한 덕을 쌓은 천자와 큰 공을 세운 제후와 많은 혜택을 베푼 대부들이 있는 것이다.

1-3-14 ‥‥‥‥‥‥‥‥‥‥‥‥‥‥‥‥‥‥‥‥ 帝가 曰來하라 禹야 降水儆予어늘
成允成功한대 惟汝賢이며
克勤于邦하고 克儉于家하야
不自滿假한대 惟汝賢이니라
汝惟不矜하나 天下가 莫與汝로
爭能하며 汝惟不伐하나 天下가
莫與汝로 爭功하나니
予懋乃德하며 嘉乃丕績하노라
天之曆數가 在汝躬일새
汝終陟元后하리라

　『순임금이 말씀하시기를 "오너라, 우야 큰물이 넘쳐 나를 경계하거늘 확실하게 목적을 달성하고 공적을 이룩하였는데 오직 그대의 현명함이며 능히 나라의 일에 부지런하고 능히 가정생활에 검소하여 스스로 만족해서 위대한 척하지 않았는데 오직 그대의 현명함이니라. 그대는 오직 뽐내지 않으나 천하가 그대와 더불어 재능을 다투지 못하며 그대는 오직 자랑하지 않으나 천하가 그대와 더불어 공적을 다투지 못하나니 나는 그대의 덕을 성대하게 여기며 그대의 큰 업적을 아

름답게 여기노라. 하늘의 돌아가는 운수가 그대의 몸에 있으므로 그대는 마침내 임금의 자리에 오르리라."』

◉ 순임금이 우의 치수공적과 근검, 겸양한 품격 그리고 민심의 공론과 천명의 역수(曆數)를 밝혀 더 이상 사양하지 말고 섭정왕위에 올랐다가 마침내 정식으로 즉위하라고 명령하였다.

래(來)는 그만 사양하고 와서 임명을 받으라는 말이요 강수(洚水)는 큰물이 넘쳐 홍수가 난 것이며 경(儆)은 경계(警戒)함이니 요(堯)임금 말년에 9년 동안 큰비가 내려서 천하에 대홍수가 일어남에 곤(鯀)에게 다스리게 하였으나 9년간 아무런 성과가 없으므로 이에 요임금이 순(舜)을 섭정왕(攝政王)으로 임명하여 다스리게 하였는바 순은 곤을 우산(羽山)으로 귀양보낸(1-2-12) 다음 곤의 아들 우(禹)에게 홍수를 다스리게 하니 우가 아버지 곤이 공적을 이루지 못하고 처벌받은 것을 뼈아프게 여겨 노심초사하며 공사현장을 돌면서 직접 감독하여 성공하였는데 13년 동안 자기 집의 대문 앞을 세 번 지나가면서도 들어가지 않았다. 자못 요임금 때에 홍수가 일어났음에도 순임금이 자기를 경계한 사건으로 말한 것은 천하의 어려운 일을 홀로 자임하는 도량이다. 윤(允)은 신실(信實)한 사업추진 자세니 성윤(成允)은 계획을 잘 세우고 착실하게 사업을 추진하여 예정한 목표를 달성한 것이요 성공(成功)은 목적을 달성해서 사업을 완성한 것이다. 만(滿)은 만족하여 넘치는 것이고 가(假)는 크게 여겨 위대한 척하는 것이며 긍(矜)은 속으로 뽐내어 으스대는 것이요 벌(伐)은 겉으로 자랑하여 과시하는 것이다. 무(懋)는 성대하게 여기는 것이고 가(嘉)는 아름답게 여기는 것이며 비적(丕績)은 큰 업적이니 곧 치수(治水)의 공적이요 천지력수(天之曆數)는 천명(天命)이 돌아가는 운수(運數)로 천자의 자리를 계승하는 차례이다. 재여궁(在汝躬)은 우에게 섭정왕의 천명이 있다는 뜻이고 원(元)은 대(大)요 후(后)는 임금이니 척원후(陟元后)는 천명을 받아 정식으로 대왕의 자리에 오른다는 말이다.

순임금이 후계자를 발탁하여 하늘에 추천함에 오직 착한 심덕과 탁월한 재능을 기준으로 삼았으니 후세에 지도자를 추천하는 사람은 여기에서 하늘의 뜻을 통찰해야 할 것이다.

1-3-15 ·· 人心은 惟危하고 道心은 惟微하니
　　　　　　　　　　　　　　　　惟精惟一이라사 允執厥中하리라

『"인심은 오직 위태하고 도덕심은 오직 은미하니 오직 정밀하고 오직 한결같아야 진실로 그 중도를 잡으리라."』

◉ 순임금이 우를 섭정왕으로 임명하는 자리에서 요임금의 공명정대한 덕치인정을 계승하기 위해서는 반드시 천덕을 밝혀 왕도를 행하여야 된다는 점을 특별히 당부하였으니 아래도 같다.

인심(人心)은 인간의 육체적 감각과 기질적 특성에서 생기는 마음으로 사물에 즉각적으로 반응하며 기분을 타기 때문에 사람마다 각각 다를 뿐만 아니라 또한 폭발력이 대단하다. 따라서 인심은 한번 폭발하면 제어하기 어려운 까닭에 위태하고 불안한 것이요 도심(道心)은 인간의 순수한 지각과 천부적 본성을 말미암아 나타나는 마음으로 사물에 합리적으로 감응하지만 인간의 내면에 깊숙이 존재하여 은미(隱微)할 뿐만 아니라 또한 기질에 가리우고 욕심에 어두워지면 마침내 도덕심을 상실하는 데에 이르기 때문에 미묘하고 나타나기 어려운 것이다. 본래 사람의 마음은 하나이지만 육체적 기질이 있으므로 인심이 없을 수 없고 또한 천부적 성리가 있으므로 도심이 있기 때문에 그 발동하는 기틀에 따라서 다르게 작용하므로 마음은 일체이용(一體二用)임을 인식하여 도심으로 인심을 억제하여 유순하게 길들이는 것이 도의(道義)로 들어가는 문이다. 유정(惟精)은 마음속에서 인심과 도심을 정밀하게 헤아려 정확하게 가려내는 것이고 유일(惟一)은 오직 도심만을 한결같이 간직하는 것이니 스스로 성실하여야 도심에 정통

하고 항상 공경하여야 도덕심을 한결같이 간직할 수 있을 것이다. 윤(允)은 진실로 궐(厥)은 그것을 지칭하는 대명사로 곧 정밀하고 전일(專一)함이며 중(中)은 중도(中道)로 치우치거나 의지함이 없이 정통성과 주체성을 확립한 자주독립적 지도력으로 전체를 포괄하여 지나침이나 모자람이 없이 원만하고 아름답게 처리하는 중용(中庸)의 원리 원칙이다.

원래 요임금은 순에게 섭정을 명하면서 윤집궐중(允執厥中)하라고 당부했거늘 순임금이 우에게 섭정을 명하면서는 세 마디의 말씀을 더하여 자세히 요임금의 당부말씀을 해설하였다. 이로써 자기자신의 도덕심을 함양하는 성학(聖學)이 연원하였고 성인(聖人)의 학문은 도심이 기초이기 때문에 또한 도학(道學)이라고 일컫게 되었으며 이에 요, 순, 우의 도통심법(道統心法)이 기원하였다.

1-3-16 ·· 無稽之言은 勿聽하며
無稽之言은 勿聽하며 (무계지언 물청)
弗詢之謀를 勿庸하라 (불순지모 물용)

『"자세히 고찰하지 않은 말을 듣지 말고 물어서 논의하지 않은 계획을 쓰지 말라."』

☯ 순임금이 우에게 도통심법으로 자주독립하여 엄정중립할 것을 당부하고 이어 정통을 계승하고 주체를 확립하는 업무추진의 기본자세를 교시하였다.

계(稽)는 상고(詳考)함이니 역사적 사실에 기초하여 선례(先例)를 찾아 정당성을 확인함이요 순(詢)은 자순(咨詢)이니 임금이 아랫사람에게 물어 논의하여 결정함이다. 용(庸)은 용(用)이다.

이것은 임금이 국가를 경영함에 있어서 정통성과 주체성을 확립하여 민주국가를 건설하는 기본자세로서 만일 빛나는 역사정신을 계승

하지 못하면 정통이 끊어지고 여러 사람의 지혜를 모아 좋은 정책을
개발하지 못하면 주체가 허약하게 되어 마침내 오만방자한 전제군주
로 전락해서 나라를 망치고 인민을 해치는 데 이르는 것임을 경계한
말인즉 그 말은 비록 짧아도 그 의미는 심장하고 그 일은 비록 사소
하지만 그 영향은 거대하나니 정치지도자는 깊이 음미하라.

1-3-17 ·· 可愛는 非君이며 可畏는 非民가
衆非元后면 何戴며
后非衆이면 罔與守邦하리니
欽哉인저 愼乃有位하야
敬修其可願이어다 四海困窮하면
天祿이 永絶하리라 惟口는
出好興戎하노니 朕言不再하리라

『"사랑스러움은 임금이 아니며 무서움은 국민이 아닌가. 민중은 위
대한 임금이 아니면 무엇을 머리 위에 이며 임금은 민중이 아니면 더
불어 나라를 지킬 수 없으리니 공경할진저, 그대에게 왕위가 있음을
신중히 하여 그 소망스러움을 공경하여 닦을지어다. 온 세상이 곤궁
하면 하늘의 복록이 길이 끊어지리라. 오직 입은 우호함도 나오고 전
쟁도 일으키나니 나는 말을 두 번 반복하지 않으리라."』

◐ 순임금이 우에게 천명을 받은 임금의 직무는 국토를 수호하고
인민을 보호하는 것이므로 그 왕위를 신중히 하여 국민의 사랑과 지
지를 받아야 소망스러운 정치업적을 걷을 수 있음을 훈시하고 마지막
으로 정치지도자는 말을 매우 신중하게 살펴서 해야 되는 까닭에 이

에 섭정왕을 임명하는 문제를 더 이상 재론하지 않을 뜻을 단호히 밝혀 즉각 섭정의 자리에 취임할 것을 명령하였다.

가애(可愛)는 사랑스러움이니 서민대중으로부터 사랑을 받을 만한 사람이 천명을 받아 임금이 된다는 것이요 가외(可畏)는 두렵고 무서움이니 서민대중으로부터 신임을 잃으면 천명이 끊어져서 독재자로 전락하여 축출된다는 것이다. 대(戴)는 머리 위에 이는 것으로 받들어 추대하는 바인즉 곧 국가를 상징하는 국호(國號)와 시대를 상징하는 연호(年號)인데 임금을 세우지 않으면 어느 나라, 어느 시대인 줄을 알 수 없는 것이다. 대저 서민대중의 지지로 임금을 추대하고 임금은 국가권력을 통하여 민중을 위해 봉사하기 때문에 나라가 위기에 봉착하면 민중이 스스로 떨치고 일어나서 임금을 호위하고 국가를 수호하는 것이다. 가원(可願)은 소망스러움이니 요(堯)임금의 시대처럼 지선(至善)의 세계를 건설하고자 하는 희망이며 사해곤궁(四海困窮)은 온 세상이 어지러워서 민중이 곤란하고 궁박하게 사는 것이요 천록(天祿)은 하늘이 내리는 상서롭고 영광스러운 복록(福祿)이다. 영절(永絶)은 천명이 한번 끊어지면 영원히 다시 받을 수 없다는 뜻으로 곧 천하의 서민대중에게 한번 신임을 잃으면 영원히 신망을 회복할 수 없다는 말이다. 구(口)는 말이 나오는 기관이고 출호(出好)는 우호협력하도록 만드는 것이며 흥융(興戎)은 전쟁을 일으키는 것이니 정치지도자의 말 한마디에 이웃 나라와 우호협력하여 평화시대를 만들기도 하고 전쟁을 일으켜 공포시대가 되기도 하므로 정치지도자는 모름지기 말을 신중히 살펴서 꼭 필요한 말만 해야 되고 똑같은 말을 부질없이 반복하면서 많이 해서는 안 되는 철칙을 명심해야 된다는 훈계이다. 짐언불재(朕言不再)는 이 문제에 대한 논의를 두 번 다시 하지 않겠다는 말로 우(禹)에게 그만 사양하고 즉각 섭정왕위(攝政王位)에 취임하라는 강력한 명령이다.

우의 사양이 매우 확고하므로 순임금이 다시 우에게 천명을 받아 취임해서 밝은 정치로 민중을 위하는 것이 시대적 사명임을 역설하였으니 그 논리가 정연하고 그 말씀이 간절하다.

1-3-18 ························· <ruby>禹<rt>우</rt></ruby>가 <ruby>曰枚卜功臣<rt>왈 매 복 공 신</rt></ruby>하사 <ruby>惟吉之從<rt>유 길 지 종</rt></ruby>하소서

<ruby>帝<rt>제</rt></ruby>가 <ruby>曰禹<rt>왈 우</rt></ruby>야 <ruby>官占<rt>관 점</rt></ruby>은 <ruby>惟先蔽志<rt>유 선 폐 지</rt></ruby>라야

<ruby>昆命于元龜<rt>곤 명 우 원 귀</rt></ruby>하나니 <ruby>朕志先定<rt>짐 지 선 정</rt></ruby>이어늘

<ruby>詢謀僉同<rt>순 모 첨 동</rt></ruby>하며 <ruby>鬼神<rt>귀 신</rt></ruby>이 <ruby>其依<rt>기 의</rt></ruby>하야

<ruby>龜筮協從<rt>귀 서 협 종</rt></ruby>하니 <ruby>卜不習吉<rt>복 불 습 길</rt></ruby>이니라

<ruby>禹拜稽首<rt>우 배 계 수</rt></ruby>하야 <ruby>固辭<rt>고 사</rt></ruby>한대

<ruby>帝<rt>제</rt></ruby>가 <ruby>曰毋<rt>왈 무</rt></ruby>하라 <ruby>惟汝諧<rt>유 여 해</rt></ruby>니라

『우가 말씀하시기를 "공이 있는 신하를 낱낱이 점을 쳐서 오직 길함을 따르소서." 순임금이 말씀하시기를 "우야, 관사의 점은 오직 먼저 뜻을 감춘 다음에 신령한 거북에게서 나타나나니 나의 뜻이 먼저 결정하였거늘 안건으로 상정하여 물어 논의함에 모두 동의하며 귀신이 거기에 의존하여 거북점과 산가지점이 일치하니 점은 거듭 길하지 않으니라." 우가 절하고 머리를 조아리며 진실로 사양한대 순임금이 말씀하시기를 "말아라, 오직 그대가 합당하니라."』

☯ 우가 섭정왕의 막중한 직무를 두려워하여 공신을 한 사람, 한 사람씩 점을 쳐서 가장 길한 신하를 섭정왕으로 선출하자고 제안하면서 또다시 사양하니 순임금이 관청의 일에 대한 점치는 원리를 밝혀 이미 임금과 신하는 물론 천지귀신이 일치한 결정임을 지적하여 하나의 사건에 거듭 점치는 것은 상서롭지 못한 처사이므로 끝내 사양하지 말고 취임하라고 강력히 명령하였다.

매복(枚卜)은 하나 하나씩 낱낱이 점치는 것이요 공신(功臣)은 순(舜)임금을 보필(輔弼)하여 태평성대를 건설하는 데 이바지한 신하들이니 우(禹)를 비롯하여 기(棄), 설(契), 고요(皐陶) 같은 어진 사람들이다. 길지종(吉之從)은 점괘가 가장 길한 사람으로 결정하여 따르자는

뜻이고 관점(官占)은 관청의 일에 대하여 길흉(吉凶)을 점치는 것이니 대개 나라의 시귀(蓍龜 : 점을 치는 데 쓰이는 톱풀과 거북)를 관장하는 어질고 정직한 관리가 친다. 폐지(蔽志)는 뜻을 은폐하고 막아서 결정하지 아니함이요 곤(昆)은 뒤에 또는 다음에이며 명(命)은 고시(告示)니 나타내서 가르쳐 주는 것이고 원귀(元龜)는 크고 신령한 거북이다. 크고 신령한 거북을 태워서 그 등에 갈라진 균열의 형상으로 길흉의 운명을 나타내서 알려준다. 선정(先定)은 순임금이 벌써 오래 전에 우를 후계자로 결정했고 또한 조정의 회의에 정식 안건으로 이미 제출하여 공개한 사항이란 말이다. 순모(詢謀)는 회의에 붙여서 논의함이고 첨동(僉同)은 전체가 만장일치로 찬동함이니 이의가 전혀 없는 것이다. 귀(鬼)는 음기(陰氣)의 정백(精魄)이고 신(神)은 양기(陽氣)의 영혼(靈魂)인바 귀신(鬼神)은 일월성신(日月星辰)과 산천구독(山川溝瀆)의 신령(神靈)을 통틀어 일컫는 바이다. 의(依)는 의존하여 함께 붙음이고 귀서(龜筮)는 거북점과 산가지점이니 거북점은 장기적인 미래를 점치고 산가지점은 단기적인 미래를 점친다. 협종(協從)은 똑같이 일치하는 것으로 곧 장기적으로 보는 점이나 단기적으로 보는 점이 모두 똑같이 길하여 어느 쪽도 틀림이 없다는 뜻이다. 습(習)은 거듭함이니 복불습길(卜不習吉)은 점이란 인간의 지혜로 헤아릴 수 없는 문제를 신에게 물어서 결정하는 것인바 정직하고 성실하고 공경하지 않으면 신이 감응하지 않기 때문에 만일 신의 계시를 믿지 않고 의심하여 다시 점을 친다면 이것은 스스로 불성실한 행동일 뿐만 아니라 또한 귀신을 모독하는 행위이기 때문에 상서롭지 못하게 된다. 고사(固辭)는 두 번 사양함이고 무(毋)는 사양하지 말라는 금지사(禁止辭)이며 해(諧)는 합당하다는 말이다.

순임금이 왕권대행자를 선출함에 그 덕성과 공적을 세밀히 살펴서 천명과 민심의 소재를 확인하고 이어 임금의 권능으로 조정회의에 제안하여 만장일치로 찬동함으로써 귀신까지 의존함을 확인하였으니 털끝만치도 의심할 여지가 없다. 그러나 우가 진실로 사양하였으니 우의 인덕(仁德)은 하늘처럼 크도다.

정월삭단　수명우신종
솔백관　약제지초

『정월 초하루 아침에 신종에서 천명을 이으시어 일백 관료를 거느리신대 순임금의 처음과 같이 하시다.』

◉ 정월 초하루 아침에 우가 섭정왕으로 취임하는 의식을 북쪽에 있는 정부청사에서 거행하고 일백 관료를 통솔하여 순임금의 처음 섭정왕이 되어 집정했던 전례에 따라서 사업을 추진하였음을 기술하였다.

정월(正月)은 요(堯)임금이 제정한 음양력(陰陽曆)의 정월이니 요(堯), 순(舜), 우(禹)는 역법(曆法)을 바꾸지 않았으므로 하(夏)나라의 월력(月曆)과 같으며 곧 인월(寅月)을 정월로 세웠다. 수명(受命)은 천명(天命)을 이어 섭정왕(攝政王)의 자리에 취임하는 것이고 신종(神宗)은 신(神)의 으뜸이니 곧 5행(五行)에서 가장 먼저 생성한 물의 정(精)인데 바로 달의 신(神)을 모신 현구(玄矩)이다. 현구(玄矩)는 앞(1-2-4)에서 문조(文祖)를 해설할 때에 자세히 설명한 바 있거니와 북쪽에 있는 정부청사로 국방부가 사용한다. 순임금은 해의 신을 모신 남쪽 건물을 집무실로 사용했고 우임금은 달의 신을 모신 북쪽 건물을 집무실로 사용했으니 이런 까닭으로 하나라가 검은색을 숭상하였다. 약(若)은 내용과 형식이 똑같은 것이요 제지초(帝之初)는 순임금이 섭정왕의 자리에 올랐던 초기의 사업으로 천문(天文)을 살피고 정책을 결정하며 지방을 순수(巡狩)하는 일이다.

우가 순을 본받아 섭정왕위에 있을 때에는 정전을 사양하고 장관의 집무실에서 정무를 총괄하고 순임금이 했던 바를 그대로 따르며 그 법도를 지켰으니 순임금의 정치문화와 우임금의 정치문화는 하나의 전통으로 이어오게 되었다.

1-3-20 ···························· 帝가 曰咨禹야 惟時有苗弗率하나니

汝徂征하라 禹가 乃會群后하야

誓于師曰濟濟有衆아 咸聽朕命하라

蠢玆有苗가 昏迷不恭하야

侮慢自賢하며 反道敗德하야

君子在野하고 小人在位한대

民棄不保하며 天降之咎하실새

肆予以爾衆士로 奉辭伐罪하노니

爾尚一乃心力이라사 其克有勳하리라

『순임금이 말씀하시기를 "아뿔싸, 우야 오직 이 묘나라 정부가 순종하지 아니하므로 그대가 가서 정벌하라." 우가 이에 여러 제후를 회동하고 군사에게 서약하여 말씀하시기를 "위풍이 당당하고 세력이 성대한 많은 군사여, 모두 나의 명령을 들어라. 준동하는 이 묘나라 정부가 혼미하여 공손치 아니하여 모욕하고 교만하면서 스스로 어질다고 여기며 도의를 위반하고 덕성을 파괴하여 군자는 초야에 있고 소인배가 벼슬자리에 있으므로 민중이 버리고 보호하지 않으며 하늘이 그들에게 재앙을 내리실새 그래서 내가 너희 여러 군사로서 우리 임금의 말씀을 받들어 죄악을 토벌하노니 그대들은 거의 너의 마음과 힘을 하나로 단결해야만 그 능히 훈공이 있으리라."』

☯ 묘나라 정부가 끝까지 도덕에 의한 세계질서를 거부하고 교만방자하게 국제평화를 파괴하며 준동하므로 순임금이 우에게 정벌을 명령하니 우가 연방군대를 동원하여 출정식을 거행하면서 묘나라 정부의 죄상을 열거하여 정벌의 대의를 천하에 선포하였다.

시(時)는 시(是)와 같고 유묘(有苗)의 유(有)는 정부라는 뜻이니 국명
(國名) 앞에 유(有)자를 붙여 쓰는 것은 모두 그 나라의 정부를 지칭한
다. 묘(苗)나라는 양자강(楊子江)의 남쪽에 있는데 기후가 덥고 습하며
물산이 풍부하므로 그 기질이 자유분방해서 간섭을 싫어하는 배타성
이 있었다. 불솔(弗率)은 천자의 교명(敎命)에 순종하지 않은 것이니
곧 만방이 협력하고 화합하는 국제규범을 따르지 않고 시대에 역행하
여 권력을 농단하며 분열을 조장하고 세계질서를 파괴하는 것이다.
조(徂)는 가는 것이고 정(征)은 정(正)이니 군사를 출동하여 그 죄악을
성토(聲討)함으로써 잘못을 바로잡는 일이다. 회(會)는 회동(會同)이요
군후(群后)는 연방국가의 여러 제후들로서 천자가 정벌을 명령하면
연방국가의 제후들은 직접 군대를 이끌고 정벌군에 합류하는 것이다.
세(誓)는 서약함이니 맹(盟)은 위로 천지신명에게 약속함이고 세(誓)는
아래로 인민대중에게 약속함이며 약(約)은 개인 사이의 약속이다. 사
(師)는 군사이고 제제(濟濟)는 위풍이 당당하고 세력이 성대한 모양이
며 유중(有衆)은 조직계통을 갖춘 많은 군사이다. 준(蠢)은 준동(蠢動)
인데 보잘것없는 사람들이 소동을 일으켜서 꿈틀거림이고 혼미(昏迷)
는 어리석고 미혹하여 획기적으로 발전한 유사시대의 인류문명을 거
부하고 아직도 선사시대의 자연적인 삶의 방식을 고집하는 것이다.
불공(不恭)은 경천애인(敬天愛人)하는 예절문화를 인정하지 않고 자유
분방하게 사는 것이며 모만(侮慢)은 남을 무시하고 업신여김이요 자
현(自賢)은 스스로 잘난 척하여 전제독재(專制獨裁)함이다. 반도(反道)
는 자연의 진리를 위반함이고 패덕(敗德)은 인간의 양심을 파괴함이
니 부도덕한 수단으로 정권을 장악하여 권력을 농단한다는 뜻이다.
군자(君子)는 양심적인 지식으로 직언한 사람이며 소인(小人)은 개인
의 이익만을 노리는 소인배로 아첨과 모함을 서슴없이 자행하는 간사
한 무리이다. 민기(民棄)는 민중이 정부를 불신할 뿐만 아니라 원망하
고 외면하여 포기함이요 불보(不保)는 보호하지 않음이니 정부가 바
뀌기를 소원한다는 말이다. 구(咎)는 재앙이고 사(肆)는 그래서, 사(辭)
는 순(舜)임금이 정벌하라고 명령을 내린 말씀이며 죄(罪)는 천도(天

道)를 거역하고 인민을 학대한 죄악이다. 상(尙)은 거의, 일(一)은 하나로 단결함이요 내(乃)는 너희를 지칭하는 대명사이고 극(克)은 능(能)과 같다.

대저 요임금의 말년에 9년 홍수를 다스리지 못하여 민생경제가 극도로 어려웠기 때문에 순은 섭정왕의 취임식을 남쪽에 있는 문조 즉 경제부처의 청사에서 거행하여 경제정책에 힘썼고 순임금의 말년에는 묘나라 정부가 준동하므로 우가 섭정왕의 취임식을 북쪽에 있는 신종 즉 국방부처의 청사에서 거행하여 묘나라 정벌을 직접 지휘하였으니 모름지기 섭정왕은 취임 초기에 정책의 우선 순위를 먼저 파악하고 현안문제 해결에 진력해야 할 것이다.

1-3-21 ·································· 三旬을 苗民이 逆命이어늘

益이 贊于禹曰惟德이 動天이라

無遠弗屆하나니 滿招損하고

謙受益이 時乃天道이니다

帝初于歷山에 往于田하사

號泣于旻天과 于父母하사

負罪引慝하사 祗載見瞽瞍하시되

夔夔齊慄하신대 瞽亦允若하니

至誠은 感神이어늘 矧兹有苗리오

禹拜昌言曰兪라 班師振旅어늘

帝乃誕敷文德하사 舞干羽于兩階러니

七旬에 有苗가 格하니라

『30일 동안 묘나라 인민이 명령을 거역하거늘 익이 우에게 나아가 말하기를 "오직 덕이 하늘을 움직이므로 멀리 이르지 아니함이 없나니 가득함은 덜어냄을 부르고 겸손함은 보탬을 받음이 이것이 이에 하늘의 진리이니다. 순임금이 역산에서 처음에 밭에 가서 가을 하늘과 아버지 어머니께 목놓아 소리내어 우시어 죄를 자기에게 돌리고 간특한 책임을 스스로 지면서 일을 공경하야 고수를 뵈이시되 벌벌 떨면서 삼가고 두려워하신대 고수가 또한 진심으로 순종하였나니 지극한 정성은 귀신을 감동하거늘 하물며 이 묘나라 정부 따위리요." 우가 착한 말에 절을 하고 말씀하시기를 "응, 하며 군사를 이끌고 돌아와서 개선하거늘 순임금이 이에 문덕을 크게 베푸시어 방패와 깃털을 매단 기를 양쪽 계단에서 춤추게 하더니 70일에 묘나라 정부가 이르러 왔다.』

◉ 우가 정벌의 대의를 지켜 정벌군은 묘나라 국경 밖에 주둔시키고 묘나라 정부의 죄악을 성토하여 사죄할 것을 명령하였음에도 30일이 지나도록 묘나라 정부의 회답이 없을 뿐만 아니라 묘나라 인민도 천자의 명령을 받들어 묘나라 정부를 규탄하지 않으므로 익이 덕으로 감화시켜 귀순케 하는 것이 정벌의 본의임을 밝혀 우에게 건의하니 우가 즉각 수용하여 반사한즉 묘나라 정부가 그 문덕에 감격하여 70일 만에 자진해서 귀순한 역사적 사실을 기술하였다.

순(旬)은 10일이니 삼순(三旬)은 1개월이고 묘민(苗民)은 묘나라 민중이며 역명(逆命)은 천자의 명령을 거역함인즉 천자가 지방정부의 죄악을 성토하여 정벌하면 그 지방주민은 떨치고 일어나 죄악의 원흉을 규탄하고 축출하는 것이 당연함에도 묘나라 민중은 아무런 의거를 일으키지 않았다는 뜻이다. 찬(贊)은 나아감이고 덕(德)은 살리기를 좋아하는 마음이니 살상전(殺傷戰)을 피하고 은혜를 베풀어 살려주는 것이다. 동천(動天)은 하늘을 뒤흔들 만큼 세력이 성대하다는 말로 감화력이 크다는 뜻이며 계(屆)는 이르러 감이니 덕(德)의 감화력은 멀리 미치지 않은 곳이 없다는 뜻이다. 만(滿)은 가득 채움이요 손(損)은 덜

어내는 것이며 겸(謙)은 겸손함이고 익(益)은 보탬인데 천도(天道)는
공평하여 가득 채운 것을 덜어서 겸손한 것에 보태주는 원리가 있다.
시(時)는 시(是)이고 천도(天道)는 현상만물을 통틀어 운영하는 자연의
진리이다. 제(帝)는 순(舜)임금이고 역산(歷山)은 순이 20세 때에 집을
나와서 홀로 살던 곳으로 하중부(河中府) 하동현(河東縣)에 있다. 호읍
(號泣)은 목놓아 소리내어 우는 것이고 민천(旻天)은 가을 하늘로 모든
사람을 사랑으로 돌보아주는 어진 하늘이며 부(父)는 순의 아버지 고
수(瞽瞍)를 지칭하고 모(母)는 순의 계모를 지칭하는바 곡식과 과일이
익어가는 가을이 되면 어버이의 사랑을 받지 못하는 자기자신의 신세
를 원망하면서 어버이를 사모하는 그리움이 솟구쳐 가을 하늘을 바라
보며 목놓아 소리내어 울었던 것이다. 부죄(負罪)는 자식으로서 부모
를 잘 섬기지 못한 죄를 자기의 탓으로 돌리는 것이요 인특(引慝)은
부모로부터 사랑을 받지 못한 책임을 스스로 지는 것이며 지(祗)는 공
경함이고 재(載)는 사(事)이니 곧 자식의 직분으로 해야 할 일이다. 수
(瞍)는 늙은 장님이라는 말인데 순의 아버지가 장님이었기 때문에 고
수(瞽瞍)라고 일컬었다. 기기(夔夔)는 벌벌 떠는 모양이요 제률(齊慄)은
삼가고 두려워함이며 약(若)은 순(順)과 같으니 화순(和順)함이다. 순이
모든 책임을 자기에게 돌리고 오로지 자식의 도리를 다하여 고수를
뵈면서 벌벌 떨며 삼가고 두려워하므로 고수도 또한 자식의 정성에
감동하여 진실로 순종하게 되었으니 순이 50세 때의 일이다. 함(誠)은
정성(精誠)이 사물을 감동시키는 원리이고 신(矧)은 하물며이니 지극
한 정성의 감화력은 신명(神明)도 감동하거늘 하물며 이 묘나라 정부
쯤이야 감동시키지 못하겠는가라는 말이니 대저 신(信)은 사람을 사
귀는 원리요 경(敬)은 귀신을 접(接)하는 원리이며 성(誠)은 하늘을 움
직이는 원리이기 때문에 정성은 감동시키지 못하는 것이 없다. 창언
(昌言)은 도리에 맞는 착한 말을 거리낌이 없이 직언함이고 반사(班師)
는 출정한 군사를 이끌고 돌아오는 것이며 진(振)은 수(收)의 뜻이고
려(旅)는 군대인즉 진려(振旅)는 개선(凱旋)하고 돌아온 군대를 정열하
여 해산식을 거행함이다. 탄(誕)은 대(大)의 뜻이고 부(敷)는 베푸는 것

이며 문덕(文德)은 문명한 도덕인바 곧 자연법칙과 인간성 그리고 사회윤리에 철저한 학교교육을 크게 진흥시켰다는 말이다. 간(干)은 방패이니 무무(武舞)를 춤출 때에 손에 드는 작은 방패이고 우(羽)는 깃털이 달린 기(旗)로 문무(文舞)를 춤출 때에 손에 드는 작은 깃발이며 양계(兩階)는 태학(太學)의 정(庭)에서 당(堂)으로 올라가는 동쪽과 서쪽의 두 계단인데 주인은 동쪽 계단을 사용하고 손님은 서쪽 계단을 사용한다. 우(禹)가 정벌군을 편성하여 출동할 때에는 출정식을 교야(郊野)에서 거행하고 개선하고 돌아와서 전공을 보고하며 해산식을 거행할 때에는 태학의 광장에서 하였으니 이것은 문무(文舞)와 무무(武舞)를 함께 추면서 상무(尙武)정신과 숭문(崇文)사상을 배합하여 문무겸전(文武兼全)한 인재를 양성하기 위한 국가의 목적을 상징적으로 보이고자 함이다. 칠순(七旬)은 70일이니 반사(班師)한 날로부터 2개월 10일인즉 짧은 기간을 의미하며 격(格)은 이르러 오는 것으로 묘나라 정부가 우의 정벌규범이 매우 도덕적이어서 군사를 국경선에 주둔하여 성토만 하고 1개월 동안 회답이 없자 무력을 전혀 사용하지 않고 되돌아가는 평화정신에 감복하여 스스로 죄를 뉘우치고 국제질서에 순종할 것을 약속하려고 이르러 온 것이다.

이러한 우의 정벌규범으로 인하여 하, 은, 주 3대의 정벌은 군대를 출동하되 그 나라의 국경 밖에 주둔시켜 3개월 동안 성토만 하고 회답이 없으면 그냥 되돌아와서 다음해까지 기다리다가 아무런 회답이 없으면 1년 뒤에 다시 군대를 출동하여 또 3개월 동안 성토하고 돌아오며 그래도 회답이 없으면 1년 뒤에 또다시 세번째 출동하여 무력으로 토벌을 개시하는 정벌의 예의법도가 정착하였다. 이것은 인민의 생명과 재산을 보호하기 위한 덕치인정의 정의로운 용병법이니 선전포고와 동시에 살상전을 전개하는 전쟁과는 그 차원이 다르다.

우가 순임금을 보필하여 요임금의 도덕과 사업을 계승해서 태평성대를 건설하는 데 있는 힘을 다했고 또한 순임금이 우를 섭정왕으로 임명함에 거듭 사양하여 천명과 민심에 따라 취임하였으며 곧 묘나라 정권이 도발함에 군사를 이끌고 정벌해서 힘으로 굴복시키지 않고 스스로 회개하여 마음으로 복종시키는 정의로운 정벌의 절도를 지켜 마침내 순임금의 문덕을 길이 빛나게 하였으니 우는 저 치수의 공적과 함께 민주공화의 정치체제를 정착한 업적은 영원히 불후하리라.

4. 고요모(皐陶謨) / 고요(皐陶)의 정책

　　고요(皐陶)는 순(舜)임금의 신하로 사사(士師 : 법무장관)가 되어 나라의 기강을 뚜렷이 세웠으니 자(字)는 정견(庭堅), 구요(咎繇)라고도 한다. 우(禹), 설(契), 백익(伯益), 직(稷)과 함께 순임금을 어질게 보필하여 아름다운 정치문화를 창조하였으니 민본부의(民本主義)에 바탕한 정치윤리를 밝히고 안민정책(安民政策)을 제시하였다.

　　이 고요모 편은『금문상서(今文尙書)』와『고문상서(古文尙書)』에 모두 수록되어 있는데『금문상서』에는 익직(益稷) 편과 함께 포함되어 있으나『고문상서』에는 이를 나누어 고요모와 익직의 두 편으로 되어 있다. 이『새 시대를 위한 서경』은『고문상서』를 대본으로 하였으므로 고요모와 익직 편을 나누었다.

1-4-1 ························ 曰若稽古皐陶한대

曰允迪厥德하면　謨明하며　弼諧하리이다

禹가　曰兪라　如何오　皐陶가　曰都라

愼厥身修하며　思永하며　惇叙九族하면

庶明이　勵翼하리니　邇可遠이　在玆하니이다

禹拜昌言曰兪라하니라

　　『어이쿠, 지난날의 고요를 살피건대 말하기를 "진실로 그 덕을 닦아 나아가면 일을 논의함이 공명정대하며 신하들이 일치단결하여 임

금을 도우리이다." 하니 우가 말씀하시기를 "응, 어찌할꼬." 고요가 말하기를 "아아, 삼가 그 몸이 잘 닦이며 생각이 길며 아홉 겨레를 친애하는 가운데 질서를 세워 평화롭게 하면 여러 현명한 사람이 장려하고 도우리니 가까운 데를 말미암아 먼 데로 미치게 할 수 있는 방법이 여기에 있나이다." 우가 착한 말에 절을 하고 말씀하시기를 "응" 하니라.』

　　☯ 고요가 순임금을 보필하여 나라의 기강을 세워 형벌이 없는 세상을 만든 공적은 이미 대우모 편에서 서술하였으므로 사관이 고요모 편에서는 우가 섭정왕의 자리에 오른 때로부터 기술하여 중복을 피함과 동시에 또한 고요의 아름다운 정책은 우가 섭정왕이 되었을 때에 건의한 내용임을 밝혔다.

　　윤(允)은 진실로요 적(迪)은 나아감이니 실천하여 진취함이며 궐덕(厥德)은 임금이 갖추어야 되는 신성한 품성(品性)이다. 모(謨)는 사업의 방책을 논의함이고 명(明)은 공명(公明)함이며 필(弼)은 보필(輔弼)하는 신하이고 해(諧)는 화합하여 단결함이다. 이것은 고요(皐陶)가 우(禹)에게 임금으로서의 신성한 품성을 먼저 갖추어야만 좋은 정책을 개발하고 신하들이 단결하여 총력을 경주함으로써 정치사업을 성공할 수 있음을 역설한 내용이다. 우(禹)는 섭정왕(攝政王)의 자리에 오른 우인데 사관(史官)이 정식으로 즉위하기 전에는 제왕(帝王)이라고 쓰지 않고 순(舜), 우(禹)라고 직접 그 이름을 썼으니 하늘에는 두 해가 없고 땅에는 두 임금이 없는 대통일주의(大統一主義)의 필법(筆法)이다. 여하(如何)는 구체적인 방법을 묻는 말이고 신(愼)은 삼가 조심함이요 궐신(厥身)은 임금의 자리에 오른 사람의 몸이며 신수(身修)는 몸이 완전히 수양된 것이니 수신(修身)은 몸을 닦기 시작하는 것이고 신수(身修)는 몸이 잘 닦여서 수양을 끝낸 것이다. 사영(思永)은 심모원려(深謀遠慮)함이요 돈서(惇叙)는 두텁게 친애하는 가운데 질서를 세워 평화롭게 함이며 구족(九族)은 앞(1-1-2)에서 해설하였다. 서(庶)는 많은 무리이고 명(明)은 현명한 사람이며 여(勵)는 장려함이고 익

(翼)은 받들어 돕는 것이다. 이(邇)는 가까운 것이니 임금 자신이 삼가
고 조심해서 신성한 품격을 갖추고 원대한 요·순의 이상정치를 추구
하여 수신(修身), 제가(齊家)의 모범을 스스로 보이는 것이고 원(遠)은
먼 것이니 천하의 여러 현명한 사람이 떨치고 일어나서 화합단결하여
아름다운 행실을 장려하고 정부의 정책을 받들어 돕는 것이다. 자(茲)
는 여기를 지칭하는 대명사인바 곧 윤적궐덕(允迪厥德)을 지칭한다.
창언(昌言)은 앞(1-3-21)에서 해설하였는데 우는 착한 말을 들으면 절
을 하였으니 수신(修身) 제가(齊家)가 결국 치국(治國) 평천하(平天下)
의 근본이라는 말을 얼마나 좋아했는지를 헤아려 본받을 일이다.

　우가 고요에게 섭정왕의 자리를 극구 사양하였으나 순임금이 끝내
듣지 않고 우를 섭정왕으로 임명하니 고요가 즉시 우에게 요·순의
문명한 도덕정치를 계승발전시킬 위대한 정책사업의 추진방안을 제
시하고 우가 즉각 찬동하여 수용하는 예절법도는 만고에 아름다운 정
치문화이다.

1-4-2 ·· 皐陶가 曰都라 在知人하며
在安民하니이다 禹가 曰吁라
咸若時할진댄 惟帝도 其難之러시니
知人則哲이라 能官人하며 安民則惠라
黎民이 懷之하리니 能哲而惠면
何憂乎驩兜하며 何遷乎有苗며
何畏乎巧言令色孔壬이리오

　『고요가 말하기를 "아아, 인재를 아는 데 있으며 국민을 편안히 함
에 있나이다." 우가 말씀하시기를 "에이끼, 모두 이와 같이 할진댄 오

직 요임금도 그것을 어려워하셨나니 인재를 알면 명철하므로 능히 인재를 관리로 등용하며 국민을 편안히 하면 은혜로우므로 서민대중이 사모하리니 능히 명철하면서도 은혜로우면 어찌 환두를 근심하며 어찌 묘나라 임금을 귀양보내며 어찌 교묘한 말과 아리따운 얼굴색과 매우 간악함을 두려워하리요."』

　●　고요가 앞에서 이상세계를 구현하는 위대한 정책추진방법을 제시하니 우가 동의하므로 이어 인재를 발탁하여 등용해서 인민의 안녕을 보장하는 것이 선결요건임을 제시한즉 우가 너무나도 그 이상과 목적이 고원함을 지적하여 스스로 능력이 부족하다고 겸양하면서 요임금도 실현하지 못했던 것임을 논증하였다.

　지인(知人)은 사람의 학식과 재능과 덕망을 꿰뚫어 알아서 인재를 등용하는 것이고 안민(安民)은 국가사회가 안정하여 국민을 안락하게 살도록 보장하는 것이다. 시(時)는 시(是)와 같고 제(帝)는 요(堯)임금이며 철(哲)은 지식이 고명함이요 관인(官人)은 인재를 발탁하여 관리로 등용함이며 혜(惠)는 인애심(仁愛心)을 발휘하여 은혜롭게 교화함이다. 환두(驩兜)와 묘(苗)는 앞(1-2-12)에서 이미 해설하였으며 천(遷)은 귀양보냄이고 교언(巧言)은 교묘하게 꾸며대는 말이요 영색(令色)은 얼굴빛을 어여쁘게 꾸미는 것이다. 공(孔)은 매우, 임(壬)은 간사함이니 공임(孔壬)은 아첨하는 간악한 무리로서 요임금 때에 공공(共工), 환두(驩兜), 삼묘(三苗), 곤(鯀) 등의 흉칙한 고급관료들이 죄를 받았던 것이다.

　위대한 정책을 제시하여 임금을 분발하도록 보필하는 신하가 대신(大臣)이니 순임금에게는 우가 있었고 우에게는 고요가 있었음을 여기에서 확인하라. 스스로 부족함을 깨달아야 분발 노력해서 사업을 성공할 수 있기 때문에 순이 능력이 부족하다고 함에 우가 강력히 건의하였고 우가 또 능력이 부족하다고 함에 고요가 강력히 건의한 점을 주목하기 바란다. 훌륭한 임금이 있어도 큰 신하가 없으면 사업을 역동적으로 추진할 수 없고 큰 신하가 있어도 훌륭한 임금이 없으면

시대를 적극적으로 개척할 수 없는 까닭에 훌륭한 임금과 큰 신하가
서로 만나야만 사업을 힘차게 추진하여 획기적인 새 시대를 창조할
수 있다.

1-4-3 ···································· 皐陶가 曰都라 亦行有九德하니

亦言其人有德인댄

乃言曰載采采니이다 禹가 曰何오

皐陶가 曰寬而栗하며

柔而立하며 愿而恭하며

亂而敬하며 擾而毅하며

直而溫하며 簡而廉하며

剛而塞하며 彊而義니 彰하야

厥有常이면 吉哉인저

『고요가 말하기를 "아아, 모든 행실에 아홉 가지 덕이 있나니 그 사
람에게 덕이 있는 것을 모두 말할진댄 이에 한마디로 '여러 가지 일을
감당하는 것'을 말하나이다." 우가 말씀하시기를 "무엇인고." 고요가
말하기를 "너그러우면서도 떨리며 부드러우면서도 세우며 착실하면
서도 공손하며 잘 다스리면서도 공경하며 순하게 따르면서도 꿋꿋하
며 곧으면서도 따뜻하며 간단하고 쉬우면서도 법도를 살피며 굳세면
서도 충실하며 씩씩하면서도 의로움이니 뚜렷이 나타나서 그 항상됨
이 있으면 길할진저."』

◐ 앞에서 우가 인재를 알아서 등용하고 국민을 편안하게 다스리는

일은 요임금도 완전히 실현하지 못해 고민했을 만큼 지극히 어려운 과제이므로 자신은 능력이 모자란다고 고백하니 고요가 인재가 갖추어야 할 아홉 가지의 덕목을 열거하며 이것을 기준으로 인재를 발탁하면 어려울 것이 없다고 역설하였다.

역(亦)은 모두이고 행(行)은 행실이며 구덕(九德)은 인재가 갖추는 아홉 가지 덕목이니 아래에 열거한 내용이다. 언(言)은 한마디로 단언함이요 재(載)는 승(勝)의 뜻이니 감당하여 이겨내는 것이며 채(采)는 사(事)의 뜻인바 채채(采采)는 여러 가지 일인데 곧 아홉 가지 덕목을 가진 사람은 여러 가지의 일을 능히 감당하여 성공적으로 완수한다는 말이다. 하(何)는 우(禹)가 관심을 가지고 구덕(九德)의 조목을 묻는 말이요 이에 고요(皐陶)가 바로 인재의 아홉 가지 덕목을 밝혔으니 이(而)는 '하면서도' 또는 '함과 동시에' 뜻을 가진 접속사로 하나의 물체가 가진 양면성을 나타낼 때에 쓴다. 무릇 국가사업을 성공적으로 추진하기 위해서는 체계를 세우고 화합해야 되므로 이상적인 이념과 목적을 진취적으로 추구하면서도 또한 현실적인 사업과 방법을 상황에 따라 조절해야 되기 때문에 관료에게는 중용(中庸)의 도덕(道德)이 필요한 것이다. 관(寬)은 관대한 포용력이고 율(栗)은 전률(戰栗)을 느끼는 위엄이 있는 것이며 유(柔)는 유순(柔順)함이고 입(立)은 입지(立志)이니 화합하면서도 주장이 있는 것이다. 원(愿)은 착실하게 책임을 완수함이고 공(恭)은 공손(恭遜)함이며, 난(亂)은 치(治)의 뜻으로 조리를 찾아 바로잡는 것이고 경(敬)은 삼가 공경함이다. 요(擾)는 순순히 따라감이요 의(毅)는 의연(毅然)하게 지조를 지킴이며 직(直)은 정직(正直)함이고 온(溫)은 온화(溫和)함이니 현실에 따를지라도 지조를 지키고 정직하게 말할지라도 온화하게 표현하여 화합 속에서 옳은 길로 나가는 것이다. 간(簡)은 간이(簡易)함이고 렴(廉)은 염우(廉隅)이니 물건의 모서리 구석을 반듯하게 살피는 것으로 평개법(平開法)에서 변(邊)을 렴(廉), 각(角)을 우(隅)라고 한다. 아무리 쉽고 간단하게 일을 처리한다고 해도 두루 법도를 살펴서 미진한 곳이 없도록 원만하게 처리함이다. 강(剛)은 강건(剛健)함이요 색(塞)은 독실(篤實)함이며 강(彊)

은 강성(强盛)함이고 의(義)는 정의(正義)로움이니 의지(意志)가 굳세면서도 충실하고 원기(元氣)가 씩씩하면서도 정의로움은 선비의 정신이다. 창(彰)은 뚜렷하게 나타남이고 상(常)은 항상(恒常)이며 길(吉)은 길상(吉祥)이니 아홉 가지 덕목을 뚜렷이 발양하여 그 항상됨이 있으면 앞날의 국리민복을 보장하는 인재라는 뜻이다.

옛날 사람의 인재관찰법은 편벽한 사람을 기피하였으니 민주적 화합질서를 파괴하여 분열대립을 조장하기 때문이다. 그러므로 순임금이 차세대의 교육목표를 직이온(直而溫), 관이률(寬而栗), 강이무학(剛而無虐), 간이무오(簡而無傲)한 사람을 양성하는 데 두었는바(1-2-24) 고요의 9덕은 이것을 더욱 자세하게 분석하여 정리한 내용이라고 할 것이니 이미 국가에서 양성한 인재를 등용하자는 것이므로 인재가 없는 것을 걱정할 필요가 없다. 그러므로 임금은 인재가 없는 것을 걱정하지 말고 적재(適材)를 적소(適所)에 쓰지 못함을 걱정해야 한다.

1-4-4 ······································· 日宣三德하야 夙夜浚明하면 有家하며 日嚴祗敬하야 六德이 亮采하면 有邦하며 翕受敷施하야 九德이 咸事하면 俊乂在官하고 百僚師師하며 百工이 惟時로 撫于五辰하야 庶績이 其凝하리이다

『"날로 세 가지 덕을 밝히어 드날려서 이른 아침부터 깊은 밤까지 모름지기 밝게 다스리면 가문을 경영하며, 날로 엄숙하게 삼가 공경하여 여섯 가지 덕이 일을 밝게 살피면 나라를 경영하며, 전부 합쳐서 수용하여 베풀어 시행하여 아홉 가지 덕이 다함께 일하면 준걸과 어

진 이가 고위관직에 있고 일백 신료가 서로 스승으로 삼아 본받으며 일백 기능공이 오직 때로 다섯 철을 따라 여러 가지 공적이 그 이루어지리다."』

● 고요가 앞에서 말한 9덕의 사업경영능력과 그 효과를 세 가시로 분류하여 설명하였으니 9덕 가운데 세 가지 덕목을 가진 인재가 있으면 대부의 가문을 경영할 수 있고, 여섯 가지 덕목을 가진 인재를 등용하면 국가를 다스릴 수 있으며, 아홉 가지 덕목을 가진 인재를 모두 모아서 쓰면 천하를 성공적으로 다스릴 수 있음을 변증하였다.

선(宣)은 밝히어 드날리는 것이고 삼덕(三德)은 아홉 가지 덕목 가운데 세 가지 덕목을 말한 것이지만 대개 앞에 관이률(寬而栗), 유이립(柔而立), 원이공(愿而恭)을 말하는 것이니 왜냐하면 가문은 혈연집단으로 화목을 귀중하게 여기기 때문에 부드러운 유덕(柔德)을 숭상하는 까닭이다. 준(浚)은 모름지기, 명(明)은 가지런히 밝게 다스림이요 유(有)는 보존하여 경영함이다. 육덕(六德)은 9덕 가운데 여섯 가지 덕목이지만 여기에서는 앞에 3덕의 가정윤리에 난이경(亂而敬), 요이의(擾而毅), 직이온(直而溫)의 세 가지 덕목이 있는 사람을 추가한 것이니 이 세 가지 덕목은 정직을 숭상하는 국가윤리이다. 양(亮)은 밝게 살핌이고 채(采)는 사(事)의 뜻이다. 흡(翕)은 모두 합치는 것이고 수(受)는 수용함이며 부(敷)는 널리 펴는 것이요 시(施)는 시행함이니 곧 모든 인재를 전부 등용하여 적재적소에 배치해서 정책사업을 시행하는 것이다. 구덕(九德)은 앞에 6덕에다가 간이렴(簡而廉), 강이색(剛而塞), 강이의(彊而義)를 추가한 것이니 이 세 가지 덕목은 자주독립하여 천하를 주체적으로 경영하는 강덕(剛德)이다. 함(咸)은 모두, 사(事)는 정치사업에 종사함이고 준(俊)은 준걸(俊杰)이니 재주와 슬기와 풍채가 뭇 사람에 뛰어난 인물이고 예(乂)는 마음이 어질고 경험이 풍부한 사람이다. 관(官)은 임금을 보필하며 행정을 주관하는 고위관직이고 백료(百僚)는 고위관직에 소속하여 여러 가지 사무에 종사하는 하급의 이료(吏僚)들이다. 사사(師師)는 서로 스승으로 삼아 본받는 것이

며 백공(百工)은 일백 가지 기능공으로 여러 방면에서 실무를 담당한
전문기술자이다. 시(時)는 때이고 무(撫)는 순응하여 따르는 것이며 오
진(五辰)은 5행(五行: 水火木金土)이 순환하여 돌아가는 계절이니 실은
봄, 여름, 가을, 겨울의 네 철이다. 서적(庶績)은 여러 가지 사업의 공
적이고 응(凝)은 달성(達成)함이다.

　사람이 사업을 경영하는 것이므로 작고 가벼운 일에는 작은 사람이
경영하고 크고 중요한 일에는 큰 사람이 경영해야 됨을 여기에서 밝
혔으니 요순시대에는 어질고 유능한 사람을 모두 등용하여 진취적으
로 사업을 추진함으로써 활기찬 사회를 건설하였음을 여기에서 확인
하라.

1-4-5 ······················· 無敎逸欲有邦하사 兢兢業業하소서
　　　　　　　　　　　　　　一日二日萬幾니이다 無曠庶官하소서
　　　　　　　　　　　　　　　　天工을 人其代之하나이다

　『"안일과 욕망으로 하여금 연방국가를 경영함이 없으시어 경계하
여 삼가고 위태위태한 모습으로 두려워하소서. 하루 이틀이 일만 가
지 일의 기미니이다. 여러 관직을 비우지 마소서. 하늘이 인류를 다스
리는 일을 인재가 그 일을 대신하나이다."』

　☯ 고요가 우에게 안일한 방법이나 막연한 기대감으로 나라를 경영
하지 말고 항상 위기의식을 가지고 만사를 세밀히 살펴서 하루나 이
틀의 짧은 시간이라도 일만 가지 사업의 성공과 실패의 갈림길임을
밝혀 여러 관직에 적임자를 임명해서 촌각도 비워두지 않아야만 하늘
이 인민을 살리는 사업을 인재가 대신하여 잘 다스릴 수 있다고 역설
하였다.

　교(敎)는 하여금이고 일(逸)은 안일(安逸)이며 욕(欲)은 욕망(欲望)이

요 유(有)는 경영함이니 안일한 방법과 막연한 욕망으로 하여금 연방 국가를 경영함이 없어야 된다는 것은 요행을 바라지 말라는 뜻이다. 긍긍(兢兢)은 경계하여 삼가함이요 업업(業業)은 위태로운 모양으로 두려워함이다. 일일이일(一日二日)은 하루나 이틀 동안의 짧은 기간이고 만(萬)은 만사(萬事)요 기(幾)는 기미(幾微)로 사건이 발단하기 시작하는 최초의 미세한 움직임으로 길(吉)한 사람이 먼저 보는 것인데 선(善)과 악(惡)의 분기점이고 길(吉)과 흉(凶)의 갈림길이다. 이것은 하루나 이틀의 짧은 기간이라도 정무에 태만하면 나라의 기강이 무너져서 만사가 어그러지는 재앙을 초래할 수 있다는 뜻이다. 광(曠)은 공(空)의 뜻이고 서관(庶官)은 여러 관직이니 여러 관직을 공석으로 두거나 또는 폐지하여 없애는 것이다. 천(天)은 현상만물을 통일주재하여 생성변화하는 이치(理致)의 하늘인바 천공(天工)은 하늘이 사람을 사랑하여 살리려고 다스리는 사업인즉 곧 자연의 조화(造化)로서 하늘의 공작(工作)이다. 인(人)은 인재(人材)이며 대(代)는 대신함인바 이것은 하늘이 세상에 천재(天才)를 내서 하늘을 대신하여 다스리게 했으므로 인재를 모두 등용하지 않은 것은 하늘의 뜻을 저버리는 행위가 된다는 말이다.

인재를 등용해 놓고 하는 일이 없이 안일하게 행운만 기대하여도 안 되고 또한 여러 관직을 공석으로 두어 인재를 초야에 방치해도 안 되므로 모름지기 하늘이 낸 인재를 모두 등용해서 하루나 이틀 동안도 허무하게 보내지 말고 철두철미 살펴서 정책을 세우고 적극적으로 사업을 추진하여 기필코 하늘이 뜻하는 이상세계를 건설하려는 고요의 정치철학은 아름답기 그지없으니 나라의 영도자는 깊이 살필지어다.

1-4-6 ······································ 天叙有典하니 勅我五典하시면
五가 惇哉인저 天秩有禮하니
自我五禮하사 有가 庸哉하시면

同寅協恭하야 和衷哉인저
天命有德커든 五服으로
五章哉하시고 天討有罪커든
五刑으로 五用哉하시면 政事가
懋哉懋哉인저

『"하늘이 만물을 베풀어 펼침에는 일정한 법칙이 있나니 우리 사람에게 지켜야 할 다섯 가지 윤리를 단단히 일러서 경계시키면 오륜의 관계가 두터운 인정으로 넘치게 될진저! 하늘이 운행하는 차례에는 예절이 있나니 우리 사람에게 지켜야 할 다섯 가지 예법을 말미암아 친근한 관계가 떳떳하게 하시면 다같이 삼가 협력하고 공경하여 화목하고 착하게 될진저! 하늘이 덕이 있는 사람을 임명하거든 다섯 가지 의복으로 다섯 가지 문채를 내시고 하늘이 죄가 있는 사람을 토벌하거든 다섯 가지 형법으로 다섯 가지 징벌을 행하시면 정치사업이 아름다울진저! 아름다울진저!"』

☯ 여기에서는 고요가 인민에게 현재의 안녕을 보장하고 미래의 희망을 담보하는 사회정책을 밝혀 안민의 대책을 제시하였으니 현재의 안녕을 보장하는 방법은 천서의 음양, 오행의 상대적 존재원리를 본받아 우리 국민들에게 오륜의 도덕을 적극적으로 교육하면 모든 인간관계에서 인정이 넘쳐 서로 돕고 의지함으로써 안녕을 보장하게 될 것이고 또한 미래의 희망을 담보하는 방법은 천질의 사시와 24절기가 순차적으로 변화하는 원칙을 본받아 우리 국민에게 관혼상제 등의 예법을 보급하면 길흉사에 서로 찾을 것을 확신함으로써 희망을 담보하게 될 것이라고 역설하였다. 그리하여 인민에게 안녕과 희망을 주는 사람은 표창하고 불안과 절망을 주는 사람은 처벌하는 것인즉 이것은 바로 하늘이 표창하고 하늘이 처벌하는 기능을 임금이 대신할 뿐이라

는 천연의 질서이고 자연의 변화임을 밝혔다.

  천서(天叙)는 하늘이 천지만물을 창조하여 현상세계에 분산해서 존재하는 만물 전체를 통틀어 말함이고 전(典)은 일정불변의 법칙인바 곧 현상만물은 상대적으로 존재하는 음양(陰陽)과 오행(五行)의 원리가 있어서 하늘과 땅, 물과 불, 우레와 바람, 산과 연못처럼 둘씩 짝을 지어 펼쳐 있을 뿐만 아니라 모든 생물의 종에도 암·수의 음양이 있고 역시 모든 사물의 유(類)에도 형체와 성질과 색깔이 조금씩 다른 오행(五行)이 있는 것이다. 칙(勅)은 단단히 일러서 가르치고 경계시킨 것이고 아(我)는 우리 사람이니 우리 사회를 지칭하며 오전(五典)은 앞 (1-2-2)에서 이미 해설하였으나 여기에서는 그 뜻이 조금 다르니 임금은 직접 신하에게 충성을 요구할 수 없지만 신하는 스스로 충성의 도를 역설할 수 있는 까닭인즉 사람이 지켜야 할 다섯 가지의 윤리로 이른바 맹자(孟子)가 말한 5륜(五倫)인데 부자유친(父子有親), 군신유의(君臣有義), 부부유별(夫婦有別), 장유유서(長幼有序), 붕우유신(朋友有信)으로서 곧 음양(陰陽)과 오행(五行)의 천서(天叙)를 본받아 건순(健順)과 5상(五常)의 도덕을 밝힌 양주쌍전주의(兩主雙全主義)의 규범이다. 오(五)는 다섯 가지의 인간관계로 아버지와 자식, 임금과 신하, 남편과 아내, 어른과 어린이, 벗과 학우 등이고 돈(惇)은 두터운 인정이 넘치는 것이다. 사람이 천륜(天倫)과 인륜(人倫)을 밝혀 두루 인간관계가 원만하면 삶이 자유롭고 평등하게 화합하여 저절로 안녕(安寧)이 보장되는 것이다. 천질(天秩)은 하늘이 해와 달을 운행하여 봄, 여름, 가을, 겨울의 네 철이 바뀌고 24절기가 돌아가는 자연변화의 질서이고 예(禮)는 인문주의적 지성인의 심리체계에서 발로한 인간의 모든 일에서 모범적인 행동규범으로 특히 인생의 중대한 변화기에 처하여 그 의식절차를 갖춤으로써 불안과 공포와 절망을 해소시키고 안정과 행복을 찾는 자연적인 변화방법인데 성년식, 결혼식, 장례식, 제례가 대표적인 예(禮)이다. 자(自)는 유(由)와 같은 뜻이고 오례(五禮)는 앞(1-2-8)에서 이미 해설하였으며 유(有)는 친근(親近)함이요 용(庸)은 떳떳함이니 국가사회에 길례(吉禮), 흉례(凶禮), 빈례(賓禮), 군례(軍禮),

가례(嘉禮) 등의 5례(禮)를 보급해서 크고 작은 일에 말미암아 거행케
하여 일가친척과 이웃친지와 선후배와 벗이 모여 돕는 친근한 관계가
선명하게 밝혀지면 서로 도움을 주고받음에 떳떳하여 부담이 없다는
뜻이다. 동인(同寅)은 다같이 삼가 존중함이요 협(協)은 협력함이고 공
(恭)은 공경함이니 인간관계를 존중하여 소홀히 하지 않는다는 말이
며 화(和)는 화목함이고 충(衷)은 착함이다. 명(命)은 명령함이고 유덕
(有德)은 선덕(善德)이 있는 사람이니 하늘은 함께 더불어 사는 착한
덕이 있는 사람을 관리로 임명하여 녹(祿)을 준다는 말이다. 오복(五
服)은 다섯 등급의 옷으로 천자(天子), 제후(諸侯), 경(卿), 대부(大夫),
사(士)의 의복제도인데 옷의 색깔과 문양으로 귀천(貴賤)을 표시하여
존비(尊卑)를 식별하였다. 오장(五章)은 다섯 가지 등급으로 표창(表彰)
하여 상을 주고 권장하는 것이며 유죄(有罪)는 대동공화(大同共和) 세
계의 평화질서를 파괴하고 분열대립을 조장하면서 사회혼란을 야기
하는 범죄자이고 오형(五刑)은 앞(1-2-11)에서 이미 해설하였으며 오용
(五用)은 다섯 가지 징벌(懲罰)을 시행하여 엄중히 처벌함이다. 정사
(政事)는 안민(安民)을 위한 정치사업이요 무(懋)는 아름다운 것이다.
　전례(典禮)는 인민이 현재 안녕을 보장하고 미래의 희망을 담보하
는 가장 합리적인 제도이고 상벌(賞罰)은 사회에 전례를 일으키는 가
장 신성한 권능인즉 오륜(五倫)을 교육하고 오례(五禮)를 보급함에 신
상필벌(信賞必罰)이 임금의 중요한 권능임을 여기에서 깨달아야 할
것이다.

1-4-7 ·································· 天聰明이 自我民聰明하며
　　　　　　　　　　　　　天明畏가 自我民明威라
　　　　　　　　　　　　　達于上下하니 敬哉어다 有土여

　『"하늘이 귀밝고 눈밝음이 우리 민중의 귀밝고 눈밝음을 말미암으

며 하늘이 밝고 두려움이 우리 민중의 밝고 두려움을 말미암은지라 위에 하늘과 아래에 사람에게 전달되나니 공경할지어다 영토를 경영하는 사람이여!"』

● 고요가 앞에서 안민의 대정책을 제시하고 서민대중의 현재 안녕을 보장하고 미래 희망을 담보하는 것이 정치사업의 기본목적임을 밝히면서 하늘과 민중은 서로 감지하는 전달체계가 있기 때문에 하늘을 공경하듯이 민중을 공경해야 됨을 역설하였다.

총(聰)은 귀가 밝은 것이니 은밀한 소리도 잘 듣는 것이고 명(明)은 눈이 밝은 것이니 세밀한 일도 잘 살피는 것이다. 자(自)는 유(由)의 뜻이고 아민(我民)은 우리 민중인데 하늘이 인재(人材)를 총명하게 살피는 것은 우리 민중들이 좋아하는 신뢰도에 따른다는 뜻이다. 천명외(天明畏)의 명(明)은 현명함이니 민중의 안녕을 보장하는 사람에게 상(賞)을 주어 현창하는 것이고 외(畏)는 무섭고 두려움인데 민중을 학대하는 사람에게 벌(罰)을 주어 토벌하는 것이다. 명위(明威)의 명(明)은 명랑함이고 위(威)는 두려워한다는 뜻으로 곧 하늘의 밝은 상(賞)은 민중의 밝고 명랑한 삶을 말미암아 내리고 하늘의 무서운 벌(罰)은 민중의 어둡고 두려운 삶을 말미암아 내린다는 말이다. 달(達)은 전달이고 상(上)은 상천(上天)이요 하(下)는 하민(下民)이니 하층민중인바 높은 하늘과 하층민중은 서로 감응하여 보고 듣고 느끼는 것을 전달하는 체계가 있다는 뜻이니 곧 천민합일사상(天民合一思想)으로 민본사상(民本思想)의 근원이다. 경(敬)은 민중을 하늘처럼 공경하여 민심(民心)을 받들고 안민(安民)정책에 진력하라는 뜻이고 유토(有土)는 국가의 영토를 경영하는 사람으로 인민의 생명과 재산을 보호할 책임이 있다.

하늘이 덕으로 사람을 냈기 때문에 천리(天理)와 민심(民心)이 본래 하나이다. 그러므로 민심의 좋아하고 싫어함이 천심의 좋아하고 싫어함과 일치하여 민중이 추대하는 사람을 하늘이 임명하고 민중이 원망하는 사람을 하늘이 토벌하는 것이니 나라의 임금은 민중의 뜻을 따르는 것이 곧 하늘을 따르는 일이라고 설파한 고요의 정치철학은 민중민주주의의 근원이라고 할 것인즉 민중유교인은 깊이 음미하기 바란다.

1-4-8 ··· 皐陶가 日朕言惠하야

可底行하리까 禹가 日兪라

乃言底면 可績이로다 皐陶가

日予未有知이어니와 思日贊贊襄哉인저

『고요가 말하기를 "나의 말을 따라서 실행을 결정할 수 있으리까?" 우가 말씀하시기를 "응, 그대의 말이 확정되면 공적을 이룰 수 있겠도다." 고요가 말하기를 "나는 아는 것이 있지 못하거니와 생각만은 말하건대 보좌하고 보좌하여 성공하도록 하겠나이다."』

☯ 고요가 임금의 신수(身修)로부터 시작하여 가제(家齊), 국치(國治), 천하평(天下平)을 이룩하는 요·순의 천덕왕도(天德王道)를 계승해서 인재를 모두 등용하여 안민(安民)에 진력할 것을 강력히 건의하고 끝으로 이러한 정책의 채택여부를 우에게 물으니 우가 감동하여 채택하였음을 기술하였다.

혜(惠)는 순(順)의 뜻으로 유순하게 따르는 것이며 지(底)는 정(定)의 뜻으로 결정함이니 지행(底行)은 따라서 실행할 것을 결정함이다. 내언(乃言)은 고요가 앞에서 건의한 정책을 일컫고 적(績)은 공적을 이룩함이다. 찬(贊)은 보좌하여 협조함이고 양(襄)은 성(成)의 뜻이니 성공함이다.

고요가 우에게 요·순의 일만 나라가 협력하고 화합케 하는 협화만방(協和萬邦)의 대통(大統)과 오로지 도덕심만을 정밀하게 살펴 한결

같이 지켜서 중용(中庸)을 잡는 윤집궐중(允執厥中)의 도통(道統)을 계승해야 된다고 역설하면서 확실하게 채택여부를 결정해 달라고 요청하니 우가 즉각 정책으로 채택하자 고요가 겸양하여 스스로 알지 못한다고 하면서 아래에서 보좌하여 성공하도록 돕겠다고 감사를 표했다. 무릇 임금과 신하의 대화법을 여기에서 배울지니 신하는 소신을 가지고 높은 이상을 강력하게 건의하였으면서도 일단 임금이 그 건의안을 받아들여 국가정책으로 확정하면 겸허하게 뒤에서 도와야지 자기의 공로를 과시해서는 안 된다.

○ 이상으로 고요모(皋陶謨) 편이 끝났으니 그 논리는 비록 간단해도 그 이념과 목적이 대단히 높고 그 사업은 비록 쉬워도 그 규모와 시설은 대단히 많다. 이것은 시대와 지역을 초월하여 영원히 불후한 말인즉 공자가 이 편을 편집한 뜻을 확인하라.

5. 익직(益稷) / 익(益)과 기직(棄益)

　익직(益稷)은 익(益)과 직(稷)의 두 사람으로 모두 순(舜)임금의 어진 신하였는데 익은 고원과 습지를 관장하여 새와 짐승을 기르는 목축업을 관할하였고 직은 이름이 기(棄)로 농업을 관장하여 후직(后稷)이 되었다.

　우(禹)가 순임금에게 이 두 사람의 훌륭한 정책을 칭찬하는 내용이므로 앞에 고요모(皐陶謨)와는 문체와 주제가 사뭇 다르기 때문에 별도로 편을 만든 것인즉 복생(伏生)의 『금문상서(今文尙書)』에는 고요모 편에 연속되어 있지만 공자의 사당벽 속에서 나온 『고문상서(古文尙書)』에는 분리하여 익직 편으로 만들었다. 앞에 고요모 편의 해설을 참고하라.

1-5-1 ···

　　제　　왈래　　　　우　　　여역창언
　　帝가 曰來하라 禹야 汝亦昌言하라

　　우배왈도　　　제　　여하언
　　禹拜曰都라 帝여 予何言하리까

　　여사일자자　　　　　　고요　　　왈우
　　予思日孜孜하노이다 皐陶가 曰吁라

　　　여하　　우　　왈홍수도천
　　如何오 禹가 曰洪水滔天하야

　　호호회산양릉　　　　하민혼점
　　浩浩懷山襄陵하야 下民昏墊이어늘

　　　여승사재　　　　수산간목
　　予乘四載하야 隨山刊木하고

　기익　　주서선식　　　여결구천
　　曁益과 奏庶鮮食하며 予決九川하야

　거사해　　　준견회　　　거천
　　距四海하며 濬畎澮하야 距川하고

暨稷과 播하야 奏庶艱食鮮食하고
懋遷有無하야 化居하니 烝民이
乃粒하야 萬邦이 作乂하니라
皐陶가 曰兪라 師汝昌言하노라

『순임금이 말씀하시기를 "오너라, 우야 그대도 또한 도리에 맞는 좋은 말을 하라." 우가 절하고 말하기를 "아아, 임금이여, 내가 무슨 말을 하리까? 나는 날로 부지런하고 부지런 할 것만을 생각하나이다." 고요가 말하기를 "에구구, 어떻게 하는가?" 우가 말하기를 "홍수가 하늘까지 뒤덮을 듯이 하여 넘실넘실 산을 에워싸고 언덕으로 올라가서 아래에 서민들이 어쩔 줄을 몰라 수렁에 빠지거늘 내가 네 가지 탑재 기구를 타고 산세에 따라 나무를 깎아 표시하고 익과 더불어 서민대중에게 신선한 고기를 먹는 법을 일러주며 내가 구주의 하천을 끊어 사방의 바다에 이르게 하며 밭고랑과 밭도랑을 파서 하천에 이르게 하고 직과 더불어 채소와 곡식의 씨앗을 뿌려 서민대중에게 거친 음식과 신선한 고기를 먹는 법을 일러주고 힘써 있는 것을 없는 데로 옮겨 무역하고 저축하게 하니 모든 민중이 이에 쌀을 먹어 일만 나라가 비로소 평온하게 되니라." 고요가 말하기를 "응, 그대의 착한 말을 본받겠노라."』

◉ 우는 말이 없이 실천에만 힘쓰는 까닭에 순임금이 우에게도 착한 말을 하도록 권유하였으나 역시 삼가 부지런히 실천할 뿐이라고 대답하였다. 이에 고요가 어떻게 삼가고 부지런히 실천하느냐고 물으니 우가 홍수를 다스리면서 익과 직과 더불어 서민대중을 구제하는 일에 전념하던 사실로써 증언하니 고요가 그 착한 말을 본받겠다고 찬미한 내용이다.

제(帝)는 순(舜)임금이고 여하언(予何言)은 우(禹)가 감히 순임금 앞에서 무슨 말을 하겠느냐는 뜻이니 오로지 요(堯)임금과 순임금의 말씀을 받들 뿐이요 자기의 사상을 내세울 수 없다는 말이다. 자자(孜孜)는 부지런하고 부지런한 모양으로 우가 순임금을 보필하여 태평성대를 건설하는 대신(大臣)의 책임을 완수하는 일에 전심전력하는 것이다. 홍수도천(洪水滔天)과 회산양릉(懷山襄陵)은 앞(1-1-11)에서 이미 해설하였고 혼(昏)은 두려워서 어쩔 줄을 모르는 것이요 점(墊)은 수렁에 빠지는 것이다. 재(載)는 탑재(搭載) 기구인바 사재(四載)는 육지에서 타는 차(車)와 물에서 타는 배[舟]와 진흙이나 눈에서 타는 썰매 취(橇)와 산에 오를 때에 나무신에 줄을 매어 끌어당기는 국(橵)이나 국(檋) 등의 네 가지 탑승용구이다. 수산(隨山)은 산의 형세에 따르는 것이요 간목(刊木)은 나무를 깎아서 표시하는 것이니 홍수를 다스리기 위하여 구주(九州)의 산세를 현지답사하며 물길을 트고 도로를 만들기 위한 측량을 실시해서 공사장을 표시해 주는 작업이다. 기(暨)는 더불어, 익(益)은 순임금의 신하로 고원과 습지를 관장하여 새와 짐승을 기르는 축산전문가이고 주(奏)는 일러서 알리는 것이요 서(庶)는 서민대중이며 선식(鮮食)은 금방 도살(屠殺)한 새와 짐승의 고기를 먹는 것이다. 결(決)은 끊은 것이고 구천(九川)은 구주(九州)의 하천이며 거(距)는 이르는 것이다. 준(濬)은 깊이 파서 준설함이고 견(畎)은 밭고랑이며 회(澮)는 밭도랑으로서 모두 논밭에 물을 대는 농수로(農水路)인데 주례(周禮)에 견(畎)은 넓이와 깊이가 모두 1척(尺)씩이요, 회(澮)는 넓이와 깊이가 모두 16척씩이라고 하였다. 직(稷)은 후직(后稷)인데 이름이 기(棄)로 순임금 시대에 농업장관을 지낸 농업전문가이고 파(播)는 파종(播種)이니 채소와 곡식의 씨앗을 논밭에 심어 가꾸는 것이다. 간식(艱食)은 거친 음식을 먹는 것이요 무(懋)는 힘쓰는 것이며 천유무(遷有無)는 여유가 있어 남은 것을 부족하여 없는 곳으로 옮김이니 곧 시장경제를 뜻하고 화(化)는 무역(貿易)함이며 거(居)는 저축(貯蓄)함이니 곧 지역시장의 교역을 통하여 생산물품을 수집하고 그것을 통하여 국제무역을 해서 필요한 물자를 저축함으로써 천하의 수요와 공급을 조절하는 시장경제를 개척했다는 뜻이다. 립(粒)은 쌀이니 쌀밥을 먹

는 것이요 예(乂)는 평온함이니 작예(作乂)는 민생경제가 안정하여 굶
주리거나 헐벗은 민중이 없어서 사회가 평온하게 됨이다. 사(師)는 스
승의 가르침으로 받들어 본받는다는 뜻이니 우의 근근(謹勤)함을 본
받는다는 말이다.

　우가 덕을 숭상하고 말을 삼가므로 순임금이 착한 말도 남길 것을
권유했으니 선(善)을 좋아하는 임금의 마음이고 우가 실천의 중요성
을 강조함에 고요가 그 말이 또한 창언(昌言)이라고 인정하였으니 성
현의 높은 뜻과 무한한 책임감과 진실한 말을 여기에서 볼 것이다. 공
자가 말하기를 "덕이 있는 사람은 반드시 착한 말이 있거니와 착한
말이 있는 사람은 반드시 덕이 있지는 않다."(『논어』 헌문)고 하였고
또 말하기를 "우는 내가 흠잡을 수 없도다. 음식을 거칠게 먹으면서도
귀신에게는 효성을 다하시며 일상복을 허름하게 입으면서도 임금의
행사복과 왕관을 아름답게 하시며 궁궐의 건물을 낮게 지으면서도 경
작지의 농수로를 만든 데는 있는 힘을 다하시니 우는 내가 흠잡을 수
없도다."(『논어』 태백)라고 하였으니 우의 근면은 만세에 정치가의 귀
감이다.

1-5-2 ·························· 禹가 曰都라 帝여 愼乃在位하소서

帝가 曰兪라 禹가 曰安汝止하사

惟幾惟康하며 其弼直하면

惟動에 丕應하리니 俊志以昭受上帝어든

天其申命用休하리이다

　『우가 말하기를 "아아, 임금이여 그 왕위에 계심을 신중히 하소서."
순임금이 말씀하시기를 "응" 우가 말하기를 "당신의 마음이 고요하고
움직이지 않도록 안정하사 오직 기미를 정밀하게 살펴서 오직 도심을

건강하게 기르고 그 도와서 바로잡는 신하가 정직하면 오직 움직임에
크게 감응하리니 뜻을 기다려서 하느님께 밝게 받는다면 하늘이 그
거듭 명령하여 아름답게 하리이다."』

● 우가 다시 순임금에게 제왕의 심법(心法)을 진술하여 임금은 사
사로운 생각을 버리고 오직 하늘의 뜻을 받들어야만 아름다운 정치를
할 수 있다고 역설하였다.

재위(在位)는 왕위(王位)에 있는 임금의 몸가짐이요 안(安)은 안정
(安定)함이며 여(汝)는 순(舜)임금을 지칭하는 대명사요 지(止)는 마음
이 고요하고 움직이지 않은 최선의 평정상태인즉 곧 『주역(周易)』 계
사전(繫辭傳)에서 말한 적연부동(寂然不動)과 『대학(大學)』에서 일컬은
지어지선(止於至善)의 경지이다. 기(幾)는 기미(幾微)로 앞(1-4-5)에서
이미 해설하였는바 스스로 성실하게 생각하여 선의(善意)와 악의(惡
意)를 자신의 내면에서 정밀하게 살피는 것이고 강(康)은 건강(健康)함
인데 사심(私心)을 버리고 건전한 도덕심을 한결같이 간직하여 동심
(動心)하거나 방심(放心)하지 아니함이다. 필(弼)은 도와서 바로잡는 신
하이고 직(直)은 정직이니 가리거나 숨김이 없는 것인바 기질(氣質)을
청명(淸明)하고 순수(純粹)하게 길러 희노애락(喜怒哀樂)의 감정을 순
화하고 독실(篤實)하게 뜻을 세워 유혹에 이끌리지 않고 고난에 좌절
하지 않고 위협에 굴복하지 않은 정신력으로 임금을 받들고 국사를
처리하는 것이다. 동(動)은 정(情)이 발동하는 것으로 5관(五官)의 감각
기관을 통하여 외부의 사물을 직감(直感)하면 내면에서 이에 대한 측
은(惻隱), 수오(羞惡), 사양(辭讓), 시비(是非) 등의 감정이 발동하는 것
이고 비(丕)는 대(大)의 뜻인바 비응(丕應)은 크게 감응하는 것으로 개
인의 사사로운 기분으로 반응하는 것이 아니라 천명(天命)의 본성(本
性)을 말미암은 보편적인 양식으로 순응하는 것이다. 해(徯)는 기다림
이요 지(志)는 여러 가지 생각 속에서 한 가지를 선택하여 실행하기로
결정한 것이니 곧 마음이 가는 바인즉 해지(徯志)는 자기자신의 개인
적인 주관으로 뜻을 결정하지 말고 기다렸다가 하느님의 뜻을 확인하

여 결정함이다. 소수(昭受)는 분명하게 받음이고 상제(上帝)는 우주만
물을 창조하여 주재하는 유일한 하느님이다. 신(申)은 거듭, 용(用)은
이(以)와 같고 휴(休)는 아름다움이다.

　제왕은 천명을 받들고 민심을 따라 정치를 하는 것이 정도이므로
독단이나 전제를 엄금하고 공론을 물어서 천의(天意)와 민의(民意)의
소재를 분명하게 확인하여 거기에 따라서 행정하면 가장 합리적이고
가장 민주적이므로 결국 하늘이 돕고 인민이 신임하여 아름다운 성공
을 보장한다는 우의 사상은 만세에 불후한 영도자의 마음가짐이다.

　○ 우(禹)의 이 심법(心法)은 앞(1-3-15)에서 이미 순(舜)임금이 우를
섭정왕으로 임명할 때에 말한 정일집중(精一執中)의 내용을 더욱 자
세히 설명하였을 뿐이니 비교하여 연구하면 스스로 뚜렷한 것이다.
그렇다면 이 말을 할 때의 우는 섭정왕의 자리에 있었음을 알 수 있
을 것이다.

1-5-3 ･････････････････････････････････････ 帝가 曰吁라 臣哉鄰哉며
鄰哉臣哉인저 禹가 曰兪라

『순임금이 말씀하시기를 "에구구, 신하답고, 이웃다우며, 이웃답고
신하다워야 할진저." 우가 말하기를 "네."』

　◐ 순임금이 우가 말하는 제왕의 심법을 듣고 적극 찬동하면서 상
제(上帝)의 뜻을 따르는 천덕정치(天德政治)를 하기 위해서는 임금을
대도(大道)로 보필하는 신하가 있어야 하고 이웃처럼 친근하게 동조
하는 현인이 있어야 된다고 반복하여 강조하니 우가 그렇다고 하였
다.
　재(哉)는 답다는 뜻이니 신재(臣哉)는 크고 작은 신하들이 왕도정치

(王道政治)에 대한 확고한 신념을 가지고 정직하고 청렴하게 맡은 바 책임을 완수하면서 임금을 바른 길로 나아가게 하는 유능한 신하이다. 인재(鄰哉)는 이웃은 서로 가까이 왕래하면서 상부상조하여 좋은 일은 서로 권장하고 어려운 일은 서로 구원하면서 함께 더불어 사는 친근한 사이가 되는 것이다.

　임금이 허령(虛靈)한 지각(知覺)을 간직하고 아래에 유능한 신하가 보필하며 주변에 친근한 어진 이가 동조한다면 하늘의 뜻은 그 가운데서 저절로 분명히 밝혀질 것이다. 우는 임금의 국정에 임하는 자세를 역설하고 순임금은 신하의 국정에 대한 기능을 강조하였으니 민주적 화합정치를 희망하는 정신이 조정에 가득하다.

1-5-4 ······················ 帝가 曰臣은 作朕股肱耳目일새
予欲左右有民하노니 汝翼하며
予欲宣力四方하노니 汝爲하며
予欲觀古人之象하야 日月星辰山龍華蟲을
作會하야 宗彝藻火粉米黼黻을 絺繡하야
以五采로 彰施于五色하야 作服하노니
汝明하며 予欲聞六律五聲八音하야
在治忽하야 以出納五言하노니 汝聽하라

『순임금이 말씀하시기를 "신하는 나의 다리와 팔과 귀와 눈을 만들어 완성하므로 내가 민중을 가까이 친하고자 하노니 그대가 도우며, 내가 사방을 다스림에 있는 힘을 다하고자 하노니 그대가 노력하며, 내가 옛사람의 형상을 보고자 하여 해, 달, 별과 산, 용, 꿩 등을 그림

으로 그리고 술통, 마름, 불과 흰쌀, 도끼, 불 등을 수놓아 다섯 가지
의 채색으로 다섯 가지의 색채에 곱게 물들여서 옷을 만들었나니 그
대가 분별하며, 내가 육률과 오성과 팔음을 듣고 잘 다스림과 소홀함
을 살펴 다섯 가지 말을 듣고 나서 하고자 하노니 그대는 판단하라.”』

　　◉ 순임금이 앞에서 밝힌 신하다움 곧 신재(臣哉)에 대한 구체적인
책무는 바로 임금의 다리와 팔 그리고 귀와 눈을 만들어 완성하는 것
임을 교시하고 이어 우에게 자기의 팔과 다리 그리고 눈과 귀가 되어
주기를 엄숙히 당부하였다.
　　작(作)은 조성(造成)으로 만들어서 완성함이고 고(股)는 다리로 사타
구니로부터 발목까지인데 고관절(股關節)이 있어서 이것이 튼튼해야
발의 움직임이 활발하고 멀리 갈 수 있으며 굉(肱)은 팔인데 어깨로부
터 팔목까지로 팔굽이 있어서 이것이 튼튼해야 손의 움직임이 자유롭
고 많이 만질 수 있다. 이(耳)는 청각기관으로 외부의 소리를 내부로
전달하는 역할을 하며 목(目)은 시각기관으로 사물의 형상을 내부에
다 반영하는 기능을 하므로 청각신경과 시신경이 예민하지 못하면 사
물을 밝게 인식하지 못하는 것이다. 모든 신경은 뇌로 전달하고 뇌에
서 인식한 자료를 바탕으로 마음이 감동하여 대응할 방법을 결정해서
다시 뇌에서 명령을 내리면 뇌가 다시 손과 발 그리고 눈과 귀의 말
초신경에까지 전달하는 것이다. 따라서 5관(五官)의 감각기관이 정직
하고 명확하지 못하면 뇌에서 종합한 자료가 정확하지 못할 것이고
뇌에서 종합한 자료가 정확하지 못하면 마음이 중정(中正)하게 판단
하지 못하게 된다. 좌우(左右)는 왼손과 오른손으로 잡을 수 있는 가
까운 주변(周邊)이고 유(有)는 친(親)의 뜻인즉 유민(有民)은 친민(親民)
과 같으니 민중과 친근함이며 익(翼)은 팔을 붙들어 도우라는 뜻이다.
이것은 순(舜)임금이 우(禹)에게 자기의 팔을 활발하도록 도와서 서민
대중을 가까이 어루만져 친근하게 하라는 명령이다. 선력(宣力)은 있
는 힘을 다하여 다스림이요 사방(四方)은 동서남북의 지방으로 곧 천
하만국이며 위(爲)는 유위(有爲)인바 노력하여 진취함인데 이것은 순

임금이 우에게 자기의 다리를 튼튼하도록 도와서 사방의 지역에 문명한 교화(敎化)가 미치게 하라는 명령이다. 고인(古人)은 요(堯)임금을 지칭하고 상(象)은 거룩하고 아름다운 형상이며 성신(星辰)은 성좌(星座)인데 해와 달과 별은 밝게 임(臨)함을 상징하고 산(山)은 안정을 상징하며 용(龍)은 변화를 경영함을 상징한다. 화충(華蟲)은 꿩의 별칭으로 아름다운 문채(文彩)를 상징하고 괴(會)는 그림이니 회(繪)와 같다. 종이(宗彝)는 종묘의 제기로 쓰는 술통인데 범과 원숭이를 그려 효심을 상징하고 조(藻)는 마름으로 깨끗함을 상징하며 화(火)는 불로 밝음을 상징하고 분미(粉米)는 흰쌀로 양육(養育)을 상징하며 보(黼)는 도끼처럼 그린 의장용 무늬로 결단력을 상징하며 불(黻)은 불(亞)자 모양의 무늬로 대기를 머금었다가 뿜어내는 추진력을 상징한다. 치(絺)는 가는 실로 꿰매는 질(紩)과 같으니 치수(絺繡)는 수를 놓아 아름다운 문양을 만드는 것이다. 오채(五采)는 다섯 가지 채색(采色)이니 청(靑), 적(赤), 황(黃), 백(白), 흑(黑) 등의 물감이고 창시(彰施)는 곱게 물들여 선명함이며 오색(五色)은 다섯 가지 색채(色彩)로 염색하고자 하는 옷감이다. 따라서 5채(五采)는 염료(染料)인 물감이고 5색(五色)은 염색물(染色物)인 피륙이다. 작복(作服)은 여러 가지 관복(官服)과 제례복(祭禮服)과 평상복(平常服) 등이요 명(明)은 밝게 분별함이다. 이것은 순임금이 우에게 자기의 눈을 밝게 보도록 도와서 사람을 대하는 절도를 갖추게 하라는 명령이다. 육률(六律)과 오성(五聲)과 팔음(八音)은 앞(1-2-8, 24)에서 이미 자세히 해설하였고 재(在)는 살피는 것이며 치(治)는 잘 다스림이고 홀(忽)은 소홀함인데 노랫소리는 사람의 감정을 가장 잘 표현하기 때문에 순임금은 음악을 듣고 그 정치의 득실을 판단하는 자료로 삼겠다는 말이다. 출납(出納)은 내고 들이는 것이며 오언(五言)은 다섯 가지의 말씀으로 명령, 훈계, 고(誥), 세(誓), 교령(敎令)과 같은 것들이요 청(聽)은 바르게 판단함이다. 이것은 순임금이 우에게 자기의 귀를 밝게 듣도록 도와서 세상의 요구에 정확히 대응하게 하라는 명령이다.

천덕정치(天德政治)는 하늘처럼 공명정대한 지도력을 갖추어야 하므로 임금이 신하들을 통하여 5관을 널리 확장해서 서민대중을 속속들이 어루만지고 친해야 하며 사방의 지역을 빠짐없이 시찰하여 평화로운 세계를 건설해야 하며 사람의 인격을 존중하여 합당하게 대우해야 하며 세상의 소리를 정확히 들어 대책을 세워야 하는 것이다.

무릇 순임금은 하늘의 뜻을 따름에 막연히 상제(上帝)의 명령을 기다리지 않고 아래로 신하들에게 서민대중의 뜻과 사방에 지역주민의 소원과 관료들의 행색과 세상의 소리를 모두 살펴서 정책을 결정하였으니 지극히 합리적이고 대단히 현실적이다. 사람은 소우주(小宇宙)인 까닭에 천덕왕도(天德王道) 정치의 체제는 인간의 구조와 닮은 체제로서 마음은 임금이고 뇌는 행정수상이며 오관은 오장(五臟)과 연결하여 있으므로 각부 장관이 된다. 그리하여 사지백체(四肢百體)를 활달하게 움직여 한 곳도 마비되거나 상처를 입지 않도록 경영하므로 정치도 이와 같아야 활력을 회복하는 것이다.

1-5-5 ·· 予違하면 汝弼이니 汝無面從하며
退有後言하고 欽四鄰하라

『"내가 잘못하면 그대가 도와 바로잡을지니 그대는 앞에서 순종하며 뒷말이 있는 것을 물리치지 말고 사방의 이웃을 공경하라."』

◐ 이것은 순임금이 앞에서 밝힌 이웃다움 곧 인재(鄰哉)에 대한 구체적인 실천방법을 우에게 당부한 내용으로 임금에게 잘못이 있으면 신하들이 직간하여 바로잡고 또한 정부의 결정에 대하여 비판하는 뒷공론을 물리치지 말고 겸허하게 청취하여 반영해야만 이웃이 외면하지 않고 친근하게 돕는 풍토가 조성된다는 사실을 깨우쳤다.

여(予)는 순(舜)임금이 자기를 지칭하는 대명사이고 위(違)는 위반(違反)이요 여(汝)는 우(禹)를 지칭하는 대명사이다. 면종(面從)은 남의

면전(面前)에서 순종하는 것이니 용렬한 행위이며 퇴(退)는 거절하여
물리치는 것이요 후언(後言)은 일이 끝난 뒤에 잘못을 지적하여 비판
하는 뒷공론이다. 흠(欽)은 공경하여 존중함이고 사린(四鄰)은 사방의
주위에 있는 이웃으로 정부의 일에 관심을 가지고 시시비비(是是非非)
를 논하는 사람들이다.

순임금이 이웃을 이웃답게 만들기 위해서는 조정에 직언하여 임금
의 잘못을 바로잡는 신하가 있어야 하고 동시에 그 신하는 주변 사람
들의 뒷공론도 수용하는 여론수렴의 기능을 다해야만 이웃이 자유롭
게 말하고 친밀하게 접근하는 길이 열린다고 하였으니 이것은 언론자
유의 철저한 보장이 곧 이웃을 이웃답게 만든다는 뜻이다.

○ 전배(前輩)들은 모두 이 말을 면전에서 순종하고 물러와서 뒷소
리하는 것으로 풀이하여 신하와 이웃을 동일한 대상으로 착각하였으
니 심지어 사린(四鄰)을 네 명의 대신(大臣)이라고 주장하는 데 이르렀
는데 모두 퇴(退)를 물리치는 것으로 보지 않고 물러나온 것으로 보았
기 때문이다. 그리하여 후언(後言)도 나중에 비판여론이 일어나 세간에
서 논의하는 공론(公論)으로 보지 않고 뒤에서 이러쿵저러쿵 불평하는
뒷소리로 보는 오류를 범했는바 어찌 순임금이 우에게 그런 것을 걱정
했겠는가! 문법이나 문리에 어긋나는 억설이기에 내가 바로잡는다.

1-5-6 ······································ 庶頑讒說을 若不在時는
侯以明之하며 撻以記之하며
書用識哉하야 欲並生哉니
工以納言하야 時而颺之하야
格則承之庸之하고 否則威之니라

『"여러 가지 완악하게 참소하는 말을 만약에 살피지 못했을 때에는 표적수사하여 증명하며 추적수사하여 기술하며 글자로써 감식하여 장차 병합수사하면 나오리니 음악장관으로 말을 보고케 해서 규명하고 공공연히 가려서 바른 말이면 따르고 쓰되 그른 말이면 두렵게 할지니라."』

◉ 순임금이 앞에서 사방의 이웃을 공경하여 언론의 자유를 존중하라고 당부하였으나 여기에서 다시 정론과 참설을 신중하게 분별하여 진실한 말은 수용하되 거짓말은 엄중히 다스려 물리쳐야 함을 훈시하였다. 왜냐하면 거짓말로 완악하게 참소하는 말을 해도 문책을 하지 않으면 간교한 소인배가 날뛰어 군자를 헐뜯는 풍조가 일어나서 결국 군자가 떠나가고 소인배만 조정에 가득하여 임금의 귀와 눈을 속이기 때문이다.

서(庶)는 여러 가지이고 완(頑)은 완악함이며 참설(讒說)은 거짓으로 꾸며 참소하는 말이다. 재(在)는 살펴서 찾아내는 것이다. 후(侯)는 과녁이니 곧 표적(標的)이 되는 사람을 점찍어 놓고 집중적으로 수색하는 표적수사이며 명(明)은 증명하는 것이요 달(撻)은 사태의 추이를 주시하면서 그 뒤를 밟아 범인을 색출하는 추적수사(追跡搜査)이고 기(記)는 수사내용을 기록하는 것이다. 서(書)는 글씨이고 용(用)은 이(以)와 같으며 식(識)은 감식(鑑識)으로 글자의 모양을 감식하여 범인을 색출하는 방법이다. 욕(欲)은 장차이고 병(並)은 병합(並合)하여 조사함이며 생(生)은 나오는 것이니 장차 표적수사한 증명과 추적수사한 기록과 서체 감정한 결과를 병합하여 조사하면 범인이 나온다는 뜻이다. 공(工)은 음악부장관이고 납언(納言)은 임금에게 보고함이니 곧 조정의 회의에 안건으로 제출한다는 말이다. 시(時)는 살펴서 검토함이요 양(颺)은 날리는 것이니 곡식을 바람에 날려 겨를 없애고 알곡만 모으는 것처럼 진실과 거짓의 진상을 밝혀내는 것이다. 격(格)은 정(正)과 같으니 사실에 기초한 정당한 말이라는 뜻이고 승(承)은 이어받아 따름이요 용(庸)은 용(用)과 같으니 수용하여 고친다는 뜻이다. 부(否)는

거짓으로 조작한 부당한 내용이고 위(威)는 엄중히 처벌하여 다시는
참설을 하지 못하게 하는 것이다.

　순임금은 여러 가지 완악한 참설에 대한 진상을 규명함에 이와 같
이 과학적인 수사기법을 교시하였으니 후세의 마구잡이식 수사와는
아주 다르며 아예 언론을 탄압하여 사람의 입을 병처럼 막아버린 독
재와는 결코 같이 논할 수 없는 것이다. 언론의 자유는 완전히 보장하
되 허위로 참소하는 풍조는 막아야 하므로 허위로 참소하는 자를 색
출하여 처벌하되 언론자유의 기풍을 꺾어서는 안 된다. 따라서 표적
수사와 추적수사와 필적감정 등의 축소수사가 불가피하고 축소수사
를 했기 때문에 조정에서 공공연히 병합조사하여 진상을 규명해서 처
리토록 하였다.

　○ 전배(前輩)들이 이 글을 모두 오역하였는바 후(俟)를 과녁에 활
쏘기로 보고 달(撻)은 곤장을 치는 것으로 해석하며 서(書)는 죄인명부
로 주석하여 비단 본문의 뜻을 그르쳤을 뿐만 아니라 또한 성왕(聖王)
의 정치문화를 타락시켰으니 천고에 유감천만이다.

1-5-7 ·······························
　　　　　우　　　　왈유재　　　　제광천지하
　　　　　禹가　日兪哉라　帝光天之下하사
　　　　　지우해우창생　　　　　　만방려헌
　　　　　至于海隅蒼生하시면　萬邦黎獻이
　　　　　공유제신　　　　　유제　　시거
　　　　　共惟帝臣하리니　惟帝가　時擧니이다
　　　　　부납이언　　　　　명서이공
　　　　　敷納以言하시며　明庶以功하시며
　　　　　거복이용　　　　　수감불양
　　　　　車服以庸하시면　誰敢不讓하며
　　　　　감불경응　　　　　제불시
　　　　　敢不敬應하리잇고　帝不時하시면
　　　　　부동　　　일주　　　망공
　　　　　敷同하야　日奏라도　罔功하리이다

『우가 말하기를 "네, 그러하오나 임금이 하늘의 아래를 비치시어 바닷가의 모든 민중에게까지 이르게 하시면 일만 나라의 늙은 서민과 어진 이가 함께 임금의 신하가 되고자 하리니 오직 임금이 이에 등용하사 베풀어 진술함을 받아들이시되 직언케 하시며 여러 가지를 밝게 비교하여 공적을 평가하시며 수레와 옷을 상으로 내리시되 사용케 하시면 그 누가 감히 사양하지 않으며 감히 공경하여 순응하지 않으리이까. 임금이 이렇게 아니하시면 베풀어 진술함을 똑같이 하여 날로 아뢸지라도 효과가 없으리이다."』

☯ 순임금이 언론의 자유를 보장하되 거짓으로 꾸며 사람을 해치는 참설을 엄중히 다스려야 된다고 하니 우가 그 명령에 따르면서도 더욱 중요한 것은 임금의 광명정대한 정치지도력임을 거듭 강조한 내용이다.

유재(兪哉)는 어떤 제안에 동의하면서도 보충할 점이 있다는 말이고 해우(海隅)는 바다끝의 모퉁이로 멀리 떨어져 외진 곳이요 창생(蒼生)은 머리가 흰 서민으로 곧 초야의 노인이다. 려(黎)는 여민(黎民)이니 서민대중이고 헌(獻)은 어진 이이며 유(惟)는 사(思)와 같고 시(時)는 시(是)와 같으며 부납이언(敷納以言), 명서이공(明庶以功), 거복이용(車服以庸)은 이미 앞(1-2-9)에서 해설하였으니 그 내용이 비슷한데 임금이 스스로 정론(正論)과 참설(讒說)을 분별하고 사업의 공적을 비교평가해서 상을 주어 격려해야만 정직한 기풍이 일어난다는 뜻이다. 양(讓)은 착한 사람에게 사양하는 것이니 거짓으로 꾸며서 출세하려고 경쟁하지 않고 진실로 사양하여 분수를 지킨다는 뜻이다. 경응(敬應)은 상관을 존경하고 순응하는 것이니 상관을 참소하여 헐뜯는 풍조가 사라짐이다. 부동(敷同)은 베풀어 진술한 내용이 다 같은 내용이라는 말로 신하들이 결탁해서 말을 맞추고 공적을 미화하여 임금을 속인다는 뜻이다. 일주(日奏)는 날로 상주(上奏)하여 임금에게 보고함이고 망공(罔功)은 아무런 효과가 없는 것이다.

임금의 밝은 정치적 지도력이 없으면 조정에 의혹이 생겨 참설이

난무하게 될 뿐만 아니라 소인배들이 작당하여 말을 맞추고 공적을
미화해서 임금을 속이게 될 것이므로 임금은 언론을 널리 개방하되
그 말만 믿지 말고 직접 사실을 확인하는 노력을 해야만 된다고 권유
하였으니 우의 언론관은 대단히 치밀하도다.

1-5-8 ·· 無若丹朱傲하소서 惟慢遊를
是好하며 傲虐을 是作하며
罔晝夜額額하며 罔水行舟하며
朋淫于家하야 用殄厥世하니이다
予創若時하야 娶于塗山하야
辛壬癸甲하며 啓呱呱而泣이어늘
予弗子하고 惟荒度土功하야
弼成五服하되 至于五千하야

州十有二師하며 外薄四海하야
咸建五長하니 各迪有功이어늘
苗頑하야 弗卽工하나니 帝는
其念哉하소서 帝가 曰迪朕德은
時乃功惟叙니 皐陶가 方祗厥叙하야
方施象刑하되 惟明하느니라

『"단주와 같이 오만하지 마소서. 오직 여러 곳을 마음 내키는 대로

돌아다니며 노는 일을 이에 좋아하며, 오만하게 포학한 행동을 이에 하며, 밤과 낮이 없이 쉬지 않고 못된 짓을 하며, 물이 없는데도 배를 가게 하고, 무리를 지어 집에서 음란하였기 때문에 그 세대가 끊어졌나이다. 나는 이와 같은 것을 징계하여 도산씨의 딸에게 장가를 가서 신일, 임일, 계일, 갑일이었고 아들 계가 응애응애하면서 울거늘 나는 먹이지 못하고 오직 토목공사를 원대하게 헤아려 오복의 지역을 도와서 이루게 하되 5,000리에 이르렀나니 주에는 12개의 사단이고 밖으로 사방의 바다에 맞닿게 하여 모두 다섯 군단장을 세우니 각각 추진하여 공적이 있거늘 묘나라가 완악하여 공사를 착수하지 않으니 임금은 그것을 생각하소서." 순임금이 말씀하시기를 "나의 덕을 실지로 행하려면 이에 그대의 공적이 오직 베풀어져야 하나니 고요가 바야흐로 그 베푸는 것을 안전하도록 도우려고 지방에 구체적으로 일정한 형벌규정을 만들어 시행하되 오직 밝게 하느니라."』

☯ 우가 앞에서 임금의 광명정대한 덕을 천하에 밝혀야 함을 역설하고 이어 여기에서는 오만과 안일을 경계하고 스스로 근면 성실하게 국사에 진력한 사실을 구체적으로 열거하여 임금과 신하가 위아래에서 함께 노력해야 됨을 변증하였다.

단주(丹朱)는 요(堯)임금의 아들이름이고 만유(慢遊)는 만유(漫遊)와 같으니 여러 곳을 마음 내키는 대로 돌아다니며 노는 것이다. 오학(傲虐)은 오만하고 포악한 행동이요 액액(額額)은 쉬지 않고 못된 짓을 하는 모양이며 망수행주(罔水行舟)는 물이 없는 데도 배를 끌고 가게 함이고 붕음(朋淫)은 무리를 지어서 음란하게 노는 것이다. 진(殄)은 끊어진 것이고 세(世)는 세대(世代)로 곧 요임금의 왕통(王統)을 계승할 세대인즉 단주가 불초(不肖)하여 왕통을 잇지 못하고 순(舜)에게 선위(禪位)하였다는 뜻이다. 창(創)은 징계(懲戒)함이고 시(時)는 시(是)이며 도산(塗山)은 나라이름이니 중국 수춘현(壽春縣)의 동북쪽에 있었는데 우(禹)가 도산씨(塗山氏)의 딸과 혼인하였다. 신임계갑(辛壬癸甲)은 일진(日辰)으로 연속된 4일간인데 우가 혼인함에 4일간의 휴가를 얻었을 뿐이라는 말이다. 계(啓)는 우의 아들이름이고 고고(呱呱)는 어린 아기의 울음소리로 응애응애하는 것이며 자(子)는 먹여서 양육함이요 황탁(荒度)은 원대하게 헤아려 설계함이고 토공(土功)은 토목공사이다. 필성(弼成)은 도와서 완성함이요 오복(五服)은 왕기(王畿)의 밖으로 500리마다 차례로 구역을 정하여 정치문화보급의 차례로 삼았으니 왕도를 중심으로 반경 500리가 전복(甸服)이고 그 다음이 후복(侯服), 유복(綏服), 요복(要服), 황복(荒服)의 순서인데 모두 2,500리 안에 있는 지역이다. 오천(五千)은 오복(五服)의 반경이 2,500리인즉 그 사방의 직경이 모두 5,000리가 된다. 주(州)는 모두 12주로 나누었으니 각 주의 군사를 합치면 12사(師)가 되고 외(外)는 오복의 밖이며 박(薄)은 박(迫)으로 육박하여 맞닿게 함이다. 오장(五長)은 다섯 진영의 군단장(軍團長)으로 동서남북과 중앙에 지역사령부를 설치하여 군대를 통솔케 하는 군사조직체계이다. 각적(各迪)은 각각 맡은 바의 지역에서 공사를 추진함이고 유공(有功)은 공적이 있었다는 말이다. 묘(苗)는 남방에 있는 묘나라이고 즉공(卽工)은 공사를 착수하는 것이며 제(帝)는 순임금이요 적(迪)은 실행(實行)함이고 내공(乃功)은 그대의 공적이니 우가 감독한 토목공사의 업적이며 서(叙)는 차례차례 베풀어 진척함이다. 방지(方祗)는 바야흐로 안전하게 추진하도록 돕는 것이고 방시(方施)는 사방에 시행하는 것이며 상형(象刑)은 구체적으로 일정한 형벌규정을 만들어서 널리 공고하는 것으로 이미 앞(1-2-11)에서 자세히 해설하였다.

여기에서 우의 치수사업은 군사조직을 통하여 일사불란하게 주도했고 전 국토를 균형 있게 개발하였음을 알 수 있으며 또한 우가 섭정왕위에 오를 때에 북쪽 청사인 국방부 건물에서 집무한 이유를 짐작할 수 있는 것이다. 지금까지 순임금과 우가 언론자유를 논하다가 말이 여기에 이른 것은 결국 사회에 참설이 나오지 않게 하는 길은 정부의 모든 사람이 함께 분발노력해서 정치사업을 공명정대하게 성공하여 천하의 신임을 받아야지 만일 그렇지 않고 정책사업을 방치하여 책임을 완수하지 못하면 온갖 참설이 난무하여 지탄을 면치 못하게 된다는 사실을 변증하기 위함이다.

기　왈 알 격 명 구　　박 부
1-5-9 ‥‥‥‥‥‥‥‥‥‥‥‥‥‥‥‥‥‥‥‥‥‥‥ 夔기 曰憂擊鳴球와 搏拊와

금 슬　　　이 영　　　조 고 래 격
琴瑟하며 以詠하니 祖考來格하며

우 빈 재 위　　　군 후 덕 양
虞賓在位하야 群后德讓하거늘

하 관 도 고　　합 지 축 어
下管鼗鼓를 合止祝敔하며

생 용 이 간　　　조 수 창 창
笙鏞以間하니 鳥獸蹌蹌하며

소 소 구 성　　봉 황 래 의
簫韶九成에 鳳凰來儀하나이다

『기가 말하기를 "울리는 옥경쇠와 작은북과 거문고와 비파를 가볍
게 치면서 노래를 부르니 조상신이 와서 이르며, 즐거운 손님이 자리
에 있어, 여러 제후가 덕으로 사양하거늘 아래에서 쌍피리와 흔들북
과 큰북을 축과 어로 모두 그치게 하며 생황과 큰쇠북으로 사이에 연
주하니 새와 짐승이 너푼너푼 춤을 추며 소소를 아홉 곡 마치니 봉황
이 와서 춤을 추며 하례하나이다."』

　☯ 이것은 우서의 종결부분으로 순임금이 요임금의 정치문화를 계
승하여 지평천성(地平天成)의 태평성대(太平聖代)를 건설하므로 봉황
이 와서 춤을 추는 데 이르렀음을 증언한 내용이다.
　기(夔)는 순(舜)임금의 신하로 음악부장관이고 알격(憂擊)은 가볍게
치는 것이며 명(鳴)은 울리는 것이요 구(球)는 옥경(玉磬)이니 옥돌로
만든 경쇠이다. 박부(搏拊)는 타악기인데 절고(節鼓)보다 작은 북이며
금슬(琴瑟)은 현악기이다. 모두 당상(堂上)에서 연주하는 악기로 먼저
옥경쇠를 치고 다음에 작은 북을 치며 다음에 현악기를 연주한다. 영
(詠)은 영(咏)과 같으니 시(詩)를 운율에 맞추어 소리내어 읽거나 외는

것인데 당상(堂上)에서 읊는다. 조고(祖考)는 조상의 신령이고 래격(來格)은 이르러 오는 것으로 향연(饗燕)을 베풀기 전에 먼저 조상신(祖上神)에게 행사를 알리며 제사를 지내는 의식을 봉행한다는 뜻이다. 우(虞)는 즐거워함이요 빈(賓)은 향례(饗禮)의 주빈(主賓)인바 국가에 큰 공로가 있는 공신, 개선장군, 국가의 원로, 치적이 있는 제후 등에게 임금이 직접 주인이 되어 특별히 음식을 대접할 때에 빈(賓)으로 정하여 예식을 거행한다. 재위(在位)는 제사를 마치고 향례를 거행하기 위하여 주인은 동쪽 섬돌 아래에 서고 손님은 서쪽 계단 아래에 서서 서로 먼저 당상(堂上)에 오르기를 권하여 세 번 청하고 세 번 사양함이다. 전배(前輩)들이 우빈(虞賓)을 순임금의 손님으로 보고는 단주(丹朱)라고 하였으나 잘못인즉 임금은 공인(公人)이므로 살아서 성이나 이름을 호칭하지 않는 예법이 있었다. 군후(群后)는 여러 제후(諸侯)이고 덕양(德讓)은 덕으로 사양함인데 곧 향례를 마치고 연례(燕禮)를 시작함에 나이나 작위를 순서로 차례를 삼지 않고 지식과 사랑과 용기를 갖춘 덕을 기준으로 차례를 삼아 서로 양보한다는 말이다. 살펴건대 이것은 순임금이 치수사업(治水事業)을 성공한 우(禹)에게 향례(享禮)를 베풀어주고 여러 지방의 군장(君長)과 연회(宴會)를 함에 작위(爵位)가 높고 연치(年齒)가 많은 제후들이 스스로 젊고 유능한 관료들에게 자리를 양보하며 칭찬을 아끼지 않았다는 아름다운 조정의 기풍을 서술한 내용이다. 하(下)는 당하(堂下)이고 관(管)은 쌍피리로 관악기이며 도(鼗)는 작은 북에 자루를 만들어 쥐고 북을 흔들면 북의 좌우에 달아 놓은 끈에 달린 방울이 북을 쳐서 울리게 하였다. 고(鼓)는 큰 북이며 합지(合止)는 여러 악기를 합주하다가 모두 그치게 함이며 축(柷)은 『이아(爾雅)』에서 말하기를 두드려 음악의 연주를 그치게 하는 악기라고 하였으니 그 주(註)에 해설하기를 6면체의 칠통(漆桶)으로 4면이 2척(尺) 4촌(寸)씩이고 높이가 1척 8촌인데 가운데에 자루를 넣고 치는 구멍이 있어 바닥과 좌우를 두드려 소리를 낸다고 하였고 어(敔)도 『이아』에서 음악의 연주를 그치게 하는 악기라고 하였으니 그 형상이 호랑이가 엎드려 있는 모양인데 등에 톱니가 27개 있고 진

(甄)으로 문질러 소리를 낸다. 생(笙)은 생황(笙簧)으로 『이아』에서 말하기를 대생(大笙)을 소(巢), 소생(小笙)을 화(和)라고 일컬었으니 곽박(郭璞)이 주(註)하기를 쌍피리를 바가지처럼 생긴 통에 꽂아서 소리가 울리게 하는 것으로 큰 것은 19황(簧)이고 작은 것은 13황이며 우(竽)는 36황이라고 하였다. 용(鏞)은 쇠로 만든 큰 종이며 간(間)은 사이사이에 삽입하여 연주하는 것이니 곧 간주(間奏)이다. 창창(蹌蹌)은 너푼너푼 뛰면서 춤추는 모양이고 소소(簫韶)는 순임금의 음악이름으로 공자(孔子)가 진선진미(盡善盡美)하다고 감탄하였으며 제(齊)나라에서 한 번 듣고 3개월 동안 고기의 맛을 알지 못하였다고 술회하였다. 구성(九成)은 아홉 곡을 모두 연주하여 끝마침이고 봉황(鳳凰)은 태평성대에 나타나는 오색찬란한 새로 수컷이 봉(鳳)이고 암컷이 황(凰)이다. 래의(來儀)는 하늘에서 날아와 춤을 추며 태평성대를 건설한 치적을 인증하고 하례함이다.

순임금이 민주적인 지도력으로 인재를 널리 발탁하여 화합정치를 하니 유능한 신하가 정책사업을 모두 성공해서 태평성대를 건설한 결과 비단 국가사회만 안락할 뿐만 아니라 나아가 새와 짐승까지도 즐거운 삶을 노래하는 복지낙원이 되었음을 찬미하였으니 어찌 기(夔)가 거짓말을 하였겠는가? 모름지기 정치가는 이와 같은 도덕세계 건설에 뜻을 두고 일로매진해야 인류가 진정 위로 천지신명(天地神明)과 아래로 금수곤충(禽獸昆蟲)이 다같이 기뻐하는 행복을 누릴 수 있는 것이다.

1-5-10 ······································ 夔가 曰於라 予擊石拊石하니
百獸率舞하야 庶尹允諧하니다

『기가 말하기를 "와~, 내가 큰 석경을 치고 작은 석경을 두드리니 일백 짐승이 따라서 모두 춤을 추어 여러 지방관료가 진실로 서로 화

합하나이다.”』

◐ 여기에서는 기가 지방을 순회하며 음악회를 개최한 결과를 보고
한 내용이다. 이 말은 본래 순임금이 기를 음악부장관으로 임명하고
차세대 교육을 부탁함에 기가 자신을 표명했던 것으로 여기에서 다시
반복한 것은 그 약속을 실현했음을 증명하기 위함이다.

기왈(夔曰)을 또 쓴 것은 앞에서 순(舜)임금의 반응이 없었음을 나
타내기 위하여 사관(史官)이 첨가했다. 격석부석(擊石拊石)과 백수솔
무(百獸率舞)는 앞(1-2-24)에서 이미 해설하였고 윤(尹)은 지방관료이며
윤(允)은 진실로, 해(諧)는 서로 양보하며 화합함이다.

8음(八音) 가운데 오직 석경(石磬)만을 말하는 것은 기(夔)가 석경(石
磬)에 정통할 뿐만 아니라 여러 악기를 합주함에 석경의 소리가 협화
음(協和音)을 내기 어렵기 때문이다. 특히 일백 짐승은 날짐승과 들짐
승을 모두 일컫는 말로 각각 그 생태와 성질이 다름에도 하나의 가락
에 맞추어 다양한 형태로 춤을 추면서 즐거워하는 것은 일률적으로
똑같은 동작으로 춤을 추는 것이 아니라 남녀노소와 상하대소가 각각
자기에게 걸맞는 몸짓으로 기쁨을 표현했다는 뜻이니 순임금의 음악
은 양쪽의 극단을 모두 수렴하여 중용(中庸)을 추구함으로써 음악은
합창과 합주를 존중하고 춤은 만무(萬舞)를 숭상하였음을 알 수 있는
것이다. 서윤(庶尹)은 여러 지방관료인즉 음악회가 지방을 순회하며
개최한 것임을 뜻하고 윤해(允諧)는 지방의 주민과 관료가 진실로 협
력하고 화합하게 되었다는 말이다.

아름답고 고상한 음악이 사람은 물론이고 천지만물도 감동한다는
사실을 확인하고 음악으로 착하고 아름다운 정치문화를 창조한 순임
금은 위대한 지혜이다.

제 용 작 가　　　왈 칙 천 지 명
1-5-11 ·· 帝庸作歌하야　日勅天之命한대

惟時惟幾라 하시고 乃歌하시되

曰股肱喜哉하니 元首起哉하고

百工熙哉인저 皐陶가 拜手稽首하야

颺言曰念哉하소서

率作興事하시되 愼乃憲하사

欽哉하시며 屢省乃成하나니

欽哉하소서 乃賡載歌曰元首明哉하사

股肱良哉하야 庶事康哉인저

又歌曰元首叢脞哉하시면

股肱惰哉하야 萬事墮哉인저

帝가 拜하고 曰俞라 往欽哉어다

『순임금이 노래를 지어서 말씀하시기를 "하늘이 준 사명을 단단히 일러서 경계하건대 오직 때를 알고 오직 기미를 통달하라." 하시고 이에 노래하시되 말씀하시기를 "보필하는 신하들이 기쁘게 일하니 임금을 일으키고 일백 기능공을 빛나게 하였도다." 고요가 머리를 손등에 대며 절하고 머리를 조아리며 소리를 높여 말하기를 "생각하소서, 통솔하여 사업을 일으키시되 그 법도를 신중히 하사 공경하시며 그 성공을 자주 살펴야 하나니 공경하소서." 이에 임금의 시에 화답하여 시를 지어 노래하기를 "임금이 밝으시니 보필하는 신하가 어질어 여러 가지 사업이 안전하도다." 또 노래하기를 "임금이 번잡하고 자질구레하면 보필하는 신하가 게을리하여 만사가 실패할진저." 순임금이 절하시고 말씀하시기를 "응, 가서 공경할지어다."』

　◑ 이것은 우서의 마지막을 순임금의 시와 고요의 답시로 장식한
것이다. 대저 사모하는 마음이 지극하고 훈공(勳功)이 크면 글월로 다
표현할 수 없기 때문에 시를 지어 노래를 부르는 것이니 순임금은 보
필하는 신하들의 공로를 찬양하여 기리고 고요는 순임금의 훈로(勳勞)
를 찬송하여 기리는 아름다움으로 요순시대의 감동적인 정치문화를
총결하였다.

　용(庸)은 용(用)과 같으니 음악의 원리로 정치를 펴서 위로 천지신
명이 와서 이르고 널리 천하만방이 협력하고 화합하며 아래로 일백
짐승이 춤을 추는 평화질서에 감동했다는 뜻이다. 작가(作歌)는 말이
나 글로는 감동을 모두 표현할 수 없으므로 부득이 시(詩)를 지어 노
래로 표현한다는 말이요 칙(勅)은 단단히 일러서 경계함이고 천지명
(天之命)은 하늘이 부여한 사명이니 곧 인민의 안녕과 행복을 위하여
봉사하는 책무이다. 시(時)는 흥망성쇠의 때를 알아 시대적 사명을 깨
닫는 것이요 기(幾)는 기미(幾微)를 통달함인즉 길흉화복의 조짐을 먼
저 보는 것이다. 모름지기 대신은 식시견기(識時見幾)하여 미래를 예
측해서 미리미리 준비하는 역량이 있어야 천하국가를 안전하게 경영
할 수 있는 것이다. 고굉(股肱)은 측근의 보필신(輔弼臣)이니 앞(1-5-4)
에서 해설하였고 희(喜)는 기쁘게 일함이요 원수(元首)는 최고의 우두
머리로 임금이나 수령(首領)을 지칭하며 기(起)는 흥기(興起)이다. 백공
(百工)은 일백 기능공으로 국가의 모든 사업을 현장에서 실무를 담당
한 하급관료들이요 희(熙)는 빛남이니 공사를 성공적으로 추진함으로
써 그 능력을 인정받는다는 뜻이다. 배수(拜手)는 머리를 손등에 대고
절하는 것이고 계수(稽首)는 머리를 숙여 이마가 땅에 닿도록 절함이
니 돈수(頓首)보다 더 머리를 굽히는 것으로 고요(皐陶)가 순(舜)임금
의 찬양에 감사하여 답배를 한 것이다. 양언(颺言)은 큰소리로 공공연
히 말함이고 념(念)은 기억하고 생각하여 잊지 말라는 뜻이고 솔(率)은
통솔하여 이끌어 감이요 작흥(作興)은 진작(振作)하여 진흥(振興)함이
며 사(事)는 정책사업이다. 내헌(乃憲)은 그 헌장(憲章)이니 곧 요(堯)임
금이 법도이고 누(屢)는 자주자주 여러 번 함이며 내성(乃成)은 그 성

공이니 역시 요임금의 성공이다. 고요가 순임금에게 요임금의 법도를
신중하게 지키고 요임금의 성공을 자주 살펴서 더욱 분발하라고 요청
하였으니 다음의 노래를 하기 위한 서설(序說)이다. 갱(賡)은 이음이고
재(載)는 받음이니 갱재(賡載)는 임금의 시에 화답하여 시를 지은 것이
다. 강(康)은 안전함이요 총(叢)은 번잡하여 통일하지 못함이고 쇄(脞)
는 지질구레하여 좀스러운 것이며 타(惰)는 태만하여 게으른 것이요
타(墮)는 타락(墮落)이니 실패함이다. 제(帝)는 순임금이고 배(拜)는 절
함이니 고요가 순임금에게 요임금을 본받아 현재의 성공에 만족하지
말고 계속 정진하여 영원히 빛나는 지치(至治 : 완전정치)를 이룩하라
고 건의하므로 순임금이 감사하여 절을 했으니 임금과 신하가 서로
존경함이 아름답기 그지없다. 그리고 순임금의 시가(詩歌)와 고요의
갱재가(賡載歌)는 시가문학(詩歌文學)의 원류로서 그 뜻이 장중하고
그 기상이 고원하니 시가의 본의를 여기에서 음미하기 바란다.

○ 이상으로 익직(益稷) 편은 고요모(皐陶謨) 편의 연장으로 보아도
무방함을 확인하였으니 구태여 나누고 합친 것을 변론할 필요가 없으
며 따라서 우서(虞書)는 요전(堯典)과 순전(舜典)의 2전(典)과 대우모
(大禹謨)와 고요모(皐陶謨)의 2모(謨)로 구성되어 있다고 해도 될 것이
다. 오직 중요한 것은 인류역사상 최초로 거룩한 전장(典章)과 훌륭한
정책이 여기에 모두 갖추어 있음을 확인하여 적극 발굴해서 아름다운
세상을 다시 건설하는 일이니 곧 천덕(天德)의 도통(道統)과 왕도(王
道)의 대통(大統)을 계승하는 작업이다.

II. 하서(夏書) / 하(夏)나라의 실록(實錄)

하(夏)는 나라이름으로 우(禹)가 순(舜)임금으로부터 선양(禪讓)을 받아 천하를 다스리다가 아들 계(啓)가 왕위를 전해받아 약 500년간 대대로 다스렸던 나라이다. 서(書)는 실록(實錄)이니 앞에 우서(虞書)에서 이미 해설하였다.

하서(夏書)에는 우공(禹貢), 감세(甘誓), 오자지가(五子之歌), 윤정(胤征) 등의 4편으로 구성되어 있는데 우공(禹貢) 편은 순이 요(堯)임금의 섭정왕(攝政王)으로 있을 때에 우가 추진했던 국책사업이었으나 이 치수사업(治水事業)의 성공으로 우임금이 왕위에 올랐기 때문에 하서의 첫머리에 편집하여 하나라의 역사가 자연의 재난을 극복하고 민생의 안정을 도모하는 숭고한 정신에서 비롯하였음을 천명하였다.

1. 우공(禹貢) / 우(禹)의 세법(稅法)

우공(禹貢)은 우(禹)가 천하의 홍수를 다스리면서 치수(治水), 치산(治山), 치토(治土) 작업을 직접 지휘감독했는데 기후, 산천, 풍속, 토질 등을 살펴서 천하를 9주로 나누었으니 기주(冀州), 연주(兗州), 청주(靑州), 서주(徐州), 양주(揚州), 형주(荊州), 예주(豫州), 양주(梁州), 옹주(雍州)이다.

우는 이 지역의 특산물을 조사하고 토질의 등급을 정하며 또 풍년과 흉년의 작황을 살펴 평년작의 소출을 셈하여 천하공통의 기준을 제정했으니 세목은 각 지역의 특산물로 한정하고 세율은 연소득의 10분의 1을 원칙으로 하였다. 본래 세금은 국가에서 납부를 강제하는 것을 부(賦)라고 하였고 인민이 국가에 자진 납세하는 것을 공(貢)이라고 하였는데 국가에서는 국민에게 매년 세금을 부과했기 때문에 국민이 나라에 바치는 것을 부세(賦稅)라고 하였고 지방국가는 매년 적정량을 스스로 판단하여 중앙정부에 공물(貢物)로 자진하여 바쳤기 때문에 조공(朝貢)이라고 하였다. 이러한 세법은 하(夏)나라 시대에도 그대로 시행하여 한 집에 경작지 50묘(畝)씩을 분배해서 10분의 1을 국가에 자진납부케 하였으므로 하나라의 세법을 공법(貢法)이라고 일컫는다. 이 우공 편은 『금문상서(今文尙書)』와 『고문상서(古文尙書)』에 모두 수록되어 있다.

2-1-1 ·································· 禹가 敷土하시고 隨山刊木하시며
奠高山大川하시다

『우가 토지를 넓게 펴시고 산세에 따라 나무를 깎아 표시하시며 높은 산과 큰 시내를 정하시다.』

☯ 우가 천하의 홍수를 다스림에 하구를 확장해서 먼저 하류의 물을 바다로 흘러가도록 만들면서 점차로 상류의 물을 아래로 흐르게 하니 자연스럽게 물이 빠져서 물 속에 잠겼던 흙과 모래의 벌판이 나타나므로 산세의 지형에 따라 9주를 나누고 나무를 깎아 공사장을 표시하며 높은 산과 큰 하천을 정하여 국토를 건설한 역사적 사실을 사관이 우공의 첫머리에 기록해서 우의 치수사업이 철저한 자연과학에 기초하여 성공했음을 논증하였다.

부(敷)는 확장하여 펼침이요 토(土)는 국토(國土)이니 부토(敷土)는 국토를 개간하여 넓히는 것으로 곧 홍수로 잠긴 지역에 물을 바다로 방류함으로써 흙땅의 평야와 모래땅의 하천유역이 넓게 나타나서 개간하였다는 뜻이다. 수산간목(隨山刊木)은 앞(1-5-1)에서 이미 해설하였고 전(奠)은 정(定)하는 것이며 고산(高山)은 높은 산이고 대천(大川)은 큰 강인즉 산은 물을 건너지 못하고 물은 산을 넘지 못하는 자연의 법칙에 따라 국토를 개발했다는 말이다.

우가 이와 같이 산은 옮기지 못하고 물은 아래로 흐르는 성질을 이용해서 과학적으로 공사를 추진했기 때문에 성공적으로 공사를 종결하여 인민으로 하여금 안심하고 살 곳이 있게 하였으니 위대한 공적이다. 특히 순(舜)은 아버지 고수(瞽瞍)가 완악하였으나 효도하여 가문의 영광을 되찾았고 우(禹)는 아버지 곤(鯀)이 9년간 치수사업을 주관하였으나 실패한 것을 거울삼아 분발노력하여 대성공해서 가문의 명예를 되찾았으니 치세(治世)에는 아버지가 못났어도 자식이 훌륭했거늘 난세(亂世)에는 비록 훌륭한 아버지가 있어도 그 자식들이 어리석기 그지없는 자가 많으니 인심과 세태는 정치에 민감함을 알 것이다.

기 주
冀州라

2-1-2 ···

『기주라.』

◐ 기주(冀州)는 황하(黃河)의 동북쪽에 위치한 지역으로 3면이 황하를 경계로 하여 동쪽으로는 연주(兗州), 남쪽으로는 예주(豫州), 서쪽으로는 옹주(雍州)와 접한다. 이곳은 중국 문명의 발상지로 상고시대로부터 제왕의 도읍지가 있었으니 요(堯)임금과 순(舜)임금 그리고 우(禹)임금이 모두 여기에다 도읍을 정하여 천하를 다스렸다.

우가 홍수를 다스림에 있어서 그 공사를 중앙으로부터 시작하여 지방으로 확대하고 또 하류로부터 착수하여 상류로 확장하였기 때문에 기주(冀州)를 첫머리에 기록하였으며 또한 왕도(王都)는 천하의 중심으로서 안과 밖을 차별하지 않으므로 사방의 경계를 밝히지 않았으니 다음의 8주(州)를 서술한 문장체제와는 달리 기주라고만 특별히 표제하였다.

기 재 호 구　　　치 량 급 기

2-1-3 ································ 旣載壺口하야 治梁及岐하시며

『이미 호구산에서 착수하여 양산 및 기산을 다스리시며』

◐ 이것은 황하를 다스리는 공사 추진과정을 기록한 내용이다. 우가 홍수를 다스림에 1차 공사로 천하의 지형을 살펴 황하와 양자강을 비롯하여 9천(川)을 바다로 흐르게 해서 큰물이 거의 빠진 다음에 2차 공사로 산줄기에 막혀 강줄기가 끊어진 곳을 터서 남은 물이 흘러내리게 하는 공사를 추진함에 황하를 가장 먼저 정비하였다.

기(旣)는 이미 1차 공사가 끝나자마자 즉각 2차 공사를 계속 추진했다는 말이고 재(載)는 사업을 설계하여 착수했다는 뜻이다. 호구(壺口)는 기주(冀州)에 있는 산이름인데 『한지지(漢地志)』에 하동군(河東郡) 북굴현(北屈縣)의 동남쪽에 있다고 하였으니 곧 호구산의 줄기가 호리병의 입구처럼 황하의 물줄기를 막고 있으므로 그 산자락을 짤라

강폭을 넓혀서 물의 흐름을 원활하게 하였다는 뜻이다. 치(治)는 치수 사업(治水事業)을 함이요 양(梁)과 기(岐)는 산이름인데 위치가 정확치 않아 대략 세 가지 설이 있다. 한유(漢儒)는 옹주(雍州)에 있는 양산(梁山)과 기산(岐山)이라고 하였으나 너무 멀리 떨어져 있기 때문에 송(宋)나라 채침(蔡沈)은 기주(冀州)의 여량산(呂梁山)과 호기산(狐岐山)이라고 주(註)하였다. 그러나 이것도 또한 황하의 강줄기와는 330여 리의 거리가 있으므로 여조겸(呂祖謙)은 서설(書說)에서 양산과 기산은 모두 용문(龍門)의 좌우에 있는 산이라고 하였지만 정확히 어느 지점인지는 밝히지 않았다. 대저 이것은 강바닥을 평평하고 넓게 만들어 강물이 순조롭게 흐르도록 만드는 공사인즉 돌이 징검다리처럼 쌓여서 막힌 곳을 터주고 모래섬이 있어서 강물이 갈라진 곳을 파서 한 곳으로 흐르게 하는 하천 정비공사로 이해하면 될 것이다.

2-1-4 ·········· 기 수 태 원 旣修太原하야 지 우 악 양 至于岳陽하시며

『이미 태원지역을 보수하여 악양지역에 이르시며』

◉ 이것은 분수(汾水)를 다스리는 공사추진과정을 기록한 내용이다. 수(修)는 보수(補修)함이니 곤(鯀)이 상류에서부터 치수공사를 추진하였기 때문에 여기에는 이미 상당한 진척이 있었던 것이다. 분수(汾水)는 중국 산서성(山西省) 북부에서 발원하여 태원(太原)을 거치고 악양(岳陽)을 지나 하진(河津) 부근에서 황하에 합류하니 길이가 690㎞이다. 따라서 태원과 악양은 모두 기주(冀州)에 있는데 태원은 넓은 평원지대로서 뒤에 하동로(河東路) 태원부(太原府)가 되었고 악(岳)은 태악(太岳)으로 곽산(霍山) 또는 곽태산(霍太山)이라고 하며 양(陽)은 산의 남쪽을 일컫는바 뒤에 악양현(岳陽縣)이 되었다. 여기에서 우가 홍수를 다스림에 1차로 천하의 큰물을 다스림에는 하류에서부터 물을 빼기 시작하여 상류로 올라가면서 공사를 추진하고 다음 2차로 강바

닥을 고르고 제방을 쌓음에는 상류로부터 시작하여 하류로 내려오면
서 보수한 사실을 확인할 것이다.

2-1-5 ·································· 覃懷底績하야 至於衡漳하시다

『담회에서 공적을 이루어 형장에 이르시다.』

　◉ 담회(覃懷)는 지명으로『한서(漢書)』지리지(地理志)에 말하기를
하내군(河內郡)에 회현(懷縣)이 있는데 황하의 북쪽에 위치한다고 하
였으며 선배들은 곧 맹진(孟津)의 동쪽과 태행(太行)의 서쪽에 있는 지
역으로 담회(覃懷)의 동편에서는 기수(淇水)가 발원하고 서편에서는
내수(淶水)가 발원한다고 하였다. 지(底)는 치(致)의 뜻이니 지적(底績)
은 공적을 이루었다는 말이고 형(衡)은 횡(橫)과 같으니 강물이 위에서
아래로 흐르는 것을 종류(從流), 옆으로 흐르는 것을 횡류(橫流)라고
하며 장(漳)은 장수(漳水)로『한서』지리지에 말하기를 장수(漳水)는
두 곳에서 발원하니 하나는 상당군(上黨郡) 점현(沾縣) 대승곡(大黽谷)
에서 출원하니 오늘날 평정군(平定軍) 낙평현(樂平縣) 소산(少山)으로
청장(淸漳)이라고 이름하며 하나는 상당군 장자현(長子縣) 녹곡산(鹿
谷山)에서 출원하니 오늘날 노주(潞州) 장자현(長子縣) 발구산(發鳩山)
인데 탁장(濁漳)이라고 부른다고 하였다. 선배들은 이 청장(淸漳)과 탁
장(濁漳)이 업(鄴)에서 합류하여 동북으로 흐르다가 부성(阜城)에 이르
러 황하로 들어간다고 하였으니 업(鄴)은 노주(潞州) 섭현(涉縣)이고
부성(阜城)은 정원군(定遠軍) 동광현(東光縣)이라고 하였다. 채침(蔡沈)
은 여기에서 주(註)하기를 한나라 상흠(桑欽)과 당나라 사람은 장수(漳
水)가 바다로 들어간다고 하였으므로 후대에 강줄기가 옮긴 것이라고
하였다.

『그 토지는 오직 희고 고운 흙이요』

☯ 여기에서는 기주(冀州)의 전반적인 토질을 특징적으로 기록했으니 궐(厥)은 기주를 지칭하는 대명사이고 토(土)는 경작할 수 있는 토지이며 백(白)은 색깔이 흰빛을 띤다는 말이고 양(壤)은 부드러운 흙으로 덩어리가 없어 모든 농작물을 가꾸기에 알맞는 것인바 대략 모래 3에 점토가 6의 비율로 섞인 흙이다.

대저 홍수를 다스리는 수리공사(水理工事)를 완료한 다음에 그 경작지의 토질을 조사하여 적당한 작물을 선택해서 심도록 하는 것이니 흙의 색깔에는 5색이 있고 흙의 성질에도 여러 가지가 있어서 가늘고 부드러운 것과 굵고 단단한 것이 같지 않으므로 토질을 분석하는 것은 농사의 기본이다.

『그 부세는 오직 위에서 위이니 섞으며 그 논밭은 오직 가운데서 가운데이니라.』

☯ 여기에서는 우가 9주의 부세와 논밭의 수량을 비교하여 먼저 상, 중, 하의 3등으로 나누고 또 각 등마다 상중하의 3급으로 나누어 모두 9등급으로 분류하여 각 주의 경제여건을 표시한 내용이다.

부(賦)는 국가에서 국민에게 부과하는 세금인바 그 세율은 1년간의 소득에서 10분의 1을 현물로 바치는 것이었으니 천하가 동일하였으며 상상(上上)은 상등(上等)에 상급(上級)이란 말로 9주(州) 가운데 세금

부과총액이 첫째라는 뜻이고 착(錯)은 잡(雜)과 같으니 때로는 상등(上
等)의 중급(中級)으로 떨어져 다른 주에 1등급을 빼앗기고 2등급이 되
기도 한다는 뜻이다. 전(田)은 개간하여 3년 이상 경작하는 논과 밭으
로 국가에서 개인에게 분배한 농지이며 중중(中中)은 중등(中等)에 중
급(中級)이란 말로 9주 가운데 총 경지면적이 다섯째라는 뜻이다. 기
주(冀州)는 9주 가운데 경지면적의 넓이가 다섯째이면서도 세금 부과
총액이 제일 많다는 사실은 왕도가 있는 정치행정의 중심지로 과학기
술이 발달하여 종자를 개발하고 재배법을 보급하며 관개시설을 구비
하여 농업소득을 증대하였기 때문이다. 그러므로 아래의 다른 주에서
는 전(田)을 먼저 밝히고 부(賦)를 뒤에 밝혀 농업소득의 낙후성을 지
적하였고 또한 공(貢)을 말하여 지방특산물을 중앙정부에 조공(朝貢)
한 사실을 기록하였지만 기주는 중앙정부이므로 공을 생략하였다.

2-1-8 ························· 恒衛既從하며 大陸既作하니라

『항수와 위수가 이미 아래로 흐르며 대륙은 이미 경작하니라.』

☯ 여기에서는 남은 장비와 인력으로 작은 하천과 소택까지 모두
정비하여 물을 아래로 흐르게 해서 경작지를 확보한 사실을 기록하였
다.
　항(恒)은 항수(恒水)이고 위(衛)는 위수(衛水)인데 『한서(漢書)』 지리
지(地理志)에 말하기를 항수는 상산군(常山郡) 상곡양현(上曲陽縣)의
항산(恒山) 북쪽 골짜기에서 출원하는데 지금은 정주(定州) 곡양현(曲
陽縣) 서북쪽 항산에 있으며 동쪽으로 흘러 구수(滱水)로 들어간다고
하였고 또 위수(衛水)는 상산군(常山郡) 영수현(靈壽縣) 동북에서 출원
하니 곧 지금의 진정부(眞定府) 영수현(靈壽縣)인데 동쪽으로 흘러 호
타하(滹沱河)로 들어간다고 하였다. 항수와 위수는 작은 지류로 이것
을 기록한 것은 작은 하천도 모두 정비하였음을 밝히기 위함이다. 대

륙(大陸)은『한서』지리지의 안사고(顔師古) 주(註)에서 말하기를 택명
(澤名)이니 거록(鉅鹿)의 북쪽에 있다고 하였는바 곧 거록군(鉅鹿郡)
거록현(鉅鹿縣)의 북쪽에 있는 넓은 평원 가운데 있는 소택(沼澤)이다.
작(作)은 대륙택(大陸澤)의 물을 빼서 생긴 드넓은 평원에 농작물을 경
작했다는 말이니 이것은 하천뿐만 아니라 소택까지도 정비하였음을
밝히기 위하여 기록한 것이다.

2-1-9 ·· 島夷는 皮服하고
夾右碣石하야 入于河하다

『섬의 오랑캐는 가죽옷을 입고 오른쪽으로 갈석산을 끼고 황하로
들어왔다.』

☯ 여기에서는 우가 치수공사를 성공함으로써 내륙의 교통로가 열
릴 뿐만 아니라 해로까지 열려서 황하를 통하여 육지와 바다의 교통
이 원활하게 되었음을 증언하였다.

도이(島夷)는 기주(冀州)에 부속한 섬이고 이(夷)는 오륜(五倫)의 예
법문화를 익히지 못한 미개인으로 곧 교통이 발달하지 못하여 요(堯)
임금의 덕화(德化)가 미치지 못한 지역에 사는 사람들을 뜻한다. 피복
(皮服)은 가죽옷인데 물에 젖지 않고 보온성이 좋아서 배를 타고 항해
하기 적합한 옷이다. 협우(夾右)는 오른쪽으로 끼고 항해한다는 말이
고 갈석(碣石)은 산의 정상에 우뚝 세운 돌인데 오늘날의 등대(燈臺)와
같은 것으로 해로를 안내하는 표지로 이용한 것이니 기주는 황하의
하구에서 북쪽에 위치하기 때문에 갈석산(碣石山)을 오른쪽으로 끼고
항해하여 황하로 들어간다. 선배들은 갈석을 갈석산 한 곳으로 보려
고 하였으나 어찌 해로(海路)의 표시를 오직 하나만 했겠는가? 요소마
다 돌을 세워서 항해에 편리토록 도모했을 것인즉 한두 곳이 아니었

을 것이다. 『한서(漢書)』 지리지(地理志)에는 갈석산을 북평군(北平郡) 여성현(驪城縣) 서남쪽 하구의 지역에 있으니 지금은 평주(平州)의 남쪽이라고 하였다.

우가 육로와 해로를 모두 개척하여 문물의 교류를 활발하게 경영한 것은 문명사회를 건설하여 인류의 안녕을 모두 보장하여 한 사람도 문화의 혜택을 입지 않은 사람이 없도록 하고자 함이니 그 뜻이 거룩하도다.

전배(前輩)들은 피복(皮服)을 조공(朝貢)으로 바치게 했다고 하였으나 이치에 맞지 않으니 자기 소견으로 경전을 해석한 결과인즉 속안(俗眼)으로 어찌 성인(聖人)의 뜻을 살피겠는가?

2-1-10 ·································· 濟河에는 惟兗州라

『제수와 황하 사이에는 오직 연주라.』

◑ 우가 치수사업을 함에 있어서 기주 다음으로 황하 하류 남쪽에 위치한 연주에서의 공사추진과정을 기록하기 위하여 지역의 위치를 밝혔다.

제(濟)는 제수(濟水)이니 하남성(河南省) 제원현(濟源縣)으로부터 발원하여 동남으로 흘러서 황해(黃海)로 들어간다. 하(河)는 황하(黃河)인데 연주(兗州)는 서북쪽에 황하를 경계로 기주(冀州)와 접경하고 동남은 제수지역을 경계로 예주(豫州)와 접경하며 남쪽은 회수(淮水)를 경계로 양주(揚州)와 접경하고 서쪽은 황해 바다와 접한 넓고 비옥한 지역이다. 그럼에도 제하(濟河)만을 말한 것은 황하 하류의 남쪽지역에 대한 치수사업을 말하기 위함이다.

『아홉 하수가 이미 순탄하게 아래로 흐르며』

☯ 이것은 연주지역에서 황하로 흘러들어가는 아홉 개의 하천을 정비해서 수상교통이 황하와 연결된 내용을 기록한 것이다.

구하(九河)는 『이아(爾雅)』에 도해(徒駭), 태사(太史), 마협(馬頬), 복부(覆鬴), 호소(胡蘇), 간(簡), 결(潔), 구반(鉤盤), 격진(鬲津) 등이라고 하였으나 후세에 논설이 분분하여 황하가 바다로 흘러 들어감에 아홉 줄기가 있었다는 주장이 있는 까닭에 아직 단언할 수 없다. 도(道)는 순탄하게 아래로 흐른다는 뜻이다.

『뇌하는 이미 못이 되었으며 옹수와 저수가 모여서 함께 흐르도다.』

☯ 여기에서는 우가 치수를 함에 고원지대의 습지에다가 제방을 쌓아서 못을 만들어 농업용수로 이용하게 배려했던 사실을 기록하였다.

뇌하(雷夏)는 『한서(漢書)』 지리지(地理志)에 제음군(濟陰郡) 성양현(城陽縣)의 서북쪽에 있다고 하였으니 뒤에 복주(濮州) 뇌택현(雷澤縣)이 되었다. 택(澤)은 땅 위로 물이 흘러 들어와서 모인 못이니 지(池)는 땅 속으로 물이 흘러 들어와서 모인 곳이요 연(淵)은 깊은 못에서 물이 나는 것이며 담(潭)은 더 큰 심연(深淵)이다. 소(沼)는 땅바닥이 두려빠지고 물이 깊게 괸 곳이요 호(湖)는 소보다 물이 많고 넓은 못이며 해(海)는 육지를 둘러싼 짠물이 괴어 있는 바다이고 양(洋)은 대해(大海)이다. 옹(灉)과 저(沮)는 두 개의 강물이름으로 전배(前輩)가 옹수(濰水)는 조주(曹州)에서 출원하고 저수(沮水)는 복양(濮陽)에서 출원하는데 모두 평지에서 솟아난 물이라고 하였다. 회동(會同)은 두 강물이 모여서 같이 흐른다는 뜻으로 마치 제후가 천자에게 찾아가서 배알하는 소종(朝宗)과 같은 것으로 비유한 말이다. 우(禹)가 치수를 함에 옹수와 저수를 합류케 하여 뇌하택(雷夏澤)으로 흘러들게 만들고 그 물을 농업용수로 활용하게 하였으니 수자원을 이용하는 지혜이다.

상토기잠　　　　　　시강구택토
桑土旣蠶하니　　是降丘宅土로다

2-1-12 ·······································

『뽕나무 들판에서 이미 누에를 치니 이에 언덕에서 내려와 평지에서 살도다.』

☯ 우가 연주의 치수사업을 성공하여 옹수와 저수를 뇌하택으로 흘러들게 함으로써 이 지역의 천연적인 자연환경을 복구하므로 습기를 가장 싫어하는 누에까지도 칠 수 있게 되자 홍수를 피하여 높은 언덕으로 올라갔던 사람들이 다시 평지로 내려와서 살게 된 사실을 기록하였다.

상토(桑土)는 뽕나무가 잘 자라는 들판이니 중국 전역에서 뽕나무가 자라지만 예로부터 연주(兗州)의 양잠이 가장 유명하였다. 잠(蠶)은 누에나방의 애벌레로 알에서 나온 때에는 검고 털이 있으나 첫번 탈피 때에 털을 벗고 회색이 된다. 대개는 검은 얼룩무늬가 있고 13개의 마디가 있는데 전후 네 번에 걸쳐 잠잘 때마다 꺼풀을 벗고 다 크면 실을 토해서 고치를 만들며 그 안에서 탈피하여 번데기가 된다. 유충기는 25일쯤이며 우화(羽化)하여 다시 나방이가 되면 고치를 뚫고 나와서 알을 낳고 죽는다. 그 고치에서 견사를 뽑아 명주베를 짠다. 강(降)은 고지대에서 낮은 곳으로 내려오는 것이요 택(宅)은 항구적으로 거주하여 사는 것이며 토(土)는 평지(平地)로 경작이 가능한 땅이다.

1. 우공(禹貢) / 우의 세법　209

2-1-14 ·························· 厥土는 黑墳이니 厥草는
궐토　　　흑분　　　궐초

惟繇요 厥木은 惟條로다
유요　궐목　유조

『그 토지는 검고 걸차니 그 풀은 오직 무성하고 그 나무는 오직 줄기와 가지가 길도다.』

　☯ 연주의 토질과 초목의 생태를 기록하였다.
　흑(黑)은 검은색이고 분(墳)은 걸찬 흙이니 기름지고 차진 것으로 경작에 좋은 땅이며 초(草)는 잡초요 요(繇)는 무성(茂盛)함이요 조(條)는 줄기와 가지가 길게 자람이다. 임지기(林之奇)가 『상서전해(尙書全解)』에서 말하기를 9주의 형세가 서북쪽에는 산이 많고 동남쪽에는 물이 많으니 산이 많은 곳은 이미 초목이 잘 자라고 있으므로 기록할 필요가 없고 연주(兗州)와 서주(徐州)와 양주(揚州)의 세 주는 가장 동남쪽 하류에 위치하여 그 땅이 비습(卑濕)한 까닭에 홍수를 만나 오래도록 초목이 자라지 못했기 때문에 이에 이르러 연주는 요(繇)와 조(條), 서주는 요(夭)와 교(喬), 양주는 점포(漸苞)라고 차례로 기록하였다고 하였으니 초목을 선택하여 심도록 함이다.

2-1-15 ·················· 厥田은 惟中에 下요 厥賦는 貞이니
궐전　　유중　하　궐부　　정

作十有三載라사 乃同이로다
작십유삼재　　내동

『그 논밭은 오직 가운데서 아래요 그 부세는 기본등급이니 13년을 경작해야 이에 같으리로다.』

　☯ 연주의 총 경지면적은 9주 가운데 6등급이면서도 그 부세의 총액은 가장 낮은 9등급임을 밝혀 홍수의 피해가 가장 극심한 상황임을

인정하고 그 부세 총액은 겨우 연주의 경비에만 충당할 뿐이요 중앙
정부에 조공할 여유가 없음을 밝혀 앞으로 13년 이후에나 소득이 증
가하여 다른 주처럼 여유가 있을 것임을 변증했다.

궐(厥)은 내명사로 연주(兗州)를 지칭하고 전(田)은 논밭의 경지면적
이며 중하(中下)는 중등(中等)에서 하급(下級)으로 곧 6등급이다. 부(賦)
는 부세(賦稅) 총액인데 앞(2-1-7)에서 이미 해설하였고 정(貞)은 기본
(基本)이 튼튼한 등급이니 자체적인 세수(稅收)로 자체적인 경비를 충
당하여 세입과 세출의 재정적 기본이 튼튼함이다. 우(禹)가 이러한 자
급자족의 재정형태를 기본으로 정하여 최하위의 9등급 즉 하하(下下)
로 삼았으니 요(堯), 순(舜), 우(禹)가 경세제민(經世濟民)하는 기본정신
을 여기에서 헤아릴 수 있을 것이다. 작(作)은 경작이고 십유삼재(十有
三載)는 치수공사를 마치고 농경지를 개간하여 경작한 때로부터 13년
이후요 동(同)은 동등함인데 다른 주처럼 소득을 증대하여 잉여농산
물을 비축하고 또한 중앙정부에 조공을 바칠 정도로 경제가 발달할
것이라는 뜻이다.

전배(前輩)들이 정(貞)의 뜻을 알지 못하여 모두 최하로 풀이하였으
나 옳지 않다. 『주역(周易)』 건괘(乾卦)의 괘사(卦辭)에서 건(乾)은 원형
리정(元亨利貞)이라고 하였으니 공자(孔子)가 문언전(文言傳)에서 해설
하기를 정(貞)이란 것은 일의 줄거리로서 정고(貞固)가 족이간사(足以
幹事)라고 하였다. 이것은 일의 기본을 튼튼하게 지키는 것이 사업을
주관하는 경영철학이라는 뜻으로 결코 최하라는 의미가 아니요 분명
히 튼튼한 기본을 지킨다는 말임을 알아야 한다.

2-1-16 ························ 궐공 칠사 궐비 직문
厥貢은 漆絲요 厥篚에 織文이로다

『그 공물은 칠과 실이요 그 광주리에 직물과 채색한 비단이로다.』

◐ 여기에서 연주의 특산물을 중앙정부에 조공으로 자진하여 진상

하는 물품목록을 기록하였다.

공(貢)은 아랫사람이 위에 사람에게 공물(貢物)을 바쳐서 이바지함이니 지방의 제후(諸侯)가 중앙정부의 천자(天子)에게 매년 특산품을 자진 헌납함으로써 천하국가에 널리 이바지하는 제도이다. 칠(漆)은 옻나무의 진액으로 끈끈하고 잿빛이 나서 물건에 바르면 암갈색의 윤택이 있는 도료(塗料)이며 사(絲)는 명주실이니 누에고치에서 뽑아 명주베를 짜는 원료이다. 비(篚)는 대나무로 만든 광주리인데 길이가 3척, 넓이가 1척, 깊이가 6촌이고 다리의 높이는 3촌으로 피륙을 담는다. 직(織)은 견직물(絹織物)이니 명주실로 짠 피륙이며 문(文)은 채색을 들인 아름다운 비단이다. 연주(兗州)는 옻나무와 뽕나무 그리고 대나무가 잘 자라는 지방이므로 이것을 특산물로 정하였으며 또 연주지방의 여자들이 길쌈을 잘하기 때문에 피륙을 첨가하였다. 대체로 공(貢)에는 일정한 수량이 없으니 해마다 생산량이 다르기 때문에 자체적으로 요량하여 증감할 따름이다.

2-1-17 ·····························   浮于濟漯하야 達于河하느니라
부우제탑 달우하

『제수와 탑수로 떠내려가서 황하에 도달하느니라.』

☯ 여기에서는 연주의 수상교통로를 밝혀 문물교류의 길이 열린 것을 기록하였다.

부(浮)는 배나 뗏목을 타고 떠내려가는 것이며 제수(濟水)와 탑수(漯水)는 모두 연주(兗州)에 있는 강물이름으로 제수는 하남성(河南省) 제원현(濟源縣)에서 발원하여 동남으로 흘러 황해로 들어가고 탑수는 자세히 알 수 없으나 황하(黃河)와 제수의 사이에 있는 강으로 탑하(漯河)는 오늘날 산동성(山東省) 임평현(荏平縣)에 있다. 전배(前輩)들은 이것을 조공로(朝貢路)라고 하였으나 인류의 안녕을 경영하여 치수사업을 하면서 어찌 공물(貢物)을 받을 것을 염두에 두었겠는가? 오

직 천하문물을 널리 교류하여 사방을 고루 균평하게 개발하려는 숭고
한 정신으로 헌신 노력했을 뿐이니 털끝만치라도 공물을 탐했다면 만
세의 스승이 아니 되었을 것이다.

해 대　　유 청 주
海岱에 惟青州라

2-1-18 ···

『바다와 대산에 오직 청주라.』

　☯ 여기에서는 청주의 경계를 밝혔다.
　해(海)는 발해(渤海)이고 대(岱)는 동악(東岳)이니 곧 태산(泰山)인데
청주(青州)의 경계가 동북쪽은 황해와 접하고 서남쪽은 태산에 이르
니 북으로는 제수(濟水)를 경계로 연주(兗州)와 접하고 남으로는 서주
(徐州)와 이웃하였는바 오늘날 산동성(山東省) 제남(濟南) 지역이다.

우 이 기 략　　유 치 기 도
嵎夷旣略하니 濰淄其道하도다

2-1-19 ···

『우이 땅을 이미 경영하여 다스리니 유수와 치수가 그 순탄하게 흐
르도다.』

　☯ 우이(嵎夷)는 앞서 나온 요전(堯典) 편(1-1-4)에서 동쪽에 일출을
관측하던 지역으로 오늘날 산동반도의 끝에 있는 지방이다. 략(略)은
경략(經略)이니 홍수를 다스리고 농경지를 확보하여 사람이 내려와서
살게 함이다. 유(濰)와 치(淄)는 모두 강이름인데 유수(濰水)는 『한서
(漢書)』 지리지(地理志)에 말하기를 낭야군(琅琊郡) 기현(箕縣)에서 출
원한다고 하였으니 곧 유산(濰山)에서 발원하여 동으로 흘러 창읍(昌
邑)의 동북 50리 지점에서 바다로 들어간다. 치수(淄水)는 역시 『한서』

지리지에 말하기를 태산군(泰山郡) 내무현(萊蕪縣) 원산(原山)에서 출원한다고 하였으니 곧 산동성(山東省) 치천현(淄川縣) 동남 70리에 있는데 동으로 흘러 제수(濟水)로 들어간다. 도(道)는 앞(2-1-11)에서 이미 해설하였으니 강물이 순탄하게 아래로 흐른다는 뜻인즉 우(禹)가 하구의 막힌 곳을 뚫어 물을 바다로 방류하므로 강물이 자연스럽게 강줄기로 흘러내리게 되었다는 말이다.

2-1-20 ·································· 厥土白墳하니 海濱廣斥이로다

『그 토지는 희고 걸차니 바닷가에는 넓은 개펄이로다.』

◉ 여기에서는 청주의 토질과 해변의 지형적 특성을 기록하였다. 백(白)은 흰색이니 청주(靑州)는 하류에 위치하여 모래가 섞인 퇴적토가 많으므로 그 색깔이 희고 분(墳)은 앞(2-1-14)에서 이미 해설하였으며 해빈(海濱)은 해안선을 따라 밀물과 썰물이 들고나는 해변지대이며 광(廣)은 광활함이고 척(斥)은 개펄인즉 고기와 소금이 풍부한 곳임을 뜻한다.

2-1-21 ······························· 厥田은 惟上에 下요
厥賦는 中에 上이니라

『그 논밭은 오직 위에서 아래요 그 부세는 가운데서 위니라.』

◉ 청주(靑州)의 총 경지면적은 상등(上等)에서 하급(下級)이므로 9주에서 셋째가 되는데 부세 총액은 중등(中等)에서 상급(上級)이므로 넷째가 됨을 밝혔다. 이로써 청주도 연주(兗州)보다는 홍수 피해가 적

었지만 역시 피해가 적지 않아서 경지면적에 비하여 농업생산력이 조금 떨어진 것을 알 수 있을 것이다.

2-1-22 ························· 厥貢은 鹽絺요 海物은 惟錯이로다
岱畎에 絲枲와 鉛松과 怪石이로다
萊夷의 作牧과 厥篚에 檿絲로다

『그 공물은 소금과 가는 칡베요 해산물은 오직 섞으리로다. 대산의 계곡에 실과 삼과 납과 소나무와 괴석이니라. 내산에 오랑캐의 경작하여 기른 것과 그 광주리에 산뽕나무의 명주실이로다.』

☯ 여기에서는 청주의 특산물을 중앙정부에 조공으로 자진하여 진상하는 물품목록을 기록하였다.

공(貢)은 앞(2-1-16)에서 이미 해설하였으며 청주(靑州)는 해변에 위치하여 소금과 해산물이 풍부하며 착(錯)은 여러 가지를 섞어서 함이니 그 해의 어획량에 따라 어종과 수량을 증감하는 것이다. 치(絺)는 가는 칡베인데 세갈포(細葛布)라고도 하며 대(岱)는 대산(岱山)이니 앞(2-1-18)에서 해설하였고 견(畎)은 계곡(溪谷)이요 사(絲)는 명주실이고 시(枲)는 수삼이니 모마(牡麻)이다. 연(鉛)은 납이고 괴석(怪石)은 옥(玉)의 다음 가는 예쁜 돌로 장신구나 악기를 만드는 데 쓰는 것이고 결코 기이한 모양으로 생긴 돌이 아니다. 내(萊)는 내산(萊山) 부근의 땅이름으로 산동반도에 있으며 내이(萊夷)는 내산지역에 사는 소수민족이고 작목(作牧)은 경작하고 기른 농축산물이다. 염(檿)은 산뽕나무인데 염사(檿絲)는 산뽕나무에서 생산한 명주실이다. 우(禹)가 공물을 정함에 모두 지역에서 직접 생산하는 특산물로 한정하고 그밖에 것은 지정하지 않았으니 그 산지(産地)와 그 작목(作牧)한 사람들을 분명히 기록한 사실로써 확인할 수 있는 것이다.

2-1-23 ·· 浮^부于汝^{우 문}하야 達^달于濟^{우 제}하느니라

『문수로 떠내려가서 제수에 도달하느니라.』

◉ 여기에서는 청주의 수상교통로를 밝혀 문물교류의 길이 열린 것을 기록하였다.

문(汝)은 『한서(漢書)』 지리지(地理志)에 태산군(泰山郡) 내무현(萊蕪縣) 원산(原山)에서 발원한다고 하였으니 곧 치수(淄水)와 같은 지역에서 출원하는바 치수는 동북쪽으로 흘러 바다로 들어가고 문수(汝水)는 서남쪽으로 흘러 동평현(東平縣)에 이르러 제수(濟水)로 들어간다. 부(浮)와 달(達)과 제(濟)는 앞(2-1-17)에서 이미 해설하였다. 청주(靑州)는 바다를 접하여 해로가 많지만 가장 순탄한 길을 지정하였다.

2-1-24 ·· 海^해岱^대及^급淮^회에 惟^유徐^서州^주라

『바다와 대산 및 회수에 오직 서주라.』

◉ 여기에서는 서주의 경계를 밝혔다.

해(海)는 황해(黃海)이고 대(岱)는 앞(2-1-18)에서 이미 해설하였으며 회(淮)는 회수(淮水)로 대별산맥(大別山脈)에서 발원하여 동쪽으로 흘러 하남성(河南省), 안휘성(安徽省)을 지나 강소성(江蘇省)을 거쳐 바다로 들어가는 중국에서 셋째 가는 큰 강인데 지금은 홍택호(洪澤湖)를 지나 양자강(揚子江)에 합류시켰으니 길이가 560km이다. 서주(徐州)는 동쪽으로 황해와 접하고 북쪽으로 태산(泰山)에 이르러 청주(靑州)와 접경하며 서쪽으로 제수(濟水)를 경계로 예주(豫州)와 접하고 남으로 회수(淮水)를 경계로 양주(揚州)와 접한다.

2-1-25 ‥‥‥‥‥‥‥‥‥‥‥‥‥‥‥‥‥‥‥ 淮沂其乂하니 蒙羽其藝하도다

『회수와 기수가 그 다스려 평온하니 몽산과 우산이 그 심어 가꾸도다.』

☯ 여기에서는 서주의 홍수를 다스려 이미 강줄기를 정비하니 산야에 경작지를 조성하여 정착한 것을 기록하였다.

회(淮)는 앞에서 해설하였고 기(沂)는 기수(沂水)인데 발원지가 여러 곳으로 하나는 이구산(尼丘山)에서 발원하여 곡부(曲阜)를 지나니 일찍이 증점(曾點)이 목욕하던 곳이요 하나는 『한서(漢書)』 지리지(地理志)에 태산군(泰山郡) 개현(蓋縣) 예산(艾山)에서 출원한다고 하였으니 이제는 산동성(山東省) 기수현(沂水縣)이다. 이것이 합류하여 사수(泗水)로 들어가고 사수는 다시 회수(淮水)로 들어간다. 몽(蒙)과 우(羽)는 산이름으로 『한서』 지리지에 몽산(蒙山)은 태산군 몽음현(蒙陰縣) 서남쪽에 있다고 하였으니 지금은 산동성 몽음현(蒙陰縣) 남쪽 40리에 있으며 우산(羽山)은 동해군(東海郡) 축기현(祝其縣) 남쪽에 있다고 하였으니 곧 요전(堯典) 편(1-2-12)에서 말한 바의 산이며 지금의 산동성(山東省)이다. 예(藝)는 곡식을 심어서 가꾸는 것이니 주민이 정착하여 산다는 뜻이다.

2-1-26 ‥‥‥‥‥‥‥‥‥‥‥‥‥‥‥‥‥‥‥ 大野旣豬하니 東原底平하도다

『대야택에 이미 물이 고이니 동원 땅이 평평함에 이르도다.』

☯ 여기에서는 서주의 수자원을 확보하여 동원지역의 경지정리를 완료한 사실을 기록하였다.

대야(大野)는 못이름이니 대야택(大野澤)은 『한서(漢書)』 지리지(地

理志)에 산양군(山陽郡) 거야현(鉅野縣) 북쪽에 있다고 하였는데『원화
군현지(元和郡縣志)』에 말하기를 남북이 300리이고 동서가 100여 리
라고 하였다. 저(豬)는 물이 괴였다가 흐르는 못이요 동원(東原)은 지
명으로 한(漢)나라는 여기에 동평국(東平國)을 세웠고 뒤에 동평군(東
平郡)이 되었는데 태산(泰山)의 서남지역으로 제수(濟水)의 동쪽에 있
기 때문에 동원(東原)이라고 하였다. 지(底)는 이르는 것이요 평(平)은
평평함이니 지평(底平)은 경지를 반듯하고 고르게 정리하여 평야지대
가 되었다는 뜻이다.

2-1-27 ························· 厥土는 赤埴墳이니 草木은 漸包로다

『그 토지는 붉고 찰진 걸찬흙이니 풀과 나무는 점점 자라고 더부룩
히 나도다.』

◉ 여기에서는 서주의 토질과 초목의 생태를 기록하였다.
　적(赤)은 붉은 색이니 철분이 많은 것이고 식(埴)은 찰진 흙이니 석
영(石英), 장석(長石)들의 돌이 풍화작용으로 분해된 점토(黏土)이며 분
(墳)은 앞(2-1-14)에서 이미 해설하였다. 점(漸)은 점점 자라는 것이고
포(包)는 더부룩히 나는 것이니 곧 총생(叢生)이다. 서주(徐州)는 회수
(淮水)의 하류에 위치하여 저습한 까닭에 초목의 생태가 이와 같은 것
이다.

2-1-28 ····························· 厥田은 惟上에 中이요
厥賦는 中에 中이니라

『그 논밭은 오직 위에서 가운데요 그 부세는 가운데서 가운데이니

라.』

　☯ 서주(徐州)의 경지면적은 9주 가운데 제2등급임에도 부세(賦稅)
총액은 제5등급이니 평야지대로 농지는 많으나 점토질이기 때문에 수
확량이 적음을 밝혔다.

2-1-29 ‥‥‥‥‥‥‥‥‥‥‥‥‥‥‥‥‥‥‥ 厥貢은 惟土五色과 羽畎에
夏翟과 嶧陽에 孤桐과
泗濱에 浮磬이로다 淮夷의
蠙珠曁魚와 厥篚에 玄纖縞로다

『그 공물은 오직 흙의 다섯 가지 색과 우산의 계곡에 5색 꿩깃과
역산의 남쪽에 우뚝한 오동나무와 사수 근방에서 뜬 경석이로다. 회
수에 오랑캐의 진주조개와 진주 및 물고기와 그 광주리에 검은 비단
과 흰 비단이로다.』

　☯ 여기에서는 서주의 공물과 그 생산지를 밝혔다.
　토오색(土五色)은 다섯 가지 색의 흙으로 청토(靑土), 적토(赤土), 황
토(黃土), 백토(白土), 흑토(黑土)인데 건물이나 악기 등에 칠하기 위한
도료(塗料)로 쓰기 위함이다. 우(羽)는 우산(羽山)이니 앞(2-1-25)에서
이미 해설하였고 견(畎)은 계곡이며 하(夏)는 다섯 가지의 색깔이니
청, 적, 황, 백, 흑색이요 적(翟)은 꿩의 깃인데 하적(夏翟)은 5색이 찬
란한 꿩깃이다. 고대에는 꿩의 깃으로 깃발이나 악기 그리고 수레 등
을 아름답게 장식하였다. 역(嶧)은 산이름인데 역산(嶧山)은 『한서(漢
書)』 지리지(地理志)에 동해군(東海郡) 하비현(下邳縣) 서쪽에 갈역산
(葛嶧山)이 있다고 하였으니 이것을 역산이라 하고 양(陽)은 산의 남쪽

이며 고(孤)는 우뚝함이요 동(桐)은 오동나무이니 금슬(琴瑟) 같은 악기를 만드는 데 쓴다. 예로부터 역산의 남쪽에 오동나무가 많이 자랐다. 사(泗)는 강이름으로『수경주(水經注)』에 의하면 한(漢) 시대의 노국(魯國) 변현(卞縣) 도허(桃墟) 서북쪽 배미산(陪尾山)에서 출원하는데 네 개의 샘에서 흘러나오기 때문에 사(泗)라고 이름한다고 하였으니 오늘날 산동성(山東省) 사수(泗水)와 곡부(曲阜) 사이에 있다. 이 사수는 서남으로 흘러 팽성(彭城)을 지나고 또 동남으로 흘러 하비(下邳)를 지나 회음(淮陰)에서 회수(淮水)로 들어간다. 빈(濱)은 강줄기의 근방이고 부(浮)는 석재(石材)를 뜨는 것이니 인공으로 돌을 쪼개서 잘라내는 작업이며 경(磬)은 경석(磬石)이니 경쇠를 만드는 소리가 좋고 색깔이 흰 옥돌이나 아름다운 돌이다. 회이(淮夷)는 회수의 유역에 사는 소수민족인데 어업을 전문으로 하는 사람들이고 빈(蠙)은 진주조개과에 속하는 조개의 하나로 조가비의 길이와 높이가 75~1000㎜ 가량이고 조가비의 앞 뒤 양쪽 끝에는 귀 모양의 돌출부분이 있는데 이 틈에서 족사(足絲)를 내어 물건에 붙는다. 난해(暖海)의 물결이 잔잔하고 깨끗한 염분이 많은 내만의 수심이 5~20m 되는 곳에 사는데 여름철에 수온이 28℃를 넘으면 조개는 위험상태에 빠진다. 모두 진주가 있으므로 양식 진주의 모패(母貝)로 사용하며 패각은 세공(細工)에 쓰이는데 진주패(眞珠貝)라고 한다. 주(珠)는 진주(眞珠)이며 기(曁)는 및, 현(玄)은 붉은 빛이 감도는 검은색이요 섬(纖)은 섬세한 비단이고 호(縞)는 희고 깨끗한 비단이다. 아름다운 문화예술을 창조하기 위하여 흙과 돌 및 나무와 꿩 깃 그리고 진주조개까지도 버리지 않고 모두 이용하였으니 자연자원을 아끼는 극치이다.

2-1-30 ······························ 浮于淮泗하야 達于河하느니라

『회수와 사수를 떠내려가서 황하에 도달하느니라.』

☯ 여기에서는 서주(徐州)의 해상교통로를 기록하여 문물을 교류하는 길이 열린 것을 밝혔다. 회수(淮水)는 앞(2-1-24)에서 이미 해설하였고 사수(泗水)도 앞(2-1-29)에서 이미 해설하였으니 사수는 회수로 흘러가고 회수는 황해로 들어가므로 황해에서 북상하여 황하로 통한다.

회 해　유 양 주
2-1-31 ························· 淮海에 惟揚州라

『회수와 바다에 오직 양주라.』

☯ 여기에서는 양주의 경계를 밝혔다.

회(淮)는 회수(淮水)로 앞(2-1-24)에서 이미 밝혔고 해(海)는 황해(黃海)와 남해(南海)를 통칭한 것인즉 양주(揚州)는 북으로 회수(淮水)를 경계로 하여 서주(徐州)와 접하고 동남으로 바다와 맞닿으며 또한 서쪽으로는 형주(荊州)와 접한 최남단에 위치한다.

팽 려 기 저　　양 조 유 거
2-1-32 ····················· 彭蠡既豬하니 陽鳥攸居로다

『팽려택에 이미 물이 고이니 기러기가 머물러 사는 곳이로다.』

☯ 여기에서는 우가 양주지역을 관통하여 바다로 들어가는 양자강을 다스려서 범람했던 물을 바다로 방류하니 고원과 평지가 나타남에 곳곳에 못을 만들어 농업용수로 쓰게 하였기 때문에 사람이 와서 정착함은 물론이요 기러기 같은 철새까지 머물게 된 남방지역의 저습한 지대까지도 자연환경을 복원했음을 기록하였다.

팽려(彭蠡)는 『한서(漢書)』 지리지(地理志)에 예장군(豫章郡) 팽택현(彭澤縣) 동쪽에 있는데 강서(江西)와 강동(江東)의 여러 강물이 합치

는 곳으로 예장(豫章), 요주(饒州), 남강군(南康軍)에 걸쳐 있다고 하였으니 이른바 오늘날 강서성(江西省) 파현(鄱縣)에 있는 파양호(鄱陽湖)이다. 저(豬)는 앞(2-1-26)에서 이미 해설하였고 양조(陽鳥)는 따뜻한 곳을 찾아다니는 철새로 기러기인데 홍안(鴻雁)은 9월에 남쪽으로 내려와서 겨울을 보내고 정월(正月)에 북쪽으로 올라간다. 유(攸)는 곳이요 거(居)는 머물러 사는 것이니 유거(攸居)는 거류지(居留地)가 되었다는 말인데 이것은 홍수가 범람했을 때에는 사람은 물로 철새까지도 여기에 거주할 수 없었으나 우가 치수사업을 성공한 뒤에는 사람은 물론 철새까지도 다시 돌아와서 머물게 되었음을 변증한 것이다.

2-1-33 ·· <ruby>三江旣入<rt>삼 강 기 입</rt></ruby>하니 <ruby>震澤底定<rt>진 택 지 정</rt></ruby>하도다

『3강이 이미 바다로 들어가니 진택이 안정을 이루도다.』

◑ 여기에서는 우가 양주의 가장 남쪽에 위치한 삼강을 바다로 흘러 들어가게 함으로써 양주의 치수사업이 성공하였음을 기록하였다.
　삼강(三江)은 『오지기(吳地記)』에 말하기를 송강(松江)이 동북으로 70리를 흘러가면 삼강구(三江口)가 있는데 강줄기가 나누어져서 동북으로 흘러 바다로 들어가는 것이 누강(婁江)이요 동남으로 흘러 바다로 들어가는 것이 동강(東江)인데 송강(松江)과 아울러 삼강(三江)이 된다고 하였으니 오늘날 강소성(江蘇省)에 위치한다. 입(入)은 바다로 들어감이니 곧 입해(入海)이다. 진택(震澤)은 호수이름으로 『한서(漢書)』 지리지(地理志)에 오현(吳縣) 서남쪽 50리에 있다고 하였으니 구구(具區)라고 일컫는다고 하였는데 뒤에는 태호(太湖)라고 하였으니 강소성(江蘇省)과 절강성(浙江省)에 걸쳐 있다. 지(底)는 이루는 것이니 치(致)와 같고 정(定)은 안정이다. 진택(震澤)이 삼강(三江)의 상류에 위치하므로 삼강이 바다로 흘러 들어감에 진택의 물이 따라서 흐르게 되어 범람할 염려가 없게 되었다는 말이다. 양주(揚州)에서 가장 큰

강은 양자강(揚子江)임에도 직접 언급하지 않은 이유는 다음 형주(荊州)에서 밝히기 위함이니 팽력택(彭蠡澤)을 다스림에서 이미 양자강의 물이 바다로 빠지고 수위가 낮아진 사실을 추측할 수 있는 것이다.

2-1-34 ······························ 篠簜旣敷하니 厥草惟夭며
厥木惟喬요 厥土惟塗泥로다

『가는 대와 왕대가 이미 분포하여 나니 그 풀은 무성하며 그 나무는 오직 키가 크고 그 토지는 오직 진흙탕 수렁이로다.』

☯ 여기에서는 초목의 생태와 토질의 특성을 기록하였다.
소(篠)는 세죽(細竹)이니 화살을 만들고 탕(簜)은 왕대로 참죽이라고 하는데 대나무는 따뜻한 지방에서 자란다. 부(敷)는 분포(分布)하여 생장함이요 요(夭)는 야들야들하게 무성함이고 교(喬)는 키가 크고 가지가 적은 것인즉 모두 기후가 열대지방에 가까운 까닭에 나타난 현상이다. 도(塗)는 진흙탕이고 니(泥)는 수렁이니 양주(揚州)는 양자강 하류에 위치하여 지대가 저습하므로 퇴적층의 진흙탕과 수렁논이 많은 것이다.

2-1-35 ······························ 厥田은 惟下에 下요
厥賦는 下에 上이니 上錯이로다

『그 논밭은 오직 아래에서 아래요 그 부세는 아래에서 위이니 위로 섞으도다.』

☯ 양주의 경지면적은 9주 가운데 최하위인 9등급인데도 그 부세 총액은 제7등급이며 때로는 6등급과 같은 수준임을 밝혔다.

상착(上錯)은 곧 중하(中下)와 같은 등급이라는 뜻이니 물이 풍부하고 기후가 따뜻하여 곡식의 생산량이 많은 까닭에 세수(稅收)가 증가한 것이다. 그리고 양주(揚州)의 경지면적이 가장 작은 이유는 강과 호수와 늪지대가 많아서 개간이 어렵기 때문이다.

2-1-36 ······························ 厥貢은 惟金三品과 瑤琨篠簜과

齒革羽毛와 惟木이로다

島夷의 卉服과 厥篚에 織貝요

厥包橘柚는 錫貢이로다

『그 공물은 오직 금의 세 가지 등품과 아름다운 요곤옥과 가는 대와 왕대와 상아, 가죽, 깃, 털과 오직 나무로다. 섬에 사는 오랑캐의 풀로 만든 옷과 그 광주리에 직물과 조가비의 무늬같이 아름답게 짠 비단이요, 그 포장한 귤과 유자는 명령이 내리면 바치도다.』

☯ 여기에서는 양주의 공물과 특품을 밝혔다.

금삼품(金三品)은 금(金)과 은(銀)과 동(銅)이고 요곤(瑤琨)은 아름다운 옥(玉)이며 소탕(篠簜)은 앞(2-1-29)에서 해설하였다. 치(齒)는 상아(象牙)이고 혁(革)은 물소의 가죽이며 우(羽)는 새의 깃이요 모(毛)는 짐승의 털이다. 도이(島夷)는 남쪽 섬에 사는 소수민족이고 훼복(卉服)은 풀로 만든 시원한 옷이니 갈포, 모시, 삼, 무명 등으로 만든다. 직(織)은 앞(2-1-16)에서 이미 해설하였고 패(貝)는 패금(貝錦)으로 조가비의 무늬처럼 아름다운 비단이다. 포(包)는 포장이요 귤(橘)은 귤나무의 열매로 둥글 납작한 액과(液果)로 물이 많고 맛은 시면서도 달콤하며

청황색의 껍질을 벗겨 속을 먹는다. 유(柚)는 유자(柚子)나무 열매로 유자라고 하는데 거죽이 우툴두툴하고 누르스름한데 살은 향기와 신맛이 있다. 석(錫)은 석명(錫命)이니 특별히 내린 명령이고 공(貢)은 위에 바치는 것이다. 귤과 유자는 멀리 운반함에 파손되고 변질하기 쉬우므로 약재 등에 특별히 필요할 때에만 바치고 매년 바칠 필요가 없다는 말이니 성인(聖人)의 애민정신을 여기에서 확인하라.

2-1-37 ······································· 沿于江海하야 達于淮泗하느니라
연 우 강 해　　　달 우 회 사

『양자강과 바다를 따라서 회수와 사수에 도달하느니라.』

◉ 여기에서는 양주의 수상교통로를 기록하여 문물을 교류하는 길이 열린 것을 밝혔다.

연(沿)은 쫓아서 따름이고 강(江)은 중국대륙 중앙부를 횡단하는 양자강(揚子江)으로 티벳고원의 북동부에서 발원하여 운남(雲南), 사천(四川)의 경계를 북동으로 흐르고 삼협(三峽)의 험한 곳을 거쳐 호북성을 횡단하여 강서성, 안휘성, 강소성을 차례로 흘러내려 바다로 들어가는 장강(長江)이니 길이가 5,800㎞이다. 회(淮)와 사(泗)는 앞(2-1-30)에서 이미 해설하였다. 이로써 양주(揚州)의 교통로는 양자강에서 바다로 나와 북쪽 해안선을 따라 올라가서 황하(黃河)로 들어가고 또는 회수(淮水)로 들어가 사수(泗水)에까지 도달할 수 있게 되었으니 기주(冀州)로부터 연주(兗州), 청주(靑州), 서주(徐州), 양주(揚州)까지 해안지대의 교통로가 모두 연결되었다.

2-1-38 ·· 荊及衡陽에 惟荊州라
형 급 형 양　　　유 형 주

『형산(荊山) 및 형산(衡山)의 남쪽에 오직 형주라.』

◑ 여기에서는 형주의 경계를 밝혔다.

형(荊)은 형산(荊山)으로 오늘날 호북성(湖北省) 남장현(南漳縣)에 있는데 장수(漳水)가 여기에서 출원한다. 형(衡)은 형산(衡山)으로 오늘날 호남성(湖南省) 형산현(衡山縣)에 있으며 양(陽)은 산의 남쪽이니 형주(荊州)는 북으로 형산(荊山)에 이르고 남으로 형산(衡山)의 남쪽에 걸친다는 말이다.

2-1-39 ························· <ruby>江漢朝宗于海<rt>강 한 조 종 우 해</rt></ruby>하며 <ruby>九江孔殷<rt>구 강 공 은</rt></ruby>하도다

『양자강과 한수가 모여서 바다로 흘러가며 아홉 강물이 매우 성대하도다.』

◑ 여기에서는 형주의 치수사업이 성공한 것을 기록하였다.

강(江)은 양자강(揚子江)이니 앞(2-1-37)에서 이미 해설하였고 한(漢)은 한수(漢水)로 중국 섬서성(陝西省) 남서쪽 진령산맥의 파총산(嶓冢山)에서 발원하여 한중(漢中)을 거쳐 호북성(湖北省)에 흘러들어 한구(漢口)에서 양자강으로 들어가는데 총길이가 1천㎞이다. 조종(朝宗)은 제후가 천자(天子)를 배알하는 것인데 봄에 알현하는 것을 조(朝)라고 하며 가을에 알현하는 것을 종(宗)이라고 하였는바 강물이 모여서 바다로 흘러드는 것을 제후들이 천자국에 조회(朝會)하는 것으로 비유하였다. 해(海)는 남해(南海)인데 양자강과 한수(漢水)가 형주(荊州)에서 합류하여 양주(揚州)를 거쳐 남해로 들어가는바 이미 양주에 있는 양자강의 하구(河口)를 정비했고 이어 형주지역에 위치한 양자강과 한수를 정비했기 때문에 그 강물이 순조롭게 바다로 흐르게 되었음을 밝힌 것이다. 구강(九江)은 아홉개의 강줄기인데 『수경(水經)』에서는 구강이 장사(長沙) 하준(下雋)에 있다고 하였고 『초지기(楚地記)』에는

파릉(巴陵) 소상(瀟湘)의 못이 구강의 사이에 있다고 하였으니 곧 동정
호(洞庭湖)가 있는 곳이다. 동정호는 오늘날 호남성(湖南省) 북부에 있
는데 중국 제일의 민물 호수로 양자강의 흐름을 완화하는 구실을 하
며 여름철에는 불고 겨울철에는 적어지는데 총면적이 3,100~5,200㎢
에 이르는바 채침(蔡沈)은 동정호로 흘러드는 원수(沅水), 점수(漸水),
원수(元水), 진수(辰水), 서수(叙水), 유수(酉水), 예수(澧水), 자수(資水),
상수(湘水)가 모두 동정호로 모여들기 때문에 구강(九江)이라고 불렀
다고 하였다. 공(孔)은 매우, 은(殷)은 성대함이니 구강이 동정호로 흘
러 들어가기 때문에 그 호수물이 많아서 성대하다는 뜻이다. 여기에
서 형주의 치수공사가 얼마나 거대한 사업이었는지를 알 수 있을 것
이다.

2-1-40 ························ 沱潛旣道하니 雲土하고 夢作乂하도다

『타수와 잠수가 순탄하게 흐르니 운 땅이 평지가 되고 몽 땅이 경
작하여 가꾸도다.』

☯ 여기에서는 양자강과 한수의 지천을 정비하여 물이 순탄하게 흐
르도록 하니 저지대에 범람했던 물이 모두 **빠져서** 평지가 되고 경작
이 가능하게 되었음을 기록하였다.

타(沱)와 잠(潛)은 모두 강이름인데 『이아(爾雅)』에 말하기를 물이
양자강(揚子江)에서 갈라져 나온 것을 타라고 하며 한수(漢水)에서 갈
라져 나온 것을 잠이라고 한다고 하였으니 타와 잠은 고유명사가 아
니고 보통명사임을 알 수 있는바 곧 양자강과 한수의 작은 지천(支川)
들로서 여기서는 형주(荊州)지역 내에 있는 것을 지칭한다. 도(道)는
앞(2-1-11)에서 이미 해설하였고 운(雲)과 몽(夢)은 모두 땅이름으로 지
대가 낮아서 홍수에 잠겼었으나 타수(沱水)와 잠수(潛水)를 통해 물이
거의 **빠지고도** 남아 있는 못이 있었으니 그것을 하나로 묶어서 운몽

택(雲夢澤)이라고 하고 또 둘로 나누어 운택(雲澤)과 몽택(夢澤)이라고
일컬었으니 대개 양자강과 한수 주변의 지역이다. 토(土)는 평지(平地)
가 되었다는 말이고 작예(作乂)는 농사를 지을 수 있는 경작지가 되었
다는 뜻이다.

2-1-41 ···························· 厥土는 惟塗泥니 厥田은
惟下에 中이요 厥賦는 上에 下로다

『그 토지는 오직 진흙탕 수렁이니 그 논밭은 오직 아래에서 가운데
요 그 부세는 위에서 아래로다.』

☯ 여기에서는 토질에 대한 특성을 밝히고 경작지 면적 및 세금 총
액의 등급을 기록했다.

도니(塗泥)는 앞(2-1-34)에서 이미 해설하였으니 형주(荊州)의 토질
은 양주(揚州)와 같고 경지면적은 9주 가운데 제8등급임에도 부세 총
액이 제3등급이니 물이 풍부하고 기후가 따뜻하여 생산량이 많은 까
닭에 세수가 증대한 것이다.

2-1-42 ···························· 厥貢은 羽毛齒革과
惟金三品과 杶榦栝柏과
礪砥砮丹이로다 惟箘簵楛는
三邦에 底貢厥名하나니라
包匭菁茅며 厥篚에 玄纁璣組요
九江에 納錫大龜하나니라

『그 공물은 깃, 털, 상아, 가죽과 오직 금의 세 가지 등품과 참죽나무와 밑줄기, 전나무와 동백나무, 숫돌과 돌살촉 및 단사로다. 오직 살대나무와 싸리나무는 세 나라에 그 명품을 바쳐야 하느니라. 싸서 묶은 세골진띠며 그 광주리에 검붉은 비단과 잔구슬인끈이요, 아홉 강물에 내린 큰 거북을 바치느니라.』

◑ 여기에서는 형주의 공물 내역을 기록하였다.

우모치혁(羽毛齒革)과 금삼품(金三品)은 앞(2-1-36)에서 이미 해설하였으니 양주(揚州)에서는 금삼품을 먼저 기록하였으나 여기에서는 우모치혁을 앞에 기록하였으니 지역 특산품의 우선 순위에 따른 기록법이다. 춘(杶)은 참죽나무인에 멀구슬나무과에 속하는 낙엽교목이다. 키는 10m 가량이고 독특한 냄새가 나며 잎은 짝수의 깃꼴겹잎인데 작은 잎은 타원형이고 끝이 뾰족하다. 6월에 하얀 꽃이 원추 꽃차례로 피고 삭과(蒴果)는 10월에 여문다. 촌락 근처에 심어 어린잎은 식용하고 줄기는 기구와 농구의 재료로 쓴다. 간(榦)은 간(幹)과 같으니 활을 만드는 재료인데 활의 밑줄기는 산뽕나무가 최고이고 다음이 참죽나무나 박달나무이며 그 다음이 상수리나무나 뽕나무이며 또 그 다음이 귤나무, 모과나무, 굴싸리나무 순이며 최하가 대나무라고 『고공기(考工記)』 궁인(弓人)에서 말하였다. 괄(栝)은 전나무인데 전나무과에 속하는 상록 교목으로 키는 20~30m, 곧게 자라며 나무 껍질은 잿빛을 띤 갈색에 작은 비늘이 있고 나무의 나이는 200~300년이다. 잎은 선(線) 모양이며 끝이 매우 뾰족하고 중륵(中肋)의 양쪽에 흰빛의 기공선(氣孔線)이 있다. 암수 한 그루이며 4월에 꽃이 피어 날개가 달리고 알 모양으로 생긴 삼각형의 열매가 10월에 여물고 재목은 건축용 가구용으로 쓰며 정원수로도 심는다. 백(栢)은 동백(冬柏)나무로 후피향나무과에 속하는 상록 작은 교목인데 키는 7m 가량이고 잎은 타원형이며 끝이 빨고 광택이 있다. 4월쯤 적색이나 흰색의 큰 꽃이 가지 끝마다 아름답게 피는데 꽃잎은 5장이며 열매는 삭과(蒴果)로 지름 4~5㎝쯤의 공 모양이며 늦가을에 붉게 여물고 2개의 씨가 들어 있다.

씨는 약용 또는 기름을 짜며 목재는 공예용이다. 여지(礪砥)는 숫돌인
데 여(礪)는 거친 숫돌이고 지(砥)는 가는 숫돌이며 노(砮)는 돌살촉이
고 단(丹)은 단사(丹砂) 또는 주사(朱砂)라고 하는데 천연적으로 나는
유화 수은이다. 짙은 붉은빛의 광택이 있는 육방정계(六方晶系)에 속
하는 덩어리로 이루어진 광물이다. 정제(精製)하여 염료나 약용으로
사용한다. 균로(箘簵)는 살대나무로 화살대를 만드는 재료로 쓰는바
크기가 다르기 때문에 균(箘)과 로(簵)로 분류하였다. 호(楛)는 싸리나
무인데 화살대 재료로 이용한다. 삼방(三邦)은 살대나무와 싸리나무가
많은 세 나라로 형주(荊州)에 있으나 구체적으로는 알 수 없다. 지공
(底貢)은 치공(致貢)이니 바치는 것이요 명(名)은 명품(名品)으로 최고
급품인즉 화살을 굵기와 길이가 같고 곧아야 되기 때문에 특별히 명
품을 규정하여 애써 멀리 수송한 재료가 쓸모없이 버려지는 것을 경
계함이다. 포(包)는 포장함이고 궤(匭)는 동여서 묶음이며 청모(菁茅)는
세골진띠로 띠자리나 도롱이 등을 만든다. 전배(前輩)들은 이것으로
술을 걸렀다고 하였으나 우(禹)가 술을 금지시켰거늘 어찌 술이 있었
겠는가? 세골진띠를 포장하여 묶은 것은 완전히 말린 다음에 간추려
일정한 크기로 포장해서 묶었다는 뜻이다. 현훈(玄纁)은 검붉은 비단
이요 기(璣)는 잔구슬이니 구슬이 둥근 것은 주(珠)라 하고 둥글지 않
은 것은 기(璣)라고 한다. 조(組)는 구슬을 꿴 줄이니 관(冠)의 끈이나
패옥(佩玉) 또는 띠를 만드는데 사용한다. 구강(九江)은 앞(2-1-39)에서
이미 해설하였고 납(納)은 상납(上納)이니 중앙정부에 바침이요 석(錫)
은 수신(水神)이 내려줌이고 대귀(大龜)는 1척 2촌이 넘는 거북이다.
이와 같이 큰 거북은 해마다 얻을 수 없기 때문에 물귀신이 내려보내
서 얻으면 곧 상납하라는 뜻으로 그 신통(神通)함을 존중하는 말이다.
대체로 형주의 공물은 다른 주에 비교하여 그 종류가 많으니 기후가
따뜻하여 생태가 발달해서 물산이 많고 풍부함을 알 수 있다.

2-1-43 ······························· 浮于江沱潛漢하야 逾于洛하야
부 우 강 타 잠 한 유 우 락

『양자강과 타수와 잠수와 한수로 배를 타고 가서 낙수로 넘어가 남쪽 황하에 이르느니라.』

◑ 여기에서는 형주의 수륙교통로를 밝혔다.

부(浮)는 배를 타고 가는 것이며 강(江), 타(沱), 잠(潛), 한(漢)은 앞(2-1-37, 38, 40)에서 이미 해설하였고 유(逾)는 넘어가는 것이요 낙(洛)은 낙수(洛水)인데 섬서성(陝西省) 동남부의 진령(秦嶺)에서 발원하여 하남성(河南省) 낙양(洛陽)의 남쪽을 흘러 황하(黃河)로 들어간다. 그러나 이 강이 옹주(雍州)에 있어 너무 멀기 때문에 왕선겸(王先謙)은 『한서(漢書)』 지리지보주(地理志補注)에서 왕념손(王念孫)의 설을 인용하여 마땅히 낙(洛)은 낙(雒)이 바뀐 것이라고 하였는바 낙수(雒水)는 예주(豫州)에 있어 가깝게 황하로 들어간다. 남하(南河)는 남쪽의 황하인데 형주(荊州)에서는 양자강(揚子江)과 타수(沱水)에서 잠수(潛水)와 한수(漢水)를 거슬러 올라가 물이 없는 곳에서는 배를 버리고 육로를 따라 낙수(洛水)로 넘어 가서 다시 배를 타고 남쪽 황하에 이르는 길을 열었다는 뜻이다. 물론 형주에서 양자강을 따라 바다로 나와서 해안선을 따라 북쪽으로 올라가 황하로 들어가는 해상로가 있지만 당시의 작은 배로는 위험하기 때문에 양주(揚州)와 형주(荊州)의 교통로를 모두 내륙의 수로를 이용토록 하였으니 인민의 생명과 재산을 안전하게 보호하려는 조치였다고 할 것이다.

형 하　　유 예 주
2-1-44 ························· 荊河에 惟豫州라

『형산과 황하 사이에 오직 예주라.』

◐ 여기에서는 예주의 경계를 밝혔다.

　형(荊)은 형산(荊山)이니 앞(2-1-38)에서 이미 해설하였고 하(河)는 황하(黃河)인즉 예주(豫州)는 9주의 중앙부에 위치하여 북쪽은 황하를 경계로 기주(冀州)와 접하고 남쪽은 형산을 경계로 형주(荊州)와 접하며 동쪽에는 연주(兗州) 양주(揚州) 및 서주(徐州) 청주(靑州)가 있고 서쪽에는 옹주(雍州), 양주(梁州)가 있어서 교통이 편리하고 산업이 발달한 지역이다.

이 락 전 간　기 입 우 하
2-1-45 ······································ 伊洛瀍澗이 旣入于河하다

『이수와 낙수와 전수와 간수가 이미 황하로 들어가다.』

◐ 예주의 치수사업이 성공적으로 추진되었음을 기록하였다.

　이(伊)는 이수(伊水)이고 낙(洛)은 낙수(洛水)로 앞(2-1-43)에서 이미 해설하였으며 전(瀍)은 전수(瀍水)요 간(澗)은 간수(澗水)인데 이수는 『산해경(山海經)』에 노씨현(盧氏縣) 웅이산(熊耳山)에서 출원하여 동북으로 흘러서 낙양현(洛陽縣) 남북쪽에 이르러 낙수로 들어간다고 하였으나 전배(前輩)들은 물이 흐른 자취가 없기 때문에 인정하지 않았고 염약거(閻若璩)는 『상서고문소증(尙書古文疏證)』에서 『노씨현지(盧氏縣志)』를 인용하여 민돈령(悶頓岭)의 남쪽에서 출원하여 북으로 흘러 숭현(崇縣), 낙양(洛陽)을 거쳐 동쪽으로 언사현(偃師縣)에 이르러 낙수로 들어간다고 하였다. 전수는 오늘날 하남성(河南省) 신안현(新安縣) 북곡성산(北谷城山)에서 출원하여 낙양의 동쪽에 이르러 낙수로 들어가는데 길이가 70리에 지나지 않는다. 간수는 하남성(河南省) 면지현(澠池縣) 백석산(白石山)에서 출원하여 신안현(新安縣) 동쪽에서 면지현(澠池縣) 남산의 중곡(中谷)과 양곡(陽谷)에서 발원한 곡수(谷水)와 모여 합쳐서 낙양 서쪽에 이르러 낙수로 들어간다. 이수와 전수와 간수는 모두 낙수로 들어가고 낙수는 황하로 들어가는데 이수와 전수

와 간수를 정비하는 공사가 어려웠기 때문에 모두 기록하였다.

2-1-46 ·························· 榮波旣豬하고 導菏澤하야 被孟豬하시다

『형수와 파수가 이미 물이 고이고 가택을 이끌어 맹저에 미치게 하시다.』

☯ 여기에서는 우가 예주지역에 못을 만들어 농업용수로 이용하게 한 것을 기록하였다.

형(榮)은 형수(榮水)이고 파(波)는 파수(波水)인데 모두 하남성(河南省) 형양현(榮陽縣) 근처에 있어 제수(濟水)로 들어갔으나 후세에 바다로 흘러갔던 제수가 황하(黃河)로 들어감에 따라 정강성(鄭康成)이 말하기를 형수가 이제 막혀서 평지가 되었다고 하였다. 『주례(周禮)』 직방씨(職方氏)에 이르기를 예주(豫州)의 하천은 형수와 낙수(雒水)이고 침수천(浸水川)은 파수와 차수(瀳水)라고 하였다. 저(豬)는 하천의 흐름을 막아 못을 만든 것인즉 곧 형수와 파수를 모아 형택(榮澤)을 만들어 농업용수로 이용케 함이다. 도(導)는 도수로(導水路)를 만들어 관개(灌漑)로 이용함이고 가택(菏澤)은 『한서(漢書)』 지리지(地理志)에 제음군(濟陰郡) 정도현(定陶縣) 동쪽에 있다고 하였는데 그곳에 가산(菏山)이 있기 때문에 가택이라고 이름하였다. 피(被)는 미친다는 급(及)의 뜻이고 맹저(孟豬)는 못이름인데 『한서』 지리지에 양국(梁國) 수양현(睢陽縣) 동북쪽에 있다고 하였는바 『좌전(左傳)』과 『이아(爾雅)』에서는 맹제(孟諸)라고 하였고 『주례』 직방씨에서는 망제(望諸)라고 하였으니 곧 맹저택(孟豬澤)이다. 김이상(金履祥)은 『서경주(書經注)』에서 가택과 맹저택의 거리가 무릇 120리라고 하였으니 대단히 멀리까지 도수로(導水路)를 만들어 관개에 이용하였음을 알 수 있다.

2-1-47 ·· 厥土는 惟壤이니 下土는 墳壚로다

『그 토지는 오직 고운 흙이니 아래 토지는 부풀어 오른 검은 석비레로다.』

◐ 여기에서는 예주의 토질을 기록하였다.

양(壤)은 고운 흙이니 모래 3과 점토 6의 비율에 유기물이 섞인 부드럽고 덩어리가 없는 흙으로 모든 농작물을 가꾸기에 알맞다. 하토(下土)는 저지대에 위치한 하등(下等)의 토지요 분로(墳壚)는 물에 젖으면 부풀어 오른 검은 석비레로 풍화된 편마암의 푸석돌이 섞인 흙이다.

2-1-48 ······································ 厥田은 惟中에 上이요
厥賦는 錯이니 上에 中이로다

『그 논밭은 오직 가운데에서 위이고 그 부세는 섞으니 위에서 가운데로다.』

◐ 여기에서는 예주의 경작지와 세금의 등급을 기록하였다.

예주(豫州)는 9주 가운데 경작지의 총면적은 4등급인데 부세(賦稅) 총액은 2등급으로 기주(冀州)의 세입과 견주니 토지가 비옥할 뿐만 아니라 제도(帝都)와 가까워서 과학적 영농기술을 빨리 보급하였기 때문이다. 착(錯) 상중(上中)의 뒤에다 쓰지 않고 앞에다가 쓴 것은 1등급과 같을 확률이 더욱 높다는 것을 강조하기 위함이다.

2-1-49 ························· 厥貢은 漆枲絺紵요 厥篚에
纖纊이며 錫貢磬錯하니라

『그 공물은 칠과 수삼과 가는 칙베와 모시요 그 광주리에 가는 비
단과 고운 솜이며 명령이 내리면 석경과 맷돌을 바치느니라.』

☯ 여기에서는 예주의 공물에 대한 목록을 기록하였다.

칠(漆)은 앞(2-1-16)에서 설명하였고 시(枲)와 치(絺)는 앞(2-1-22)에서
해설하였다. 저(紵)는 모시풀 껍질의 실로 짠 피륙인데 베보다 곱고
빛이 희어 여름 옷감으로 쓰는바 저마포(紵麻布)라고도 한다. 섬(纖)은
앞(2-1-29)에서 이미 해설하였고 광(纊)은 고운 솜인데 목화의 삭과(蒴
果) 속에 있는 씨에 달라붙은 털 모양의 흰 섬유질의 물질로 흰 광택
이 나고 썩 부드럽고 가벼우며 또한 탄력 및 장력이 풍부하며 흡수성
과 보온성이 있어 직물용으로 쓰는바 섬모가 길고 깨끗한 것이 고운
솜이다. 석공(錫貢)은 앞(2-1-36)에서 이미 해설하였고 경(磬)은 석경(石
磬)으로 앞(2-1-29)에서 해설한 경석(磬石)과는 다르니 여기에서 석경
은 완성된 악기(樂器)이고 서주(徐州)의 경석은 미완성의 옥돌이다. 예
주(豫州)는 제도(帝都)와 가까워 악공(樂工)이 왕래할 수 있기 때문에
악기의 제작이 가능한 것이다. 착(錯)은 맷돌인데 곡식을 타거나 가는
데 쓰는 기구로 둥글넓적하고 단단하며 곰보처럼 얽은 돌 두 짝 사이
에 맷돌 중쇠가 있어 돌리는데 윗돌 아구리의 구멍에 갈 곡식을 넣고
손잡이를 돌려서 가는 마석(磨石)이다.

2-1-50 ····························· 浮于洛하야 達于河하느니라

『낙수로 떠내려가서 황하에 도달하느니라.』

◑ 여기에서는 예주(豫州)의 수상교통로를 밝혔다. 예주는 황하와 접하여 제도(帝都)와 가장 가깝기 때문에 낙수(洛水)로 떠내려 가면 바로 남쪽 황하에 도달한다.

2-1-51 ·· 華陽黑水에 惟梁州라
화 양 흑 수　　유 량 주

『화산의 남쪽과 흑수 사이에 오직 양주라.』

◑ 여기에서는 양주의 경계를 밝혔다.

화(華)는 화산(華山)으로 중국 5악(岳)의 하나인 서악(西嶽)인데 진령산맥 중의 고봉(高峰)이다. 높이가 2,196m이며 섬서성(陝西省) 산음현(山陰縣)의 남쪽에 위치하니 그 남쪽은 양주(梁州)이고 그 북쪽은 옹주(雍州)이다. 양(陽)은 산의 남쪽이요 흑수(黑水)는 호위(胡渭)가 『우공추지(禹貢錐指)』에서 설사룡(薛士龍)의 설에 의거하여 양주 남쪽의 흑수는 오늘날의 금사강(金沙江)이라고 인정하였으니 금사강은 양자강(揚子江)의 상류이다. 대체로 양주는 중국 서남부의 변경에 있어 동쪽으로는 예주(豫州) 및 형주(荊州)와 접하니 그 서쪽은 고증할 수 없다.

2-1-52 ······························ 岷嶓旣藝하며 沱潛旣道하도다
민 파 기 예　　타 잠 기 도

『민산과 파산 땅에 이미 곡식을 가꾸며 타수와 잠수가 이미 순탄하게 흐르도다.』

◑ 우가 양주의 홍수를 다스려 성공했기 때문에 산악지대의 평지에도 경작이 가능하고 하천이 순탄하게 흐르게 되었음을 기록하였다.

민(岷)은 민산(岷山)이니 사천성(四川省) 송반현(松潘縣) 북쪽에 있는

데 민강(岷江)이 여기에서 발원하여 양자강(揚子江)으로 들어간다. 파
(嶓)는 파총산(嶓冢山)으로 섬서성(陝西省) 정현(汪縣) 서남쪽에 있는데
여기에서 한수(漢水)가 출원하여 형주(荊州)에 이르러 양자강과 합류
한다. 타(沱)와 잠(潛)은 앞(2-1-40)에서 이미 해설하였으니 여기에서는
양주(梁州)에 있는 타수(沱水)와 잠수(潛水)이다. 이로써 양자강과 한수
(漢水)의 치수사업이 순조롭게 끝난 사실을 증명하였다.

채 몽 려 평　　　　　　화 이 지 적
2-1-53 ······························· 蔡蒙旅平하시며 和夷底績하시다

『채산과 몽산에 평화롭게 다스렸음을 제사지내시며 화이에 공적을
이루시다.』

　☯ 우가 양주의 치수사업을 성공적으로 마치고 산천의 신령에게 감
사함과 동시에 공사에 애쓴 사람들을 위로하기 위하여 제사를 지낸
사실을 기록하였다.
　채(蔡)는 채산(蔡山)으로 『여지광기(輿地廣記)』에 아주(雅州) 엄도현
(嚴道縣)에 있다고 하였으니 오늘날 사천성(四川省) 형경현(滎經縣)이
며 몽(蒙)은 몽산(蒙山)으로 『태평환우기(太平寰宇記)』에 시양산(始陽
山)이 노산현(盧山縣) 동쪽 7리에 있는데 본래 이름이 몽산(蒙山)이었
으나 당(唐)나라 천보(天寶) 6년에 칙명으로 시양산으로 바꾸었는바
높이가 80리라고 하였다. 여(旅)는 산제(山祭)의 이름이고 평(平)은 치
수(治水)공사를 마치고 앞으로 평안을 기원하는 고축문(告祝文)의 내
용이다. 화이(和夷)는 지명인데 화수(和水) 부근에 오랑캐들이 거주한
땅으로 부인(傅寅)은 『우공설단(禹貢說斷)』에서 증언화(曾彦和)의 『상
서강의(尙書講義)』를 인용하여 말하기를 엄도(嚴道)로부터 서쪽의 땅
이름을 화천(和川)이라고 하는데 오랑캐가 거주한다고 하였으니 곧
오늘날 사천성(四川省) 형경현(滎經縣) 서쪽으로부터 천전현(天全縣)에
이르는 지역이다. 지적(底績)은 앞(2-1-5)에서 이미 해설하였고 다음

(2-1-61)에도 또 나오는데 모두 지명 다음에 놓였으니 화이(和夷)가 땅
이름임을 알 것이다.

2-1-54 ·························· 厥土는 靑黎니 厥田은 惟下에 上이요
厥賦는 下에 中으로 三錯이로다

『그 토지는 푸르고 검으니 그 논밭은 오직 아래에서 위요 그 부세
는 아래에서 가운데로 세 등급이 섞이도다.』

☯ 여기에서는 양주의 토질 색상과 경지면적의 등급과 부세의 총액
을 비교하여 기록했다.

청(靑)은 푸른색이고 려(黎)는 검은색이니 토질이 다양하고 거칠다
는 말이다. 양주(梁州)의 지형은 산악이 많아서 그 경작지의 총면적은
9주 가운데 제7등급이요 그 부세(賦稅) 총액은 제8등급인데 위로 제7
등급인 양주와 아래로 제9등급인 연주(兗州)의 세입총액과 견주어 서
로 비슷하므로 삼착(三錯)이라고 하여 하등(下等)의 상중하급(上中下
級)이 큰 차이가 없음을 밝혔다.

이로써 9주의 경지면적은 서로 달라도 그 세입총액은 큰 편차가 없
으니 기주(冀州)와 예주(豫州)가 가장 많으나 서로 비슷하고 형주(荊
州)와 청주(靑州) 그리고 서주(徐州)가 그 다음이요 비교적 낮은 옹주
(雍州), 양주(揚州), 양주(梁州), 연주(兗州)가 모두 비슷해서 형평성을
유지함으로써 균형적인 발전을 도모하였다.

2-1-55 ·································· 厥貢은 璆鐵銀鏤砮磬과
熊羆狐狸와 織皮로다

『그 공물은 아름다운 옥과 철과 은과 강철과 돌살촉과 경석과 곰과 불곰과 여우와 삵괭이와 직물과 가죽이로다.』

☯ 여기에서는 양주의 공물 품목을 기록하였다.

구(璆)는 아름다운 미옥(美玉)이고 루(鏤)는 강철(鋼鐵)인데 쇠와 탄소의 합금으로 열처리(熱處理)에 따라 성질이 다르게 변화시킬 수 있으므로 이미 요(堯)·순(舜) 시대에 철기문화를 주도하여 종(鍾) 등의 악기와 농기구를 제작하였다. 노(砮)는 앞(2-1-42)에서 해설하였고 웅(熊)은 곰과에 속하는 짐승으로 산림에 사는데 털빛은 새까맣고 가슴에 반달 같은 무늬가 있다. 행동은 둔하나 나무에 잘 올라가며 땅을 잘 파서 동면을 하고 2월경에 1~2마리의 새끼를 낳으며 수명은 20년 가량이다. 주로 밤에 나타나며 나무 뿌리, 어린 싹, 개미, 물고기 등을 먹는다. 쓸개는 웅담(熊膽)이라 하여 소화(消化), 해독(解毒)의 약재로 쓰고 모피는 방석 등에 이용한다. 비(羆)는 불곰인데 곰 종류 중에서 가장 크다. 몸길이가 2m 가량이다. 털빛은 갈색으로 주둥이 부분과 머리는 암갈색이며 수명은 40~50년이고 성질이 매우 용맹하다. 호(狐)는 여우이고 리(狸)는 삵괭이인데 고양이과에 속하는 포유동물로 고양이와 비슷한데 몸통은 40~50㎝이고 꼬리는 18~25㎝이다. 몸빛은 갈색 바탕에 머리에는 많은 흑색과 암갈색의 얼룩무늬와 줄무늬들이 있다. 산림 지대의 계곡과 암석층 가까운 곳에 살며 주로 밤에 활동하여 꿩, 다람쥐, 물고기 등을 잡아먹고 집 근처에 내려와 촌락의 닭도 잡아간다. 납작 엎드려 잘 숨으며 성질이 매우 사납고 나무 위에도 올라가는데 5월에 빈 나무구멍에 2~4마리의 새끼를 낳아 기른다. 가죽으로 고급 털옷을 만든다. 직(織)은 앞(2-1-16, 36)에서 이미 해설하였고 피(皮)는 양(羊)이나 들소 등의 표피를 벗겨서 만든 모피(毛皮)이다. 양주(梁州)는 산악지대에 위치하기 때문에 그 특산물이 광물과 동물이 많고 특히 거리가 멀기로 부피가 작고 가벼운 것이 특징이다.

 서 경 西傾으로 인 환 시 래 因桓是來하야
부 우 잠 浮于潛하며 유 우 면 逾于沔하며
입 우 위 入于渭하야 난 우 하 亂于河하나니라

『서경산으로부터 환수를 따라 이에 와서 잠수로 배를 타고 가며 면수로 넘어가며 위수로 들어가 황하에서 건너가느니라.』

◑ 여기에서는 양주의 수륙교통로를 밝혔다.

서경(西傾)은 산이름으로 『한서(漢書)』 지리지(地理志)에 농서군(隴西郡) 임조현(臨洮縣) 서쪽에 있다고 하였으니 오늘날은 청해성(靑海省) 하남현(河南縣)과 감숙성(甘肅省) 마곡현(瑪曲縣) 일대에 있는 산이다. 인(因)은 따라서 흘러감이요 환(桓)은 환수(桓水)인데 『수경지(水經志)』에 말하기를 서경산(西傾山)의 남쪽에서 환수가 출원한다고 하였다. 내(來)는 환수를 따라서 내려오는 것이고 부(浮)는 앞(2-1-43)에서 이미 해설하였으며 잠(潛)도 앞(2-1-40)에서 이미 해설하였으니 여기에서는 양주(梁州)에 있는 잠수(潛水)로 곧 오늘날 섬서성(陝西省)에서 발원하여 서한수(西漢水 : 오늘날은 嘉陵江)로 들어간다. 유(逾)는 앞(2-1-43)에서 해설하였으며 면(沔)은 면수(沔水)인데 오늘날 섬서성 약양현(略陽縣) 동쪽에서 출원하여 동남으로 흘러 섬서성 면현(勉縣) 서쪽에서 양수(漾水)와 합하여 다시 동쪽으로 흘러 한중(漢中)에 이르러서는 한수(漢水)가 된다. 잠수에서 서한수(西漢水)에 도달하여 육로(陸路)로 면수로 넘어와서 다시 면수의 수로(水路)를 이용하는 것이다. 위(渭)는 위수(渭水)이니 오늘날 감숙성 위원현(渭源縣) 동북에서 출원하여 황하(黃河)로 들어가는 강이다. 대저 면수와 위수는 100리 남짓한 거리가 있으니 그 사이는 육로로 운행해야 된다. 오늘날 섬서성 서미현(西眉縣) 서남쪽에 아령산(衙領山)이 있는데 그 산이 북쪽 동구(洞口)에서 사수(斜水)가 출원하여 북쪽으로 흘러 무공현(武功縣)에 이르러 위수로 들어가고 또 그 산의 남쪽 동구에서 포수(褒水)가 출원하여

남쪽으로 흘러 포성(褒城)에 이르러 면수로 들어간다. 그러므로 이 아
령산은 면수와 위수의 분수령이므로 수로가 서로 통할 수 없는 것이
다. 난(亂)은 시내를 가로로 건너감이요 하(河)는 황하인즉 위수를 배
로 떠내려 와서 황하에 이르러 북쪽으로 기주(冀州)에 도달한다는 뜻
이다. 양주는 제도(帝都)와 가장 멀기 때문에 교통이 매우 불편함을
알 수 있다.

흑 수 서 하　　　유 옹 주

2-1-57 ··· 黑水西河에　惟雍州라

『흑수와 서하에 오직 옹주라.』

☯ 여기에서는 옹주의 경계를 밝혔다. 옹주는 동쪽으로 황하를 경
계로 기주와 접하고 남쪽은 화산을 경계로 양주와 접하며 동남쪽으로
는 예주와 접경한 중국의 서북쪽 변방지대에 위치한다.
　흑수(黑水)는 앞(2-1-51)에서 말한 양주(梁州)의 흑수가 아니고 여기
에서는 옹주(雍州)지역의 서쪽에 있었던 흑수인데 후세에 물이 마르
고 사막으로 변형이 되었는지 한(漢)나라 이래로 발견했다는 기록이
없다. 서하(西河)는 곧 황하(黃河)의 상류지대를 일컬음이니 황하가 오
늘날 내몽고지대에서 남쪽으로 흘러 섬서성(陝西省) 화양현(華陽縣)에
서 다시 꺾여 동쪽으로 흐르는바 기주(冀州)의 제도(帝都)를 중심으로
보면 서쪽에 위치하기 때문에 서하(西河)라고 지칭하였다.

약 수 기 서　　　　　경 촉 위 예

2-1-58 ···························· 弱水旣西하며　涇屬渭汭하도다

『약수가 이미 서쪽으로 흐르며 경수가 위수의 북쪽으로 이었도다.』

1. 우공(禹貢) / 우의 세법　241

◉ 여기에서는 우가 옹주에서의 치수사업을 추진한 내용을 기록하였다.

약수(弱水)는 강이름으로 아래(2-1-71)의 경문(經文)에서 말하기를 "약수를 다스리시되 합려산(合黎山)에 이르시다."라고 하였으니 합려산은 오늘날 감숙성(甘肅省) 장액현(張掖縣) 서북쪽에 있다. 서(西)는 서쪽으로 흐른다는 뜻인즉 이 말로 미루어 보면 약수는 합려산의 동쪽에 위치하여 동쪽으로 범람할 가능성이 있었으나 우(禹)가 서쪽으로 흐르도록 물길을 돌렸기 때문에 약수로 인한 수재의 위험이 사라진 것을 알 수 있다. 경(涇)과 위(渭)는 모두 강이름으로 경수(涇水)는 관중8천(關中八川)의 하나로 감숙성(甘肅省) 평량현(平涼縣) 서쪽 공동산(崆峒山)에서 발원하여 섬서성(陝西省) 고릉현(高陵縣) 남쪽에서 위수(渭水)로 들어가고 위수는 감숙성 위원현(渭源縣)의 서북쪽 조서산(鳥鼠山)에서 발원하여 섬서성을 거쳐 낙수(洛水)와 합쳐 황하(黃河)로 흘러간다. 촉(屬)은 접촉하여 함께 흐른다는 뜻이니 경수는 탁류(濁流)이고 위수는 청류(淸流)이므로 경수와 위수가 합쳐진 곳에 청류와 탁류가 서로 붙어 나란히 흐른다는 말이요 예(汭)는 강물의 북쪽을 지칭하는바 경수가 남쪽으로 흘러서 위수의 북쪽으로 들어가기 때문에 남쪽은 맑은 물이고 북쪽은 흐린 물이 함께 흐르게 되었다는 뜻인즉 우가 경수를 위수에 연결시켰음을 알 수 있다.

2-1-59 ·································· <ruby>漆沮旣從<rt>칠 저 기 종</rt></ruby>하며 <ruby>灃水攸同<rt>풍 수 유 동</rt></ruby>이로다

『칠수와 저수가 이미 따라 흐르며 풍수가 함께 흐르는 바로다.』

◉ 칠(漆)과 저(沮)는 모두 강이름으로 악사(樂史)가 지은 『태평환우기(太平寰宇記)』에 말하기를 "칠수(漆水)는 요주(耀州) 동광현(同官縣) 동북쪽 경계로부터 흘러 내려 화원(華原縣)을 지나 저수(沮水)와 합쳐진다."고 하였고 "저수는 방주(坊州) 승평현(昇平縣) 북쪽 자오령(子午嶺)에서 출원한다."고 하였는데 두 강물이 합쳐서 위수(渭水)로 들어간

다고 밝혔다. 기종(旣從)은 이미 치수공사를 성공적으로 마쳤기 때문에 얌전하게 흘러서 위수로 들어간다는 말이다. 풍(澧)은 『한서(漢書)』 지리지(地理志)에 풍(酆)으로 되어 있으니 부풍(扶風) 호현(鄠縣) 종남산(終南山)에서 출원하여 동쪽으로 흘러 함양현(咸陽縣)에 이르러 위수로 들어간다고 하였다. 유동(攸同)은 함께 하는 바이니 똑같이 흐르는 것인데 촉(屬)과 종(從)과 동(同)은 물의 맑고 흐림과 크고 작음과 높고 낮음에 따라 달리 표현하는 기술법인즉 위수가 조서산(鳥鼠山)에서 발원하여 동쪽으로 흐름에 풍수(澧水)는 남쪽에서 위수로 들어가며 칠수와 저수는 동북쪽에서 위수로 들어간다.

2-1-60 ······································ <ruby>荊岐既旅<rt>형 기 기 려</rt></ruby>하시고 <ruby>終南惇物至<rt>종 남 돈 물 지</rt></ruby>

<ruby>于鳥鼠<rt>우 조 서</rt></ruby>하시다

『형산과 기산에 이미 제사를 지내시고 종남산과 돈물산으로 조서산에 이르시다.』

☯ 여기에서는 우가 천하의 홍수를 다스리고 옹주의 명산에 제사를 지내서 안녕을 기원한 사실을 기록하였다.

형(荊)과 기(岐)는 산이름인데 형산(荊山)은 앞(2-1-38, 44)에서 말한 형산(荊山)이 아니고 옹주(雍州)에 있는 산으로 『한서(漢書)』 지리지(地理志)에 풍익(馮翊) 회덕현(懷德縣) 남쪽에 있다고 하였으니 곧 북조(北條)의 형산(荊山)인즉 지금의 섬서성(陝西省) 지역에 있으며 기산(岐山)은 『한서』 지리지에 부풍(扶風) 미양현(美陽縣) 서북쪽에 있다고 하였으니 지금의 섬서성 부풍현(扶風縣)과 기산현(岐山縣) 북쪽에 있다. 여(旅)는 앞(2-1-53)에서 이미 해설하였으니 산제(山祭)의 이름이고 종남(終南)과 돈물(惇物)과 조서(鳥鼠)는 모두 산이름인데 『한서』 지리지에 말하기를 종남산(終南山)은 부풍(扶風) 무공현(武功縣)에 있는데 지

금은 섬서성 미현(眉縣)인바 태일산(太一山)을 고문(古文)에서 종남산
으로 불렀다고 했고 돈물산(惇物山)도 역시 부풍(扶風) 무공현(武功縣)
에 있는데 일명 수산(垂山)이라고 한다고 했으며 조서산(鳥鼠山)은 농
서군(隴西郡) 수양현(首陽縣) 서남쪽에 있다고 하였으니 지금은 감숙
성(甘肅省) 위원현(渭源縣) 서남쪽에 있다.

우가 천하의 홍수를 모두 다스리고 옹주의 다섯 산에 여제(旅祭)를
지내 국태민안(國泰民安)을 기원하였으니 공사의 뒤탈이 없기를 바라
는 지극한 마음의 표현이다.

2-1-61 ·································· 原隰底績하야 至于豬野하시다

『평원과 습지에 공적을 이룩하여 저야택에 이르시다.』

☯ 여기에서는 옹주의 농경지를 개척하여 성공한 내용을 기록하였
다.

원(原)은 넓고 평평한 지대이고 습(隰)은 습지(濕地)의 진펄이니 고
원(高原)에는 밭을 치고 습지에는 논을 만든다. 지적(底績)은 치적(致
績)이니 성공적으로 완공함이고 저야(豬野)는 못이름으로 『한서(漢
書)』 지리지(地理志)에 저아(豬埜)로 되어 있는바 무위군(武威郡) 무위
현(武威縣)에 휴도택(休屠澤)이 있는데 고문(古文)으로 저야택(豬埜澤)
이라고 일컫는다고 했으니 지금은 감숙성(甘肅省) 무위시(武威市)와
민근현(民勤縣) 부근이다.

2-1-62 ····························· 三危旣宅하니 三苗丕叙로다

『삼위 땅에 이미 정착하여 사니 삼묘의 종족이 크게 공적을 베풀도

다.』

◑ 여기에서는 옹주의 변방지대에도 사람이 정착해서 정치문화의
혜택을 받아 안녕을 누릴 수 있게 된 사실을 기록하였다.

삼위(三危)는 앞(1-2-12)에서 순(舜)이 찬삼묘우삼위(竄三苗于三危)라
고 했던 곳과 같은 땅으로『우공산수택지편(禹貢山水澤地篇)』에 의거
하면 삼위산(三危山)이 돈황현(敦煌縣) 남쪽에 있다고 하였으니 지금
의 감숙성(甘肅省) 돈황(敦煌) 남쪽에 역시 삼위산(三危山)이 있다. 택
(宅)은 정착하여 안주하는 것이고 삼묘(三苗)도 바로 순이 귀양보냈던
그 종족이다. 비(丕)는 크다는 뜻이고 서(叙)는 서용(叙用)이니 죄가 있
어 면관당한 사람을 다시 임용함인데 삼묘 종족이 반성하고 중앙정부
의 국토건설정책에 순종하여 부지런히 일함으로써 지방장관으로 다
시 등용했다는 말이다.

성인(聖人)의 국토개발은 내외(內外)와 원근(遠近)을 차별하지 않고
골고루 균평하게 발전하도록 도모하였음을 여기에서 확인하라.

2-1-63 ······································· 厥土는 惟黃壤이니 厥田은
惟上에 上이요 厥賦는 中에 下니라

『그 토지는 오직 누른 빛의 고운 흙이니 그 논밭은 위에서 위이고
그 부세는 가운데서 아래이니라.』

◑ 여기에서는 옹주의 토질을 밝히고 그 경지면적과 부세의 등급을
기록하였다.

황(黃)은 토지의 원색이니 황양(黃壤)은 천연상태의 고운 흙이다. 옹
주(雍州)는 넓은 평원이 많아서 경작지의 총면적은 9주 가운데 제일
넓지만 그 부세(賦稅)의 총액은 제6등급에 지나지 못하니 그 땅이 메

마르기 때문에 수확량이 적은 까닭이다.

2-1-64 ·· 厥貢은 惟球琳琅玕이로다
궐공　　유구림랑간

『그 공물은 아름다운 옥돌과 옥과 비슷한 아름다운 돌이로다.』

　☯ 여기에서는 옹주의 공물을 기록하였으니 다음(2-1-66)에도 있다. 구(球)는 옥경(玉磬)을 만드는 옥돌이고 임(琳)은 아름다운 옥이며 낭(琅)과 간(玕)은 모두 옥과 비슷한 아름다운 돌로 그 무늬가 곱고 소리가 맑다. 『이아(爾雅)』 석지(釋地)에 말하기를 "서북지방에 아름다운 것으로 곤륜(昆侖)의 벌판에 구(球), 임(琳), 낭(琅), 간(玕)이 있다."고 하였다.

2-1-65 ····························· 浮于積石하야 至于龍門西河하고 會于渭汭하느니라

『적석에서 배를 타고 내려와 용문과 서하에 이르고 위수의 북쪽 강줄기에 모이느니라.』

　☯ 여기에서는 옹주의 수로를 두 개의 노선으로 밝혔다. 적석(積石)은 산이름인데 『한서(漢書)』 지리지(地理志)에 금성군(金城郡) 하관현(河關縣) 서남쪽 강중(羌中)에 있다고 하였으니 하관현(河關縣)은 지금 감숙성(甘肅省) 임하(臨夏) 부근인바 그 서남쪽 오랑캐의 땅 가운데 있다면 서쪽 변방의 끝에 황하(黃河)가 발원한 지대에 있는 적석산(積石山)임을 짐작할 수 있다. 용문(龍門)은 본래 산이름으로 『한서』 지리지에 풍익(馮翊) 하양현(夏陽縣)에 있다고 하였으니 우(禹)

가 두 봉우리의 사이를 뚫어 황하의 물을 통과시켰기 때문에 그 동쪽 봉우리는 지금 산서성(山西省) 하진현(河津縣) 서북쪽에 있고 그 서쪽 봉우리는 섬서성(陝西省) 한성현(韓城縣) 동북쪽에 있다. 서하(西河)는 앞(2-1-57)에서 이미 해설하였고 회(會)는 모여 드는 것이요 위예(渭汭)는 앞(2-1-58)에서 이미 해설하였으니 옹주(雍州)의 남쪽지역에서는 경수(涇水)를 비롯하여 칠수(漆水), 저수(沮水) 등의 수로를 이용하여 위수(渭水)로 모여들어 배를 타고 내려와서 황하로 들어간다는 말이다.

2-1-66 ·· 織皮는 崑崙과 析支와
渠搜의 西戎이 卽叙하도다

『직물과 가죽은 곤륜과 석지와 거수의 서융이 사업을 착수하도다.』

☯ 여기에서는 우가 천하의 홍수를 다스려 자연재난을 극복하고 안정된 생활터전을 개척하여 정착하게 됨으로써 옹주의 서쪽 변두리 땅에 사는 소수민족국가에서도 직물을 짜는 법과 가죽을 다루는 법을 배워서 문화국과 교역하는 현실에 이른 것을 기록하였다. 따라서 옹주의 공물은 직물과 가죽이 추가될 때가 있을 것임을 예언하였다.

직피(織皮)는 앞(2-1-55)에서 이미 해설하였고 곤륜(崑崙)과 석지(析支)와 거수(渠搜)는 옹주(雍州) 서쪽 고산지대의 소수민족국가의 이름인데 곤륜은 『한서(漢書)』 지리지(地理志)에 금성군(金城郡) 임강현(臨羌縣)에 곤륜산사(昆侖山祠)가 있다고 하였으며 지금의 곤륜산맥(崑崙山脈)은 티벳 고원의 북쪽 벽을 이루고 히말라야, 천산(天山) 두 산맥 사이를 서쪽으로 뻗어 파미르고원에 이르는 아시아에서 가장 큰 산맥의 하나인데 서쪽은 높고 동쪽은 낮으며 황하와 양자강이 여기에서 발원한다. 최고봉은 울루므즈타로 높이가 7,723m이고 평균 표고는 6,100m요 총 길이는 2,400km이다. 석지(析支)는 『수경주(水經注)』에서

하관(河關)으로부터 1,000여리 떨어진 서쪽에 있는데 강인(羌人)이 살기 때문에 하곡강(河曲羌)이라고 일컫는다고 하였으며 거수(渠搜)는 『한서』 지리지에 말하기를 "삭방군(朔方郡)에 거수현(渠搜縣)이 있다."고 하였고 『수경주』에서는 말하기를 "황하가 삭방으로부터 동쪽으로 돌아 거수현을 지나간다."라고 하였다. 서융(西戎)은 서쪽에 사는 미개인의 종족을 총칭하는 말이며 즉(卽)은 취(就)와 같으니 나아가 시작함이고 서(叙)는 베풀어 펼침이니 일을 벌리는 것인즉 곧 즉서(卽叙)는 직물을 짜는 길쌈과 가죽을 다루는 수공업을 보급하기 시작함이다. 따라서 장차 곤륜국과 석지국과 거수국 등의 서융들이 직물과 가죽을 생산하여 옹주의 곡물과 교역하게 되면 중앙정부에 공물로 바치게 될 것임을 예정하였다.

○ 이상으로 9주에 대한 치수(治水)공사의 개요와 토질, 경지면적, 세수(稅收)의 등급 및 특산물, 교통로 등을 모두 밝히고 다음에는 전국적인 치산(治山)사업의 내용을 상세히 기록해서 우(禹)의 공적이 9주 강산에 미치지 않은 곳이 없음을 변증하였다.

2-1-67 ······························ 導岍하시되 及岐하야 至于荊山하시며
逾于河하야 壺口雷首로 至于太岳하시며
底柱析城으로 至于王屋하시며
太行恒山으로 至于碣石하야
入于海하시다

『견산을 다스리시되 기산에 미치어 형산에 이르시며 황하를 지나서 호구산과 뇌수산으로 태악에 이르시며 지주산과 석성산으로 왕옥산에 이르시며 태행산과 항산으로 갈석산에 이르시어 바다로 들어가

시다.』

　◉ 여기로부터는 우가 9주의 치수사업을 끝낸 다음 즉각 치산사업으로 전환하였음을 밝혔으니 여기에서는 옹주와 기주의 치산과정을 기록하였다. 대저 치수공사는 하류로부터 착수하여 상류로 올라가며 추진하고 치산공사는 산악지대로부터 착수하여 평야지대로 내려오며 추진한 합리적인 공법을 논증하고 있다.

　도(導)는 치(治)와 같으니 착수하여 차례로 다스림인데 홍수로 인하여 산이 무너지고 나무가 죽은 곳에 축대를 쌓고 나무를 심어서 흙과 모래가 강바닥에 쌓이는 것을 방지하여 강물의 흐름을 원활하게 하도록 차례로 다스리는 것이다. 전배(前輩)들은 도산(導山)을 앞(2-1-1)에서 말한 수산(隨山)으로 해석하였으나 수산은 치수(治水)공사를 시작함에 산세를 따라 자연적인 강줄기를 측량하여 위치를 선정하는 작업이고 도산(導山)은 치수공사를 마치고 강을 보호하기 위하여 무너질 위험이 있는 산에 산사태를 방지하는 마무리 공사를 하는 것인즉 그 작업이 전혀 다르다. 견(岍)과 기(岐)와 형산(荊山)은 모두 산이름으로 모두 옹주(雍州)에 있으니 견산(岍山)은 『한서(漢書)』 지리지(地理志)에 부풍(扶風) 견현(岍縣) 서쪽의 오산(吳山)을 고문(古文)에서 견산(汧山)이라고 말한다고 하였으며 『태평환우기(太平寰宇記)』에 농주(隴州) 견원현(汧源縣)에 견산(岍山)이 있는데 견수(汧水)가 출원한다고 하였으니 지금의 섬서성(陝西省) 농현(隴縣) 부근이요 기산(岐山)과 형산(荊山)은 앞(2-1-60)에서 이미 해설하였다. 유(逾)는 지나서 통과함이니 기술인력과 장비를 이동함이고 하(河)는 곧 서하(西河)인즉 옹주(雍州)에서 기주(冀州)로 이동함이다. 호구(壺口), 뇌수(雷首), 태악(太岳), 지주(底柱), 석성(析城), 왕옥(王屋), 태행(太行), 항산(恒山), 갈석(碣石)은 모두 기주(冀州)에 있는 산이름인데 호구산(壺口山)은 앞(2-1-3)에서 이미 해설하였고 뇌수산(雷首山)은 『한서』 지리지에 하동군(河東郡) 포판현(蒲坂縣) 남쪽에 있다고 하였으니 지금의 산서성(山西省) 서남쪽의 지역이다. 태악(太岳)은 앞(2-1-4)에서 이미 해설하였고 지주산(底柱山)은

호위(胡渭)의 『우공추지(禹貢錐指)』에 말하기를 "평륙현(平陸縣) 동남
50리(里), 협주(陝州) 동쪽 40리 거대한 물 가운데 있는데 가장 북쪽에
두 돌기둥이 서로 마주보며 언덕과 떨어져 서 있으므로 삼문산(三門
山)이라고 일컫는다."라고 하였다. 따라서 지주산(底柱山)은 기주(冀州)
쪽에 있는 산으로 지금의 산서성 지역에 위치한다. 석성산(析城山)은
『한서』 지리지에 하동군 호택현(濩澤縣) 서쪽에 있다고 하였으니 지
금의 산서성 양성현(陽城縣)이며 왕옥산(王屋山)은 『한서』 지리지에
하동군 원현(垣縣) 동북쪽에 있다고 하였으니 지금의 하남성(河南省)
제원현(濟源縣) 서쪽으로 산서성의 양성현과 원곡현(垣曲縣)의 두 현
(縣)과 접경하는 지역이다. 태행산(太行山)은 『한서』 지리지에 하내군
(河內郡) 산양현(山陽縣) 서북쪽에 있다고 하였으니 지금의 하남성 수
무현(修武縣) 서북쪽이요 항산(恒山)은 역시 『한서』 지리지에 상산군
(常山郡) 상곡양현(上曲陽縣) 서북쪽에 있다고 하였으니 지금의 하북
성(河北省) 곡양현(曲陽縣) 서쪽이다. 갈석산(碣石山)은 앞(2-1-9)에서
이미 해설하였다. 입(入)은 들어가는 것이고 해(海)는 발해(勃海)이다.
우(禹)가 기주(冀州)에서 치산사업(治山事業)을 마치고 기술자와 장비
를 배에 싣고 바다를 통하여 이동하였음을 알 수 있다.

2-1-68 ·· 西傾과 朱圉와 鳥鼠로
至于太華하시며 熊耳와 外方과
桐柏으로 至于陪尾하시다

『서경산과 주어산과 조서산으로 태화산에 이르시며 웅이산과 외방
산과 동백산으로 배미산에 이르시다.』

☯ 여기에서는 앞에 문장과 연속한 기록이므로 치산사업을 뜻하는
도(導)자를 생략하였다.

서경(西傾)과 주어(朱圉)와 조서(鳥鼠)와 태화(太華)는 모두 옹주(雍州)에 있는 산이름이고 웅이(熊耳)와 외방(外方)과 동백(桐柏)과 배미(陪尾)는 모두 예주(豫州)에 있는 산이름이다. 서경산(西傾山)은 앞(2-1-56)에서 이미 해설하였고 주어산(朱圉山)은 『한서(漢書)』 지리지(地理志)에 천수군(天水郡) 기현(冀縣) 남쪽에 있다고 하였으니 지금은 감숙성(甘肅省) 감곡현(甘谷縣) 남쪽에 있다. 조서산(鳥鼠山)은 앞(2-1-60)에서 해설하였으며 태화산(太華山)은 『한서』 지리지에 경조(京兆) 화음현(華陰縣) 남쪽에 있다고 하였으니 지금은 섬서성(陝西省) 화음현(華陰縣)에 있는 화산(華山)이다. 웅이산(熊耳山)은 『괄지지(括地志)』에 상주(商州) 상락현(上洛縣) 서쪽 10리에 있다고 하였으니 지금은 섬서성(陝西省) 상락지구(商洛地區)에 상현(商縣)인바 앞(2-1-45)에서 해설하였다. 외방산(外方山)은 『한서』 지리지에 "영청군(潁川郡) 숭고현(崇高縣)에 숭고산(崇高山)이 있는데 무제(武帝)가 태실산(太室山)으로 받들게 하여 이에 중악(中岳)이 되었는바 고문(古文)에 숭고산(崇高山)을 방외산(方外山)이라고 한다."라고 하였으니 지금은 하남성(河南省) 등봉현(登封縣) 북쪽에 있는 숭고산(崇高山)으로 세 개의 봉우리가 있어 가운데를 준극(峻極), 동쪽을 태실(太室), 서쪽을 소실(少室)이라 한다. 동백산(桐柏山)은 『한서』 지리지에 남양군(南陽郡) 평씨현(平氏縣) 동남쪽에 있다고 하였으니 지금은 하남성(河南省) 동백현(桐柏縣) 서쪽에 있으며 배미산(陪尾山)은 『한서』 지리지에 강하군(江夏郡) 안륙현(安陸縣) 동북쪽에 횡미산(橫尾山)이 있는데 고문(古文)에 배미산(陪尾山)이라고 하였다고 했으니 지금의 호북성(湖北省) 안륙현(安陸縣)으로 웅이산, 외방산, 동백산 등의 세 산과는 너무 멀리 떨어져 있기 때문에 김이상(金履祥)은 『서경주(書經注)』에서 『박물지(博物志)』와 『수서(隋書)』 지리지(地理志)를 근거로 사수(泗水)가 출원하는 배미산(陪尾山)이라고 주장하였는바 지금의 산동성(山東省) 사수현(泗水縣)에 있으므로 논리적인 학설이다.

 ^{도 파 총} ^{지 우 형 산}
導嶓冢하시되 至于荊山하시며

내 방   지 우 대 별
內方으로 至于大別하시다

『파총산을 다스리시되 형산에 이르시며 내방산으로 대별산에 이르시다.』

● 여기에서는 또 다른 치산사업을 추진했던 지역을 기록하였다.
도(導)는 앞(2-1-67)에서 해설하였으니 우(禹)가 치산사업(治山事業)을 여러 지역으로 나누고 각각 인원과 장비를 갖추어 동시에 추진토록 도모하였기 때문에 지역마다 처음 공사를 착수함에는 도(導)자를 써서 공사를 추진하는 사람과 지역이 다름을 밝혔으니 아래도 같다. 파총(嶓冢)은 곧 파산(嶓山)으로 앞(2-1-52)에서 이미 해설하였으니 옹주(雍州)에 있는 산인데 무덤처럼 생겼기 때문에 파총산(嶓冢山)이라고 하였다. 형산(荊山)은 앞(2-1-38)에서 해설하였으며 내방(內方)과 대별(大別)도 모두 형주(荊州)에 있는 산이름인데 내방산(內方山)은 『한서(漢書)』 지리지(地理志)에 강하군(江夏郡) 경릉현(竟陵縣) 동북쪽에 장산(章山)이 있는데 고문(古文)에 내방산(內方山)이라 한다고 했으니 지금의 호북성(湖北省) 종상현(鍾祥縣)에 있고 대별산(大別山)은 『한서』 지리지에 육안국(六安國) 안풍현(安豊縣) 서남쪽에 있다고 하였으나 다음(2-1-74)에서 양자강(揚子江)으로 들어간다고 했기 때문에 호위(胡渭)는 『우공추지(禹貢錐指)』에서 한양현(漢陽縣) 동북쪽 한수(漢水) 서쪽 언덕에 있는 노산(魯山)이라고 판단하였다.

 ^{민 산 지 양} ^{지 우 형 산}
岷山之陽으로 至于衡山하시며

과 구 강   지 우 부 천 원
過九江하사 至于敷淺原하시다

『민산의 남쪽으로 형산에 이르시며 9강을 지나시어 부천원에 이르시다.』

◉ 여기에서는 앞에 문장과 연속한 기록이므로 도(導)자를 생략하였다.

민산(岷山)은 앞(2-1-52)에서 이미 해설하였고 양(陽)은 산의 남쪽으로 여기에서는 민산(岷山)과 그 남쪽에 있는 여러 산을 다스렸음을 뜻한다. 형산(衡山)은 앞(2-1-38)에서 해설하였고 과(過)는 경과(經過)함이니 지나가는 것이며 구강(九江)은 앞(2-1-39)에서 이미 해설하였다. 부천원(敷淺原)은 『한서(漢書)』 지리지(地理志)에 말하기를 "예장군(豫章郡) 역릉현(歷陵縣) 남쪽에 부양산(傅陽山)과 부양천(傅陽川)이 있는데 고문(古文)에 부천원(傅淺原)이라고 한다."고 하였으니 오늘날 번양호(鄱陽湖)의 서북지대로 여기에는 유명한 노산(盧山)이 있는바 곧 노산을 다스리고 동남으로 내려가서 팽려(彭蠡) 땅에 이르는 평원을 다스렸다는 말이다.

우가 치산사업을 추진함에 크게는 9주를 2개의 공사구역으로 나누어 착수하였고 또 큰 공사구역마다 다시 2개의 작은 공사구역으로 나누어 동시에 착공케 하였으니 이러한 공사분담원칙은 작업능률을 높이고 일시에 사업을 완성하는 지극히 합리적인 방법이다. 그리고 큰 공사를 중앙정부가 추진하였으면 작은 공사는 지방정부가 담당하였음을 알 수 있을 것이고, 역시 큰 공사구역을 나누어 착수하였으면 작은 공사구역도 세분하여 담당하였음을 알 것이다.

2-1-71 ······································ 導弱水하시되 至于合黎하시니
餘派가 入于流沙하다

『약수를 다스리시되 합려산에 이르시니 남은 물결이 유사로 들어

가다.』

　　◉ 여기로부터는 2차로 추진한 치수사업을 기록한 내용이다. 우가 9주의 홍수를 1차로 다스린 다음 다시 2차로 치산과 치수사업을 추진하였으니 장차 하천의 범람에 대비하여 강의 바닥을 파고 제방을 튼튼히 쌓아 나무를 심어 만전의 대책을 강구하였다.

　　도(導)는 앞(2-1-67)에서 이미 해설하였으니 도산(導山)은 산사태를 방지하는 녹화사업(綠化事業)이요 도수(導水)는 하천의 범람을 막기 위하여 제방을 쌓는 호안(護岸) 정비공사이다. 약수(弱水)는 앞(2-1-58)에서 이미 해설하였고 합려(合黎)는 합려산(合黎山)이 있는 곳의 땅이름인데『수지지(隋地志)』에 장액현(張掖縣) 서북쪽에 합려산이 있다고 하였으니 지금은 감숙성(甘肅省) 장액현 서북쪽에 있다. 여파(餘派)는 강물이 흐르는 본류(本流)가 아니고 여러 갈래로 나누어져서 흐르는 지파(支派)로서 그 흐름이 미약한 분류(分流)들이다. 유사(流沙)는 합려 땅에 가까운 사막지대로 바람에 모래가 흘러 이동하는 까닭에 강줄기가 수시로 이동하여 일정치 않은 지역이다. 약수(弱水)는 옹주(雍州)의 서쪽 끝에 있는 강물로 그 흐름이 미약하고 또한 사막지대로 흐르기 때문에 동쪽으로 범람하지 못하도록 합려산까지 다스리는 것으로 공사를 완료했음을 밝혔다. 중국의 땅이 서쪽이 높고 동쪽이 낮아 일백하천이 동쪽으로 흘러 바다로 들어가는 까닭에 마지막 치산치수사업(治山治水事業)을 모두 서쪽에서 착수하였으니 대단히 지리에 밝은 과학적인 방법이고 또한 산세를 이용하여 범람을 막았으니 완벽한 대책이다.

2-1-72 ······································　　導黑水하시되　　至于三危하시니

入于南海하다

『흑수를 다스리시되 삼위산에 이르시니 남해로 들어가다.』

☯ 여기에서는 흑수의 호안공사를 삼위산 지역까지 추진하였음을
밝혔다.

흑수(黑水)는 앞(2-1-51)에서 말한 양주(梁州)의 흑수로 곧 금사강(金
沙江)이고 옹주(雍州)의 흑수(黑水 : 2-1-57)가 아니다. 입우남해(入于南
海)는 흑수가 남해로 늘어간 것인데 지금의 금사강(金沙江)은 양자강
의 상류가 되었으니 후세에 지형이 바뀌었는지 알 수 없다.

2-1-73 ······························· 導河하시되 積石으로 至于龍門하며

南至于華陰하며 東至于底柱하며

又東至于孟津하며 東過洛汭하야

至于大伾하며 北過降水하야

至于大陸하며 又北播爲九河하야

同爲逆河하시니 入于海하니라

『황하를 다스리시되 적석산으로 용문산에 이르며 남쪽으로 화산
북쪽에 이르며 동쪽으로 지주산에 이르며 또 동쪽으로 맹진에 이르며
동쪽으로 낙수가 황하로 들어오는 북쪽 언덕을 지나서 대비산에 이르
며 북쪽으로 강수를 지나서 대륙평원에 이르며 또 북쪽으로 흩어져
아홉 황하가 되어 한 가지로 황하를 맞이하게 하시니 발해로 들어가
니라.』

☯ 여기에서는 우가 황하의 호안공사를 마무리하는 과정을 기록하
였다.

하(河)는 황하(黃河)이고 적석(積石)과 용문(龍門)은 앞(2-1-65)에서
이미 해설하였으며 화음(華陰)은 화산(華山)의 북쪽이요 지주(底柱)는

앞(2-1-67)에서 해설하였다. 맹(孟)은 지명으로 지금의 하남성(河南省) 맹현(孟縣)이며 진(津)은 나루터로 도선장(渡船場)이다. 낙(洛)은 앞 (2-1-43)에서 그리고 예(汭)는 앞(2-1-58)에서 이미 해설하였으며 대비 (大伾)는 호위(胡渭)가 『우공추지(禹貢錐指)』에서 준현(浚縣) 동북쪽에 있는 대비산(大伾山)이라고 하였으니 지금의 하남성(河南省) 준현(浚 縣) 동쪽에 있다. 강수(降水)는 강이름으로 『한서(漢書)』 지리지(地理 志)에 신도현(信都縣)에 있다고 하였으니 기주(冀州)에 속하며 대륙(大 陸)은 앞(2-1-8)에서 해설하였는데 다만 여기에서는 대륙택(大陸澤)이 아니고 광활한 평원을 지칭하고 있다. 파(播)는 분산(分散)함이요 구하 (九河)는 아홉 줄기로 갈라져서 흐르는 황하이다. 동(同)은 회동(會同) 으로 분산하여 흐르던 강줄기가 한 가지로 모여 합쳐서 하나로 같이 흐름이며 역(逆)은 영(迎)이니 맞아들이는 것인즉 역하(逆河)는 황하의 하구(河口)지대에서 모두 맞아들여 합치게 함이다. 해(海)는 발해(勃海) 로 황하는 발해로 들어간다. 김경방(金景芳)·여소강(呂紹綱) 공저(共 著)『상서·우하서 신해(尙書·虞夏書 新解)』(1996년)에서 주장하기를 도수(導水)는 치수사업이 아니라 우(禹)가 순행(循行)하여 확인하는 기 록이라고 주장하지만 경문(經文)의 파위구하(播爲九河) 동위역하(同爲 逆河)를 살피면 마무리 치수공사가 분명하다.

2-1-74 ······························ 嶓冢에서 導漾하시되 東流爲漢하며

又東爲滄浪之水하며 過三澨하야

至于大別하야 南入于江하며

東匯澤하야 爲彭蠡하며

東爲北江하시니 入于海하니라

『파총산에서 양수를 다스리시되 동쪽으로 흘러 한수가 되며 또 동

쪽으로 창랑의 물이 되며 삼서를 지나 대별산에 이르러 남쪽으로 양
자강에 들어가며 동쪽으로 못을 돌아 나가 팽려택이 되며 동쪽으로
북강이 되게 하시니 황해로 들어가니라.』

◑ 여기에서는 우가 한수의 호안공사를 마무리하는 과정을 기록하
였다.

　파총(嶓冢)은 앞(2-1-52)에서 해설하였고 양(漾)은 강이름으로『수경
지(水經志)』에 말하기를 "양수(漾水)는 농서군(隴西郡) 지도현(氐道縣)
파총산(嶓冢山)에서 출원하여 동쪽으로 무도(武都)에 이른다."고 하였
으며 또한『원화군현지』에는 말하기를 "파총산(嶓冢山)은 홍원부(興元
府) 금우현(金牛縣) 동쪽 28리에 있는데 한수(漢水)가 출원하여 남정현
(南鄭縣) 남쪽으로 지나간다." 하였는데 호위(胡渭)가『우공추지(禹貢
錐指)』에서 지금『여지(輿地)』로서 말하면 양수는 영강주(寧羌州 : 현재
는 寧强縣) 북쪽 파총산에서 출원하여 동북쪽으로 흘러 면현(沔縣 : 현
재는 勉縣)을 지나 서남쪽으로 면수(沔水)와 합쳐서 또다시 동쪽으로
면현(沔縣) 남쪽을 지나 또 동쪽으로 포성현(襃城縣 : 지금은 襃城鎭)
남쪽을 지나 또다시 동쪽으로 남정현(南鄭縣 : 현재는 섬서성 漢中地
區 南鄭縣) 남쪽을 지나서 한수가 된다고 하였다. 한(漢)은 한수(漢水)
로 앞(2-1-39)에서 해설하였는바 파총산에서 출원하는 양수와 면수가
합하여 남정현(南鄭縣)을 지난 다음에 일컫는 강이름이다. 창랑(滄浪)
은 역도원(酈道元)이『수경주(水經注)』에서 말하기를 "무당현(武當縣)
북쪽으로 40리 한수 가운데 모래섬이 있으니 창랑주(滄浪州)라고 하
며 그 물을 창랑수(滄浪水)라고 일컫는다고 하였으니 무당현(武當縣)
은 오늘날 호북성(湖北省) 균현(均縣)이다. 삼서(三澨)는 전배(前輩)들
이 정확한 위치를 밝히지 않고 모두 강이름이라고만 하였는데 호위
(胡謂)가『우공추지(禹貢錐指)』에서 삼서(三澨)는 한수에 있는 세 개의
큰 제방으로 그 위치는 큰 하천이 한수로 들어오는 곳인데 위로 창랑
수를 올라가지 않고 아래로 대별산(大別山)을 내려가지 않는다고 하
였으니 그 논리가 타당하다. 대별(大別)은 앞(2-1-69)에서 해설하였고

강(江)은 양자강으로 앞(2-1-37)에서 이미 해설하였다. 회(匯)는 물이 돌아서 나가는 것이니 회택(匯澤)은 한수가 양자강의 넓은 못과 같은 데로 들어감에 물이 돌아서 양자강과 합쳐 하류로 흐른다는 뜻이고 팽려(彭蠡)는 앞(2-1-32)에서 해설하였으니 곧 한수가 양자강에 들어가서 못을 돌아 흐르는 곳이 팽려택(彭蠡澤)이 되었다는 말이다. 북강(北江)은 양자강이 넓고 물이 많아서 한수는 양자강의 북쪽 강줄기를 형성하여 흐른다는 뜻이요 해(海)는 황해(黃海)이다. 이 경문(經文)에서 위(爲)자가 많이 나오는데 그 뜻이 조(造), 치(治), 성(成), 조(助), 호(護) 등으로 쓰이는바 도수(導水)는 치수(治水)의 호안(護岸) 정비공사임을 다시 확인할 수 있다.

2-1-75 ························· 岷山에서 導江하시되 東別爲沱하며
又東至于澧하며 過九江하야
至于東陵하며 東迆北會爲匯하며
東爲中江하시니 入于海하니라

『민산에서 양자강을 다스리시되 동쪽으로 갈래를 나누어 타수가 되며 또 동쪽으로 예수에 이르며 구강을 지나서 동릉에 이르며 동쪽에서 북쪽으로 비스듬히 잇닿아 모여서 돌아 나가게 되며 동쪽으로 중강이 되게 하시니 바다로 들어가니라.』

◉ 여기에서는 우가 양자강의 호안공사를 마무리하는 과정을 기술하였다.

민산(岷山)은 앞(2-1-52)에서 이미 해설하였고 강(江)은 양자강(揚子江)으로 앞(2-1-37)에서 해설하였다. 별(別)은 파별(派別)로 갈래를 나누는 것이요 타(沱)는 앞(2-1-40)에서 해설하였으니 다만 여기에서는 양

주(梁州)와 형주(荊州)에 있는 모든 양자강의 지천(支川)들을 동쪽으로
흘러 양자강으로 들어가게 했음을 뜻한다. 예(澧)는 강이름인데 역도
원(酈道元)은 『수경주(水經注)』에서 예수(澧水)가 흘러 동정호(洞庭湖)
로 들어간다고 하였으니 지금의 악양(岳陽) 부근으로 고대에는 양자
강으로 직접 들어갔는지 의심스럽다. 구강(九江)은 앞(2-1-39)에서 해
설하였고 동릉(東陵)은 호위(胡渭)가 『우공추지(禹貢錐指)』에서 파릉
(巴陵)이라고 하였으니 지금은 호남성(湖南省) 악양에 있는 넓은 구릉
(丘陵)지대이다. 이(迤)는 비스듬히 잇닿아 흐르는 것이요 회(會)는 양
자강이 한수(漢水)와 모여 합치는 것이며 회(匯)는 앞(2-1-74)에서 해설
하였다. 중강(中江)은 앞(2-1-74)에서 말한 북강(北江)과 상대적인 말로
양자강의 하류가 강폭이 넓어서 한수는 북안(北岸) 쪽으로 흐르고 양
자강은 그 중심부와 남안(南岸) 쪽으로 흐른다는 뜻이요 특별히 북쪽
양자강과 가운데 양자강이 있다는 뜻이 아니다. 해(海)도 앞(2-1-74)에
서 이미 해설하였다. 치수(治水)의 기록은 대체로 공사가 힘들었던 곳
이나 또는 중요한 지점을 간추려 엮은 것이므로 거리가 가까울 수도
있고 또는 멀 수도 있으며 또한 고대의 강줄기와 오늘날의 강줄기가
바뀐 것도 있는바 전체적으로 활간(活看)하기 바란다.

2-1-76 ···································· 導沇水하시되 東流爲濟하야
入于河하며 溢爲滎하니
東出于陶丘北하며 又東至于菏하며

又東北會于汶하야 又北東入于海하시니라

『윤수를 다스리시되 동쪽으로 흘러 제수가 되어 황하로 들어가며
가득히 넘쳐 영수가 되니 동쪽으로 도구의 북쪽에서 솟아나오며 또
동쪽으로 가택에 이르며 또 동북쪽으로 문수에 합하여 또 북동쪽으로

발해에 들어가게 하시니라.』

　⊙ 여기에서는 우가 제수의 호안공사를 마무리하는 과정을 기록하였다.

　윤수(沇水)는 『한서(漢書)』 지리지(地理志)에 말하기를 "제수(濟水)는 하동군(河東郡) 원곡현(垣曲縣) 왕옥산(王屋山) 동남쪽에서 출원하니 지금의 강주(絳州) 원곡현(垣曲縣)에 있는 산으로 왕옥산 꼭대기의 낭떠러지 아래에서 처음 발원함에 윤수(沇水)라고 하는데 이미 나타났다가는 잠복하여 흘러서 동쪽에 있는 지금의 맹주(孟州) 제원현(濟源縣)에서 두 개의 근원이 출현하는바 동쪽 원천(源泉)은 둘레가 700보인데 그 깊이는 측량할 수 없으며 서쪽 원천은 둘레가 685보로 깊이가 1장(丈)이다. 이 두 개의 물이 합쳐 흘러서 온현(溫縣)에 이르면 제수(濟水)가 되어 괵공대(虢公臺) 서남쪽을 지나 황하로 들어간다."라고 하였으니 우(禹)가 윤수의 호안공사(護岸工事)를 마치고 바로 제수의 제방을 정비하는 공사장으로 이동하였음을 알 수 있다. 제(濟)는 제수(濟水)로 앞(2-1-10)에서 이미 해설하였고 하(河)는 황하이며 영(滎)은 영수(滎水)로 앞(2-1-46)에서 이미 해설하였는데 여기에서 살펴야 할 것은 입(入)과 일(溢)의 구체적인 의미이다. 대저 황하는 물이 탁(濁)하고 제수는 물이 맑기 때문에 전배(前輩)들은 윤수에서 흘러온 제수가 황하의 북안(北岸)에서 땅 속의 동굴로 들어갔다가 황하의 남안(南岸)에 있는 영수로 출현하여 동쪽으로 흐르는 제수가 되었다고 주장하였다. 그러나 실제로 동굴이 있는지를 지금까지 확인한 바가 없으니 침투현상으로 물이 맑아졌다고 볼 수도 있다. 따라서 입(入)은 황하로 들어간다는 말이고 황하의 밑에 있는 동굴로 들어간다는 뜻이 아니며 일(溢)은 영수의 물이 가득히 넘친다는 말이고 황하가 넘친다는 뜻도 아님을 분별해야 할 것이다. 도구(陶丘)는 땅이름으로 지금의 산동성(山東省) 정도현(定陶縣) 서남쪽 7리에 있는바 일(溢)과 출(出)의 뜻도 전배(前輩)들은 만일(滿溢)과 용출(湧出)로 해석하여 영수가 또 잠복하여 흐르다가 도구 북쪽에서 솟아난다고 하였는데 이것은 갈수기의 현

상이고 홍수기에는 제수가 연속하는 강줄기로 흐르기 때문에 이에 대
비하여 호안공사를 한 것으로 이해하여야 될 것이다. 가(菏)는 가택(菏
澤)으로 앞(2-1-46)에서 이미 해설하였고 문(汶)은 앞(2-1-23)에서 해설
하였으며 해(海)는 발해(勃海)이다.

도 회　　　자 동 백
導淮하시되　自桐栢으로

동 회 우 사 기　　동 입 우 해
東會于泗沂하야　東入于海하시니라

『회수를 다스리시되 동백산으로부터 동쪽으로 사수와 기수에 합하
게 하여 동쪽으로 황해에 들어가게 하시다.』

☯ 여기에서는 우가 회수의 호안공사를 추진한 과정을 기록하였다.
회(淮)는 회수(淮水)로 앞(2-1-24)에서 해설하였고 자(自)는 부터이며
동백(桐柏)은 동백산(桐柏山)으로 앞(2-1-68)에서 해설하였다. 회수(淮
水)는 대별산맥(大別山脈)에서 발원하는데 호안공사(護岸工事)는 동백
산으로부터 시작하였다는 뜻이다. 사(泗)는 사수(泗水)로 앞(2-1-29)에
서 해설하였고 기(沂)는 기수(沂水)인바 앞(2-1-25)에서 이미 해설하였
으며 해(海)는 황해(黃海)이다.

도 위　　　자 조 서 동 혈
導渭하시되　自鳥鼠同穴로

동 회 우 풍　　우 동 회 우 경
東會于灃하며　又東會于涇하며

우 동 과 칠 저　　입 우 하
又東過漆沮하야　入于河하시니라

『위수를 다스리시되 조서산과 동혈산으로부터 동쪽으로 풍수에 합

하며 또 동쪽으로 경수에 합치며 또 동쪽으로 칠수와 저수를 지나서
황하로 들어가게 하시니라.』

　◐ 여기에서는 우가 위수의 호안공사를 추진한 과정을 기록하였다.
　위(渭)는 위수(渭水)로 앞(2-1-58)에서 이미 해설하였고 조서산(鳥鼠
山)은 앞(2-1-60)에서 해설하였으며 동혈(同穴)은 산이름으로『한서(漢
書)』지리지(地理志)에 말하기를 “조서산(鳥鼠山)은 동혈산(同穴山)의
지산(枝山)이라.”고 하였으니 지금은 농서성(隴西省) 수양현(首陽縣)에
있다. 풍(灃)은 풍수(灃水)로 앞(2-1-59)에서 해설하였고 경(涇)은 경수
(涇水)로 앞(2-1-58)에서 해설하였으며 칠수(漆水)와 저수(沮水)는 앞
(2-1-59)에서 해설하였으니 모두 옹주(雍州)에 있는 강과 산이다.

2-1-79 ·· 導洛하시되 自熊耳로
東北會于澗瀍하며 又東會于伊하며
又東北入于河하시니라

『낙수를 다스리시되 웅이산으로부터 동북쪽으로 간수와 전수에 합
하며 또 동쪽으로 이수에 합치며 또 동북쪽으로 황하에 들어가게 하
시니라.』

　◐ 여기에서는 우가 낙수의 호안공사를 추진하는 과정을 기술하였
다.
　낙(洛)은 낙수(洛水)로 앞(2-1-43)에서 이미 해설하였고 웅이산(熊耳
山)도 앞(2-1-68)에서 해설하였으며 간수(澗水)와 전수(瀍水)와 이수(伊
水) 역시 앞(2-1-45)에서 모두 해설하였으니 예주(豫州)에 있는 강이다.
이상으로 우(禹)가 천하의 홍수를 다스리는 치산(治山)과 치수(治水)의
마무리 공사가 모두 끝났으니 이로써 인민이 안심하고 살 수 있게 되

었고 또한 강과 산도 길이 안정하게 되었다.

2-1-80 ························· 九州攸同하니 四隩既宅이요
　　　　　　　　　　　　九山刊旅하며 九川滌源하며
　　　　　　　　　　　　九澤既陂하니 四海會同이로다

『9주가 동일한 바이니 사방의 네 모퉁이가 이미 거주지역이 되었고 9주의 산에 여행하는 길을 깎으며 9주의 하천에 원천을 다듬으며 9주의 못에 이미 제방을 쌓으니 사방의 끝까지 모여 함께 하도다.』

◉ 여기에서는 위대한 우가 7년 동안 천하의 홍수를 다스려서 대성공한 사실을 총체적으로 논술하여 그 업적을 찬미하였다.

9주(州)는 앞에서 각각 논술한 기(冀), 연(兗), 청(靑), 서(徐), 양(揚), 형(荊), 예(豫), 양(梁), 옹(雍) 등의 아홉 주이고 유(攸)는 소(所)와 같으니 유동(攸同)은 한 가지로 동일한 바로서 서로 차별함이 없이 균등한 지역발전을 이룩했다는 뜻이다. 사욱(四隩)은 사방(四方)의 네 모퉁이로써 곧 동서남북 지역에 흩어져 있는 변방지대이다. 택(宅)은 사람이 정착(定着)하여 거주(居住)하는 것이고 구산(九山)은 9주의 산이요 간(刊)은 나무를 베고 언덕을 깎아 고루는 것이며 여(旅)는 여행하는 사람이 다니는 길로 곧 여로(旅路)이다. 구천(九川)은 9주의 하천이고 척(滌)은 정비하여 막힘이 없이 흐르게 함이며 원(源)은 원천(源泉)이니 척원(滌源)은 계곡에 있는 원천까지도 원활하게 흐르도록 정비하여 다듬은 것이요 구택(九澤)은 9주의 못이고 파(陂)는 제방을 쌓아서 농업용수를 확보하는 것이다. 사해(四海)는 동서남북의 바다가 아니라 사방(四方)의 끝이란 뜻인데 곧 이민족을 지칭하는 말이다. 『이아(爾雅)』에서 말하기를 "구이(九夷), 팔적(八狄), 칠융(七戎), 육만(六蠻)을 일컬어 사해(四海)라고 한다."고 해설하였다. 회동(會同)은 제도(帝都)

에 와서 임금을 배알하고 조회(朝會)하는 것이다. 우(禹)가 치산치수 (治山治水)를 성공적으로 마무리함에 육로와 수로가 활짝 열려 9주는 물론 8황(八荒)에 흩어져 사는 모든 부족이나 씨족까지도 경사(京師) 에 와서 문화교류를 하게 되었음을 선포하였으니 이는 선사시대(先史 時代)에서 유사시대(有史時代)로 전환하는 신문명을 온 세상에 보급하 는 결정적인 계기가 되었다고 할 것이다.

2-1-81 ······························· 六府孔修하야 庶土交正이어늘
（육부공수）（서토교정）

底愼財賦하되 咸則三壤하야
（지신재부）（함칙삼양）

成賦中邦하시다
（성부중방）

『육부가 크게 다스려져서 여러 토지가 서로 만나는 경계선이 반듯 하거늘 재물의 부세를 정하여 신중히 하되 모두 세 가지 토양의 등급 을 본받게 하여 연방국가의 중앙에 부세제도를 완성하시다.』

☯ 여기에서는 우가 홍수를 다스리면서 천하의 산업을 개발하고 토 지의 경계를 반듯하게 정리해서 아울러 지방국가의 부세제도까지 완 비하도록 경영한 사실을 찬미하여 기록했다.

육부(六府)는 앞(1-3-7, 8)에서 해설하였는데 수(水), 화(火), 목(木), 금 (金), 토(土), 곡(穀)으로 곧 5행(五行 : 水火木金土)과 곡식이다. 5행은 하늘땅과 만물을 구성하는 다섯 가지의 원질(原質)로 각각 독특한 성 질을 가지고 있어서 상생(相生)과 상극(相剋)의 작용을 하는 자연법칙 이 있으며 곡(穀)은 곡식으로 사람이 먹고 사는 쌀, 보리, 콩, 조, 밀, 기장, 수수, 옥수수 등의 총칭이다. 부(府)는 넓은 분야(分野)로 인간의 활동을 구분하여 그 범위와 방향을 분류한 각각의 분야이다. 따라서 육부(六府)는 여섯 가지의 산업분야로 여기에서는 인민이 생산활동에 종사하는 모든 생업을 지칭한다. 공(孔)은 대(大)와 같고 수(修)는 치

(治)와 같으니 공수(孔修)는 크게 다스려진 것이요 서(庶)는 중(衆)과
같고 토(土)는 토지(土地)이니 서토(庶土)는 경지(耕地)와 산지(山地)와
습지(濕地)를 총칭함이고 교(交)는 경계선이 교착하는 곳으로 측량의
기점(基点)이며 정(正)은 반듯함인즉 교정(交正)은 모든 토지의 경계선
이 반듯하여 정확하므로 경계선에 대한 분쟁이 없어졌다는 뜻이다.
지(底)는 정(定)과 같고 신(愼)은 신중함이니 현지를 답사하여 생산량
을 확인하는 작업이고 재부(財賦)는 인민이 생산하는 재물에 대하여
10분의 1을 부세로 징수함인즉 곧 생산량의 평균치를 정확히 계산하
여 세액을 결정함이다. 함(咸)은 모두, 칙(則)은 본받은 것이요 삼양(三
壤)은 토양의 등차를 상(上), 중(中), 하(下)의 3등(等)으로 크게 나누고
또 각 등마다 상(上), 중(中), 하(下)의 3급(級)으로 세분하여 모두 9등급
(等級)으로 나누었으니 이 등급제를 9주(州)가 모두 본받아 통일적으
로 시행하게 함이다. 성부(成賦)는 부세제도를 완성함이고 중방(中邦)
은 방중(邦中)인데 9주 지방에 있는 연방국가로 곧 제후국이다. 이로
써 천하만민은 차별이 없이 균등한 세금을 바치게 하고 또한 모든 지
방국가의 재정도 균평하여 빈부의 격차가 없어서 어느 나라 어느 지
역에 살거나 누구든지 똑같은 삶을 경영하게 되었다.

2-1-82 ······························· 錫土姓하시고 祇台德先이라야
　　　　　　　　　　　　　　　　　　不距朕行이니라 하시다

『흙과 성을 내리시고 부지런히 자기의 덕이 앞서야 자기의 행실을
이탈하지 않으리라고 하시다.』

◐ 여기에서는 우가 천하의 홍수를 다스리는 대역사를 성공적으로
마감하고 논공행상을 시행하여 공신을 표창하고 경계한 사실을 기록
하였다.

　　석(錫)은 사(賜)와 같으니 공신(功臣)에게 상(賞)을 내리는 것이요 토(土)는 제후(諸侯)로 봉(封)하기 위하여 영지(領地)를 나누어주고 그 땅이 국가임을 인정하는 뜻으로 제왕(帝王)이 흙을 띠풀로 싸서 제후에게 주어 사직단(社稷壇)을 만들게 했던 모토(茅土)인데 나라의 위치에 따라 흙의 색깔이 달랐으니 동방국가는 청색토요 남방국가는 적색토요 서방국가는 백색토요 북방국가는 흑색토이었는데 국명(國名)은 대체로 지역명(地域名)이나 영지(領地) 안에 있는 도읍명(都邑名)을 사용하였다. 성(姓)은 씨족(氏族)의 혈연관계를 모두 합쳐서 하나로 모아 부르는 호칭이고 씨(氏)는 성(姓)이 나누어져서 지파(支派)를 이룬 혈연집단을 부르는 호칭이다. 따라서 성(姓)은 대종족(大宗族)을 형성하는 본족(本族)이고 씨(氏)는 소종족(小宗族)을 형성하는 지족(支族)이다. 제후(諸侯)에게 성(姓)을 내린 것은 종묘(宗廟)를 세워서 그 조상을 현창(顯彰)하고 근본에 보답하고자 함이니 석토사성(錫土賜姓)은 가장 큰 상(賞)을 내렸다는 뜻이다. 지(祗)는 삼가고 부지런히 함인데 아마도 앞에 우왈(禹曰)이 탈락된 듯하며 이(台)는 자기자신을 지칭하는 대명사이고 거(距)는 거(去)와 같으니 이탈하여 벗어남이며 짐(朕)은 자기를 지칭하는 대명사이다. 이것은 우(禹)가 모토(茅土)와 성(姓)을 받은 제후에게 부지런히 자기자신의 덕성을 길러 매사에 솔선수범하여야 임금으로서 자기의 행실을 이탈하지 아니하여 국가를 길이 보전할 수 있을 것이라고 당부하여 경계한 말이다.

2-1-83 ···································· 五百里는 甸服이니 百里는 賦納總하고 二百里는 納銍하고 三百里는 納秸服하고 四百里는 粟하고 五百里는 米니라

『500리는 경기지역의 직분이니 100리는 부세를 볏짚 통째로 납부하고 200리는 벼 볏짚의 반을 잘라내고 납부하고 300리는 벼이삭만 잘라서 납부하고 400리는 벼로 납부하고 500리는 쌀로 납부하니라.』

◉ 여기에서는 제도를 중심으로 하는 경기지역의 부세를 납부하는 방법을 기록하였는데 거리에 따라 운반의 편의를 도모하여 제정하였으니 비단 중앙정부에서뿐만 아니라 또한 지방국가에서도 이와 같이 하였다.

5백리(五百里)는 제도(帝都)를 중심으로 반경 500리의 땅이요 전(甸)은 경기(京畿)지역이고 복(服)은 복역(服役)으로 공공(公共)의 일에 종사하는 직분이니 곧 경기지역에 거주한 농민은 다음과 같은 방법으로 납세할 의무가 있다는 뜻이다. 백리(百里)는 제도(帝都)를 중심으로 반경 100리의 땅이며 총(總)은 볏짚이 통째로 온전한 것인데 도읍에 가까운 지역이므로 볏짚까지 수납하여 지붕이엉 등에 쓰기 위함이다. 이백리(二百里)는 제도(帝都)로부터 반경 100리 이상 200리 이내의 땅이요 질(銍)은 갈강낫질인데 벼의 가운데 토막인 중동을 베어 수납하라는 것은 말먹이 등으로 쓰기 위함이다. 삼백리는 제도(帝都)로부터 반경 200리 이상 300리 이내의 땅이고 갈복(秸服)은 벼이삭이 있는 우듬만을 베는 것이니 갈(秸)은 벼이삭의 속줄기이고 복(服)은 벼이삭의 겉껍질이다. 속(粟)은 벼이니 껍질이 있는 낱알이요 미(米)는 쌀이니 방아를 찧어 벼의 껍질을 벗긴 알맹이다. 제도(帝都)로부터 반경 300리 이상 500리 이내는 거리가 멀어 운반이 어렵기 때문에 그 부피와 무게를 가급적 줄여서 납부케 하였으니 인민의 부담을 경감하기 위한 배려이다. 이것이 성왕(聖王)의 덕치인정(德治仁政)은 국가에서 필요한 수량만을 징수하여 인민으로 하여금 부담을 느끼지 않도록 배려한 역사적 증거이다.

오 백 리　　후 복
2-1-84 ·· 五百里는 侯服이니

백 리　　채　　이 백 리　　남 방
百里는 采요 二百里는 男邦이요
삼 백 리　　제 후
三百里는 諸侯니라

『500리는 지방국가의 직분이니 100리는 채읍이요 200리는 남작국가요 300리는 여러 후작국가이니라.』

　☯ 여기에서는 경기지역 밖으로 또 500리의 지방에 채읍과 크고 작은 지방국가를 배치한 내용을 기록하였다.

　5백리(五百里)는 제도(帝都)로부터 500리 밖에서 1,000리 이내의 땅이니 경기(京畿)지역의 8배가 되는 지역이다. 후(侯)는 지방정부가 다스리는 자치국가(自治國家)요 복(服)은 직분이다. 백리(百里)는 제도(帝都)로부터 500리에서 600리 사이의 땅이고 채(采)는 채읍(采邑)인데 중앙정부의 공경대부(公卿大夫)를 봉(封)하여 그 채지(采地)의 조세(租稅)를 받아 봉록(俸祿)으로 한다. 2백리(二百里)는 제도(帝都)로부터 600리 밖에서 700리 사이의 땅이고 남방(男邦)은 남작(男爵)국가로 곧 소국(小國)인데 자작(子爵)국가도 여기에 포함된다. 3백리(三百里)는 제도(帝都)로부터 700리 밖에서 1,000리 사이에 있는 땅이고 제(諸)는 중(衆)과 같고 후(侯)는 후작국(侯爵國)으로 대국(大國)이니 제후(諸侯)는 곧 공작국(公爵國)과 후작국(侯爵國)의 대국(大國)을 지칭하는데 차국(次國)인 백작국(伯爵國)도 포함시킨 말이다. 채읍(采邑)을 가까이 배치한 것은 공경대부로 하여금 경기지역과 지방정부의 정치발전에 매개적 역할을 촉진하기 위함이고 소국을 안으로 하고 대국을 밖으로 하는 것은 작은 나라를 보호하기 위함이니 모두 성왕(聖王)이 인민의 안녕과 국가의 안전을 고려한 배치법이다.

오 백 리　　수 복　　　삼 백 리
五百里는 綏服이니 三百里는

2-1-85 ·····································

규 문 교　　　이 백 리　　분 무 위

揆文敎하고 二百里는 奮武衛하니라

『500리는 안전보장지대의 직분이니 300리는 문교를 도모하고 200리는 무위를 힘쓰느니라.』

　☯ 여기에서는 지방국가의 외곽 변방에 또다시 500리의 안전을 보장하는 영역을 두어 문화를 전파하는 교육을 실시하고 무력으로 국가를 호위하는 전투력 향상에 힘쓰도록 대비한 내용을 기록하였다.

　5백리(五百里)는 제도(帝都)로부터 1,000리 밖에서 1,500리 사이의 땅이니 경기지역의 16배이다. 수복(綏服)은 안전을 보장하는 지대(地帶)의 직분이요, 3백리(三百里)는 제도(帝都)로부터 1,000리 밖에서 1,300리 사이에 있는 땅이고 규(揆)는 헤아림이니 곧 도모하여 추진함이며 문교(文敎)는 학문으로써 사람을 가르쳐 효제충신(孝悌忠信)의 도덕을 알게 하는 교육이다. 2백리(二百里)는 제도(帝都)로부터 1,300리 밖에서 1,500리 사이에 있는 땅이요 분(奮)은 분발하여 노력함이고 무위(武衛)는 무력(武力)으로 외침(外侵)을 방위하는 것이다. 안으로 문교정책(文敎政策)을 숭상하면서 밖으로 군사정책(軍事政策)에 힘쓰는 것은 도덕으로 국제문제를 해결하도록 먼저 노력하며 끝내 항거하여 침략할 때에는 부득이 군사력으로 방어하여 국민의 생명과 재산을 보호하고 나라의 주권을 지키기 위함이다.

오 백 리　　요 복　　　삼 백 리

2-1-86 ·· 五百里는 要服이니 三百里는

이　　　이 백 리　　　살

夷요 二百里는 蔡이니라

『500리는 시골의 직분이니 300리는 자유지역이요 200리는 귀양 보내는 곳이니라.』

☯ 여기에서는 외곽의 변방지대 밖에 또다시 500리의 자유지역과 유배지를 두어 자체적으로 삶을 경영하도록 자유방임한 사실을 기록하였다.

5백리(五百里)는 제도(帝都)로부터 1,500리 밖에서 2,000리 사이의 땅이니 경기지역의 24배의 넓은 영역이다. 요(要)는 궁벽한 시골이며 3백리는 제도(帝都)로부터 1,500리 밖에서 1,800리 사이의 땅이고 이(夷)는 자유지역으로 모든 사람이 자기들의 고유한 습속에 따라 중앙 정부의 통제나 간섭이 없이 자유롭게 거주이전하는 곳이다. 이백리(二百里)는 제도(帝都)로부터 1,800리 밖에서 2,000리 사이의 땅이요 살(蔡)은 귀양 보내는 곳으로 죄인을 추방하여 격리시키는 곳이다. 성왕(聖王)은 거리가 멀고 지역이 넓어서 다스리기 곤란하거나 또는 오랜 습속에 젖어 변화시키기 어려운 사람들은 자체적으로 자유롭게 살도록 인정하고 방임하였으니 이른바 오랑캐는 다스리지 않는다는 불치이적론(不治夷狄論)이다. 따라서 종속을 싫어하는 다른 민족을 강제병합하는 것은 성왕(聖王)의 정치가 아니다.

2-1-87 ·· 五百里는 荒服이니 三百里는
蠻이요 二百里는 流니라

『500리는 황무지의 직분이니 300리는 미개지요 200리는 유배지니라.』

☯ 여기에서는 원방극지(遠方極地)에 자연환경을 보호하는 황무지의 구역을 두고 자연을 훼손하지 못하게 했음을 기록하였다.

5백리(五百里)는 제도(帝都)로부터 2,000리 밖에서 2,500리 사이의 땅이니 경기지방의 32배이다. 황(荒)은 황무지(荒蕪地)로 전혀 개간하지 않고 자연상태로 보존하는 구역이다. 3백리(三百里)는 제도(帝都)로

부터 2,000리 밖에서 2,300리 사이의 땅이고 만(蠻)은 미개(未開)한 지역이니 원시적인 삶의 방식을 고집하는 사람이 사는 곳이다. 2백리(二百里)는 제도(帝都)로부터 2,300리 밖에서 2,500리 사이의 땅이요 유(流)는 유배지(流配地)로 죄인을 멀리 추방하여 완전히 격리하는 곳이다. 성왕(聖王)이 자연을 보호하여 효율적으로 이용할 수 없는 구역은 길이 보존해서 후세에 전하기 위하여 개발제한구역을 사방에 설정하였으니 그 생각이 깊고 도모함이 원대하도다.

○ 살피건대 전복(甸服), 후복(侯服), 유복(綏服), 요복(要服), 황복(荒服)이 각각 500리씩이니 모두 2,500리인즉 동서와 남북의 거리가 5,000리이다. 그러나 요(堯)임금의 도읍은 기주(冀州)에 있어 동북쪽에 치우쳐 있고 9주(州)의 지형도 굴곡이 있어 사방이 편편하지 않으므로 반드시 이와 같이 시행할 수 없을터인즉 이러한 원칙을 가지고 조절한 것임을 알아야 될 것이다. 또한 『한서(漢書)』 지리지(地理志)에는 국토가 동서로 9,000리요 남북으로 13,000리라고 했으니 그 영토가 주(周)나라 이후로 넓어졌는지 아니면 후세에 척도(尺度)가 줄어졌는지 알 수 없지만 다만 우공(禹貢)을 살피면 영토가 넓어진 것은 아님을 확인할 것이다.

2-1-88 ······························· 東漸于海하며 西被于流沙하며
朔南曁하며 聲敎訖于四海어늘
禹錫玄圭하사 告厥成功하시다

『동쪽으로 바다에 번지며 서쪽으로 유사에 입히며 북쪽과 남쪽에 미쳐서 소리를 듣고 교화함이 사방의 끝에 이르거늘 우가 하사받은 검은 옥홀로 그 성공을 보고하시다.』

◑ 여기에서는 우가 천하의 홍수를 다스리고 치산치수사업을 성공적으로 마쳐서 육로와 수로가 동서남북의 끝에까지 활짝 열려 문화교류가 활발하게 됨으로써 요임금을 받들고 순이 섭정하는 덕치인정의 문명이 크게 보급되는 까닭에 우가 마침내 그 성공을 보고하였음을 기록하였다.

점(漸)은 번지는 것으로 문명이 점차 확산된다는 뜻이요 해(海)는 발해(渤海)와 황해(黃海)이며 피(被)는 입히는 것이니 문화가 차례차례 보급된다는 말이고 유사(流沙)는 앞(2-1-71)에서 해설하였다. 삭(朔)은 북방(北方)이고 남(南)은 남방인데 모두 북쪽 끝과 남쪽 끝 지역을 지칭한다. 기(曁)는 급(及)과 같으니 요(堯)와 순(舜)의 덕화(德化)가 파급되었다는 말이다. 성(聲)은 성문(聲聞)이니 세상에 널리 전파되는 소리를 듣는 것이고 교(敎)는 교화(敎化)로 서로 가르쳐 착한 길로 인도함이다. 이것은 천하에 교통이 활발함으로써 세상에 새로운 지식과 정보가 방방곳곳에 널리 전파하게 되니 사람들이 스스로 변화발전하는 기풍이 크게 일어난 사실을 기록한 내용이다. 흘(訖)은 지(至)와 같고 사해(四海)는 앞(2-1-80)에서 이미 해설하였다. 석(錫)은 석뢰(錫賚)니 임금으로부터 하사받은 물건이며 현규(玄圭)는 검은 옥홀(玉笏)인데 섭정(攝政)하는 순(舜)이 요(堯)임금의 명령을 받아 우(禹)에게 홍수(洪水)를 다스리는 책무를 맡기면서 징표로 내린 징표이다. 그러므로 우(禹)가 그 책무를 완수하여 보고하는 자리에서 그 징표를 가지고 사업의 성공을 보고하여 처음부터 끝가지 직분에 충실하였음을 증명하였다.

○ 우공(禹貢) 편은 천하의 홍수를 다스리고 9주의 판도를 재편성하는 인류의 역사상 초유의 대공사를 성공적으로 완성한 기록이다. 학자는 여기에서 배울 점이 많으니 그 자연과학적 지식에 철저하여 산과 물의 지리적 조건을 십분 이용한 사실을 살펴야 할 것이고 다음으로 인류를 사랑하여 동서남북의 끝까지 샅샅이 다스려서 육로(陸路)와 수로(水路)를 모두 열었음을 확인해야 할 것이며 또한 자연자원을

개발하여 인류의 행복을 보장하려고 농지개발은 물론 산업발전에 힘썼던 거룩한 정신을 본받아야 할 것이다. 이와 같이 성실, 정직, 공명한 자질로 요(堯)임금과 순(舜) 섭정(攝政)의 명령을 높이 받들고 그 책임을 완수하여 요와 순의 덕화(德化)가 미치지 않은 곳이 없게 하였으니 우(禹)는 위대한 신하인저! 그러므로 공자(孔子)가 말하기를 "우(禹)는 내가 트집잡을 수 없도다. 평소에는 변변치 못한 음식을 드시면서도 귀신의 제사에는 효성을 다하시며 평상에는 해진 옷을 입으시면서도 조정(朝廷)의 행사 때 관복(官服)에는 아름다움을 다하시며 관청의 건물은 나지막하게 지으면서도 농경지를 개간함에도 있는 힘을 다 쓰시니 우는 내가 흠잡을 수 없도다." (『논어』태백)라고 찬미하였다.

2. 감세(甘誓) / 감(甘) 땅에서의 맹세(盟誓)

감(甘)은 지명으로 유호씨(有扈氏)의 나라 남쪽 교외에 있는데 곧 부풍(扶風) 호현(鄠縣)으로 지금은 섬서성(陝西省) 서안시(西安市) 서남쪽에 위치한 호현(戶縣)이다. 세(誓)는 세사(誓師)이니 출정할 때에 장병을 모아놓고 굳게 약속하면서 훈계하여 설유(說諭)하는 맹세(盟誓)이다. 우(禹)임금의 아들 계(啓)가 왕위에 오르자 이에 유호(有扈)씨가 복종하지 않고 천리(天理)를 어기며 반란을 일으키므로 계(啓)가 6군(六軍)을 이끌고 감(甘) 땅에 가서 정벌군에게 직접 맹세한 내용을 기록하였으니 하(夏)나라 역사를 연구하는 중요한 자료이며 이 감세(甘誓) 편은 『금문상서(今文尙書)』와 『고문상서(古文尙書)』에 모두 수록되어 있다.

2-2-1 ······························ 大戰于甘하실새 乃召六卿하시다

『감 땅에서 큰 전쟁을 하실 때 이에 6군의 장수를 소집하시다.』

◑ 이것은 하나라 임금 계가 유호국을 정벌하기 위하여 6군을 소집한 내용을 기록한 것이다.

대전(大戰)은 큰 전선을 구축하여 진(陣)을 치고 대대적으로 공격하는 전쟁이며 감(甘)은 땅이름으로 앞에 감세(甘誓)의 편명 해제에서 이미 해설하였다. 내(乃)는 이에로 대전을 전개하기 직전임을 뜻하고 소(召)는 작전회의를 소집(召集)함이요 육경(六卿)은 6군(六軍) 또는 6사(六師)의 장수(將帥)인데 하(夏), 은(殷), 주(周) 시대에 천자국(天子國)은

6군을 두고 6군의 장수(將帥)를 모두 경(卿)으로 임명하였으니 『주례(周禮)』 하관(夏官)과 서관(叙官)에서 말하기를 "무릇 군제(軍制)는 12,500명으로 군(軍)을 편성하고 왕(王)은 6군을 거느린다." 그리고 "군(軍)의 장수(將帥)는 모두 경(卿)으로 임명한다."라고 하였다. 대저 이것은 전시의 군대편제로 비상시의 동원체제이고 평상시에는 병성을 해산하여 각각 직업에 종사하게 하였으니 경(卿)도 역시 자기의 본래 직무로 돌아가고 소수의 기간요원과 병사는 대사마(大司馬)가 총괄하였던 것이다.

2-2-2 ······················ 王이 曰嗟라 六事之人아 予誓告汝하노라

『임금이 말씀하시기를 "아이고, 6군의 사무를 관장하는 사람아 나는 맹세하여 그대들에게 알리노라."』

◯ 왕(王)은 하(夏)나라 임금 계(啓)인데 앞에서 사가(史家)들이 요(堯), 순(舜), 우(禹)는 모두 제(帝)로 호칭하였는바 이제 계(啓)는 왕(王)으로 호칭하였으니 그 뜻이 심오하다. 대저 제(帝)는 천덕(天德)으로 왕도(王道)를 행하여 자연스럽게 화평세계를 건설한 임금임을 뜻하고 왕(王)은 덕치인정(德治仁政)을 행함에 힘써 노력해서 화평세계를 건설한 임금임을 뜻한다. 따라서 시법(諡法)에 덕이 하늘땅을 닮은 덕상천지(德象天地)를 제(帝)라고 하며 인(仁)과 의(義)로 다스리는 인의소왕(仁義所往)을 왕(王)이라고 하였다. 차(嗟)는 너무 어처구니없고 기가 막힐 때에 저절로 나오는 감탄사인데 '아이고'이며 육사(六事)는 6군(軍)의 사무를 관장(管掌)하는 것이요 여(予)는 왕이 자기자신을 지칭하는 대명사이고 세(誓)는 스스로 하늘땅에 결의를 다짐한 것이며 여(汝)는 6군의 장수를 지칭하는 대명사이다. 이것은 일이 중대하므로 엄숙하게 말하는 문장체이다.

 ································· 有扈氏가 威侮五行하며

怠棄三正할새 天用勦絶其命하시나니

今予는 惟恭行天之罰이니라

『호씨의 정부가 5행을 함부로 쓰고 하찮게 여기며 세 가지의 반듯하게 처리할 일을 게을리하여 버리므로 하늘이 이래서 그 명운을 끊어서 없앴나니 이제 나는 오직 하늘의 벌을 받들어 시행할지니라.』

☯ 유(有)는 정부라는 뜻이고 호(扈)는 나라이름이며 유호씨(有扈氏)는 호나라 정권을 장악한 임금일 지칭하는바 당시 호나라 임금은 하(夏)나라 임금 계(啓)와 동성(同姓)인 사(姒)성이었다. 위(威)는 위협적으로 거리낌이 없이 함부로 씀이고 모(侮)는 멸시하여 하찮게 여기는 것이다. 5행(五行)은 수(水), 화(火), 목(木), 금(金), 토(土)의 다섯 가지 원질(原質)로 앞에(1-3-8)서 말한 6부(六府) 가운데 곡(穀)을 제외한 것인데 여기에서 5행(五行)이란 말을 처음 썼으니 그것은 유호씨(有扈氏)가 상생(相生), 상극(相剋)의 자연법칙가지 무시하고 일방적으로 자기의 정치적 야욕을 채우려고 오로지 권력만 휘두르며 폭압정치를 일삼았던 사실을 논증하기 위함이다. 태기(怠棄)는 태만하여 일을 그대로 버려두는 것이고 3정(三正)은 세 가지의 반듯하게 처리해야 할 일이니 곧 앞(1-3-8)에서 말한 3사(三事)로 정덕(正德), 이용(利用), 후생(厚生)이다. 유호씨(有扈氏)가 사회도덕을 바로잡고 자연자원을 개발 이용하여 민생을 안정하여야 되는 정치적 책임을 태만히 하여 버려두었다는 것은 무능한 정치역량을 변증하기 위함이다. 용(用)은 이래서의 뜻이니 곧 위로 천리(天理)를 어기고 아래로 정사(政事)를 포기한 죄악이다. 초(勦)는 멸(滅)하여 없애는 것이고 명(命)은 천명(天命)이 운행(運行)함인데 임금이 덕(德)이 있으면 나라의 운명이 연장되고 임금이 덕(德)을 잃으면 나라의 운명이 끊어지기 때문에 무상(無常)한 것이다. 행(行)은 대행(代行)이요 천지벌(天之罰)은 하늘이 극악무도(極惡無

道)한 사람에게 내리는 큰 처벌로 추호도 용서가 없어서 도저히 빠져
나갈 길이 없는 것이다. 전배(前輩)들은 3정(三正)을 자월(子月), 축월
(丑月), 인월(寅月)로 정월(正月)을 삼는 것으로 해설하였으나 역사적인
증거가 없을 뿐만 아니라 문장의 뜻에도 합당하지 않으므로 취할지
없으며 앞에서 말한 6부3사(六府三事)를 5행3정(五行三正)으로 바꾸어
말한 것으로 보는 것이 타당하다.

                                                    좌 불 공 우 좌   여 불 공 명
2-2-4 ····································· 左不攻于左하면 汝不恭命이며
                                                    우 불 공 우 우   여 불 공 명
                                        右不攻于右하면 汝不恭命이며
                          어 비 기 마 지 정   여 불 공 명
                        御非其馬之正이면 汝不恭命이니라

『왼쪽 무사가 전차의 왼쪽에서 공격하지 않으면 그대들이 명령을
받들지 아니함이며, 오른쪽 무사가 전차의 오른쪽에서 공격하지 않으
면 그대들이 명령을 받들지 아니함이며, 마부가 그 말의 마땅함이 아
니면 그대들이 명령을 받들지 아니함이니라.』

　☯ 이것은 하나라 임금 계가 6군의 장수에게 작전을 지시하고 각각
임무에 충실하도록 훈계한 내용이다. 본래 천자가 제후국을 정벌함에
성토만 하는 것이나 유호씨가 끝내 반성하지 않으므로 부득이 전쟁까
지 하게 되었는바 전쟁을 함에는 필승하여 정의는 불패한다는 사실을
증거해야 되므로 필승의 전략전술을 세운 것이다.
　좌(左)와 우(右)와 어(御)는 전차(戰車)를 타고 공격함에 있어서 그
임무를 분담하는 구성요원인데 차전(車戰)의 법에 갑사(甲士 : 무장군
인) 3인이 전차에 타고 한 사람은 수레의 왼쪽자리에서 활을 쏘고 한
사람은 수레의 오른쪽 자리에서 창칼로 무찌르며 마부(馬夫)는 가운
데 자리에서 말을 달리는 것이다. 공(攻)은 공격함이고 공(恭)은 받들
어 시행함이며 명(命)은 임금의 공격명령이다. 마지정(馬之正)은 말의

성질과 능력을 알아서 마땅하게 부리는 것이니 마부가 말의 성질과 능력에 정통하여야 전장에서 놀래어 날뛰거나 지쳐서 쓰러지는 사건을 방지할 수 있기 때문이다.

여기에서 감(甘) 땅의 대전은 6군의 전차로 일시에 총공격하여 적을 괴멸시키는 새로운 전략전술을 채택하였음을 알 수 있으니 고대의 기마전이 이때에 전차전으로 전환된 사실을 확인할 것이다.

2-2-5 ························· 用^{용명}命하면 賞^{상우조}于祖하고 不^{불용명}用命하면
戮^{육우사}于社하되 予^{여칙노륙여}則孥戮汝하리라

『명령을 시행하면 조묘에서 상을 주고 명령을 시행하지 않으면 사직에서 죽이되 나는 자손에게 본보기가 되도록 너희를 죽이리라.』

◉ 이것은 전쟁에 있어서 작전명령을 시행하면 반드시 상을 주고 작전명령을 따르지 않으면 반드시 처벌하겠다는 신상필벌의 공정성과 엄중성을 선포한 내용이다.

용(用)은 시행(施行)함이요 명(命)은 앞에서 지시한 작전명령이니 곧 공격대열에서 각자가 맡은 직분을 완수하는 것이다. 상(賞)은 전공(戰功)을 평가하여 치하하여 기리는 것이고 육(戮)은 죄(罪)를 문책하여 극형에 처해서 죽이는 것이며 조(祖)는 조묘(祖廟)로 조상신(祖上神)을 모신 태묘(太廟)이며 사(社)는 사직단(社稷壇)으로 국토신(國土神)을 모신 태사(太社)이다. 전쟁의 공과 죄를 논하여 상과 벌을 줌에 전쟁을 끝내고 제도(帝都)에 돌아와서 시행하는 것은 즉흥적인 판단이나 자의적인 결정을 방지하고 역사적 사례와 국가적 규범에 따라 공정하고 엄격하게 시행하려는 까닭이다. 또한 조묘(祖廟)는 궁궐의 동쪽에 있으므로 여기에서 상을 주는 것은 양방(陽方)의 생광(生光)을 더하려는 것이고 사직단(社稷壇)은 서쪽에 있으므로 여기에서 처벌하는 것은

음방(陰方)의 살기(殺氣)를 더하려는 것이다. 전배(前輩)들은 조(祖)를 조상의 위판(位版)으로 보고 또 사(社)를 사주(社主)로 보아 전선에 옮겨놓고 전장(戰場)에서 상벌을 시행하는 것으로 해설했으나 어찌 전장의 위험한 곳으로 조상의 위패(位牌)와 사직의 신주(神主)를 옮겨놓겠는가? 모두 근거가 없는 억설이다. 칙(則)은 칙효(則效)니 본보기를 삼는 것이고 노(孥)는 자손이니 칙노(則孥)는 후세의 자손들에게 본보기를 삼는 것이요 육여(戮汝)는 작전명령을 어기면 그대들 6군(軍)의 장수까지도 극형으로 다스리겠다는 말이다. 전배들은 칙(則)을 즉(則)으로 보아 해석하지 않고 노륙(孥戮)을 붙여서 해설하여 자손까지 죽이는 처벌로 인식하였지만 요(堯), 순(舜), 3대(代)에는 상(賞)은 자손에게 영광이 뻗치게 했으나 벌(罰)은 자손에게 오욕이 미치지 않도록 하였으므로 문법(文法)에 어긋난 오해이며 더욱이 전시의 비상특례법이라고 주장한 가중처벌론은 법의 형평성을 무시한 속설인즉 공자(孔子)가 어찌 그러한 편벽된 내용을 편집하여 『서경(書經)』에 서술하였겠는가? 순은 곤(鯀)을 처형하였으나 곤의 아들 우(禹)는 등용하여 후계자로 삼은 사실을 살필지어다.

　감세(甘誓)는 비록 짧은 문장이지만 그 뜻이 심오하니 5행(五行)의 자연법칙을 뚜렷이 규정하였고 천명(天命)의 무상(無常)함과 천벌(大罰)의 엄중함을 밝혀 왕이 대신집행해야 할 일임을 천명하였다. 그리고 왕은 정의의 주체이고 하늘을 대신하여 토벌하기 때문에 정의필승(正義必勝)과 왕사불패(王師不敗)의 증거를 보여야 하므로 이에 전차로도 공격할 수 있음을 확인하였다. 또한 신상필벌(信賞必罰)하여 공과 죄를 밝히되 공정하고 엄중하게 시행하는 모범을 보였으니 후세의 정벌전쟁에 교훈으로 삼아야 하리라.

3. 5자지가(五子之歌) / 다섯 아들의 노래

　　5자(五子)는 하(夏)나라 임금 계(啓)의 아들이다. 계에게는 여섯 아들이 있었는데 맏아들 태강(太康)이 왕위(王位)를 계승하였으나 정치지도력을 상실하고 안일하게 쾌락만 탐하여 나라가 어지럽고 민심이 이탈하므로 태강(太康)의 다섯 아우가 이를 크게 걱정하여 그 할아버지 우(禹)가 훈계한 말씀을 엮어서 노래를 지어 시국의 위태로움을 경고하였다. 다섯 아들의 이름은 중강(仲康)만 전해오고 나머지 네 명의 이름은 실전(失傳)했으며 가(歌)는 말을 길게 읊는 영가(詠歌)이니 곧 시(詩)나 가사(歌詞)를 소리로 읊은 것이다.

　　이 5자지가(五子之歌) 편은 『금문상서(今文尙書)』에는 없고 『고문상서(古文尙書)』에만 수록되어 있다.

2-3-1 ·· 太康이 尸位하야 以逸豫로
　　滅厥德한대 黎民이 咸貳커늘
　　乃盤遊無度하야 畋于有洛之表하야
　　十旬을 弗反하니라

　　『태강이 임금의 자리만 차지하여 하는 일이 없이 편안하게 즐거움을 누리므로 그 덕을 없애니 서민대중이 모두 의심하거늘 이에 즐기며 놀기를 한도가 없이하여 낙수의 땅끝이 있는 데까지 사냥을 하여 100일을 돌아오지 않으니라.』

　　☯ 이것은 태강이 임금의 직분을 망각하고 일신의 안일과 쾌락만을

탐하여 나라의 기강이 무너진 것을 사관이 기록한 것이다.

　태강(太康)은 하(夏)나라 임금 계(啓)의 아들로 왕위(王位)를 계승하
였으나 혼군(昏君)으로 폐위(廢位)되었기 때문에 왕(王)이라고 쓰지 않
고 그 이름을 써서 폄하(貶下)하였다. 시위(尸位)는 제사에 시동(尸童)
이 자리에 앉아서 아무 일도 하지 않은 것처럼 임금의 자리만 차지하
여 하는 일이 없는 것이고 일(逸)은 안일이요 예(豫)는 쾌락이다. 멸
(滅)은 없애버리는 것이고 궐덕(厥德)은 그 덕이니 선정(善政)을 베푸
는 덕이다. 이(貳)는 의심하여 이탈함이요 반(盤)은 즐기는 것이며 유
(遊)는 돌아다니며 노는 것이고 도(度)는 한도(限度)이다. 전(畋)은 사냥
함이요 낙(洛)은 낙수(洛水)이니 앞(2-1-45)에서 해설하였으니 예주(豫
州)에 있다. 표(表)는 표토(表土)이니 땅과 강이 접하는 강안(江岸)이요
순(旬)은 10일이며 불반(弗反)은 사냥놀이에 도취하여 제도(帝都)로 돌
아오지 않았다는 말이다.

　이것은 정치권력을 인민을 위한 봉사의 기회로 생각하는 것이 아니
라 개인의 야욕을 충족하는 도구로 착각한 것인즉 동성(同姓)의 친척
은 반정(反正)의 책임이 있고 이성(異姓)의 신하나 민중은 혁명(革命)
의 사명이 있다.

2-3-2 ·························· 有窮后羿가 因民弗忍하야 距于河하니라

『궁나라 임금 예가 민중이 참지 못하는 것을 이유로 황하에서 막고
싸우니라.』

　☯ 유(有)는 정부라는 뜻이고 궁(窮)은 나라이름이며 후(后)는 임금
이니 제후요 예(羿)는 궁(窮)나라 임금의 이름으로 활을 잘 쏘는 사람
이었다. 인(因)은 이유(理由)이고 불인(弗忍)은 인내의 한계를 넘어서
도저히 참지 못하는 것인즉 민중혁명(民衆革命)의 정당성이다. 거(距)
는 거전(距戰)으로 길을 막고 대항하여 싸움이니 곧 폐위(廢位)시키는

것이며 하(河)는 황하(黃河)이다.

궁나라 임금 예가 제후로서 민중의 뜻을 받들어 태강(太康)을 폐위시킨 것은 정의의 심판이요 민권의 승리이다. 그러므로 사관이 예를 후(后)라고 써서 표창하였으니 나라사람들이 태강을 폐위시킨 다음에 그 아우 중강(仲康)을 임금으로 추대하여 우(禹)임금의 정치이념을 계승발전케 하였다.

2-3-3 ······································ 궐제오인 어기모이종
厥弟五人이 御其母以從하야

혜우락지예 오작함원
傒于洛之汭하더니 五子咸怨하며

술대우지계 이작가
述大禹之戒하야 以作歌하니라

『그 아우 다섯 사람이 그 어머니를 모시고 쫓아가서 낙수의 북쪽 물굽이에서 기다리더니 다섯 아들이 모두 원망하며 위대한 우임금의 경계를 서술하여 노래를 지으니라.』

☯ 이것은 시가를 지은 배경을 설명하였으니 태강이 단지 민심만 잃었을 뿐만 아니라 또한 그 어머니와 형제까지도 실망시켰음을 변증하였다.

어(御)는 모시는 것이고 혜(傒)는 기다리는 것이며 예(汭)는 강물의 북쪽 물굽이요 원(怨)은 원망(怨望)함이니 태강(太康)이 그 어머니와 형제가 쫓아와서 돌아가기를 호소해도 듣지 않은 것을 원망한 것이다. 대우(大禹)는 위대한 우(禹)임금이니 태강의 할아버지로 하(夏)나라를 창업한 성군(聖君)이다.

사람이 일신의 쾌락에 깊이 빠지면 이성을 잃고 미혹하므로 사리를 분별하지 못하게 되나니 경계할진저!

 其一에 曰皇祖有訓하시니
　　　　　　　　　　　　　　　기 일　　왈 황 조 유 훈

民可近이언정 不可下니라
민 가 근　　　　　불 가 하

民惟邦本이니 本固邦榮이니라
민 유 방 본　　　본 고 방 영

予視天下한대 愚夫愚婦도
여 시 천 하　　　우 부 우 부

一能勝予니라 一人三失이어니
일 능 승 여　　　일 인 삼 실

怨豈在明이리오 不見是圖니라
원 기 재 명　　　불 현 시 도

予臨兆民하되 凜乎若朽索之馭六馬하노니
여 림 조 민　　　늠 호 약 후 삭 지 어 륙 마

爲人上者가 奈何不敬고
위 인 상 자　　　내 하 불 경

『그 1장에 말하기를 "거룩하신 할아버지께서 가르치신 말씀이 있으시니

　민중은 가까이 할지언정 얕보지 못할지니라.

　민중이 오직 나라의 근본이니 근본이 튼튼해야 나라가 번영하니라."

　우리가 천하를 보건대 어리석은 남편과 어리석은 아내도 하나의 재능은 우리보다 나으니라.

　한 사람이 실수를 자주하거니 원망이 어찌 밝은 데 있으리요. 나타나지 않을 때에 이에 도모할지니라.

　우리는 억조 민중을 임하되 두려워서 조심하여 마치 썩은 새끼로 여섯 말을 부리는 것처럼 해야 하노니 사람의 임금이 된 이가 어찌하여 공경하지 않으리오.』

　☯ 이것은 5자지가(五子之歌)의 5장 가운데 수장으로 민중을 사랑하고 민생경제에 치중하라는 대우의 훈계를 바탕으로 태강의 대오각성을 촉구한 내용이다.

일(一)은 1장(章)이라는 뜻이니 아래도 같다. 황조(皇祖)는 거룩한 할아버지로 곧 대우(大禹)를 지칭하고 근(近)은 친근(親近)함이요 하(下)는 하천(下賤)이니 하찮게 얕잡아 봄이다. 민(民)은 서민대중이고 방본(邦本)은 방국(邦國)의 본주(本主)로 나라의 본래 주인이란 뜻이니 국가의 3요소인 국토, 인민, 정부 가운데 가장 기본토대가 된다는 말이다. 고(固)는 확고함이요 영(榮)은 번영함인데 나무의 뿌리가 튼튼해야 가지가 무성한 것처럼 민중의 삶이 건강하고 풍족해야 국가도 발전하는 것임을 역설하였으니 바로 민본사상(民本思想)이 여기에서 더욱 뚜렷하게 밝혀졌다. 여(予)는 이 노래를 지은 다섯 아우들이 자기들을 지칭하는 대명사이고 일능(一能)은 하나의 재능이며 승(勝)은 나은 것이니 아무리 어리석은 사람이라도 한 가지의 재능은 있다는 말이다. 일인(一人)은 임금 태강(太康)을 지칭하고 삼(三)은 빈번하게 자주함이며 실(失)은 과실(過失)이니 곧 정치사업(政治事業)을 감독하여 확인하지 않고 방치한 태만과 포학이다. 명(明)은 밝은 곳이니 곧 눈앞에 보이는 주변이고 현(見)은 나타남이며 도(圖)는 도모(圖謀)함이니 임금의 실정(失政)은 인민을 고달프게 하므로 임금이 보지 않은 데서 원망하는 까닭에 원망이 겉으로 나타나기 전에 개과천선(改過遷善)을 도모해야 된다는 뜻이다. 조민(兆民)은 억조(億兆)의 만민(萬民)으로 천하 인류를 지칭하고 늠호(凜乎)는 두려워서 조심하는 모양이요 후삭(朽索)은 썩은 새끼줄이며 어(馭)는 말을 어거하여 부림이고 육마(六馬)는 임금의 수레를 끄는 여섯 마리의 말이다. 상(上)은 주상(主上)이니 역시 태강(太康)을 지칭한다.

태강이 애민(愛民), 양민(養民), 호민(護民)의 책임을 망각하고 멀리 사냥을 나가서 100일을 돌아오지 않으므로 그 어머니와 다섯 아우가 이와 같이 간절하게 노래를 지어서 불렀는데도 태강이 끝내 듣지 않고 불귀(不歸)의 객(客)이 되었으니 누구를 원망하리오.

2-3-5 ·· 其二에 曰訓에 有之하나니

내 작 생 황　　　　외 작 금 황
內作色荒이나 外作禽荒이나
감 주 기 음　　　　준 우 조 장
甘酒嗜音이나 峻宇彫牆을
유 일 어 차　　　　미 혹 불 망
有一於此하면 未或不亡이니라

『그 2장에 말하기를 "가르치는 말씀에 있나니

안으로 여색에 빠지는 짓을 하거나 밖으로 사냥에 빠지는 짓을 하거나

술을 좋아하고 음악을 즐기거나 집을 높이 지으며 담장에 조각을 하는 것을

하나라도 이에 있으면 누구도 멸망치 않음이 없느니라."고 하였도다.』

◉ 이것은 2장인데 임금이 주색잡기에 빠지거나 사치방종하면 반드시 나라를 망친다는 대우의 훈계를 노래로 엮어 태강(太康)의 회개를 촉구하였다.

훈(訓)은 대우(大禹)의 훈게이고 색황(色荒)은 여색(女色)에 빠져 애첩을 총애함이요 금황(禽荒)은 사냥에 빠져 말을 타고 돌아다니는 것이며 감주(甘酒)는 술을 좋아하여 밤낮으로 마시는 것이고 기음(嗜音)은 풍악을 울리며 때와 장소를 가리지 않고 노는 것이다. 준우(峻宇)는 건물을 높고 크게 지어 세력을 과시함이고 조장(彫牆)은 담장에 조각을 하여 화려하고 사치스럽게 꾸밈이니 모두 정치지도자의 마음을 빼앗고 정신을 흐리게 하는 것이다. 혹(惑)은 누구든지 또는 어떤 사람이라도의 뜻이니 아무리 영웅이나 호걸이라도 반드시 멸망하고 만다는 뜻이다.

기 삼　　　왈 유 피 도 당
2-3-6 ·························· 其三에 曰惟彼陶唐이

『그 3장에 말하기를 오직 저 요임금이 이 기주지방을 다스렸나니
이제 그 도덕을 잃고 그 기강이 어지러워 이에 멸망함에 이르렀도
다.』

◯ 이것은 3장인데 태강이 요, 순, 우의 신성한 정치도덕을 상실하
고 타락했기 때문에 국가의 기강이 문란해서 멸망에 이르게 된 것을
원망하였다.

도당(陶唐)은 요(堯)가 처음에 당(唐)나라의 임금이 되었다가 뒤에
제위(帝位)에 올라 도(陶) 땅에 도읍(都邑)을 정하니 요임금을 도당(陶
唐)이라고 일컬었다. 유(有)는 다스리는 것이고 기(冀)는 기주(冀州)로
요임금으로부터 순(舜)임금과 우(禹)임금이 이어가며 직접 다스렸던
경기(京畿)지방이다. 금(今)은 태강(太康)의 시대이고 도(道)는 요·
순·우의 신성한 정치도덕이며 기(紀)는 기율(紀律)이요 강(綱)은 강령
(綱領)이니 곧 정치강령과 조정의 기율이다. 지(底)는 이르는 것이고
멸(滅)은 정부가 소멸(消滅)함이며 망(亡)은 나라가 없어짐이다.

『좌씨춘추(左氏春秋)』에서는 이 노래를 인용하면서 유피도당(惟彼
陶唐)의 다음에 솔피천상(帥彼天常)을 넣었으니 '저 하늘의 상도(常道)
를 따라'라는 뜻으로 그 의미가 더욱 분명하니 참고하기 바란다.

2-3-7 ·· 其四에

　『그 4장에 말하기를 밝고 밝으신 우리 할아버지는 일만 나라의 임금이시니 전장도 있고 법칙도 있어 그 자손에게 주시니라.
　석을 통용하고 균을 균평케 하는 도량형기가 왕부에 곧 있거늘 그 사업을 버려두고 쓰러뜨려서 종묘를 뒤엎어 제사를 끊으려는가.』

　☯ 이것은 4장인데 태강(太康)이 위대한 우임금의 전장과 제도 및 법률과 규칙을 지키지 않음으로써 종묘를 뒤엎고 제사를 끊어지게 할 위기국면에 이르렀음을 원망한 내용이다.
　명명(明明)은 밝고도 밝은 것이며 조(祖)는 우(禹)임금이요 만방지군(萬邦之君)은 일만 나라에 모범이 되는 성군(聖君)이란 뜻이다. 전(典)은 국가의 전장제도(典章制都)이고 칙(則)은 법률과 규칙이며 이(貽)는 주는 것이다. 관(關)은 통용(通用)함이고 석(石)은 저울로 무게를 달아 120근(斤)을 1석(石)이라고 하며 화(和)는 균평(均平)함이요 균(鈞)은 30근이다. 우임금은 천하의 도량형기(度量衡器)를 균평하게 통용하도록 표준을 정하여 중앙정부에 보관했던 것이다. 왕부(王府)는 중앙정부이고 황(荒)은 버려두어 못쓰게 됨이요 추(墜)는 허물어 쓰러뜨림이며 복종(覆宗)은 종묘(宗廟)를 뒤엎는 것이고 절사(絶祀)는 제사를 끊어지게 함이다.
　도량형기를 균평하게 통용시키지 않으면 강력한 세력을 가진 무리들이 임의로 조작하여 어리석고 약한 사람을 속여서 수탈하는 도구로 악용되기 때문에 성왕(聖王)은 엄격히 다스렸던 것이다.

기 오　　왈 오 호 갈 귀　　여 회 지 비
2-3-8 ······································　其五에　曰嗚呼曷歸오　予懷之悲여

만 성 구 여　　　여 장 주 의
萬姓仇予하니　予將疇依아
울 도 호 여 심　　　안 후 유 뉴 니
鬱陶乎予心이여　顔厚有忸怩로다
불 신 궐 덕　　　수 회 가 추
弗愼厥德이어니　雖悔可追아

『그 5장에 말하기를 오호, 어디로 돌아갈까 내 가슴속의 슬픔이여.
일만 성씨가 우리를 원수로 삼으니 우리는 장차 누구를 의지하나.
울적한 우리의 마음이여 얼굴이 두꺼워도 부끄러움이 있도다.
그 덕을 신중히 하지 못했거니 비록 뉘우친들 따라 잡겠는가.』

　☯ 이것은 5자지가(五子之歌)의 졸장(卒章)인데 태강(太康)이 즉각
반성해서 돌아오지 않고 마침내 천하의 만민이 원수로 여겨 궁(窮)나
라 임금 예(羿)가 황하에서 길을 막아버리게 되니 그 어머니를 모시고
간 다섯 형제가 돌아갈 곳이 없음을 슬퍼하였다.
　갈(曷)은 하(何)와 같고 만성(萬姓)은 일만 성씨(姓氏)로 곧 천하만민
이요 구(仇)는 원수로 여기는 것이며 주(疇)는 어디로이며 울도(鬱陶)
는 마음이 답답하고 기운이 꺾인 모양이다. 안후(顔厚)는 얼굴이 두꺼
워 뻔뻔함이고 뉴니(忸怩)는 부끄러움이며 추(追)는 쫓아가서 따라잡
는 것이다.
　민심은 한번 잃으면 다시 얻기 어려우니 뒤에는 후회해도 소용이
없는 것이다. 권고하는 시가(詩歌)를 5장이나 지을 때까지 전혀 반성
하지 않았으니 어리석음의 극치요 완악(頑惡)의 극단으로 어찌 왕위
를 보전하겠는가? 후세에 주색잡기에 현혹된 이들은 이 노래를 경계
로 삼을지어다.

4. 윤정(胤征) / 윤(胤)나라 임금의 출정(出征)

윤(胤)은 나라이름이고 정(征)은 정벌(征伐)이니 상국(上國)이 하국(下國)을 성토(聲討)하여 바로잡는 것인데 여기에서는 윤(胤)나라 임금이 출정(出征)하면서 장병(將兵)에게 약속하여 맹세한다는 뜻이다.

예(羿)가 만백성의 뜻을 받들어 태강(太康)을 폐위시키니 인민이 태강의 아우 중강(仲康)을 왕(王)으로 추대하였다. 이에 중강이 나라의 기강을 다시 세우고 정치풍토를 쇄신함에 희(羲)씨와 화(和)씨가 따르지 아니하므로 중강이 윤나라 임금에게 정벌을 명령하였다. 이에 윤나라 임금이 6사(六師)를 거느리고 출정하면서 그 장병에게 군법을 엄정하게 지킬 것을 약속하였다.

2-4-1 ··· 惟仲康이 肇位四海하사
胤侯가 命掌六師러니 義和가
廢厥職하고 酒荒于厥邑한대
胤后가 承王命하야 徂征하니라

『오직 중강이 비로소 천하만민을 안정하사 윤나라 임금이 6사를 명령하여 관장하더니 희씨와 화씨가 그 임금의 직분을 폐하고 그 도읍에서 술에 빠지므로 윤나라 임금이 왕의 명령을 받들어 가서 정벌하니라.』

◉ 이것은 하(夏)나라 임금 태강(太康)을 폐위시킨 다음 사해의 인민이 오직 중강(仲康)을 추대하여 임금으로 세우고자 했기 때문에 마

침내 중강이 왕위에 오르자 천하만민이 안정을 되찾은 사실을 밝히고
이어 윤나라 임금이 대사마(大司馬 : 국방장관)가 되어 황음무도(荒飮
無道)한 희씨와 화씨를 정벌한 동기를 서술한 내용이다.

유(惟)는 오직이니 인민이 오직 중강(仲康)을 지지했다는 말이고 조
(肇)는 비로소, 위(位)는 편안히 고정하여 안정시킴이요 사해(四海)는
천하만민(天下萬民)이다. 이것은 중강(仲康)이 왕위에 오르게 되니 비
로소 천하만민이 지지하여 사회가 안정되었다는 뜻이다. 윤후(胤侯)는
윤나라 임금이고 명장(命掌)은 명령하여 관장함이며 6사(師)는 6군(軍)
이니 천자국의 군대편제로 앞(2-2-1)에서 이미 해설하였다. 희화(羲和)
는 희(羲)씨와 화(和)씨로 천문(天文)을 관측하여 역법(曆法)을 연구하
는 지방국가의 임금인데 앞(1-1-3)에서 말한 희씨와 화씨의 후예들이
다. 궐직(厥職)은 국가중흥의 시대적 사명에 부응하여 역법을 정확하게
제정하고 실천하는 직분이요 주황(酒荒)은 술에 빠져 정신이 혼미함이
고 궐읍(厥邑)은 희씨와 화씨 나라의 도읍이다. 승(承)은 받드는 것이고
조(徂)는 출발하여 가는 것이며 정(征)은 무력으로 바로잡는 것이다.

비록 예(羿)가 태강(太康)을 폐위시켰으나 인민은 대우(大禹)의 치수
공덕(治水功德)을 사모하여 다시 중강을 임금으로 추대하였으니 우
(禹)임금의 덕화가 크도다.

2-4-2 ·· 告于衆하야 曰嗟라 予有衆아
고 우 중　　　왈 차　　 여 유 중

聖有謨訓하시니 明徵定保니라
성 유 모 훈　　　 명 징 정 보

先王은 克謹天戒하사 臣人이
선 왕　　 극 근 천 계　　　 신 인

克有常憲하고 百官修輔하므로
극 유 상 헌　　　 백 관 수 보

厥后惟明明이시니라
궐 후 유 명 명

『여러 군사에게 포고하여 말하기를 아이고, 나의 친애하는 군사여,

성인은 국가의 대계가 되는 가르침이 있으시니 나라의 안정보장을 명확히 징거하니라. 옛날에 훌륭한 왕은 하늘의 경계를 잘 삼가고 조심하사 신하와 사람이 떳떳한 헌법을 잘 지키고 일백 관료가 다듬어 돕기 때문에 그 임금이 오직 밝고 밝으시니라.』

☯ 이것은 윤나라 임금이 출정하는 군사에게 국가의 결정적 의사를 공식으로 알리는 내용이니 아래도 같다.

고(告)는 포고(布告)이고 유(有)는 친애(親愛)함이요 중(衆)은 군단(軍團)과 여단(旅團)을 총칭한 것이며 성(聖)은 성인(聖人)이니 하늘땅의 도덕(道德)을 통달하고 거룩한 인격을 완성하여 인류의 영원한 사표(師表)가 되는 사람인즉 곧 요(堯)와 순(舜)과 우(禹)를 지칭한다. 모훈(謀訓)은 국가를 경영함에 있어서 중대한 계책이 되는 가르침이요 명징(明徵)은 분명하게 징거(徵據)함이며 정보(定保)는 나라의 안정보장(安定保障)이다. 선왕(先王)은 옛날의 훌륭한 왕(王)이니 곧 요임금, 순임금, 우임금을 지칭하고 천계(天戒)는 하늘이 내린 경계로 자연의 변이(變異)나 재난이며 신(臣)은 왕(王)의 직할영토에 거주하는 국민이고 인(人)은 외래인(外來人) 또는 외국인(外國人)이다. 상헌(常憲)은 천하만세에 불번히는 대경대법(大經大法)으로 곧 상식적인 헌법(憲法)이고 백관(百官)은 국가의 직책을 맡아 사무를 보는 일백 관리(官吏)들인데 신(臣)은 정치집단인 국민을 임금의 상대로써 호칭한 말이고 관(官)은 행정집단인 국가공무원을 국민의 상대로써 호칭한 말이다. 수(修)는 그 직무를 닦고 다스리는 것이고 보(輔)는 임금을 보필하여 돕는 것이며 후(后)는 임금이다.

임금이 천계(天戒)를 거울로 삼아 스스로 덕을 닦음에 국민과 외국인은 상식과 원칙을 잘 지키고 일백 관리는 직분을 닦아 임금을 도와야 밝고 밝은 임금이 되어서 국가의 안정을 보장할 수 있기 때문에 이제 상식과 원칙을 지키지 않은 국민과 외국인을 징계하고 그 직분을 닦지 않고 왕을 돕지 않은 무리를 처벌해야만 나라의 안정을 보장할 수 있다고 역설하였다.

매 세 맹 춘　　　주 인
每歲孟春에 遒人이

이 목 탁 순 우 로　　　관 사 상 규
以木鐸徇于路하면 官師相規하며

공 집 예 사　　　　이 간
工執藝事하야 以諫하나니

기 혹 불 공　　　방 유 상 형
其或不恭이면 邦有常刑이니라

『해마다 초봄에 선전하는 사람이 목탁으로 길에 조리돌리면 관리와 스승은 서로 바로잡고 깨우치며 기능공은 기술적인 일을 집행하여 바르게 간하나니 그 누구도 공경하여 실행하지 아니하면 나라에 일정한 형벌이 있느니라.』

☯ 이것은 철이 바뀌어 새해 정월이 되면 위로 임금으로부터 아래로 모든 사람이 새 봄의 일을 착수해서 한 해의 일을 그르치지 않도록 관료와 스승 그리고 기능공이 부지런히 그 직책을 수행하며 임금을 간해야 되는 법적 책임이 있음을 밝힌 것이다.

맹춘(孟春)은 정월(正月)이니 하(夏)나라의 정월은 곧 인월(寅月)이요 주인(遒人)은 나라의 명령을 국민에게 알리는 선전원(宣傳員)이고 목탁(木鐸)은 쇠로 만든 종(鍾)의 속에 나무막대를 매달아 흔들어서 소리를 내는 것으로 정치나 교육의 내용을 전달할 때에 흔들어서 서민대중에게 경종을 울릴 때 사용한다. 순(徇)은 조리돌리는 것으로 돌아다니면서 보임이요 관(官)은 행정하는 관리(官史)이고 사(師)는 교육하는 스승이며 규(規)는 규간(規諫)이니 사리를 밝혀 임금을 바로잡고 깨우침이다. 공(工)은 기능공이고 집(執)은 집행(執行)이며 예사(藝事)는 기술적인 일로 전문적인 지식이 필요한 사업이다. 간(諫)은 임금의 잘못을 지적하여 바로잡는 것이니 대개 다섯 가지 방법이 있는바 풍간(諷諫), 순간(順諫), 규간(規諫), 치간(致諫), 직간(直諫)이 있는데 풍간(諷諫)은 슬며시 돌려서 간함이고 순간(順諫)은 온순하게 간함이며 규간(規諫)은 사리를 명확히 밝혀 간함이고 치간(致諫)은 생명이나 벼슬을 버리면서까지 극진히 간함이며 직간(直諫)은 임금을 맞상대하여 그 잘못을 기탄 없이 말하여 간함이다. 대체로 대신(大臣)은 은근하고 은밀하게 미리 간하고 중하위급 관료는 공개적으로 즉각 간하는 것이 직분이다. 혹(或)은 누구나이고 공(恭)은 맹자가 임금에게 어려운 일을 실행하도록 재촉하고 권고하는 책난(責難)이라고 하였고 상형(常刑)은 일정한 형벌이다.

　이것은 임금을 바르게 이끌어 한 해의 국가사업이 성공해야만 관리와 스승과 기능공의 직책이 완수되고 그렇지 못하여 임금이 안일하고 태만해서 국가사업이 실패하면 반드시 관리와 스승과 기능공의 책임소재를 밝혀 처벌해야 된다는 사실을 천명한 내용으로 곧 태강(太康)의 실덕(失德)과 실정(失政)에 대한 원인을 규명하여 문책해야 된다는 뜻이다.

2-4-4 ·······································　惟時羲和는 顚覆厥德하고

沈亂于酒하야 畔官離次하며

俶擾天紀하며 遐棄厥司하더니

乃季秋月朔에 辰弗集于房이어늘

瞽奏鼓하며 嗇夫馳하며

庶人走커늘 羲和尸厥官하야

罔聞知하고 昏迷于天象하야

以干先王之誅하니 政典에

曰先時者도 殺無赦요

不及時者도 殺無赦라하니라

『오직 이 희씨와 화씨는 그 덕을 거꾸로 뒤집고 술에 빠져 음란하여 관권을 남용하고 벼슬의 등급을 뛰어 넘으며 심지어 천체가 운행하는 원칙을 어지럽히며 그 맡은 직무를 멀리 물리치고 돌보지 않더니 이에 늦은 가을 9월 초하루에 해와 달이 방수에 화목하게 모이지 않고 일식이 일어나거늘 악관이 북을 치고 낮은 벼슬아치가 말을 달리며 서민대중이 뛰거늘 희씨와 화씨는 그 관직을 주관하면서도 듣고 알지 못하고 천체의 현상에 어둡고 흐리멍덩하야 옛날 훌륭한 왕의 공무원 처벌법을 범하였으니 『정치법전』에 말하기를 "천시보다 먼저 하는 자는 죽이되 용서가 없고 천시에 미치지 못한 자도 죽이되 용서가 없다."라고 하였느니라.』

◐ 이것은 희(羲)씨와 화(和)씨의 죄악을 조목조목 밝힌 것이다. 희씨와 화씨는 공경과 사랑의 선덕(善德)을 오만과 포학의 악덕(惡德)으로 바꾸었고 술에 빠져 음란하여 관권을 남용하고 벼슬의 등급을 뛰어 넘었으며 심지어 천체(天體)가 운행하는 원칙까지 무시함으로써 일식(日蝕)의 현상을 예측하지 못했을 뿐만 아니라 그 대처방법도 제시하지 못하여 인민대중을 놀라게 하였기 때문에 그 죄는 용서할 수 없는 극형에 처해야 마땅하다고 논고(論告)하였다.

유시(惟時)의 시(時)는 시(是)와 같고 전복(顚覆)은 거꾸로 뒤집는 것이니 겸양과 사랑의 아름다운 덕행을 오만과 포학의 악덕으로 뒤바꾼 악질분자이고 침란(沈亂)은 술에 빠져서 음란한 부패(腐敗)분자이며 반관(畔官)은 월권(越權)하는 것이니 곧 권력남용죄(勸力濫用罪)요 이차(離次)는 벼슬의 등급을 뛰어 넘는 것이니 곧 관기문란죄(官紀紊亂罪)이다. 숙(俶)은 드디어, 요(擾)는 어지럽히는 것이며 천기(天紀)는 천체(天體)가 운행하는 원칙이니 곧 천문(天文)을 정밀하게 관측하지 않고 자의적으로 계산하여 국민을 기만한 죄이며 하기(遐棄)는 멀리 물리치고 돌아보지 않은 것이요 사(司)는 맡아서 책임을 지고 처리하는 직분이니 곧 천체가 운행하는 도수를 관측하여 역법(曆法)을 수정하는 임무를 태만히 한 직무유기죄(職務遺棄罪)이다. 신(辰)은 해와 달이

함께 모이는 것이니 매월 초하루에 달이 태양과 지구의 사이에 들어
가는 현상이다. 집(集)은 집(輯)과 같으니 화목하게 회집(會集)함이요
방(房)은 방수(房宿)로 28수(宿)의 별자리 가운데 하나인데 남쪽 하늘
에 있다. 이것은 늦가을 9월 초하루에 해와 달이 방수(房宿)에서 화목
하게 모이지 않고 달이 해를 침범하여 일식(日蝕)이 일어났다는 것이
니 곧 일식을 미리 예측하지 못한 사건이다. 지구중심설(地球中心說)
로 말하면 태양은 황도(黃道)를 따라서 돌고 달은 구도(九道)를 쫓아
가는데 매월 초하루에 해와 달이 별자리에서 만남에 음(陰)과 양(陽)이
서로 화합하였다가 해와 달이 각각 자기의 길로 운행하는바 황도(黃
道)의 곧음과 구도(九道)의 굽음이 차이가 있어서 만나는 시각에 빠르
고 늦음에 생기는 까닭에 일식이 일어나기도 한다. 또한 태양중심설
로 말하면 지구는 하루에 한 번 자전하면서 1년에 한 번 태양의 주위
를 공전하고 달은 1개월에 한 번 지구를 공전하는데 달이 태양과 지
구의 사이에 들어가서 일직선이 되면 일식이 일어난다. 고(瞽)는 악관
(樂官)이요, 주고(奏鼓)는 북을 치는 것이니 일식은 양기(陽氣)가 미약
하여 음기(陰氣)가 침범한 현상으로 인식하여 고대에는 일식에 소리
를 울려 양기를 북돋는 관습이 있었다. 색부(嗇夫)는 낮은 벼슬아치요
치(馳)는 말을 달리는 것이며 서인(庶人)은 서민대중이고 주(走)는 뛰
는 것이니 모두 양기(陽氣)를 북돋우기 위하여 모든 사람이 남문(南門)
에 집결해서 약동적인 군중시위를 하는 행사로 고대인이 일식에 대처
하는 비상조치였다. 시(尸)는 주관함이요 간(干)은 범(犯)함이며 주(誅)
는 극형에 처하는 법이고 정전(政典)은 정치법전이다. 선시(先時)는 정
치사업과 행정사무가 천시(天時)보다 먼저 하여 인민의 노동력만을
낭비하는 것이고 살무사(殺無赦)는 사형에 처하여 사면함이 없다는
말이다. 불급시(不及時)는 정치사업과 행정사무가 천시(天時)에 미치
지 못하여 적당한 시기를 놓쳐버려서 실기(失期)하여 그르친 것이다.
　이제 희씨와 화씨는 일식의 현상을 정확히 예측하지 못하여 그 대
비책을 강구하지 못했으므로 때에 미치지 못한 형벌을 면할 수 없게
되었다. 여기에서 요(堯), 순(舜), 우(禹)가 천시에 맞추어 순리적으로

정치사업과 행정사무를 추진하여 털끝만치도 억지로 함이 없고 또한
조금도 게을리 하여 지리멸렬함도 없었음을 배울지어다.

2-4-5 ························· 今予는 以爾有衆으로 奉將天罰하노니
爾衆士는 同力王室하야
尙弼予하야 欽承天子威命하라

『이제 나는 너희들 친애하는 군사로 천벌을 받들어 실행하노니 너
희들 여러 무사는 왕실에 힘을 같이 써서 충실히 나를 도와 천자의
존엄한 명령을 공경하여 받들라.』

　◉ 이것은 윤나라 임금이 천자의 존엄한 명령을 받들어 희씨와 화
씨를 토벌하는 것임을 밝혀 출정하는 여러 군사들은 힘써 협력하여
필승을 도모하라고 명령한 내용이다.
　장(將)은 실행(實行)함이고 사(士)는 무사(武士) 또는 전사(戰士)이며
왕실(王室)은 하(夏)나라 왕실이다. 상(尙)은 거의이니 충실함이요 천자
(天子)는 중강(仲康)이고 위명(威命)은 존엄한 명령이니 곧 희(羲)씨와
화(和)씨를 성토(聲討)하여 정벌하라는 군사명령이다. 대저 천자(天子)
는 성토만 하고 공벌(攻伐)은 아니하며 제후(諸侯)는 공벌만 하고 성토
는 아니하는 법이므로 천자의 정벌 명령이 내리면 제후가 군사를 직
접 지휘하여 토벌하는 것이다.

2-4-6 ························· 火炎崑岡하면 玉石俱焚하나니
天吏逸德하면 烈于猛火하니
殲厥渠魁하고 脅從罔治하야

『불이 곤륜산 등성이로 타오르면 옥과 돌이 모두 타나니 천리가 덕을 잃으면 사나운 불보다도 사나우니 그 우두머리들만 섬멸하고 위협당하여 따른 자는 죄를 다스리지 말라. 기왕에 물들었던 더러운 습속을 모두 더불어 오직 새롭게 개혁하리라.』

　☯ 이것은 윤나라 임금이 정벌군은 천벌을 대신 집행하므로 곧 하늘의 관리이기 때문에 비록 전시라고 하여도 밝은 이성을 가지고 선악을 분별하여 함부로 살육전을 감행해서는 안 되고 반드시 악당의 괴수만 섬멸할 것이요 협박을 당하여 부득이 추종한 사람은 그 죄를 다스리지 말고 개과천선토록 하여 희씨와 화씨의 나라를 대대적으로 개혁할 것을 명령한 내용이다.

　곤(崑)은 곤륜산(崑崙山)으로 중국의 영산인데 강소성(江蘇省) 송강현(松江縣) 서북쪽에 있는데 옥돌이 많이 난다. 강(岡)은 산등성이고 천리(天吏)는 하늘이 부여한 사명을 실행하는 관리(官吏)이며 일(逸)은 잃은 것이다. 섬(殲)은 섬멸(殲滅)이니 남김 없이 모두 무찔러 멸망시킴이고 거(渠)는 큰 것이요 괴(魁)는 악당의 괴수이며 협종(脅從)은 위협당하여 추종하는 무리이며 망치(罔治)는 치죄(治罪)하지 않고 훈계하여 방면함이다. 구염(舊染)은 희(羲)씨와 화(和)씨에게 물든 것이고 오속(汚俗)은 나라가 부정부패하여 오만과 포학이 성행함이며 유신(惟新)은 정치를 대대적으로 새롭게 개혁하여 나라에 기강을 세우고 풍속을 일으켜 역동적인 정치를 하여 인민을 떨치고 일어나게 하는 것이다.

　윤나라 임금이 정벌의 목적을 이와 같이 뚜렷이 밝혀 정벌군으로 하여금 신성한 사명감을 가지게 하였으니 길이 후세의 모범이 되므로 공자가 이 편을 『서경』에 편집하였다.

 ··· 嗚呼라 威克厥愛하면 允濟요

愛克厥威하면 允罔功이니

其爾衆士는 懋戒哉어다

『오호라, 위엄이 그 사랑을 이기면 진실로 구제할 것이요 사랑이 그 위엄을 이기면 진실로 성공이 없으리니 그것을 너희들 여러 무사들은 힘써 경계할지어다.』

◯ 이것은 윤나라 임금이 천자의 존엄한 명령을 받들어 실행하려는 마음이 충만하여 임전무퇴하면 적군을 무찔러 승리해서 군대의 생명을 구제할 것이고 만일 자기와 부하의 생명을 사랑하여 용감하게 돌진하지 않고 머뭇거리면 전쟁의 효과가 없을 것이니 그 점을 명심하라고 마지막으로 강조한 내용이다.

오호(嗚呼)는 매우 절박하여 나오는 감탄사이고 위(威)는 위엄(威嚴)으로 천자(天子)의 위명(威命)을 받들어 실행하려는 굳센 정신이요 극(克)은 극복(克服)하여 이기는 것이며 애(愛)는 전쟁의 사지(死地)에서 자기와 부하의 생명을 사랑하는 감정이다. 윤(允)은 진실로이고 제(濟)는 구제(救濟)이니 전세(戰勢)를 유리하게 만들어 승리해서 전사(戰士)의 생명을 구하는 것이며 기(其)는 그 점을 지적한 것이다.

죽을 각오로 합심해서 합동작전을 구사하면 승리하고 살려고 물러서면 합동작전이 와해되어 전쟁의 효과가 없는 것은 고금이 일반인즉 군대를 통솔하여 작전을 지휘하는 군사령관은 명심할 사항이다.

윤정(胤征) 편은 비록 짧은 문장이지만 정벌의 목적을 간단명료하게 밝히고 천리(天吏)의 정의로운 군대가 취할 행동강령을 명확히 규정하여 일사불란한 작전을 수행토록 지시하였으니 감세(甘誓) 편과 더불어 영원불후한 정벌전쟁의 교훈이다.

III. 상서(商書) / 상(商)나라의 실록(實錄)

    상(商)은 나라이름이고 서(書)는 실록(實錄)이다. 순(舜)임금이 당시 교육부장관이었던 설(契)을 상(商)나라의 임금으로 봉(封)하였는데 설(契)의 14세손(十四世孫) 탕(湯)이 하(夏)왕조의 마지막 임금이었던 걸(桀)을 추방하고 역성혁명(易姓革命)을 하여 상(商) 왕조를 세워서 요(堯), 순(舜), 우(禹)의 정치도덕을 계승하여 인민을 사랑하고 문화를 숭상하는 천하문명(天下文明)을 재건하였다.

    탕임금은 국호를 상(商)이라 하고 도읍을 박(亳)읍에 정했는데 탕임금의 10세손(十世孫) 반경(盤庚)이 왕위에 올라 도읍을 은(殷)읍으로 천도하니 이에 국호까지 은(殷)왕조로 바뀌게 되었다. 따라서 상서(商書)는 곧 은서(殷書)이고 모두 17편이 수록되어 있는데 설(契)의 교육정신이 많이 함축되어 있다.

1. 탕세(湯誓) / 탕(湯)임금의 맹세(盟誓)

　탕(湯)은 왕호(王號) 또는 시(諡)이고 그 이름은 이(履)요 성(姓)은 자(子)씨이다. 세(誓)는 출정군(出征軍)에게 맹세하는 말이니 앞에 감세(甘誓)와 윤정(胤征)과 같다.

　하(夏)왕조의 마지막 임금 걸(桀)이 240여 년 간 이어온 우(禹)임금의 정치도덕을 뒤엎고 음란하고 포학하게 다스려 서민대중이 도탄에 빠져 신음하므로 탕(湯)임금이 이윤(伊尹)과 함께 박(亳)읍에서 정벌군을 일으켜 출정하면서 걸(桀)을 추방해야 할 이유와 정벌군의 사명을 간단명료하게 밝혀 여러 군사에게 필승을 도모하여 고통받는 인민을 해방할 것을 약속하였다. 이 편은 『금문상서(今文尙書)』와 『고문상서(古文尙書)』에 모두 수록되어 있다.

3-1-1 ‥‥‥‥‥‥‥‥‥‥‥‥‥‥‥‥‥‥‥‥‥‥ 王이 日格하라 爾衆庶야
悉聽朕言하라 非台小子敢行稱亂이라
有夏多罪어늘 天命殛之하시니라

　『왕이 말씀하시기를 오너라, 너희들 군사와 서민아, 나의 말을 모두 들어라. 나 소자가 감히 반란을 일으키려고 가는 것이 아니라, 하나라 정부에 죄악이 많으므로 하늘이 그들을 추방하라고 명령하셨느니라.』

　☯ 이것은 탕이 일으킨 군사가 반란군이 아니고 혁명군임을 선언한 내용이다.

왕(王)은 탕(湯)임금을 지칭하는데 상(湯)나라 사관(史官)이 뒤에 추존하여 기술한 말이다. 격(格)은 이르러 오는 것이고 중(衆)은 여러 군사요 서(庶)는 서민이니 군사를 보조하는 민간인이며 짐(朕)과 이(台)는 모두 탕임금이 자기를 지칭하는 대명사이다. 소자(小子)는 하느님 앞에 자기를 낮추는 말로 수양이 부족하다는 뜻이고 난(亂)은 반란(叛亂)이니 신하가 권력을 쟁취하기 위하여 정변이나 반란을 일으키는 것으로 곧 이신벌군(以臣伐君)이다. 유하(有夏)는 하(夏)나라의 정부이고 다죄(多罪)는 걸(桀)이 음란하고 포학하여 서민대중이 고통 속에 신음하도록 탄압하면서 독재정치를 하는 것이며 극(殛)은 정권에서 추방하여 제거함이다.

탕은 제후로서 천자인 걸을 공벌(攻伐)하려는 것이 아니고 천명(天命)을 받드는 천리(天吏)로서 폭군인 걸을 정벌하려는 것임을 뚜렷이 선포하였으니 반란군의 죄악과 정벌군의 공적은 아주 다르다.

3-1-2 ·· 今爾有衆아 汝曰我后가
不恤我衆하야 舍我穡事하고
而割正夏라하나니 予惟聞汝衆言이나
夏氏有罪어늘 予畏上帝라
不敢不正이니라

『이제 너희들 친애하는 군사들이여, 너희는 말하기를 우리 임금이 우리 군사들을 사랑하지 아니하야 우리의 가을걷이를 버려두고 하나라를 끊어 바로잡으려 한다고 하나니 나는 오직 너희 여러 군사들의 말을 들었으나 하나라 걸에게 죄가 있거늘 나는 하느님을 두려워하므로 감히 바로잡지 않을 수 없느니라.』

◑ 이것은 탕임금이 출정을 탐탁하게 여기지 않은 군사들에게 천명
을 받들어야 되는 시대적 사명의 중대성을 깨우친 내용이다.

　유중(有衆)은 앞(2-4-5)에서 이미 해설하였고 아후(我后)는 탕(湯)임
금을 지칭하며 색사(穡事)는 가을걷이요 할(割)은 할단(割斷)이니 끊어
서 단절함이고 정(正)은 바로잡는 것이다. 하씨(夏氏)는 하나라 걸(桀)
은 독재자이므로 공인(公人)이 아니라 사인(私人)이라는 뜻이다.

　상나라는 탕임금의 선정으로 걸의 학정을 직접 느끼지 못했기 때문
에 천하의 고통을 실감하지 못하였다. 이에 탕임금은 천하의 만민이
고통 속에 신음하는데도 수수방관(袖手傍觀)만 하는 것은 하느님의 뜻
이 아님을 밝혀 천하를 바로잡아야 됨을 설파하였으니 병사들의 마음
은 자기자신을 위하는 마음이고 탕임금의 마음은 하느님의 마음이다.

3-1-3 ···　　今汝其曰하되 夏罪其如台오 하나니

　　　　　　　　夏王率遏衆力하며 率割夏邑한대

　　　　　　　　有衆率怠弗協하야 曰時日은

　　　　　　　　葛喪고 予及汝로 皆亡이라 하나니

　　　　　　　　夏德若茲라 今朕이 必往하리라

『이제 너희들은 그 말하되 "하나라 걸의 죄악이 그 무엇이 우리에
게 미치는고." 하나니 하나라 왕이 뭇 사람의 힘을 모두 소모하여 하
나라 읍에 재물을 모두 약탈하니 가까이 하는 군사들도 모두 태만하
여 협조하지 아니하야 말하기를 "이 태양은 언제나 없어질까 나와 네
가 함께 망하리라." 하나니 하나라의 악덕이 이와 같으므로 이제 내가
반드시 가서 추방하리라.』

◑ 이것은 하나라 폭군 걸이 인민의 노동력을 모두 소모하고 읍민의 재산을 모두 수탈하여 생존의 한계점에 도달했기 때문에 심지어 걸의 측근세력까지도 혁명이 일어나기를 바라고 있음을 증언한 내용이다.

하죄(夏罪)는 하(夏)나라 걸(桀)이 독재자로 전락하여 인민을 탄압한 죄악이고 기여이(其如台)는 그 무엇이 우리에게 미치는고의 뜻으로 상(商)나라는 탕(湯)임금의 선정(善政)으로 걸의 학정(虐政)이 미치지 않기 때문에 별다른 악영향이 없다는 말이다. 하왕(夏王)은 걸을 지칭하고 솔(率)은 모두, 알(遏)은 소모하여 없는 것이며 중력(衆力)은 민중의 노동력이다. 할(割)은 할박(割剝)으로 가죽을 벗기고 살을 도려내듯이 백성의 재물을 약탈하는 것이다. 유중(有衆)은 걸이 친애하는 군사들이고 시일(時日)은 시일(是日)이니 이 태양이며 갈상(曷喪)은 언제나 없어질까이다. 여(予)는 걸의 폭정에 시달리는 사람들이고 여(汝)는 태양을 지칭하는 대명사인데 일찍이 걸이 스스로 말하기를 "내가 천하에 있는 것은 마치 하늘에 태양이 있는 것과 같으므로 태양이 없어져야 나도 이에 없어질 따름이다."고 호언장담을 했기 때문에 태양을 걸로 간접비유한 것이다. 하덕(夏德)은 걸의 악덕을 지적하고 왕(往)은 출정하여 진군함이다.

이 상 보 여 일 인　　치 천 지 벌
爾尙輔予一人하야 致天之罰하라

여 기 대 뢰 여
予其大賚汝하리라

이 무 불 신　　짐 불 식 언
爾無不信이어다 朕不食言하노라

이 불 종 세 언　　여 칙 노 륙 여
爾不從誓言하면 予則孥戮汝하야

망 유 유 사
罔有攸赦하리라

3-1-4 ······························

『너희들은 나 한 사람을 보필하는 것으로 주장을 삼아 하늘의 벌을 극진히 하라. 나는 그러면 너희들에게 큰상을 내리리라. 너희는 믿지 못할 것이 없도다. 나는 거짓말을 아니하노라. 너희가 맹세하는 말을 따르지 않으면 나는 자손에게 본보기가 되도록 너희를 죽여서 용서하는 바가 있지 않으리라.』

☯ 이것은 탕임금이 여러 군사들에게 일사불란하게 전략전술을 구사하여 걸을 추방해서 천벌(天罰)을 수행하면 상을 내려 그 공을 표창할 것이고 만일 이 맹세하는 말을 따르지 않고 이탈하면 자손에게 본보기가 되도록 반드시 엄벌하겠다고 다짐하는 내용이다.

상(尚)은 주장으로 삼는 것이니 탕(湯)임금을 위주(爲主)로 함이다. 일인(一人)은 최고통치자 한 사람이라는 뜻으로 곧 왕(王)을 지칭하며 치(致)는 극진히 하여 완성함이요 뢰(賚)는 뢰석(賚錫)이니 상(賞)을 내림이다. 식언(食言)은 이미 발언한 것을 다시 삼켜버리는 것으로 곧 거짓말이고 칙노륙여(則孥戮汝)는 앞(2-2-5)에서 이미 해설하였다.

탕임금은 상나라 박읍에서 소수의 정벌군으로 폭군 걸을 추방하고 혁명을 완수하였으니 그것은 걸의 교만과 포학이 극도에 이르러 민심이 완전히 이반함으로써 천벌을 받았기 때문이다. 다음의 중훼지고(仲虺之誥) 편과 아울러 연구하면 민심이 천심이라는 사상의 기틀을 확인할 수 있을 것이다.

2. 중훼지고(仲虺之誥) / 중훼(仲虺)의 훈고(訓告)

　중훼(仲虺)는 탕(湯)임금의 신하이름으로 해중(奚仲)의 후손인데 벼슬이 좌상(左相)에 이르렀으며 인윤(伊尹)과 함께 탕임금을 보필하여 걸(桀)을 추방하고 상(商)왕조를 세운 창업공신이다. 고(誥)는 관리들을 타일러 경계하는 말로 훈고(訓告), 훈시(訓示), 훈화(訓話)의 뜻이다. 세(誓)는 군사들에게 약속하는 맹세문이고 고(誥)는 관리들에게 훈계하는 말로 쓰이고 있는 점을 살피면 그 뜻을 분별할 것이다.

　중훼(仲虺)의 고(誥)는 탕임금의 혁명은 위로 천명(天命)을 받들고 아래로 민심(民心)을 따르는 정의로운 역성혁명(易姓革命)임을 밝히면서 겸허한 마음으로 새 나라를 건설하여 나라의 정체성을 굳건히 확립할 것을 역설한 내용인데『고문상서(古文尙書)』에는 수록되어 있으나『금문상서(今文尙書)』에는 없다.

3-2-1 ······································ 成湯이 放桀于南巢하시고
　　　　　　　　　　　　　　　　　　惟有慙德하사 曰予恐來世에
　　　　　　　　　　　　　　　　　　以台爲口實하노라

　『성탕이 걸을 남소 땅으로 추방하시고 오직 덕화가 널리 미치지 못함을 부끄러워하심이 있어 말씀하시기를 "나는 후세에 나로써 변명의 재료가 되는 것을 두려워하노라."고 하시다.』

　◉ 이것은 중훼의 고를 서술하게 된 배경을 사관이 기록하여 탕임

금이 걸을 성군으로 감화시키지 못하고 끝내 폭군으로 전락한 다음에 추방한 것은 자기의 감화력이 부족한 소치로 여기고 있음을 밝힌 내용이다.

성(成)은 탕(湯)임금이 무력혁명(武力革命)을 완성하였기 때문에 상(商)왕조의 왕위에 오른 다음의 탕임금임을 지칭하기 위하여 사관(史官)이 붙인 것이다. 방(放)은 왕위에서 추방하여 귀양살이를 시키는 것이요 남소(南巢)는 땅이름으로 여강(廬江) 육현(六縣)에 거소성(居巢城)이 있는데 걸(桀)이 여기로 도망하니 인하여 유배지로 하였는바 청(淸)나라 때는 안휘성(安徽省) 여주(廬州) 소현(巢縣)이 되었다. 참덕(慙德)은 덕화(德化)가 널리 미치지 못함을 부끄러워함이니 곧 걸을 성군(聖君)으로 만들지 못하고 폭군으로 전락시켜 정벌하게 된 것은 탕임금의 덕이 부족한 결과로 보았기 때문이다. 구실(口實)은 변명하는 핑계로 삼는 것이니 후세에 신하로서 임금을 추방하고 탕임금의 전례를 예로 들어 정당성을 주장하는 역사적 실례로 삼는 것을 두려워했다는 말이다.

혁명과 정변을 분별하는 기준은 덕이 탕임금과 같고 포학이 걸과 같으면 혁명의 정당성을 확보하지만 덕이 탕임금보다 못하고 포학이 걸과 같지 않은데도 추방했다면 이것은 혁명이 아니라 정변이나 반란이라고 평가하는 것이 역사적 심판이었으니 탕임금의 선정과 걸의 학정을 통찰하라.

3-2-2 ······································· 仲虺가 乃作誥하니 日嗚呼라
　　　　　　　　　　　　　　　　　　惟天生民에 有欲無主면
　　　　　　　　　　　　　　　乃亂일새 惟天生聰明하야 時乂시니
　　　　　　　　　　　　　　　有夏昏德하야 民墜塗炭이어늘
　　　　　　　　　　　　　　天乃錫王勇智하사 表正萬邦하사

纘禹舊服하시니 玆率厥典하야

奉若天命이니라

『중훼가 이에 감동하여 일어나 관리들을 타일러 경계하여 말하기를 오호라 오직 하늘이 인민을 생산함에 하고자 함이 있는데 주장하여 지킴이 없으면 이에 어지러우므로 오직 하늘이 총명한 사람을 내어야 이것이 평안하게 다스려지나니 하나라 정부가 덕에 어두워 서민이 도탄에 빠져 신음하거늘 하늘이 이에 왕에게 용기와 지혜를 내리시어 일만 나라를 밝게 바로잡으사 우임금의 옛 영토를 이어받으시니 이에 그 법전을 따르고 그 천명을 받드느니라.』

◑ 이것은 중훼(仲虺)가 탕임금의 말을 듣고 감동하여 일어나서 임금이 도덕에 어두워 포학한 정치를 하여 인민이 도탄에 빠져 신음하고 사회가 어지러우면 천명을 받은 사람이 혁명을 일으켜 새 세상을 건설하는 것이 당연한 귀결임을 관리들에게 변증한 내용이다.

작(作)은 홍기(興起)이니 감동하여 일어남이고 욕(欲)은 인욕(人欲)으로 인간의 생태적이고 감각적인 욕구이며 주(主)는 주일(主一)이니 정신을 경건하게 한 곳으로 모아 잡념을 가지지 아니 함이다. 총명(聰明)은 보고 듣는 것이 밝은 사람이니 천리(天理)와 민심(民心)을 밝게 살펴 진실하고 착하고 아름다운 길로 이끄는 지도자이며 시(時)는 시(是)와 같으며 예(乂)는 편안하게 다스려지는 것이다. 유하(有夏)는 하(夏)나라 폭군 걸(桀)의 정권을 지칭하고 민(民)은 서민대중이며 도탄(塗炭)은 진구렁에 빠지고 불에 타는 듯하여 고통 속에 신음한다는 뜻이요 왕(王)은 혁명을 완수하여 상(商)왕조를 세운 탕(湯)임금이다. 표(表)는 밝고 뚜렷한 것이며 찬(纘)은 계승함이요 구복(舊服)은 우(禹)임금이 획정한 영토의 구역(區域)으로 곧 전복(甸服), 후복(侯服), 수복(綏服), 요복(要服), 황복(荒服) 등의 5복(服)에 이르는 땅인바 앞(2-1-83~87)에서 이미 해설하였다. 궐전(厥典)은 우(禹)임금의 법전(法典)이고 약(若)은 그것을 지칭하는 대명사이다.

자연인(自然人)의 생태적, 감각적 욕구가 다양하므로 반드시 정신을
한 곳으로 모아야 평안하게 다스려지는 까닭에 폭군을 추방하고 인민
을 해방하여 성왕(聖王)의 영토를 수호하고 도덕정치의 역사를 계승
하여 천명을 받드는 것은 총명한 지성인들의 시대적 사명이라고 역설
한 중훼의 혁명논리는 당당하고 떳떳하여 만세의 정론이다.

3-2-3 ························· 夏王有罪어늘 矯誣上天하야
　　　　　　　　　　　　　以布命于下한대 帝用不臧하사
　　　　　　　　　　　　　式商受命하사 用爽厥師하시니라

『하나라 왕에게 죄가 있거늘 하늘에게 거짓 핑계를 대어 아래에 명
령을 반포한대 하느님이 착하지 못하다고 하시어 정식으로 상나라가
천명을 받으시어 그 군사를 밝게 하시니라.』

◐ 이것은 하나라 걸이 천명은 절대불변한다는 천명유상설을 퍼뜨
려 인민을 탄압하고 전제독재하므로 하느님이 정식으로 상나라에 천
명을 주어서 천명은 무상하여 덕이 있는 사람에게 옮겨가는 것임을
확인했다는 내용이다.

하왕(夏王)은 하(夏)나라 폭군 걸(桀)이요 유죄(有罪)는 민중의 노동
력을 착취하고 서민의 재산을 약탈하며 무서운 형벌로 인민을 압박함
이니 앞(3-1-3)에서 해설하였다. 교무(矯誣)는 허위로 속여서 꾸며대는
것이고 상천(上天)은 위에 있는 하늘이니 걸(桀)이 하늘은 영원불변하
므로 천명(天命)을 받은 왕(王)도 또한 영원불변한 것이라는 천명유상
설(天命有常說)을 날조한 것이다. 포명(布命)은 명령을 강제적으로 반
포함이니 곧 전제독재체제를 구축했다는 뜻이다. 제(帝)는 만물을 창
조하여 주재하는 상제(上帝)로서 하느님이고 불장(不臧)은 착하지 못

함이니 걸(桀)이 기천망민(欺天罔民)하므로 천명(天命)을 회수함이다.
식(式)은 정식(正式)이고 상(爽)은 밝음이며 사(師)는 군사이니 탕(湯)임
금이 거느리는 출정군(出征軍)을 명통(明通)하게 했다는 뜻이다.

　성왕(聖王)은 천명무상설(天命無常說)을 말하고 폭군은 천명유상설
(天命有常說)을 주장하니 학자는 깊이 음미하라.

3-2-4 ·································　簡賢附勢하야 寔繁有徒하니

　　　　　　　　　　　　　肇我邦이 于有夏에 若苗之有莠하며

　　　　　　　　　　　　　若粟之有秕라 小大戰戰하며

　　　　　　　　　　　　　罔不懼于非辜이어늘

　　　　　　　　　　　　　矧予之德言을 足聽聞가

『어진 이를 업신여기고 세력을 덧붙여 이에 번성하게 무리를 두니
처음 우리나라는 하나라 정부에게 마치 모종에 가라지 있음과 같고
곡식에 쭉정이 있음과 같으므로 소시민이나 큰 관리가 무서워서 벌벌
떨며 죄가 아님에도 두려워하지 않음이 없었거늘 하물며 우리의 착하
게 가르치는 말을 족히 경청하여 들었겠는가.』

　◉ 이것은 걸이 상나라를 동조세력이 아니라고 기피하여 탄압했기
때문에 탕임금의 착하게 가르쳐 간하는 말을 경청하여 듣지 않으므로
끝내 무력으로 정벌하게 되었음을 해명한 내용이다.

　간(簡)은 업신여겨 멀리함이고 부세(附勢)는 동조세력을 이끌어 모
으는 것이며 아방(我邦)은 상(商)나라이고 유(莠)는 가라지인데 강아지
풀이라고도 하며 비(秕)는 쭉정이다. 강아지풀은 곡식의 싹을 해치고
쭉정이는 알곡을 온전치 못하게 하므로 모두 제거의 대상이다. 소(小)
는 소시민이니 서민대중이고 대(大)는 대관(大官)이다. 비고(非辜)는 죄

가 아닌 일이며 신(矧)은 하물며, 여(予)는 상(商)나라 정부의 지도자를 지칭하고 덕언(德言)은 착하게 가르쳐 간(諫)하는 말이요 청문(聽聞)은 귀를 기울여 관심 있게 듣고 따르는 것이니 곧 탕(湯)임금의 도덕적인 말을 걸이 많은 동조세력을 믿고 경청하지 아니하므로 더 이상 간할 수 없었다는 뜻이다.

3-2-5 ························· 惟王은 不邇聲色하시며

不殖貨利하시며 德懋懋官하시며

功懋懋賞하시며 用人惟己하시며

改過不吝하시며 克寬克仁하사

彰信兆民하시니라

『오직 왕은 노래와 여색을 가까이 아니하시며 재화와 이익을 불리지 아니하시며 덕이 성대하면 관직을 성대하게 하시며 공적이 성대하면 상을 성대하게 하시며 사람을 쓰시되 오직 자기의 몸처럼 보살피시며 허물을 고치심에 아끼지 아니하시며 너그럽게 잘 포용하시고 잘 사랑하시어 믿음을 억조 인류에게 밝게 나타내시니라.』

☯ 이것은 걸이 상나라를 배척하였음에도 탕임금은 요, 순, 우의 도덕정치이념을 계승하여 홀로 천덕을 밝히고 왕도를 지켜 천하만민의 신임을 얻었기 때문에 혁명의 주체가 되었음을 변증한 내용이다.

왕(王)은 탕(湯)임금이고 이(邇)는 가까이 함이며 성색(聲色)은 성악(聲樂)과 여색(女色)이다. 식(殖)은 불려서 증식함이요 화리(貨利)는 재화(財貨)와 이익이며 무(懋)는 성대함이고 관(官)은 관직이다. 덕량(德量)에 따라 관직을 주고 공적에 따라 상(賞)을 주는 것은 문명국가를 건설하는 기본원칙이다. 기(己)는 자기의 몸이니 사람을 씀에 자기 몸

처럼 보호함이요 인(吝)은 아끼어 움켜쥐고 있는 것이며 극(克)은 능
(能)과 같으니 스스로 잘함이다. 관용과 인애(仁愛)는 제왕(帝王)의 기
본품격이고 창(彰)은 밝고 뚜렷하게 나타냄이며 조민(兆民)은 억조(億
兆) 인민이다. 탕(湯)은 천하만민에게 신임이 뚜렷했기 때문에 혁명의
주체가 되어 민심에 응답하지 않을 수 없었다는 뜻이다.

3-2-6 ······························ 乃葛伯이 仇餉이어늘 初征自葛하사
東征에 西夷怨하며 南征에
北狄怨하야 曰奚獨後予오하며
攸徂之民이 室家相慶하야 曰徯我后러니
后來하시어 其蘇로다하거늘
民之戴商이 厥惟舊哉니라

『이에 갈나라 임금이 음식을 대접하는 사람을 원수로 여기거늘 처
음 정벌을 갈나라로부터 하사 동쪽으로 정벌함에 서쪽 변방의 사람이
원망하며 남쪽으로 정벌함에 북쪽 변방의 사람이 원망하여 말하기를
"어찌하여 유독 우리를 뒤에 해방하는고?" 하며 정벌하여 가는 곳의
인민이 부부와 가족이 서로 경축하여 말하기를 "우리 임금을 기다렸
더니 임금이 오셔서 그 다시 살아났도다." 하거늘 인민이 상나라를 추
대함이 그 오직 오래니라.』

☯ 이것은 탕임금의 정벌이 억조 민중의 뜻에 따라 천하의 인류를
다시 살리기 위한 해방전쟁이었음을 증명하는 내용이다.
　내(乃)는 앞에서 말한 탕(湯)임금의 신임이 두터움을 이어받는 말이
고 갈(葛)은 나라이름이며 백(伯)은 작위(爵位)인데 걸(桀)을 추종하는

지방국가의 임금이다. 구(仇)는 원수로 삼아 보복함이요 향(餉)은 궤향
(饋餉)이니 군인에게 음식을 대접하는 것이다. 이 구향(仇餉)에 대해서
는 『맹자(孟子)』에 자세한 내용이 있으니 말하기를 "탕임금이 박읍(亳
邑)에 있을 때에 갈(葛)나라와 더불어 이웃하였는데 갈나라 임금이 방
종하여 제사를 지내지 않거늘 탕임금이 사신을 보내 이유를 물으니
제사에 쓸 희생(犧牲)이 없다고 하므로 소와 양을 보냈으나 갈나라 임
금이 잡아먹고 또 제사를 지내지 않거늘 탕임금이 또 사신을 보내 이
유를 물으니 제사에 쓸 곡식이 없다고 하므로 탕임금이 박읍의 민중
으로 가서 경작을 도우니 늙은이와 어린이들이 음식을 대접하였다.
이에 갈나라 임금이 그 주민을 인솔하여 그 술과 밥과 수수와 쌀이
있는 사람을 찾아 빼앗되 주지 않은 사람을 죽이더니 어린아이가 있
어 수수와 고기로써 대접하거늘 갈나라 임금이 죽이고 빼앗았으니
『서경(書經)』에 갈백(葛伯)이 구향(仇餉)이라 함은 이것을 말한다."고
하였다[『맹자(孟子)』 등문공장구하(滕文公章句下)]. 초정(初征)은 최초
의 정벌이고 이(夷)는 변방의 자유지대에 사는 사람이니 앞(2-1-86)에
서 이미 해설하였으며 적(狄)도 역시 같은 뜻이다. 독(獨)은 유독(唯獨)
이요 후(後)는 뒤에 해방하는 뜻이며 유조(攸徂)는 탕임금이 정벌하여
해방한 지역이다. 실(室)은 부부가 사는 핵가족이고 가(家)는 대가족이
사는 집이며 해(徯)는 기다리는 것이요 아후(我后)는 탕임금을 지칭한
다. 대(戴)는 임금으로 추대하여 받드는 것이요 구(舊)는 오래되어 묵
은 것이니 사해(四海)의 인류가 탕임금이 역성혁명(易姓革命)하기를
기다린 지가 매우 오래이기 때문에 소수의 병력으로 정벌을 성공했고
혁명 이후에 국가사회가 즉각 안정과 평온을 되찾아 인민이 소생하는
성과를 거두게 되었다는 말이다.

3-2-7 ······························ 佑賢輔德하시며　顯忠遂良하시며
　　　　　　　　　　　　　　　兼弱攻昧하시며　取亂侮亡하시며

『어진 이를 돕고 덕이 있는 이를 북돋으시며 충직한 사람을 드날리게 하고 능력자를 일하게 하시며 약한 것을 아우르고 우매한 것을 공벌하시며 어지러운 나라를 취조하고 멸망한 나라를 업신여겨 꾸짖으시며 멸망한 까닭을 추리하여 존속하는 길을 튼튼히 하시니 나라가 이에 그 창성하니라.』

◯ 이것은 탕임금이 혁명과업을 공명정대하게 추진하여 성공적으로 완수함으로써 혁명의 결과가 천하국가의 융창으로 이어져서 희망의 새 시대를 창조했기 때문에 역사적으로 평가해도 위대한 업적임을 설파한 내용이다.

현(賢)과 덕(德)은 지방국가를 다스리는 임금의 탁월한 정치력이고 충(忠)과 량(良)은 신하의 특출한 행정능력이며 약(弱)과 매(昧)는 지방국가를 다스리는 임금과 신하의 자질이 부족함이요 란(亂)과 망(亡)은 지방국가가 어지럽고 멸망한 것이다.

현(顯)은 표창하여 널리 빛나는 것이고 수(遂)는 책무를 완수케 함이며 겸(兼)은 한데로 합쳐서 다스리는 겸병(兼倂)이며 공(攻)은 공격하여 정벌함이다. 취(取)는 범죄사실을 속속들이 조사함이고 모(侮)는 업신여겨 꾸짖는 것이며 추(推)는 추리(推理)하여 연구함이요, 고(固)는 튼튼하게 지킴이며 창(昌)은 번창하여 성대함이다.

혁명의 의미는 궁극적으로 역사를 발전시키는 작업에서 나타난다. 따라서 혁명의 주체세력이 획기적인 역사발전의 전기를 마련하지 못하면 혁명과업을 성공적으로 완수하지 못하여 혁명의 의미를 퇴색시키기 때문에 새로운 정부의 정체성을 확립하기가 어려운 것이니 후세의 혁명가는 이 점을 주목하라.

덕 일 신 　　　 만 방 　　유 회
3-2-8 ······································· 德日新하면 萬邦이 惟懷하고

지 자 만　　　구 족　　　내 리
志自滿하면 九族이 乃離하리니

왕　　　무 소 대 덕　　　건 중 우 민
王은 懋昭大德하사 建中于民하시고

이 의 제 사　　　이 례 제 심
以義制事하시며 以禮制心하시어

수 유 후 곤　　　여 문
垂裕後昆하소서 予聞하니

왈 능 자 득 사 자　　　왕
曰能自得師者는 王이요

위 인 막 기 약 자　　　망
謂人莫己若者는 亡이라 하나니

호 문 즉 유　　　자 용 즉 소
好問則裕요 自用則小니이다

『덕이 날로 새로우면 일만 나라가 오직 사모하여 따르고 소원대로 되었다고 스스로 만족하면 아홉 겨레가 이에 떠나가리니 왕은 힘써 큰 덕을 밝히시어 인민에게 중정한 모범을 세우시고 정의로써 사업을 통제하시며 예절로써 마음을 절제하시어 후손에게 너그러운 전통을 남기소서. 나는 들으니 "능히 스스로 스승을 얻었다고 말하는 사람은 왕 노릇을 하고 남이 자기와 같지 못하다고 말하는 사람은 멸망한다" 고 하나니 묻기를 좋아하면 너그럽고 자기의 마음대로 처리하면 자잘해지나이다.』

☯ 이것은 중훼가 혁명동기의 순수성과 혁명방법의 정당성과 혁명 결과의 공정성을 관료들에게 설파하고 끝으로 탕임금에게 계속 분발하여 이상사회를 건설해서 후세의 모범이 되기를 바라는 내용이다.

덕(德)은 사람이 하늘로부터 받은 진실하고 착하고 아름다운 덕성(德性)이요 일신(日新)은 날로 더욱 새롭게 함양(涵養)함이니 날마다 부지런히 수양하는 것이다. 지(志)는 지망(志望)으로 뜻하여 바라는 바이고 자만(自滿)은 스스로 만족함이며 구족(九族)은 앞(1-1-2)에서 이미 해설하였다. 왕(王)은 탕(湯)임금을 지칭하고 긴중(建中)은 중정(中正)한 정치체제를 건립하는 것이니 곧 공명정대(公明正大)한 정치로 자

율자치(自律自治)의 풍토를 확립하는 것이다. 의(義)는 마음을 알맞게
조절하는 인간의 본성인데 이것으로 사물을 통제하면 옳게 처리하지
않음이 없고 예(禮)는 인문주의적 지성인의 심리체계인데 이것으로
마음을 절제하면 원만하지 않음이 없다. 수(垂)는 수시(垂示)로 가르침
을 전함이고 유(裕)는 관대하고 너그러운 정치지도자의 모범이며 후
곤(後昆)은 후손(後孫)이다. 여(予)는 중훼(仲虺)가 자기를 지칭하는 대
명사이고 사(師)는 스승이니 도덕을 전하고 학문을 가르치며 사업을
지도하는 사람이며 왕(王)은 천하를 대도(大道)로 다스려 문명한 정치
를 하여 왕 노릇을 함이다. 호문(好問)은 스스로 부족함을 알아서 현
명한 사람에게 묻기를 좋아하는 사람이니 겸허하게 천하의 만선(萬善)
을 모두 모으려는 것이고 자용(自用)은 자기의 마음대로 처리하는 사
람이니 교만방자하게 독재하는 것이다.

중훼(仲虺)가 천하를 혁명한 탕임금에게 계속 스승의 중요성을 설
파하였으니 왕권의 신성함이 곧 사도(師道)에서 말미암기 때문이다.
맹자가 말하기를 "탕임금은 이윤(伊尹)에게 배운 다음에 그를 신하로
등용한 까닭에 수고하지 않고도 왕 노릇을 하였다." 〔『맹자(孟子)』 공
손추하(公孫丑下)〕고 했으니 탕임금이 제왕의 덕성을 존중하고 도의
를 숭상하여 스승을 이와 같이 지극하게 받드는 것은 후세의 정치지
도자가 배워야 할 위대한 모범이다.

3-2-9 ······························· 嗚呼라 愼厥終이어든 惟其始니
　　　　　　　　　　　　　殖有禮하시고 覆昏暴하시며
　　　　　　　　　　　　　欽崇天道하사 永保天命하소서

『오호라, 그 끝을 신중히 하려거든 그 시작에 꾀할지니 예절이 있
는 이를 세우시고 어리석고 포악한 이를 뒤엎으시며 하늘의 도를 공
경하여 숭상하사 길이 천명을 보존하소서.』

◑ 이것은 중훼가 탕임금의 혁명이 영원한 인류의 발전으로 이루어지기를 소망한 내용이다.

신종(愼終)은 일의 끝장을 삼가고 조심하여 미진한 점이 없도록 살피는 것이요 유(惟)는 꾀하여 도모함이니 유종(有終)의 미(美)를 거두려면 그 시초에 잘 도모해야 된다는 말이다. 식(殖)은 심는 것이고 복(覆)은 뒤엎는 것인즉 곧 예절이 있는 사람을 지방국가의 임금으로 세우고 어리석고 포악한 군주는 뒤엎어 제거한다는 뜻이다. 천도(天道)는 하늘의 밝고 성실하고 신성하고 존엄한 진리인데 임금이 이것을 주체하여야 천덕왕도(天德王道)를 밝혀 덕치인정(德治仁政)을 베풀 수 있는 것이다.

중훼가 탕임금의 혁명에 있어서 현재까지의 혁명과정에는 천심과 민의에 철저했음을 관료에게 깨우쳐 설명하고 앞으로의 역사발전의 문제는 탕임금 자신의 의욕과 희망에 달려 있음을 지적하였으니 그 문장의 뜻이 심오하다. 후세의 혁명가는 초기에는 애써 활기를 가지고 약진하다가는 일단 성공하면 곧 자만하여 방종하거나 안일에 빠져 무기력하게 되었는바 오직 스스로 힘써 노력하는 지극히 성실한 사람만이 유종의 미를 거두었으니 인류의 역사가 증명하는 일이다.

3. 탕고(湯誥) / 탕(湯)임금의 훈고(訓告)

탕고(湯誥)는 탕(湯)임금이 하(夏)나라 폭군 걸(桀)을 정벌하여 추방하고 박읍(亳邑)으로 돌아오니 천하의 제후(諸侯)들이 사해(四海) 인민의 뜻에 따라 탕을 천하에 왕(王)으로 추대하여 와서 조회(朝會)하였다. 이에 이윤(伊尹)과 중훼(仲虺)가 탕에게 왕위에 오르기를 요청하여 상(商)왕조를 세우는 즉위식을 거행하는 자리에서 탕임금이 신하들에게 새 나라 건설의 정치이념과 행정의 기본자세 및 정치사업의 책임정신 등을 밝혀 엄중히 경계하여 깨우친 말씀으로 책임정치를 구현하는 지표이다.

3-3-1 ······························ 王이 歸自克夏하시어 至于亳하사

誕告萬方하시다

『왕이 하나라를 이긴 데로부터 돌아오시어 박읍에 이르시어 만방에 크게 알리시다.』

◉ 이것은 사관이 탕 왕의 즉위식과 훈고를 발표한 배경을 서술한 내용이다.

왕(王)은 탕(湯)임금이고 귀(歸)는 귀환(歸還)이니 정벌군을 이끌고 돌아오는 것이며 극하(克夏)는 하(夏)나라 걸(桀)을 추종하는 군대를 토벌하여 승리한 곳이다. 지(至)는 위태로운 전장(戰場)에서 오래 정벌하다가 돌아와서 종묘(宗廟)에 승리를 고유(告由)했다는 뜻이고 박(亳)은 상(商)나라의 도읍이니 정현(鄭玄)은 상나라는 태화산(太華山)의 남

쪽에 있었고 또한 박은 이제 하남(河南) 언사현(偃師縣)에 탕정(湯亭)이 있다고 하였으며 채침(蔡沈)은 송주(宋州) 곡숙현(穀熟縣)에 있다고 하였다. 탄(誕)은 대(大)의 뜻이고 만방(萬方)은 사방의 여러 지방이다.

3-3-2 ·················· 王이 曰嗟爾萬方有衆아
明聽予一人誥하라 惟皇上帝가
降衷于下民하사 若有恒性하니
克綏厥猷라야 惟后니라

『왕이 말씀하시기를 아이고, 너희들 만방에 친애하는 군사여, 밝게나 한 사람의 경계하는 가르침을 들어라. 오직 거룩한 하느님이 아래 인민에게 착하고 성실함을 내리시어 순조로움에 언제나 변함이 없는 본성이 있나니 능히 그 꾀함을 안전하게 하여야 오직 임금이니라.』

◉ 이것은 탕임금이 천하국가를 다스리는 정치이념을 밝힌 것으로 하늘이 인민에게 항구불변의 본성을 내려주었기 때문에 정치지도자는 인민의 본성을 순조롭게 함양하도록 안정사회를 보장할 책임이 있다는 내용이다.

황(皇)은 거룩하고 위대함이며 충(衷)은 중정(中正)한 진실체로 지극히 착하고 성실한 심체(心體)의 원리이다. 약(若)은 순조(順調)로움으로 막아서 거역하거나 해쳐서 괴롭히지 아니함이고 항(恒)은 항구불변(恒久不變)함이며 성(性)은 천부적(天賦的)인 본성(本性)이니 사람이 타고난 인(仁), 의(義), 예(禮), 지(智), 신(信)의 성리(性理)로서 곧 지극히 착하고 성실하며 중정(中正)한 심리(心理)의 본체(本體)이다. 극(克)은 능(能)과 같고 수(綏)는 안전(安全)함이며 유(猷)는 꾀하여 도모함이니 서민대중이 모두 인간성을 길러 착하고 성실하게 살 수 있도록 국가사

회를 안정시키는 정책을 펼치는 것이 임금의 당연한 직분이라는 뜻이
다.

3-3-3 ···································· 夏王이 滅德作威하야
以敷虐于爾萬方百姓한대 爾萬方百姓이
罹其凶害하야 弗忍荼毒하야
並告無辜于上下神祇하니
天道는 福善禍淫이라 降災于夏하사
以彰厥罪하시니라

『하나라 왕이 도덕정치를 없애고 권위만을 내세워 너희 만방의 백
성에게 포학한 정치를 펼친대 너의 만방의 백성이 그 흉칙한 박해를
당하여 쓰라린 고통을 참지 못해서 나란히 죄가 없음을 위아래 신령
님께 하소연하니 하늘의 도는 착한 사람에게 복을 주고 음란한 사람
에게 재앙을 주는지라 하나라에 재앙을 내려서 그 죄악을 똑똑히 드
러냈느니라.』

◐ 탕임금이 하나라 폭군 걸을 정벌하여 추방한 것은 포악한 권위
주의 정권을 타도하고 도덕정치를 회복해서 인민을 해방하여 사람답
게 살도록 하기 위함임을 재확인하였다.
　하왕(夏王)은 걸(桀)이고 멸덕(滅德)은 도덕정치를 멸절시킨 것이며
작위(作威)는 권위주의 정권을 세움이니 걸(桀)이 요(堯), 순(舜), 우(禹)
의 도덕정치의 전통을 단절하고 권력만 휘두르는 억압정치를 하였다
는 뜻이다. 도독(荼毒)은 씀바구니처럼 쓰고 벌레에 쏘인 것처럼 아픈
것으로 곧 쓰라린 고통이요 상하신기(上下神祇)는 하늘땅의 귀신이며

재(災)는 천재(天災)이고 죄(罪)는 권위주의 정권을 세워 민중을 억압하고 학대한 죄악이다.

역사상 왕권을 강화하여 절대권력으로 민중을 박해한 군주는 걸로부터 시작하였으니 후세의 정치지도자는 경계하라.

3-3-4 ··· 肆台小子는 將天命明威하야
不敢赦일새 敢用玄牡하며
敢昭告于上天神后하야 請罪有夏하고
聿求元聖하야 與之戮力하야
以與爾有衆으로 請命하니라

『그리하여 나 소자는 하늘이 명령하신 밝은 벌을 집행하여 감히 용서하지 못하므로 감히 검은 숫짐승을 제물로 바치며 감히 하느님과 지신께 밝게 아뢰어 하나라 정부에 죄줄 것을 요청하고 드디어 착한 성인을 찾아 그와 더불어 힘을 합쳐 너희들 사랑하는 군사와 함께 하늘이 명령한 죄를 물었느니라.』

☯ 탕임금이 하늘의 명령을 대신 집행하여 하나라 걸을 정벌하였음을 재확인하였다.

사(肆)는 그리하여, 그러므로의 뜻이고 이(台)는 나를 지칭하는 대명사이고 소자(小子)는 하느님 앞에서 자기를 낮추는 말이다. 장(將)은 집행이요 명위(明威)는 분명하게 확정된 형벌(刑罰)이다. 현모(玄牡)는 검은 숫짐승을 제물로 바친 것이니 군대는 검은색을 숭상하고 제물은 숫짐승을 쓴다. 신후(神后)는 지신(地神)이요 율(聿)은 드디어, 마침내의 뜻이고 원성(元聖)은 착한 성인(聖人)이니 곧 이윤(伊尹)을 지칭하는바 탕(湯)임금은 유신(有莘)의 땅에 숨어 사는 이윤(伊尹)을 세 번이

나 사신을 보내서 초빙하였다 [『맹자(孟子)』 만장상(萬章上) 참조]. 륙
력(戮力)은 힘을 합쳐 협력함이고 청명(請命)은 하늘이 처벌하라는 명
령을 집행하여 걸(桀)에게 죄를 물었다는 뜻이다.

　탕임금은 천명을 받들고 민심을 얻었음에도 착한 성인(聖人)을 찾
아 일을 도모하였으니 후세의 혁명가는 깊이 살피기 바란다.

3-3-5 ··· 上天이 孚佑下民이라 罪人이
黜伏하니 天命弗僭이 賁若草木이라
兆民이 允殖하니라

　『위에 하늘이 하층민중을 믿고 돕는지라 죄인이 쫓겨가서 항복하
니 하늘의 명령은 어기지 못함이 마치 풀과 나무처럼 밖으로 문채가
나타나므로 억조 인민이 진실로 살아나니라.』

　◐ 탕임금의 혁명이 성공하여 천하만민이 즉각 해방되고 민권을 되
찾았음을 재확인하였다.

　부우(孚佑)는 믿고 돕는 것이요 죄인(罪人)은 걸(桀)을 지칭하고 출
복(黜伏)은 쫓겨나서 항복함이며 참(僭)은 어기는 것이다. 비(賁)는 밖
으로 나타나는 문식(文飾)이니 초목(草木)은 일기(日氣)와 토질과 습도
에 따라 그 가지와 잎이 민감하게 반응한다. 식(殖)은 생식(生殖)하여
번창함인데 독재정권에 피폐했던 사람들이 민권을 되찾아 활력을 찾
았다는 뜻이다.

3-3-6 ··· 俾予一人으로 輯寧爾邦家하니
茲朕이 未知獲戾于上下하야

율 률 위 구　　　　　약 장 운 우 심 연
慄慄危懼하야　若將隕于深淵하노라

『나 한 사람으로 하여금 너희 나라와 가정을 서로 화목하고 편안케 하니 이에 내가 위아래에 죄를 얻을지 알지 못하여 벌벌 떨며 위태롭고 두려워하여 마치 장차 깊은 연못에 떨어지는 것처럼 하노라.』

◉ 이것은 탕임금이 천하 제후들의 추대에 의하여 왕위에 오르지만 하늘의 뜻을 확인할 수 없으므로 장차 천재와 지변이 있을까를 두려워한다는 내용이다.

여(予)는 탕(湯)임금이 자기를 지칭하는 대명사이고 일인(一人)은 천하의 최고지도자라는 뜻이며 즙녕(輯寧)은 서로 화목하고 편안케 함이다. 곧 천하국가를 안녕하게 다스리는 왕(王)으로 추대받았다는 뜻이다. 획려(獲戾)는 득죄(得罪)이고 상하(上下)는 하늘과 땅으로 곧 천지신명(天地神明)의 도움을 얻지 못하는 사태에 이르는 것이다. 율률(慄慄)은 벌벌 떠는 모양이고 운(隕)은 추락하는 것이니 탕임금도 천벌(天罰)을 받아 권좌에서 쫓겨날까를 두려워한다는 말이다.

천명(天命)은 무상(無常)하므로 비록 혁명에 성공하여 왕위에 올랐어도 천하국가를 화합하여 평화롭게 다스리지 못하고 분열과 대립이 다시 생겨 사회가 어지럽고 민중의 생활고가 심각한 상태에 이르면 하늘은 다시 가뭄과 홍수 그리고 지진 등으로 벌을 내리는 것인즉 후세의 혁명가는 탕임금을 본받을지어다.

범 아 조 방　　　　무 종 비 이
3-3-7 ·· 凡我造邦은　無從匪彛하고
무 즉 도 음　　　　각 수 이 전
無卽慆淫하며　各守爾典하야
이 승 천 휴
以承天休하라

『무릇 우리가 만든 나라는 떳떳한 법도가 아닌 것은 쫓음이 없고 방종하여 음란함을 가까이 함이 없으며 각각 너희 전범을 지켜서 하늘의 아름다운 사명을 받들도록 하라.』

◉ 탕임금이 모든 신하들에게 모범적인 새 나라 건설에 총력을 기울여 분발할 것을 당부하였다.

조방(造邦)은 혁명하여 재창조한 나라이고 이(彝)는 떳떳한 법도이며 즉(卽)은 가까이 함이요 도(慆)는 오만방종함이다. 천휴(天休)는 하늘의 아름다운 명령이니 혁명과업을 완수하여 구세제민(救世濟民)하는 사명이다.

3-3-8 ······························· 爾有善이면 朕不敢蔽요
罪當朕躬이면 弗敢自赦니
惟簡이 在上帝之心하니라
其爾萬方有罪는 在予一人이요
予一人有罪는 無以爾萬方이니라

『너희에게 착함이 있으면 나는 감히 가리어 막지 아니하고 죄가 내 몸에 해당하면 감히 스스로 용서하지 않으리니 오직 고르고 조사함은 하느님의 마음에 있느니라. 그 너희 만방에 죄가 있음은 나 한 사람에게 있는 것이요 나 한 사람에게 죄가 있음은 너희 만방에 관계가 없느니라.』

◉ 탕임금이 앞으로 새 나라를 건설하는 정치사업의 성공과 실패는 하느님이 조사하여 평가할 문제이며 또한 천하국가를 다스리는 모든 책임은 자기자신에게 있음을 선포하였다.

폐(蔽)는 가리어 막는 것이니 은폐하여 감춤이고 당(當)은 해당이며
간(簡)은 간열(簡閱)이니 고르고 조사함이요 이(以)는 까닭이나 원인이
다.

선을 공개적으로 채택하면 천하의 선을 모을 것이고 악을 스스로
용서하지 않으면 천하의 악을 뿌리뽑을 것이다. 민주적으로 공명정대
한 정치를 하기는 어렵고 정치적 책임을 스스로 지기는 더욱 어려운
일이니 혁명가는 탕임금의 마음을 본받을지어다.

3-3-9 ······················· 嗚呼라 尙克時忱이라야 乃亦有終하리라

『오호라, 거의 모두 이러한 신념을 잘 감당해야 이에 또한 끝이 있
으리라.』

☯ 이것은 탕임금이 새 나라를 건설함에 있어서 임금뿐만 아니라
거의 모든 신하들까지도 사명감을 가지고 책임정치를 하여야 유종의
미를 거두게 될 것임을 마지막으로 당부한 내용이다.

극(克)은 능히 감당함이고 시(時)는 시(是)이며 침(忱)은 신념, 확신이
다.

탕고(湯誥) 편은 비록 짧은 글이지만 천하국가에 임금을 세운 이유
와 인간의 본성을 함양하는 방법을 깊이 발명하였으니 천덕(天德)과
왕도(王道)의 지극한 이치가 갖추어 있는바 제왕의 대법(大法)이고 성
학(聖學)의 연원인즉 학자는 스스로 체득하라.

4. 이훈(伊訓) / 이윤(伊尹)의 훈도(訓導)

이(伊)는 이윤(伊尹)인데 이름이 지(摯)이고 자(字)는 윤(尹)이며 본래 유신(有莘)의 들판에서 숨어 사는 처사(處士)였으나 탕(湯)임금이 세 번 초빙하여 나옴에 다시 걸(桀)에게 세 번 추천하며 등용을 요청하였으나 걸이 끝내 쓰지 않으므로 탕임금이 등용하여 걸을 정벌하고 혁명을 완수하여 벼슬이 아형(阿衡: 총리)에 이르렀고 후세에 맹자(孟子)는 성인(聖人)으로 받들었다. 사마천(司馬遷)의 『사기(史記)』를 고찰하면 탕임금은 즉위한 지 17년에 혁명하여 천자(天子)가 되었고 천자가 된 지 13년에 100세로써 붕(崩)하니 태자(太子) 태정(太丁)은 먼저 죽었으므로 그 아우 외병(外丙)을 왕으로 세웠으나 외병(外丙)이 즉위한 지 3년에 붕하여 그 아우 중임(中壬)을 왕으로 세웠다. 그러나 또 중임(中壬)도 즉위한 지 4년에 붕한대 이윤(伊尹)이 이에 태정(太丁)의 아들 태갑(太甲)을 왕으로 세우니 곧 탕임금의 장손(長孫)이다. 이에 이윤(伊尹)이 태갑(太甲)을 위하여 이훈(伊訓), 사명(肆命), 조후(徂后)를 지어 임금의 법도와 정치교육의 방법 및 탕임금의 법도 등을 가르쳐 인도하였는데 『서경(書經)』에는 이 편만 편집되어 있다.

이 이훈(伊訓) 편은 『금문상서(今文尙書)』에는 없고 『고문상서(古文尙書)』에 있으며 다음의 태갑(太甲) 편과 관계가 있으니 함께 아울러 읽어야 할 것이다.

3-4-1 ····································· 惟元祀十有二月乙丑에 伊尹이
祠于先王할새 奉嗣王하야

『때는 바야흐로 원년 12월 을축일에 이윤이 선왕께 봄제사를 지내면서 왕위를 이은 임금을 받들어 경건히 그 조상님께 뵈이거늘 후복과 전복의 지역에 여러 임금이 모두 있으며 일백 관리가 자기의 직원을 거느리고 총재에게 듣거늘 이윤이 밝게 빛나는 선조가 이룬 덕을 말하여 왕께 가르쳐 인도하니라.』

☯ 이윤이 새로 즉위한 태갑에게 훈도하게 된 상황을 사관이 서술한 내용이다.

유(惟)는 때는 바야흐로의 뜻이고 원사(元祀)는 태갑(太甲)이 즉위한 원년(元年)으로 연호(年號)를 기록한 것이니 곧 중임(仲壬)이 붕(崩)한 다음해인데 하늘에는 태양이 하나뿐이므로 왕위를 계승한 임금은 전왕이 붕하면 곧 다음 왕이 즉위하여 장례식을 거행하지만 그 즉위식은 새 해의 정월에 거행하고 연호를 원년으로 삼는 것이며 하(夏)나라는 인월(寅月)을 정월(正月)로 하고 인시(寅時: 平明)를 새날로 하여 1년을 세(歲)라고 하였고 상(商)나라는 축월(丑月)을 정월로 하고 축시(丑時: 鷄鳴)를 새 날로 하여 1년을 사(祀)라고 하였으며 주(周)나라는 자월(子月: 冬至달)을 정월로 하고 자시(子時: 三更)를 새 날로 하여 1년을 연(年)이라고 하였다. 십유이월(十有二月)은 축월(丑月)이니 상나라의 정월(正月)인바 사관(史官)이 인습적으로 하나라 역법(曆法)을 썼으나 잘못이다. 을축(乙丑)은 일진(日辰)인데 앞에 삭(朔)자를 쓰지 않은 것으로 보아 초하루는 아니고 상나라가 축(丑)을 숭상하였기 때문에 축일(丑日)을 택하여 행사를 거행한 것이다. 이윤(伊尹)은 앞에 이훈(伊訓)에서 해설하였고 사(祠)는 고유(告由)하는 제사이다. 선왕(先王)은 탕(湯)임금이고 사왕(嗣王)은 대(代)를 이은 임금이니 곧 태갑(太甲)이 왕위를 계승하여 즉위한 것이다. 현(見)은 뵈이는 것이요 조(祖)는 탕임금이니 태갑(太甲)의 할아버지이며 후(侯)는 후복(侯服)으로 앞(2-1-84)에서 해설하였고 전(甸)은 전복(甸服)으로 앞(2-1-83)에서 해설하였으며 군후(群后)는 여러 지방의 제후들이다. 총기(總己)는 자기의 부하직원을 거느리고 그 직책과 사무를 총할(總轄)함이며 총(冢)은 대(大)와 장(長)의 뜻이니 큰아들을 총자(冢子), 큰며느리를 총부(冢婦)라고 하는바 총재(冢宰)는 행정을 통합관장하는 수상(首相) 또는 국무총리로 여기에서는 이윤의 관직이름이다. 열조(烈祖)는 빛나는 공로를 세운 조상이니 곧 탕임금이 혁명하여 민중을 해방한 공훈이요 훈(訓)은 훈도(訓導)이고 왕(王)은 태갑(太甲)이다.

이윤이 태갑의 즉위식을 거행함에 먼저 탕임금의 태묘(太廟)에 고유하고 제후와 일백 관리의 앞에서 탕임금의 도덕정치이념으로 태갑을 훈도하였으니 그 임금을 바르게 보필하여 성군을 만들려는 정성이 지극하도다.

3-4-2 ························· 曰嗚呼라 古有夏先后하야
왈 호 라　　고 유 하 선 후

方懋厥德하시니 罔有天災하며
방 무 궐 덕　　　　망 유 천 재

山川鬼神이 亦莫不寧하며
산 천 귀 신　　역 막 불 녕

曁鳥獸魚鼈이 咸若하더니
기 조 수 어 별　　함 약

于其子孫이 弗率한대 皇天이
우 기 자 손　　불 솔　　　황 천

降災하사 假手于我有命하시니
강 재　　　가 수 우 아 유 명

造攻을 自鳴條어늘 朕哉自亳하시니이다
조 공　　자 명 조　　　짐 재 자 박

『말하기를 오호라, 옛날 하나라에 훌륭한 왕이 있어 바야흐로 그
덕을 힘쓰시니 하늘의 재앙이 있지 아니하며 산과 내의 귀신이 또한
편안치 않음이 없으며 새와 짐승과 물고기와 자라에 이르기까지 모두
다같이 그러하더니 그 자손이 따르지 아니함에 거룩한 하느님이 재앙
을 내리시어 손을 우리에게 빌려서 정벌하라고 명령을 하시니 처음
공격하여 정벌함을 명조읍으로부터 하거늘 우리는 박읍으로부터 시
작하시니이다.』

　　☯ 이것은 이윤이 하나라가 흥하고 망하는 원인을 밝혀 태갑에게
거울로 삼아야 함을 가르친 내용이다.
　　왈(曰)은 이윤(伊尹)이 말한 것이고 오호(嗚呼)는 천명(天命)은 무상
(無常)하여 역사(歷史)의 변화를 예측할 수 없음을 탄식한 것이다. 선
후(先后)는 우(禹)임금을 지칭하고 기(曁)는 미치는 것이며 함약(咸若)
은 모두 다같이 그러하다는 뜻이며 자손(子孫)은 걸(桀)을 지칭한다.
솔(率)은 따르는 것이고 가수(假手)는 남의 손을 빌려 자기의 일을 함
이요 유명(有命)은 걸(桀)을 추방하라는 하늘의 명령이다. 조공(造攻)은
처음 공격하여 정벌함이고 명조(鳴條)는 탕(湯)임금이 걸(桀)을 정벌한
곳이니 지금의 산서성(山西省) 안읍현(安邑縣) 북쪽에 있다. 짐(朕)은
이윤(伊尹)이 자기를 지칭하는 대명사이고 재(哉)는 처음 비롯하여 시
작함이며 박(亳)은 상(商)나라의 도읍이다.
　　『시경(詩經)』 대아(大雅) 탕(湯) 편에서 말하기를 은감불원(殷鑑不遠)
하니 재하후지세(在夏后之世)라고 하였으니 은나라의 거울은 멀리 있
는 것이 아니고 바로 하나라 임금 걸의 시대에 있다는 뜻으로 역사적
거울은 바로 전대(前代)에 있음을 깨우친 것인즉 후세의 정치지도자
는 역사 속에서 교훈을 찾아야 한다.

유 아 상 왕　　　포 소 성 무

3-4-3 ·· 惟我商王이　布昭聖武하사

대 학 이 관   조 민 윤 회
代虐以寬하신대 兆民允懷하니이다

『오직 우리 상나라 왕이 신성한 무력을 베풀어 밝게 보이시어 포학을 너그러움으로 대체하신대 억조 인민이 진실로 흠모하니이다.』

◉ 이것은 탕임금이 신성한 무력으로 혁명을 완수한 사실을 다시 확인한 내용이다.

상왕(商王)은 탕(湯)임금이고 포소(布昭)는 천하에 밝게 포고하여 보이는 것이며 성무(聖武)는 신성(神聖)한 작전으로 사람을 죽이지 않고 승리하는 무력(武力)이니 『주역(周易)』 계사상(繫辭上)에서 말하는바 고지총명예지신무이불살자부(古之聰明叡智神武而不殺者夫)에 해당한다. 대(代)는 대체함이고 학(虐)은 걸(桀)의 포학한 정치요 관(寬)은 탕(湯)임금의 관후(寬厚)한 정치이며 윤(允)은 진실로, 회(懷)는 사모하여 신임함이니 곧 억조 인류가 왕으로 추대함이다.

       금 왕   사 궐 덕   망 불 재 초
3-4-4 ·························· 今王이 嗣厥德하심은 罔不在初하니
입 애 유 친   입 경 유 장
立愛惟親하시며 立敬惟長하사
시 우 가 방   종 우 사 해
始于家邦하야 終于四海하소서

『이제 왕이 그 덕을 이으심은 시초에 있지 않음이 없나니 사랑하는 마음을 일으키시되 오직 어버이로 하시며 공경심을 일으키시되 오직 어른으로 하사 가정과 나라에서 시작하여 사해의 인류에서 마치소서.』

◉ 이윤이 태갑에게 사랑하는 마음과 공경심을 일으키는 방법을 가르쳤나니 곧 제왕학(帝王學)의 심법(心法)이다.

왕(王)은 태갑(太甲)이고 궐덕(厥德)은 탕(湯)임금의 덕(德)이며 초(初)
는 즉위한 시초이다. 입(立)은 일으켜 세움이니 사람은 누구나 어버이
를 사랑하고 형을 공경하는 마음이 있으므로 이 마음을 해치지 않고
잘 길러 확충하면 사랑하지 않은 것이 없고 공경하지 않은 것이 없는
데 이르는 것이다.

　사랑과 공경은 탕임금의 선덕(善德)을 계승하는 길이요 오만과 포
학은 걸의 악덕(惡德)을 따르는 길이니 정치인은 명심할 일이다.

3-4-5 ······································· 嗚呼라 先王이 肇修人紀하사
從諫弗咈하시며 先民을 時若하시어
居上克明하시며 爲下克忠하시며
與人不求備하시며 檢身若不及하사
以至于有萬邦하시니 玆惟艱哉라
敷求哲人하사 俾輔于爾後嗣하시니이다

　『오호라, 선왕이 비로소 인간의 윤리기강을 닦으시고 간함을 따르
시어 어기지 아니하시며 옛날의 어진 이를 이에 쫓으시어 위에 있음
에 능히 밝으시며 아래가 됨에 능히 충직하시며 사람과 더불음에 갖
추기를 요구하지 않으시며 몸을 단속함에 마치 미치지 못할 듯이 하
시어 일만 나라를 다스리는 데 이르셨나니 이에 오직 어렵기 때문에
널리 철인을 찾으시어 하여금 그대 뒤에 이을 임금을 보필토록 하시
니이다.』

　◉ 이윤이 탕임금의 선덕(善德)을 계승하기가 쉽지 않음을 밝혀 대
갑으로 하여금 탕임금이 찾아서 사왕(嗣王)을 보필케 한 철인(哲人)의

가르침을 적극 따르라고 당부하였다.

선왕(先王)은 탕(湯)임금이고 인기(人紀)는 사람이 지켜야 할 윤리(倫理)의 기강(紀綱)이니 곧 5전(五典)으로 앞(1-4-6)에서 이미 해설하였다. 불(咈)은 어기는 것이고 선민(先民)은 옛날의 어진 이이며 시약(時若)은 이에 순종(順從)함이다. 윗사람은 아래를 밝게 보살펴야 하고 아랫사람은 윗사람에게 충직하고 성실해야 하며 동료들에게는 완벽하기를 요구하지 않고 자기의 몸을 단속함에는 부지런해야 제왕(帝王)의 선덕(善德)을 구비하여 천하를 민주적으로 다스릴 수 있는 것이다. 그러나 이렇게 되기는 대단히 어렵기 때문에 탕임금은 널리 철인을 찾아 등용해서 그대 뒤를 이을 왕(王)을 보필케 하였으니 곧 왕사(王師)를 남겨준 것이다. 부(敷)는 널리, 비(俾)는 하여금이다.

학자는 앞(3-2-8)에서 말한 중훼(仲虺)의 왕사론(王師論)과 함께 살피면 임금에게 있어서 스승의 소중함을 새삼 깨달을 것이다.

3-4 -6 ······························· 制官刑하사 儆于有位하시니

日敢有恒舞于宮하며 酣歌于室하면

時謂巫風이며 敢有殉于貨色하며

恒于遊畋하면 時謂淫風이며

敢有侮聖言하며 逆忠直하며

遠耆德하며 比頑童하면 時謂亂風이니

惟玆三風十愆에 卿士有一于身하면

家必喪하고 邦君有一于身하면

國必亡하나니 臣下不匡하면 其刑에

墨이라하사 具訓于蒙士하시니이다

『관리의 형법을 제정하시어 벼슬자리에 있는 사람에게 경계하셨으니 말씀하시기를 "감히 궁궐에서 항상 춤을 추며 방안에서 술을 마시고 노래를 하면 이것을 무당의 풍조라고 일컬으며 감히 재화와 여색에 몸을 바치며 유람하고 사냥함에 항상 함이 있으면 이것을 음탕한 풍조라고 일컬으며 감히 성인의 말씀을 업신여기고 충직한 말을 기역하며 덕이 높은 노인을 멀리하고 완고한 아이를 가까이 하면 이것을 난잡한 풍조라고 일컫나니 오직 이 세 가지 풍조와 열 가지 허물에 경사가 몸에 하나라도 있으면 가정을 반드시 잃어버리고 나라의 임금이 몸에 하나라도 있으면 나라를 반드시 망치나니 신하가 바로잡지 못하면 그 형벌이 묵형이라"고 하시어 모두 어린 선비에게 가르치셨나이다.』

◑ 이윤이 태갑을 깨우치기 위하여 탕임금이 제정한 관형의 내용을 밝혀 해설하고 또한 신하들도 책임감을 가지고 바른 길로 인도하도록 당부하였다.

제(制)는 제정(制定)함이니 법(法)을 만든 것이고 관형(官刑)은 앞(1-2-11)에서 이미 해설하였다. 본래 관리의 형벌은 순(舜)임금이 처음 제정하였는데 탕(湯)임금이 다시 조목을 구체적으로 밝히고 신하들의 책임까지 추가하여 임금과 관리들의 부정부패를 막으려고 노력하였다. 경(儆)은 경계함이요 유위(有位)는 벼슬자리에 있는 관리이니 위로 임금으로부터 아래로 관직을 맡은 모든 사람이다. 항(恒)은 항상(恒常)이고 감가(酣歌)는 술을 마시고 노래하는 것이며 시(時)는 시(是)와 같으며 무풍(巫風)은 무당(巫堂)의 풍조(風潮)로 곧 가무(歌舞)에만 전념하는 세태이다. 순(殉)은 목숨을 바치는 것이니 오로지 추구함이고 화(貨)는 재화(財貨)이고 색(色)은 여색(女色)이며 유(遊)는 유람하여 노는 것이요 전(畋)은 전렵(畋獵)이며 음풍(淫風)은 음탕하고 방종한 풍조이다. 기덕(耆德)은 덕(德)이 높은 노인이고 비(比)는 가까이 친함이며 완동(頑童)은 재능은 있으나 덕(德)이 없어서 경박하고 고집이 센 젊은이요 난풍(亂風)은 경박하고 난잡하여 질서가 무너지고 화합이 깨져서 모순과 대립갈등으로 어지러운 풍조이다. 삼풍(三風)은 무풍(巫風), 음풍(淫風), 난풍(亂風)이요 십건(十愆)은 열 가지 허물이니 무(舞), 감가(酣歌), 화(貨), 색(色), 유(遊), 전(畋), 모성언(侮聖言), 역충직(逆忠直), 원기덕(遠耆德), 비완동(比頑童) 등이다. 경사(卿士)는 행정관(行政官)을 지칭한 말로 경(卿), 대부(大夫), 사(士)를 총칭하고 일(一)은 위에 열 가지 허물가운데 한 가지이며 신(身)은 자기의 몸이며 상(喪)은 잃어버림이다. 광(匡)은 바로잡음이고 묵(墨)은 묵형(墨刑)이며 몽사(蒙士)는 어린 선비로 초등학생이다.

고금에 국가가 점점 기울어 멸망하게 된 까닭은 부정부패한 풍조가 일어나서 나라의 기강이 먼저 무너졌기 때문인즉 국가를 경영한 사람은 삼풍십건(三風十愆)을 살펴 엄중히 다스려야 안으로 반정과 혁명이 일어나는 것과 밖으로 강대국이 침략하는 것을 미연에 방지할 수 있을 것이다.

특히 춘추(春秋)의 어지러운 시대로부터 강대국이 이웃 나라를 침략함에 반드시 먼저 삼풍십건을 조장하여 향락방탕의 퇴폐풍조와 황금만능의 사조 및 잦은 정변을 공작하였으니 맹자가 말하기를 사람은 스스로 모독한 다음에 남이 그를 모독하고 나라는 스스로 친 다음에 다른 나라가 그 나라를 정벌한다고 하였다.

3-4-7 ·························· 嗚呼라 嗣王은 祗厥身하사
念哉하소서 聖謨洋洋하야
嘉言孔彰하시니 惟上帝는 不常하사
作善에 降之百祥하시고
作不善에 降之百殃하시나니
爾惟德은 罔小하야 萬邦惟慶하리이다

『오호라, 왕위를 이은 임금은 그 몸을 공경하시어 생각하소서. 임금
의 거룩한 정책이 훌륭하고 아름다워 좋은 말씀이 매우 명백하시니
오직 하느님은 한결같지 아니하시어 착함을 일으킴에 일백 가지의 상
서로움을 내리시고 착하지 못함을 일으킴에 일백 가지의 재앙을 내리
시나니 그대가 덕을 도모함은 적은 것이 없어서 일만 나라가 오직 경
사스러우리이다. 그대가 덕이 아님을 도모함은 큰 것이 없어서 그 종
통을 잃으리이다.』

　☯ 이윤이 새로 즉위하는 태갑에게 천명과 민심의 엄중함을 밝혀
스스로 경건한 마음을 가다듬고 선정을 베풀어 탕임금의 종통을 계승
하도록 간절히 당부하였다.
　지(祇)는 공경함이요 염(念)은 생각함이니 앞에 삼풍십건(三風十愆)
을 기억하여 잊지 말라는 말이다. 성모(聖謀)는 임금의 거룩한 정치강
령과 시정방침이고 양양(洋洋)은 훌륭하고 아름다운 모양이며 가언(嘉
言)은 좋은 말씀이요 공창(孔彰)은 매우 명백함이다. 불상(不常)은 무
상(無常)과 같으니 한결같지 아니하여 자주 변하고 바뀐다는 뜻이고
작선(作善)은 착한 마음을 일으켜 선덕(善德)을 쌓음이며 작불선(作不
善)은 착하지 못한 마음을 일으켜 착하지 못한 덕(德)을 쌓음인즉 『주
역(周易)』 곤괘(坤卦)의 문언(文言)에서 말한 "선(善)을 쌓은 집안에는
반드시 뒤에 경사(慶事)가 남아 있고 착하지 못한 것을 쌓은 집안에는
반드시 뒤에 재앙(災殃)이 남아 있다."고 하였으니 매우 명백한 교훈
이다. 이(爾)는 태갑(太甲)을 지칭한 대명사이고 유(惟)는 도모(圖謀)하
여 경영함이며 망소(罔小)는 적은 것이 없음이요 망대(罔大)는 큰 것이
없음이니 적은 덕(德)이 쌓여서 큰 덕(德)이 되며 작은 부덕(不德)이 쌓
여 큰 악(惡)이 되므로 덕(德)이 작다고 해서 안 하지 말고 부덕(不德)
이 크지 않다고 해도 하지 말라는 뜻이다. 경(慶)은 경사스러움이요
추(墜)는 떨어뜨려서 잃어버림이며 종(宗)은 종통(宗統)이니 곧 탕(湯)

임금의 대통(大統)을 계승하지 못하고 왕위(王位)에서 추락하는 것이다.

　이훈 편은 왕의 즉위식전에서 처음부터 독재자가 되지 말고 민주적 지도역량을 발휘해야 됨을 크게 훈도하였으니 정치지도자가 명심하여 잊지 말아야 할 일이다. 학자는 제자를 가르침에 반드시 먼저 이 편을 널리 읽혀서 타락한 풍조를 바로잡는 데 앞장서는 학풍을 일으켜야만 아름다운 정치문화를 부흥하여 문명세계를 건설할 수 있을 것이다.

5. 태갑상(太甲上) / 태갑(太甲) 상편(上篇)

태갑(太甲)은 탕(湯)임금의 장손(長孫)으로 왕위에 올랐으나 제왕(帝王)의 덕(德)을 닦지 않고 정사(政事)를 그르쳐 탕임금의 아름다운 정치문화를 무너뜨렸기 때문에 이윤(伊尹)이 거듭 간(諫)하였지만 듣지 않으므로 마침내 태갑을 폐위하여 동(桐) 땅으로 추방하였는데 이에 태갑이 크게 뉘우치고 인격을 수양해서 새사람이 되자 이윤이 태갑을 폐위한 지 3년 만에 다시 복위하여 임금으로 섬겼는데 이 태갑 상편(上篇)은 아래의 중편(中篇), 하편(下篇)과 더불어 그 당시에 이윤의 훈도(訓導)하는 절차와 태갑의 반성하는 과정을 기록한 것이다. 태갑 상편, 중편, 하편은 『금문상서(今文尙書)』에는 없고 『고문상서(古文尙書)』에 기재되어 있다.

유 사 왕　　　 불 혜 우 아 형
3-5 -1 ······································ 惟嗣王이 不惠于阿衡한대

『오직 왕위를 이은 왕이 아형에게 순종하지 아니한대』

◑ 태갑이 이윤으로부터 간하는 글을 받게 된 전말을 사관이 서술하였다.

사왕(嗣王)은 태갑(太甲)이요 혜(惠)는 순종이며 아형(阿衡)은 이윤(伊尹)의 벼슬이름인데 아(阿)는 의지한다는 뜻이고 형(衡)은 공평한 저울대로 민중이 의지하여 공평함을 얻는다는 말이다.

태갑이 이윤의 훈도를 은혜롭게 생각지 않고 도리어 간섭으로 여기며 멀리했기 때문에 이윤이 마침내 글로 써서 반성을 촉구한 것인즉

태갑은 어리석고 무능한 임금이 아니라 잘난 척하여 자기를 과시하려
는 야망을 가진 임금으로 곧 앞(3-4-6)에서 말한 삼풍(三風)가운데 난
풍(亂風)인 성인의 말씀을 무시하고 충직한 말을 거역하며 덕이 높은
노인을 멀리하고 완강하게 고집을 부리는 아이들을 가까이한 것이다.

3-5-2 ·· 伊尹이 作書하야 曰先王이
顧諟天之明命하사 以承上下神祇하시며
社稷宗廟를 罔不祗肅하신대
天監厥德하사 用集大命하사
撫綏萬方이어시늘 惟尹이
躬克左右厥辟하야 宅師하니
肆嗣王이 丕承基緖하시니이다

『이윤이 글을 지어 말하기를 선왕이 이 하늘의 밝은 명령을 돌아보
시어 하늘땅의 신령을 받드시며 사직과 종묘를 공경하여 엄숙히 하지
않음이 없으므로 하늘이 그 덕을 보시고 대명에 나아가게 하사 일만
나라를 어루만져 편안케 하시거늘 오직 윤이 몸소 능히 그 임금을 도
와 민중을 안정하니 그리하여 왕위를 이은 임금이 창업의 기본 실마
리를 크게 계승하였나이다.』

　☯ 이윤이 먼저 탕임금이 천명을 받아 상나라를 세운 창업의 역사
를 서술하여 태갑의 각성을 촉구하였다.

　서(書)는 서장(書狀)이요 선왕(先王)은 탕(湯)임금을 지칭하며 고(顧)
는 돌아보고 항상 살피는 것이다. 시(諟)는 시(是)와 같으며 천지명명
(天之明命)은 하늘이 사람에게 부여한 밝은 명령이니 곧 인간의 밝은

이성(理性)인데 이성은 스스로 선(善)과 악(惡)을 명백하게 판단하기 때문에 명덕(明德)이라고 한다. 집(集)은 나아감이요 대명(大命)은 하늘의 큰 명령으로 곧 왕위(王位)에 올라 천하국가를 문명하게 다스리는 위대한 사명(使命)이요 무수(撫綏)는 민중을 어루마져 보살피고 편안하게 다스리는 것이다. 윤(尹)은 이윤(伊尹)이고 극(克)은 능(能)의 뜻이며 좌우(左右)는 돕는 것이니 좌우(佐佑)와 같다. 벽(辟)은 임금으로 탕(湯)임금을 지칭하며 사(肆)는 그리하여, 사왕(嗣王)은 태갑(太甲)을 지칭하고 기서(基緖)는 창업(創業)의 기본 실마리로 곧 왕통(王統)이다.

3-5-3 ······························· 惟尹이 躬先見于西邑夏하니

自周有終한대 相亦惟終이러니

其後嗣王이 罔克有終한대

相亦罔終하니 嗣王은 戒哉하사

祗爾厥辟하소서 辟不辟이면

忝厥祖하리이다

『오직 윤이 몸소 먼저 서쪽 도읍의 하나라를 보니 두루 헤아려 꼼꼼함을 말미암아 끝냄이 있는데 돕는 사람도 또한 끝냄이 있더니 그 뒤에 왕위를 이은 임금이 잘 끝냄이 있지 아니한대 돕는 사람도 또한 끝내지 아니하니 왕위를 이은 임금은 경계하사 그대의 그 임금의 일을 공경하소서. 임금이 임금답지 아니하면 그 할아버지를 욕되게 하리이다.』

◐ 임금에게는 정치사업을 성공적으로 완수해야 되는 책무가 있음을 강조하였다.

서읍(西邑)은 하(夏)나라의 도읍이 상(商)나라의 도읍인 박(亳)의 서

쪽에 있기 때문에 서읍(西邑)이라고 일컬었다. 자(自)는 유(由)와 같고 주(周)는 생각이 주도면밀(周到綿密)함이니 꼼꼼하고 찬찬해서 빠짐이 없는 것이며 유종(有終)은 일을 성공적으로 끝냄이 있는 것이다. 상(相)은 상공(相公)이니 임금을 보필하는 신하이고 기후사왕(其後嗣王)은 걸(桀)을 지칭하며 사왕(嗣王)은 태갑(太甲)을 지칭한다. 벽(辟)은 임금이요 첨(忝)은 욕되게 함이며 조(祖)는 태갑(太甲)의 할아버지 탕(湯)임금이다.

  신하는 임금을 돕는 사람이거늘 임금이 보필하는 신하를 멀리한다면 사업을 주도면밀하게 추진하여 아름답게 성공할 수 없을 것인즉 정치의 최고지도자는 명심하라.

왕　　유용　　　망념문
3-5 -4 ································· 王이 惟庸하야 罔念聞한대

『왕이 오직 범상하게 여기고 들으려고 생각하지 않으므로』

  ☯ 이것은 이윤의 글에 대한 태갑의 반응을 사관이 기록한 것이다. 왕(王)은 태갑(太甲)이요 용(庸)은 평범한 상식(常識)으로 여김이며 염문(念聞)은 들어주려고 생각하는 것이다.

이윤　　내언　　　왈선왕
3-5 -5 ································· 伊尹이 乃言하야 曰先王이

매상　　비현　　좌이대단
昧爽에 丕顯하사 坐以待旦하시며

방구준언　　　계적후인
旁求俊彦하사 啓迪後人하시니

무월궐명이자복　　　신내검덕
無越厥命以自覆하시고 愼乃儉德하사

유회영도
惟懷永圖하소서

『이윤이 이에 언급하여 말하기를 선왕이 새벽에 크게 나타내시어 앉아서 아침을 기다리시며 널리 준걸과 아름다운 선비를 찾아 뒤에 사람을 계발하여 이끌게 하시니 그 사명을 멀리하여 스스로 뒤엎지 마시고 삼가 이에 덕을 검소하게 하사 오직 길이 도모할 것을 생각하소서.』

◐ 이윤이 탕임금의 정신을 밝혀 태갑의 반성을 다시 촉구하였다. 언(言)은 언급(言及)하여 거론함이요 선왕(先王)은 탕(湯)임금이며 매상(昧爽)은 동트는 새벽이고 비현(丕顯)은 도덕심을 크게 밝혀 뚜렷하게 나타냄이다. 앉아서 아침을 기다리는 것은 인민을 위하여 정책을 빨리 시행하고자 함이고 방(旁)은 널리, 준(俊)은 준걸(俊傑), 언(彦)은 아름다운 선비이며 계적(啓迪)은 개도(開導)이고 후인(後人)은 자손이다. 월(越)은 멀리함이요 명(命)은 후계자가 완수해야 될 사명이며 복(覆)은 멸망함이다. 검(儉)은 검소질박함이니 덕(德)의 공통적 본질이고 영도(永圖)는 먼 장래를 위한 계획이다.
이윤이 여기에서 태갑에게 그 사명을 멀리하여 스스로 뒤엎지 말라고 극간(極諫)하였으니 학자는 사태가 매우 심각함을 확인하라.

3-5 -6 ························· 若虞機張이어든 往省括于度則釋이니
欽厥止하사 率乃祖攸行하시면
惟朕以懌하며 萬世有辭하리이다

『사냥터지기가 쇠뇌의 시위를 걸어 매는 곳에 활시위를 얹었거든 가서 오늬를 법도에 살피고 곧 발사함과 같으니 그 멈춤을 공경하사 이에 할아버지가 행한 바를 따르시면 오직 내가 기뻐하고 만세에 할 말이 있으리이다.』

◐ 이윤이 활쏘는 법으로 확인행정의 절도를 비유하여 설명했다.

우(虞)는 우인(虞人)으로 산림과 늪지대의 사냥터를 관리하는 사람이요 기(機)는 쇠뇌의 시위를 걸어 매는 곳이며 장(張)은 활시위를 당겨 기(機)에 얹은 것이다. 괄(括)은 오늬인데 화살의 머리를 시위에 끼도록 에어낸 부분으로 대개 광대싸리를 짧게 동강을 내어 화살머리에 붙이고 복숭아 껍질로 싼다. 도(度)는 법도이며 석(釋)은 발사(發射)함이니 활을 쏘는 사람은 활과 화살이 법도에 맞게 되어 있는지를 점검하여 확인하고 발사하듯이 정치행정도 법도에 맞는지를 먼저 확인하고 시행하라는 뜻이다. 지(止)는 가장 편안한 상태에 멈춤이니 사람은 최선의 경지에 이르러야 안정(安定)하여 오래 멈추는 것이므로 그 멈춤을 공경하라는 뜻은 최선의 정치역량을 길러 지극히 착함에 멈추라는 것이다. 조(祖)는 탕(湯)임금이고 짐(朕)은 이윤(伊尹)이 자신을 지칭한 대명사이며 역(懌)은 기뻐함이고 유사(有辭)는 시대적 책무를 완수하여 떳떳하게 할 말이 있다는 뜻이다.

여기에서 태갑이 즉흥적으로 명령하고 확인도 하지 않으면서 분주하고 산란하여 마침내 정치가 어지럽고 행정 복잡해서 탕임금의 아름다운 법도가 무너지고 인민이 실망하여 원성이 높은 것을 학자는 확인하라.

왕　　　미극변
3-5 -7 ·· 王이　未克變한대

『왕이 능히 변화하지 아니한대』

◉ 이윤이 극간(極諫)하였으나 태갑이 전혀 반성하여 고치지 아니한 사실을 사관이 기록하였다.

극(克)은 능(能)과 같고 변(變)은 변화하여 새롭게 발전함이다.

이윤이　왈자내불의　　습여성성
3-5 -8 ······················· 伊尹이　曰玆乃不義는　習與性成이라

여 불압우불순
予는 弗狎于弗順케하리니
영우동궁 밀이선왕기훈
營于桐宮하고 密邇先王其訓하야
무비세미
無俾世迷케하리라

『이윤이 말하기를 이에 그대가 옳지 못함은 버릇이 천성으로 되어 버렸기 때문이므로 나는 화순하지 않은 사람에게 친근하지 못하게 하리니 동 땅의 집에서 살게 하고 선왕의 그 가르침을 바싹 다붙게 하여 세상으로 하여금 미혹됨이 없게 하리라.』

☯ 이윤이 태갑의 불의하고 불순한 습성을 고치기 위하여 동궁에 유폐한다는 탄핵 결정문이다.

내(乃)는 태갑(太甲)을 지칭하는 대명사이고 불의(不義)는 국가의 공권력(公權力)을 태갑이 사사로운 감정을 휘둘러 직권을 남용하고 정사를 어지럽힌 것이다. 습(習)은 습관이고 여(與)는 이(以)의 뜻이며 성(性)은 천성(天性)이니 못된 습관이 굳어져서 제2의 천성이 되어버렸기 때문에 고치기가 아주 어렵다는 뜻이다. 여(予)는 이윤(伊尹)이 자기를 지칭하고 압(狎)은 친근(親近)함이요 불순(弗順)은 화순(和順)치 않은 사람으로 태갑의 주변에 포진한 완동(頑童)들이다. 영(營)은 영위(營爲)로 사는 것이고 동궁(桐宮)은 동(桐) 땅에 태갑을 유폐(幽閉)한 건물인즉 건물 밖으로 나오지 못한다는 뜻이다. 밀이(密邇)는 바싹 다붙게 함이고 선왕(先王)은 탕(湯)임금이며 기훈(其訓)은 탕임금이 그 자손에게 가르친 교훈인데 곧 앞(3-5-5)에서 밝힌 내용인바 곧 탕임금의 제도를 복원하고 인민을 사랑하는 도덕정치를 회복한다는 말이다. 세(世)는 세상이고 미(迷)는 미혹(迷惑)이니 태갑의 난정(亂政)으로 세상사람들이 탕임금의 혁명을 정변으로 오해하고 있는바 이것을 깨끗이 해소하여 혁명의 정체성을 확립하겠다는 말이다. 전배(前輩)들은 이 구절을 이윤이 태갑의 반성을 촉구하여 개과천선하기를 바라는 말로 해석하였으나 옳지 않다. 어찌 임금을 탄핵(彈劾)하여 추방하는 결정문에 반성을 촉구하는 말이 필요하겠는가? 밀이(密邇)서부터 세미(世迷)까지의 경문(經文)은 태갑을 추방한 다음의 국가경영의 방향을 밝혀 정국 수습대책을 제시한 말이다.

3-5 -9 ····················· 王이 祖桐宮하야 居憂할새 克終允德하다

『왕이 동 땅의 건물로 가서 유폐생활을 함에 잘 끝내고 덕을 옳게 여기어 따르다.』

◐ 이것은 태갑이 동궁에서 유폐생활을 함에 대오각성하여 악습을 모두 버리는 일을 끝내고 선덕을 어여쁘게 길러서 새사람이 된 것을 사관이 기록한 내용이다.

조(徂)는 탄핵명령에 따라 순순히 가는 것이고 우(憂)는 우울하게 유폐(幽閉)당한 곳이며 극(克)은 능(能)과 같고 종(終)은 일을 모두 끝내는 것이니 곧 나쁜 버릇을 뿌리뽑아 완전히 끝냄이다. 윤(允)은 인정하여 따름이고 덕(德)은 선덕(善德)이다.

태갑(太甲)이 스스로 그 기질을 변화하는 공부에 힘써 탁박(濁駁)한 기질을 순수(純粹)한 기질로 바꾸어서 사욕(私欲)을 모두 버리고 도심(道心)을 간직하여 중정(中正)한 가치관을 확립하였으니 성학공부(聖學工夫)에 있어서 환경의 중요성을 여기서 확인하라.

○ 천하는 천하사람의 것이요 한 사람의 것이 아니므로 민주국가의 체제를 확립하여 공화정치(共和政治)를 하여도 무방한 것이다. 그러므로 이윤(伊尹)이 왕을 탄핵하여 유폐시키고 스스로 수상의 자리에서 국무를 관장하고 책임행정을 하였으나 왕위에 오르지 않고 상(商)나라의 국체(國體)를 바꾸지 않았기 때문에 찬탈(簒奪)이 아니고 반정(反正)의 절차임을 깨달아야 왕도정치(王道政治)의 본의를 이해할 수 있을 것이다.

6. 태갑중(太甲中) / 태갑(太甲) 중편(中篇)

앞의 태갑(太甲) 상편(上篇)에서 이미 해설하였다.

유 삼 사 십 유 이 월 삭　　　이 윤
3-6-1 ······························· 惟三祀十有二月朔에 伊尹이

이 면 복　　　봉 사 왕　　　귀 우 박
以冕服으로 奉嗣王하야 歸于亳하다

『오직 3년이 지난 12월 초하루에 이윤이 면류관과 곤룡포로 왕위를
이은 임금을 받들고 박읍으로 돌아오다.』

　☯ 태갑이 동궁에 유폐된 지 3년간 크게 뉘우치고 새사람이 되었기
때문에 이윤이 다시 복위케 한 사실을 사관이 기록하였다.

　삼사(三祀)는 태갑(太甲)이 동(桐) 땅에 유폐(幽閉)되어 3년이 지난
것이고 십유이월삭(十有二月朔)은 상(商)나라의 정월(正月) 원일(元日)
이니 앞(3-4-1)에서 이미 해설하였다. 면복(冕服)은 면류관(冕旒冠)과
곤룡포(袞龍袍)로 제왕(帝王)의 정복(正服)인데 태갑을 다시 왕으로 추
대했다는 뜻이고 사왕(嗣王)은 왕위를 또다시 이은 임금으로 태갑이
불의(不義)하고 불순(不順)하여 왕(王)의 정통성과 주체성을 상실했다
가 이제 다시 탕(湯)임금의 도덕정신을 계승하고 정통성과 주체성을
확립하여 정도(正道)로 되돌아간 것이다. 귀(歸)는 복귀(復歸)함이고 박
(亳)은 상나라의 도읍이니 곧 왕실(王室)로 가서 태묘(太廟)에 고유(告
由)하고 왕좌(王座)에 오르는 즉위식을 함과 동시에 일백 관리와 신하
들의 하례(賀禮)를 받는 것이다.

　임금을 탄핵하여 축출하고 새로운 임금을 세우는 반정을 함에 반드

시 새로운 인물만 찾을 필요가 없는바 태갑처럼 처음부터 그 잘못을 순순히 인정하고 통열히 반성하여 철저하게 기질을 변화해서 어진 사람이 되었으면 다시 복위시켜도 되는 것이니 일단 반정의 목적을 달성했기 때문이다.

　또한 이윤으로부터 임금을 탄핵하여 축출하는 탄핵 결정권과 탄핵받아 유폐된 폐주(廢主)의 죄를 용서하는 사면권을 수상(首相)이 가지게 되었으니 새로운 임금을 선택하는 왕위 추대권과 더불어 막대한 관권의 신장이라고 아니할 수 없는데 후세의 대신(大臣)은 이러한 관권을 행사하지 못하고 도리어 왕권에 위축당하고 말았으니 정치발전이 늦어진 까닭이다.

3-6-2 ·· 作書하야　日民非后면
　　　　　　　　　　罔克胥匡以生하며　后非民이면
　　　　　　　　　　罔以辟四方일새　皇天이
　　　　　　眷佑有商하사　俾嗣王克終厥德하시니
　　　　　　　　　　實爲萬世無疆之休니이다

　『글을 지어 말하기를 인민은 임금이 아니면 능히 서로 바로잡아서 살지 못하며 임금은 인민이 아니면 사방에 임금 노릇을 하지 못하므로 거룩한 하느님이 상나라 정부를 보살펴 도우시어 왕위를 이은 임금으로 하여금 그 덕을 잘 마치게 하시니 참으로 만세에 가없는 아름다움이 되나이다.』

　☯ 이윤이 글을 지어서 인류사회에 정치지도자가 없을 수 없는 이유를 밝히고 거룩한 하느님이 태갑에게 다시 천명을 내려 복위케 한 것을 크게 기뻐하였다.

민(民)은 인민대중이고 후(后)는 임금이며 서광(胥匡)은 서로 광정
(匡正)하여 바르게 살도록 격려함이요 벽(辟)은 임금 노릇을 함이다.
권우(眷佑)는 보살펴 돕는 것이고 유상(有商)은 상(商)나라 정부이며
사왕(嗣王)은 태갑(太甲)을 지칭하고 휴(休)는 아름다운 경사(慶事)이
다.

　이윤이 태갑의 복위식전에서 이와 같이 글로 써서 경축하였으니 새
사람이 된 태갑의 인격을 믿어 의심치 않은 것이다.

3-6-3 ·························· 王이 拜手稽首하시고 曰予小子는
不明于德하야 自底不類하야 欲敗度하고
縱敗禮하야 以速戾于厥躬하니
天作孽은 猶可違어니와 自作孽은
不可逭이니 旣往에 背師保之訓하야
弗克于厥初하나 尙賴匡救之德하야
圖惟厥終하리이다

『왕이 손을 들어 읍하고 머리를 조아려 땅에 대어 절하면서 말씀하
시기를 나 소자는 덕에 밝지 못하여 스스로 같지 않은데 이르러 욕심
으로 법도를 무너뜨리고 방종으로 예절을 허물어 그 몸에 허물을 재
촉하였나니 하늘이 지은 재앙은 오히려 어길 수도 있으려니와 스스로
지은 재앙은 도피할 수 없나니 이미 지난 과거에는 사보의 가르침을
배반하여 그 시초에 잘하지 못했으나 이제는 바로잡아 두둔해 주시는
은덕에 힘입어 오직 그 끝을 도모하리이다.』

　☯ 태갑이 복위식전에서 이윤에게 과거의 잘못을 통렬히 반성하고

앞으로는 법도와 예절을 지켜 사보의 가르침을 따르고 민심에 보답하여 아름답게 임금의 책임을 다하도록 노력할 것을 엄숙히 선서하였다.

배수(拜手)는 두 손을 겹쳐 모아 올렸다가 내리고 절하는 것으로 지극히 공경함을 표시하는데 읍(揖)이라고 하며 계수(稽首)는 이마가 땅에 닿도록 머리를 조아려 절하는 것으로 최고의 존경을 표시한다. 지(厎)는 이르러 감이요 불류(不類)는 불초(不肖)와 같으니 같지 않음인즉 곧 모자람이며 욕(欲)은 사리사욕(私利私欲)을 추구하는 욕심이고 종(縱)은 방종(放縱)이다. 속(速)은 재촉함이고 려(戾)는 죄악과 허물이며 얼(孽)은 재앙이요 위(違)는 어김이며 환(遁)은 도망하여 피함이다. 이는 자연의 재앙은 간혹 피할 수도 있지만 자기가 지은 재앙은 회피할 수 없다는 말이다. 패(背)는 배반함이고 사보(師保)는 태사(太師)와 태보(太保)로 곧 삼공(三公)인데 태사(太師)는 임금에게 선덕(善德)을 깨우치고 태보(太保)는 임금에게 잘못을 지적하여 고치게 하는 직책인바 여기서는 이윤(伊尹)과 중훼(仲虺) 및 원로대신(元老大臣)을 지칭한다. 상(尙)은 상금(尙今)이고 광구(匡救)는 바로잡아 두둔(斗頓)함이며 덕(德)은 은덕(恩德)으로 곧 조정의 관리와 천하의 인민이 복위(復位)시켜준 은덕이다.

태갑의 선서가 엄숙하고 진지하여 거짓이 없으니 진실로 아름답고 상서롭도다.

3-6-4 ·· 伊尹이 拜手稽首하고 曰脩厥身하사

允德하시고 協于下하시면 惟明后니이다

『이윤이 손을 들어 읍하고 머리를 조아려 땅에 대어 절하면서 말하기를 그 몸을 닦으시어 덕을 옳게 여기고 따르며 하층민중에게 화합하시면 오직 밝은 임금이니이다.』

◑ 이윤이 밝은 임금이 되는 길을 구체적으로 열거하여 재삼 당부
하였으니 아래도 같다.

수신(脩身)은 제왕학(帝王學)의 근본이고 윤덕(允德)은 민주적 지도
자의 기본자세이니 앞(3-5-9)에서 이미 해설하였다. 협(協)은 화합(和
合)함이고 하(下)는 하층민중이다. 임금이 하층민중에게 화합하여 민
의(民意)를 따르는 것은 공론정치(公論政治)의 기본원칙이다.

임금이 몸을 닦아 지혜와 사랑과 용기를 길러 천덕(天德)을 밝히고
왕도(王道)를 행하면 성왕(聖王)이 되는 것이다.

3-6-5 ························· 先王이 子惠困窮하신대 民服厥命하야
　　　　　　　　　　　　　　　　　罔有不悅하야 並其有邦하신대
　　　　　　　　　　　　　　　　　厥鄰이 乃曰俟我后하노니 后來하시면
　　　　　　　　　　　　　　　　　　　　無罰인저 하니다

『선왕이 곤궁한 하층민중을 자식처럼 은혜롭게 사랑하신대 민중이
그 명령에 복종하여 기뻐하지 않음이 있지 아니하여 그 나라를 보유함
을 아울러 똑같이 하신대 그 이웃 나라의 민중이 이에 말하기를 “우리
임금을 기다리노니 임금이 오시면 처벌함이 없을진저.” 하니이다.』

◑ 이윤이 하층민중과 화합하는 방법을 탕임금의 역사로 실증하였
다.

선왕(先王)은 탕(湯)임금이요 자혜(子惠)는 자식처럼 은혜롭게 사랑
하는 것이며 곤궁(困窮)은 걸(桀)의 학정(虐政)에 인권(人權)을 상실하
고 고통받는 하층민중이다. 병(並)은 아울러 똑같이 함이고 유방(有邦)
은 직접 다스리는 국가를 보유(保有)함인데 곧 탕(湯)임금이 정벌하여
해방시킨 나라이며 궐린(厥鄰)은 아직 탕임금이 정벌하지 못하여 걸

(桀)이 지배하고 있는 나라의 서민대중이다. 해(徯)는 기다림이고 후
(后)는 탕임금을 지칭하니 앞(3-2-6)에서 이미 해설하였다.

3-6-6 ······························· 王은 懋乃德하사 視乃烈祖하사
無時豫怠하시고 奉先思孝하시며
接下思恭하시며 視遠惟明하시며
聽德惟聰하시면 朕承王之休하야
無斁하리이다

『왕은 그대의 덕에 힘쓰시어 그대의 빛나는 할아버지를 보시고 한
시도 안일하고 게을리 함이 없이 조상을 받듦에 효도를 생각하시며
하층민중을 접견함에 공경을 생각하시며 먼 곳을 봄에 눈밝을 것을
생각하시며 덕을 들음에 귀밝을 것을 생각하시면 나는 왕의 아름다움
을 받들어 싫어함이 없으리이다.』

☯ 이윤이 태갑에게 탕임금의 빛나는 행실을 본받아 만사에 신중히
사유해서 정무를 수행할 것을 간절히 당부하였다.
  왕(王)은 태갑(太甲)이요 내(乃)는 대명사이며 내열조(乃烈祖)는 그대
의 빛나는 할아버지로 곧 탕(湯)임금이다. 예(豫)는 일에 성의가 없는
안일함이요 유(惟)는 생각함이며 역(斁)은 싫어함이다.
  이윤이 태갑을 훈도하는 말이 이와 같이 절절하니 탕임금의 혁명과
업을 완수하여 인류의 행복을 보장하려는 투철한 사명감을 가지고 천
하의 도덕을 자임했기 때문인즉 후세의 혁명가는 스스로 힘을 내서
그침이 없는 이윤의 정신을 본받을지어다.

7. 태갑하(太甲下) / 태갑(太甲) 하편(下篇)

앞에 태갑(太甲) 상편(上篇)에서 이미 해설하였다.

3-7-1 ························· 伊尹이 申誥于王하야 曰嗚呼라
惟天은 無親하사 克敬을 惟親하시며
民罔常懷하야 懷于有仁하며
鬼神은 無常享하야 享于克誠하나니
天位는 艱哉니이다

『이윤이 왕에게 거듭 훈고하여 말하기를 오호라, 오직 하늘은 친함이 없어서 잘 공경한 사람을 오직 친하시며 민중은 늘 사모하지 아니하여 오직 어진 사람을 사모하며 귀신은 늘 제물을 받지 아니하여 능히 성실한 사람에게서 제사를 잡수시니 임금의 자리는 어려운 것입니다.』

☯ 태갑이 복위하여 탕임금의 빛나는 전통을 계승하려고 용왕매진(勇往邁進)하므로 이윤이 중단함이 없이 정진하도록 다시 격려하였다.
　신(申)은 거듭함이고 왕(王)은 태갑(太甲)이며 친(親)은 친밀하게 사랑함이니 무친(無親)은 하늘을 공평하여 특별히 친애(親愛)함이 없다는 뜻이다. 극(克)은 능(能)과 같으며 상(常)은 항상이고 민(民)은 하층 민중으로 홀아비, 과부, 고아, 독거노인 같은 곤궁한 사람이요 회(懷)는 사모함이다. 향(享)은 흠향(歆享)으로 하늘땅의 신령(神靈)이나 죽은

사람의 영혼(靈魂)이 제사(祭祀)의 음식을 받아 잡수시는 것이고 천위
(天位)는 천명(天命)을 받은 자리로 곧 임금의 직위이다.

　천도(天道)는 공명(公明)하고 민심(民心)은 선량(善良)하며 귀신(鬼
神)은 성실(誠實)하니 하늘은 태만한 사람을 싫어하고 민중은 포악한
사람을 떠나며 귀신은 불성실한 사람을 외면하는 것이다. 그러므로
임금은 항상 하늘을 공경하고 하층민중을 사랑하며 귀신을 정성으로
받들어야 천명(天命)을 받고 민심(民心)을 얻으며 귀신의 도움이 있어
서 임금의 직위를 유지할 수 있는 것이다.

3-7-2 ························· 德이라야 惟治요 否德이면 亂이니
　　　　　　　　　　　　　　　與治同道하면 罔不興하고
　　　　　　　　　　　　　　　與亂同事하면 罔不亡하나니
　　　　　　　　　　　　終始愼厥與하야 惟明이라사 明后니이다

　『덕이라야 오직 잘 다스리고 덕이 없으면 어지러워지나니 잘 다스
렸던 사람과 더불어 길을 똑같이 하면 일어나지 않음이 없고 어지러
웠던 사람과 더불어 일을 똑같이 하면 멸망하지 않음이 없나니 처음
부터 끝까지 그 더불은 사람을 신중히 하여 오직 밝게 하셔야 밝은
임금이니다.』

　◐ 이윤이 역사 속에서 흥망성쇠의 교훈을 찾아야 밝은 임금이 될
수 있음을 강조하였다.

　덕(德)은 임금의 착한 심성(心性)으로 앞에서 밝힌 공경과 인애(仁
愛)와 성실한 마음을 간직함이고 치(治)는 나라가 잘 다스려짐이며 부
덕(否德)은 덕(德)이 없는 것이다.

　정치지도자가 요(堯), 순(舜), 우(禹), 탕(湯)의 도덕정치를 본받아 똑

같이 다스리면 태평성대를 건설할 수 있고 걸(桀)의 독재정치를 본떠
서 그와 같이 포학하면 결국 멸망하는 것이 고금의 역사법칙이다.

3-7-3 ······························ 先王이 惟時로 懋敬厥德하사
克配上帝하시니 今王이
嗣有令緒하시니 尙監茲哉인저

『선왕이 오직 때로 그 덕을 힘써 공경하사 하느님께 잘 짝하시니
이제 왕이 아름답게 시작한 사업을 계승하고 있으시니 거의 이것을
거울로 삼으소서.』

☯ 이윤이 태갑에게 탕임금의 덕을 본받아 그 사업을 계승하라고
당부하였다.
　선왕(先王)은 탕(湯)임금을 지칭하고 시(時)는 상시(常時)이며 극배
(克配)는 잘 짝하여 배합(配合)함이요 서(緒)는 서업(緒業)이고 상(尙)은
거의이다.
　탕임금은 항상 자기의 덕을 힘써 공경하여 길러서 천덕(天德)과 배
합하는 데 이르렀으니 인격을 수양하는 정도(正道)이다.

3-7-4 ······················ 若升高必自下하고 若陟遐必自邇하나니
無輕民事하사 惟艱하시며 無安厥位하사
惟危하시어 愼終于始하소서

『높이 오름에는 반드시 아래로부터 말미암음과 같고 멀리 나감에

는 반드시 가까운 데로부터 말미암음과 같나니 민간에 관한 일을 가
볍게 보지 마시고 오직 어려워하시며 그 직위를 안전하게 여기지 마
시고 오직 위태로워 하시어 끝냄을 시초에서 신중히 하소서』

　☯ 이윤이 태갑에게 원대한 목적을 이루기 위해서는 민생의 현실문
제를 신중히 처리해서 인민으로부터 신임을 얻어야 됨을 역설하였다.
　민사(民事)는 민간(民間)에 관한 일이니 서민대중의 자유롭고 평등
한 권리를 보장하고 생활경제를 향상발전시켜 후생복지를 증진시키
는 정책사업이다. 간(艱)은 천하인류에게 널리 덕(德)을 베풀고 가난과
질병과 재난을 구제(救濟)하기가 어려움을 인식하는 것이요 위(危)는
천명(天命)과 민심(民心)과 귀신의 응감(應感)은 무상(無常)하게 변화하
여 한결같지 않음을 의식하는 것이다. 신(愼)은 신중하게 살펴서 소홀
함이 없는 것이다. 일이란 시작을 잘해도 끝이 잘못될 수 있거늘 하물
며 시작이 잘못되었는데 끝이 잘되기를 기대하겠는가? 민생경제를 해
결하는 것은 도덕문화를 건설하는 기본이요 민부(民富)는 국부(國富)
의 기초이다.

유언　　역우여심　　　필구제도
3-7 -5 ……………………… 有言에 逆于汝心커든 必求諸道하시고
유언　　손우여지　　　필구제도
　　　　　　　　　　　有言에 遜于汝志라도 必求諸道하소서

『말이 있음에 당신의 마음을 거슬리거든 반드시 도에서 찾으시고
말이 있음에 당신의 뜻에 들더라도 반드시 도에서 찾으소서』

　☯ 여기에서는 임금은 말만 듣고 즉흥적으로 판단하지 말고 반드시
도덕에 비추어 심사숙고해서 합리적으로 판단해야 됨을 역설하였다.
　제(諸)는 지어(之於)를 합한 글자이고 소(遜)는 순(順)의 뜻이다.
　대저 충신은 정직하므로 직간(直諫)하기 때문에 임금의 귀에 거슬

리는 말도 서슴없이 하고 간신은 아첨하므로 부화뇌동(附和雷同)하기 때문에 임금의 뜻에 드는 말만 골라서 하는데 이것을 살피지 못하면 군자를 멀리하고 소인배를 가까이 하여 정치사업을 망치게 된다.

3-7-6 ···································· 嗚呼라 弗慮면 胡獲이며
弗爲면 胡成이리오 一人이
元良하면 萬邦이 以貞하니이다

『오호라, 깊이 생각하지 않으면 어떻게 얻으며 힘써 하지 않으면 어떻게 이루리요 임금 한 사람이 크게 어질면 일만 나라가 바르게 되나이다.』

☯ 최고 정치지도자의 합리적인 판단력이 있어야 서민대중의 절대적인 신임을 얻어서 정치목적을 달성할 수 있음을 강조하였다.

여(慮)는 맹렬하게 깊이 생각함이요 획(獲)은 천리(天理)와 민심(民心)과 귀신의 뜻을 얻어 정부가 신임을 받는 것이고 위(爲)는 유위(有爲)하는 노력이고 성(成)은 육부삼사(六府三事)의 정치목적을 성공적으로 달성하는 것이니 앞(1-3-8)에서 이미 해설하였다. 일인(一人)은 왕(王)이고 원(元)은 으뜸으로 큰 것이요 양(良)은 선량(善良)함이며 정(貞)은 바르게 지켜서 끝냄이다.

왕이 솔선수범하여 정치의 모범을 보이고 교육의 사표가 되면 일만 나라가 모두 본받아 정치를 바르게 하고 윤리를 지켜서 화평세계가 이룩되는 것이다.

3-7-7 ···························· 君이 罔以辯言으로 亂舊政하시고

신　　망이총리　　거성공
臣이　罔以寵利로　居成功하면

방기영부우휴
邦其永孚于休하리이다

『임금이 언변으로 예부터의 정치를 어지럽히지 아니하시고 신은
총애받은 이점으로 공을 이룬 데 머물지 아니하면 나라는 그 아름다
움에 길이 든든하리이다.』

◑ 이윤이 결론적으로 군신의 직무자세를 밝혀 태갑은 탕임금의 도
덕정치체제를 허물지 말고 자기는 끝까지 보필의 위치를 지켜 정치적
성공의 명예를 임금에게 돌리고 자기가 차지하지 않겠음을 선언하였
다.

군(君)은 태갑(太甲)을 지칭하고 변언(辯言)은 말솜씨로 곧 언변(言
辯)이 능통하여 잘못을 잘했다고 변명함이요 구정(舊政)은 옛날부터
오랫동안 보편적 전통으로 내려오는 정치로 곧 요(堯), 순(舜), 우(禹),
탕(湯)의 도덕정치이다. 신(臣)은 이윤(伊尹)이 자신을 일컬음이고 총
(寵)은 총애(寵愛)를 받음이요 이(利)는 유리한 이점(利點)이며 거(居)는
차지하여 머무는 것이요 성공(成功)은 정치적 성공을 이룩한 명예와
인기(人氣)이고 부(孚)는 확실하여 든든함이다.

이윤이 태갑 상편, 중편, 하편에서 거듭 훈도한 까닭은 태갑의 복위
시초에 통치강령(統治綱領)을 익숙히 알게 해서 자주자립역량을 빨리
길러주고 이윤은 뒤로 물러서려는 깊은 뜻이 있었음을 여기에서 확인
할 것이다.

8. 함유일덕(咸有一德) / 다같이 하나의 덕(德)을 가져야

　함(咸)은 모두 다같이의 뜻이고 유(有)는 보유(保有)함이며 일덕(一德)은 순수(純粹)하고 한결같은 선덕(善德)인데 사람이 선천적으로 타고난 도덕심(道德心)의 본체로 처음부터 끝까지 끊어지거나 그침이 없어서 고금(古今)을 관통하고 만선(萬善)을 모두 종합하여 상하(上下)를 통달하는 만화(萬化)의 근원이다. 그러므로 이것을 함양하여 인격을 수양하면 성인(聖人)이 되고 이것을 주체하여 정치를 하면 지치(至治)를 이룩하여 성왕(聖王)이 되는 것이다.

　태갑(太甲)이 복위(復位)하여 탕(湯)임금의 도덕정치를 힘써 계승발전함으로 이윤(伊尹)이 치사(致仕)하고 물러가면서 마지막으로 태갑(太甲)이 성군(聖君)이 되는 길을 밝혀 간절히 훈도(訓導)하였다. 함유일덕(咸有一德)편은 『금문상서(今文尙書)』에는 없고 『고문상서(古文尙書)』에 기재되어 있다.

　『이윤이 이미 정권을 그 임금에게 되돌려주고 장차 초야로 돌아갈 것을 알리면서 이에 임금에게 덕에 대한 경계의 말을 하였다.』

　◐ 이윤이 퇴임하면서 태갑에게 마지막으로 훈도한 배경을 사관이 기록하였다.

　복(復)은 복귀(復歸)이고 정(政)은 정권이며 귀(歸)는 치사(致仕)하고 퇴임(退任)함이요 진(陳)은 진계(陳啓) 또는 진소(陳疏)이다.

3-8-2 ·· 曰鳴呼라 天難諶은 命靡常이니
　　　　　　　　　　　　　　　　常厥德하면 保厥位하고
　　　　　　　　　　　　　厥德靡常하면 九有以亡하니이다

『말하기를 오호라, 하늘을 믿기가 어려움은 천명이 항상되지 않기 때문이니 그 덕을 항상 간직하면 그 왕위를 지키고 그 덕이 항상되지 아니하면 천하를 잃게 되나이다.』

　☯ 이윤이 천명의 무상함을 밝혀 덕치인정을 베풀어 민심을 얻어야만 천명을 받아 왕위를 보존할 수 있음을 설파하였다.
　심(諶)은 믿어 의지함이요 상(常)은 항구불변(恒久不變)함이며 위(位)는 왕위(王位)이고 구유(九有)는 많은 영토(領土)로 곧 천하 또는 구주(九州)이며 망(亡)은 망실(亡失)이다.
　앞(3-7-1)에서 말한 유천무친(惟天無親)의 뜻을 다시 풀어 훈도의 주제로 삼았으니 의미심장하다.

3-8-3 ······························· 夏王이 弗克庸德하야 慢神虐民한대
　　　　　　　　　　　　皇天이 弗保하시고 監于萬方하사
　　　　　　啓迪有命하사 眷求一德하사 俾作神主어시늘
　　　　　　　　　惟尹이 躬曁湯으로 咸有一德하야
　　　　　　　　　　　克享天心하야 受天明命하야

以有九有之師하야 爰革夏正하나이다
이 유 구 유 지 사   원 혁 하 정

『하나라 왕이 떳떳한 덕을 감당하지 못하여 귀신을 업신여기고 민중을 학대하므로 거룩한 하느님이 보우하지 아니하시고 일만 지방을 살피시어 천명을 가질 사람을 가르쳐 길을 열어주고자 하시어 돌아보고 한결같은 덕을 찾으시어 하여금 일백 신령의 주인을 삼거늘 오직 윤이 몸소 탕임금과 더불어 다같이 한결같은 덕이 있어서 능히 하늘의 마음에 들어 하늘의 밝은 명령을 받아 천하의 인류를 보유하여 이에 하나라의 정월을 바꾸었나이다.』

◉ 하나라 걸은 변덕(變德)으로 천명을 잃어 멸망하고 상나라 탕임금은 일덕(一德)으로 천명을 받아 천하를 둔 사실을 이윤이 증언하였으니 앞(3-2-2)에서 중훼가 증언한 내용과 같다.

하왕(夏王)은 걸(桀)을 지칭하고 극(克)은 감당하여 이겨내는 것이며 용덕(庸德)은 떳떳한 덕(德)이다. 계적(啓迪)은 계도(啓導)하여 길을 열어 주는 것이요 유명(有命)은 천명(天命)을 보유(保有)할 사람이며 일덕(一德)은 순일무잡(純一無雜)한 덕(德)으로 항구불변(恒久不變)하는 심성(心性)이다. 신주(神主)는 모든 귀신의 주인으로 곧 천명(天命)을 받아 왕(王)이 되어 종묘(宗廟)와 사직(社稷)을 받드는 제주(祭主)이다. 기(曁)는 급(及)과 같고 탕(湯)은 탕(湯)임금이며 함(咸)은 다같이로 임금과 신하가 모두 함께 똑같이의 뜻이다. 극향(克享)은 잘 맞아 하느님의 마음에 썩 드는 것이요 천명명(天明命)은 하늘의 밝은 명령으로 곧 지극히 공명정대(公明正大)한 천명(天命)이며 구유(九有)는 앞(3-8-2)에서 이미 해설하였고 사(師)는 뭇사람이니 인류(人類)이다. 하정(夏正)은 하(夏)나라의 정월(正月)로 앞(3-4-1)에서 이미 해설하였다. 상(商)나라는 혁명을 완수하고 세력(歲曆)을 개정하였으니 획기적으로 새로운 기강을 세우고자 함이다.

3-8-4 ···························· 非天私我有商^{비천사아유상}이요 惟天佑于一德^{유천우우일덕}하시며
非商求于下民이요 惟民歸于一德이니다

『하늘이 우리 상나라 정부에게 사사로이 함이 아니요 오직 하늘이
한결같은 덕이 있는 데를 도우셨으며 상나라가 하층민중에게 요구함
이 아니요 오직 민중이 한결같은 덕이 있는 데로 돌아왔나이다.』

☯ 이윤(伊尹)이 상(商)나라는 한결같은 덕(德)으로 천명(天命)과 민
심(民心)을 얻어 건국한 나라임을 거듭 변증하여 태갑(太甲)에게 일덕
(一德)의 중요성을 강조하였다.

3-8-5 ···························· 德惟一이면 動罔不吉하고
德二三이면 動罔不凶하나니
惟吉凶이 不僭在人은
惟天降災祥이 在德이니이다

『덕이 오직 한결같으면 움직임에 길하지 않음이 없고 덕이 두셋으
로 변하면 움직임에 흉하지 않음이 없나니 오직 길함과 흉함이 어김
없이 사람에게 있음은 오직 하늘이 재앙과 상서로움을 내리심이 덕에
있기 때문입니다.』

☯ 하늘의 감응(感應)원리는 어김이 없음을 설파하였다.
이삼(二三)은 두셋으로 변함이고 불참(不僭)은 어기지 아니함이니
어김이 없다는 말이다.
하늘은 사람의 심덕(心德)에 따라 재앙과 상서로움을 내리는 까닭

에 길흉화복은 결국 자기자신이 추구한 대로 얻는 것이다.

3-8-6 ·························· 今嗣工이 新服厥命인댄 惟新厥德이니
　　　　　　　　　　　　終始惟一이어야 時乃日新이니이다

『이제 왕위를 이은 임금이 새로 그 천명에 복종할진댄 오직 그 덕
을 새롭게 할지니 처음부터 끝까지 오직 한결같아야 바로 이에 날로
새로워지나이다.』

　☯ 처음부터 끝까지 한결같은 덕을 간직해야만 덕성이 날로 새로워
지는 것임을 역설하였다.
　사왕(嗣王)은 태갑(太甲)이요 복(服)은 복종(服從)함이며 시(時)는 시
(是)와 같은데 바로의 뜻이다.
　덕(德)이 시종여일(始終如一)해야 날로 새롭게 발전하고 변덕(變德)
하면 타락해 버린다.

3-8-7 ······························· 任官에 惟賢材하시며
　　　　　　　　　　　　左右에 惟其人하소서
　　　　　臣은 爲上爲德하고 爲下爲民하나니
　　　　　其難其愼하시며 惟和惟一하소서

『관리를 임명함에 오직 현명함과 재능으로 하시며 측근에 오직 그
사람으로 하소서. 신하는 상관이 되어선 덕을 위하고 하관이 되어서
는 민중을 위하나니 그 어려워하시고 그 신중히 하시며 오직 화합하

시고 오직 한결같이 하소서』

☯ 이윤이 관리를 임용하는 기준과 신하의 직분을 밝혀 태갑에게
인사행정의 지침과 군신화합의 중요성을 설파하였다.
　임(任)은 임명(任命), 선임(選任), 임용(任用)이고, 현(賢)은 현명한 사
람이며, 재(材)는 재능이 뛰어난 전문가이다. 좌우(左右)는 측근에서
임금을 보필(輔弼)하는 대신(大臣)이요 기인(其人)은 천하국가를 경영
하여 새 시대를 창조해서 인류의 안락을 길이 보장할 수 있는 대인(大
人)이나 군자(君子)이다. 신(臣)은 신하의 직분(職分)이요 위상(爲上)은
상관(上官)이 되는 사람이니 곧 당상관(堂上官)이고 위덕(爲德)은 인
(仁), 의(義), 예(禮), 지(智), 신(信) 등의 오상지덕(五常之德)을 밝히기
위하여 힘쓰는 것이며 위하(爲下)는 하급관리가 되는 것이고 위민(爲
民)은 민중의 복지(福祉) 증진을 위하여 노력하는 것이다. 난(難)과 신
(愼)은 관직(官職)에 적당한 인재를 선발하기가 쉽지 않음을 인식함이
고 화(和)와 일(一)은 임금과 신하가 화합하여 처음부터 끝까지 한결같
은 조직체계를 유지하기가 어렵다는 뜻이다.
　정치의 중심가치는 도덕을 밝히는 데 있으므로 당상관(堂上官)은
덕을 위주로 정치를 논하고 행정의 기본가치는 민중의 현실을 살피는
데 있으므로 당하관(堂下官)은 민중을 위하는 행정을 주장하는 것이
니 국가의 공무원은 자기의 직분을 명심하라.

덕 무 상 사　　주 선 위 사
3-8-8 ···································· 德無常師요 主善爲師며
선 무 상 주　　협 우 극 일
善無常主요 協于克一이니다

『덕은 일정한 스승이 없고 선에 주체함이 스승이 되며 선은 일정한
주체가 없고 능히 하나에 합함이니이다.』

☯ 이윤이 덕치(德治)의 요령과 선정(善政)의 방법을 밝혀 태갑에게 정치와 행정에 있어서 일관성을 유지할 것을 재강조하였다.

덕(德)은 지혜와 사랑과 용기로 판단하는 능력인바 곧 밝은 도덕심(道德心)이며 선(善)은 사랑과 정의와 예절과 지혜와 신의를 실천하려는 의욕인바 곧 사람의 본성(本性)이고 일(一)은 천하만물을 대통일(大統一)하는 하나의 원리이니 곧 태극(太極)의 천리(天理)이다. 사(師)는 전도(傳道)하는 스승으로 온고지신(溫故知新)하여 옛날의 도덕을 연구개발하여 정통성을 확립하는 사람이고 주(主)는 주체(主體)인데 자주독립하여 현실문제를 스스로 원만하게 해결하는 능력을 가진 것으로 곧 주체성을 확립한 사람이다. 협(協)은 서로 맞아서 합침이요 극(克)은 능(能)과 같으며 일(一)은 하나이니 하나의 뿌리로 회통(會通)하여 전체를 통일해서 처음부터 끝가지 일관(一貫)하는 원리이다.

시대가 변화하고 역사가 바뀌는 까닭에 덕치의 정책이 일정할 수 없고 사회가 발전하고 민심이 다르기 때문에 선정의 사업이 일정할 수 없는바 도덕정치는 선을 주체로 삼아 전통성을 확립해야 되며 선정의 사업은 화합통일을 이룩해서 주체성을 확립해야 되는 것이다. 덕치의 전통을 계승발전하는 도덕적 판단기준도 선정의 주체를 확립하는 사업적 실천의지도 영원한 발전을 보장하는 천연적 통일원리도 모두 자기에게 갖추어 있으므로 모름지기 정치 최고지도자는 자기를 개발하여 천인합일(天人合一)의 경지에 이를 때까지 수양을 계속해서 완벽한 지도역량을 길러야 된다.

3-8-9 ······································· 俾萬姓으로 咸曰大哉라
王言이여하고 又曰一哉라
王心이여케하사 克綏先王之祿하사
永底烝民之生하소서

『만성으로 하여금 다 말하기를 "크도다, 왕의 말씀이여." 하고 또 말하기를 "한결같도다, 왕의 마음이여." 하게 하사 능히 선왕의 녹을 안정하시어 길이 만민의 삶을 이루게 하소서』

☯ 이윤이 태갑에게 일덕(一德)정치로 만민이 우러러 사모하는 성왕(聖王)이 되라고 간절히 당부하였다.

　비(俾)는 하여금, 만성(萬姓)은 온갖 성씨(姓氏)를 총칭한 것이니 이 시대에는 모든 사람들이 골고루 성씨를 가지게 되었음을 알 수 있다. 왜냐하면 요(堯)임금 시대에는 백성(百姓)이라고 하였으니 앞(1-1-2)을 참조하라. 왕(王)의 말이 위대하고 왕의 마음이 한결같으면 곧 성왕(聖王)이다. 수(綏)는 안정(安定)함이고 선왕(先王)은 탕(湯)임금이며 녹(祿)은 천록(天祿)이니 왕위(王位)이며 지(底)는 완수(完遂)함이고 증민(烝民)은 중민(衆民) 또는 서민(庶民)이다.

　성왕(聖王)의 도덕정치는 천리(天理)를 밝히고 민심을 바로잡아 이상정치를 이룩하므로 왕위를 안전하게 유지하고 민중의 삶을 안락하게 보장한다.

3-8-10 ·························· 鳴呼라 七世之廟에 可以觀德이며
萬夫之長에 可以觀政이니이다

『오호라, 7세의 선왕을 모신 태묘에서 덕을 보게 될 것이며 일만 사나이의 어른에서 정치능력을 보게 될 것이니이다.』

☯ 왕의 정치지도력과 정책사업은 반드시 후세에 평가받게 된다는 사실을 밝혀 역사적 심판의 엄중함을 깨우쳤다.

　7세지묘(七世之廟)는 천자국(天子國)의 태묘(太廟)인바 태조(太祖)를 중심으로 3소(三昭), 3목(三穆)을 모시는데 친근(親近)함을 다하면 천주

(遷主)하지만 덕(德)이 있는 왕(王)의 위패(位牌)는 영원히 폐하지 않기 때문에 그 덕(德)을 후세의 부조묘(不祧廟)에서 볼 수 있는 것이다. 만부지장(萬夫之長)은 일만 사나이의 어른인바 곧 만민(萬民)을 다스리는 왕(王)으로 만민(萬民)이 열복(悅服)하여 우러러 사모하는 정도에 따라서 그 정치능력을 볼 수 있는 것이다.

왕의 도덕심과 정치업적은 후세에 평가하는 것이므로 두려운 일이며 또한 당시에 아무리 속여도 만민의 가슴속에서 심판하기 때문에 도저히 엄폐(掩蔽)할 수 없으니 무서운 일이다.

3-8-11 ························ 后非民이면 罔使며 民非后면 罔事니
無自廣以狹人하소서 匹夫匹婦가
不獲自盡하면 民主罔與成厥功하나이다

『임금은 인민이 아니면 부리지 못하며 인민은 임금이 아니면 섬기지 못하니 스스로 넓혀서 사람을 좁히지 마소서. 한 사람의 남편과 한 사람의 아내가 스스로 다함을 얻지 못하면 인민의 임금이 더불어 그 공을 이루지 못하니이다.』

☯ 임금과 인민은 국가에 있어서 필수불가결한 요소로서 상호의존 관계이므로 임금은 신명을 바쳐 인민을 보호하고 인민은 목숨을 바쳐 임금을 받들어야 국가의 정치사업을 성공적으로 추진할 수 있음을 이윤이 역설하여 태갑의 덕치인정이 한결같기를 마지막으로 당부하였다.

사(使)는 사역(使役)함이고 사(事)는 봉사(奉仕)하여 섬기는 것이며 자광(自廣)은 자기자신의 영역을 넓히는 것이요 협인(狹人)은 인민의 영역을 좁히는 것이니 곧 왕권(王權)을 확대강화하고 인권(人權)을 협소하게 약화시키는 것이다. 획(獲)은 얻음이고 자진(自盡)은 자발적으

로 있는 힘을 다하는 것이니 임금의 덕치인정(德治仁政)에 감동하여 인민이 서로 권유하여 모든 국민이 일치 단결해서 국가사업에 헌신노력하는 자발적 애국심이다. 민주(民主)는 인민의 임금이라는 뜻이니 인군(人君)과 같은 말인데 인민이 추대한 국가의 대표자이며 정치의 최고지도자이고 천하 정의(正義)의 주체로서 세계평화를 영원히 보장하는 천왕(天王)이다.

결국 정치 최고지도자와 인민은 물과 불같이 상극(相剋)의 관계가 아니고 물과 고기처럼 상생(相生)하는 양주쌍전(兩主雙全)의 관계에 있으므로 왕권과 민권을 모순관계로 파악하는 것은 잘못된 시각이요 상생의 협력관계로 인식해야만 국가사업을 모두 성공하여 정치목적을 완벽하게 달성할 수 있는 것이다. 그럼에도 후세에 전제군주는 왕권을 무한히 확대하여 인권을 모두 박탈해서 절대권력을 휘둘렀기 때문에 정치혼란을 야기하여 인민의 원성이 하늘을 찔렀던 것이다. 오늘날의 민주지도자는 이러한 역사적 사실을 거울로 삼아 정권과 민권이 상호의존관계에 있음을 분명히 깨달아 인권을 신장하여 정권을 튼튼하게 만들고 정권을 안정하여 인권을 길이 보장하라.

이윤(伊尹)의 정치관은 임금을 성군(聖君)으로 만들고 신하를 성신(聖臣)으로 만들고 인민을 성인(聖人)과 성민(聖民)으로 만드는 것을 그 목표로 삼았으니 이윤의 뜻을 자기의 뜻으로 삼으면 민주정치의 이상향을 건설하고도 남을 것인저!

9. 반경상(盤庚上) / 반경(盤庚) 상편(上篇)

반경(盤庚)은 상(商)나라 임금의 이름인데 종통(宗統)으로는 탕(湯)임금의 10세(世) 손자이고 왕통(王統)으로는 탕임금으로부터 19대(代) 왕이며 조을(祖乙)임금의 증손이다.

상나라의 도읍은 본래 하남(河南)에 있는 박(亳)읍이었으나 조을(祖乙)임금 때에 하북(河北)에 있는 경(耿)읍으로 천도(遷都)하였는바 반경이 즉위하자 홍수로 많은 피해를 입었기 때문에 다시 박읍으로 천도하고 박읍의 이름을 은(殷)읍으로 바꾸니 사람들이 은(殷)을 나라이름으로 통칭하였다.

반경(盤庚) 상편(上篇), 중편(中篇), 하편(下篇)은 모두 천도에 관한 훈고(訓告)로 천도의 목적과 이해득실을 밝히고 공사(工事)의 추진방법 및 국민화합을 역설한 내용인데 『금문상서(今文尙書)』와 『고문상서(古文尙書)』에 모두 기재되어 있으나 다만 『금문상서』에는 세 편을 합쳐서 한 편으로 삼았다.

3-9-1 ······························ 盤庚이 遷于殷할새 民不適有居어늘
率籲衆慼하사 出矢言하시다

『반경이 은읍으로 천도함에 인민이 살 곳이 있는 데로 가지 않거늘 뭇 근심하는 사람을 모두 부르시어 맹서하는 말씀을 발표하시다.』

◉ 반경의 천도 결정에 반대하여 이거(移居)하지 않은 사람이 많았음을 사관이 기술하였다.

은(殷)은 박(亳)의 별명(別名)이고 적(適)은 가는 것이며 유거(有居)는
살 곳이 있는 데로 곧 은(殷)읍의 새로운 삶터이다. 솔(率)은 모두, 유
(籲)는 불러서 소집함이고 척(慼)은 근심함이니 곧 새로운 삶터를 개척
하는 고난을 두려워함이다. 출(出)은 발표함이요 시언(矢言)은 맹세하
는 말로 곧 일반인에게 훈고(訓告)하는 말을 발표한 것이다.

반경이 은읍으로 천도한 이후로 상(商)나라를 은상(殷商)이라고 호
칭하거나 또는 은나라로 불렀으니 대개 상나라의 전기와 후기를 나누
는 중간이 되기 때문이다.

3-9-2 ························· 曰我王이 來하사 旣爰宅于玆하심은

重我民이라 無盡劉로되

不能胥匡以生일새 卜稽하니

曰其如台라하도다

『말씀하시기를 우리 왕이 오시어 이미 여기에로 도읍지를 바꾸신
것은 우리 인민을 소중히 여긴 까닭이라 모두 죽이려는 뜻은 없었으
되 능히 서로 바로잡아서 살지 못하므로 거북점을 쳐서 자세히 고찰
하니 말하기를 그 결론이 나의 뜻과 같다고 하니라.』

◑ 반경이 경(耿)읍의 홍수피해가 자심하여 현실적으로 인민의 생
명과 재산을 보호하기가 어렵고 또한 민생의 안정을 도모하기가 쉽지
않으므로 거북점을 치니 천도하는 것이 길하다는 결론을 얻었음을 밝
혀 걱정하는 사람들을 설득했다.

왈(曰)은 반경(盤庚)이 말한 것이고 아(我)는 반경이 스스로 지칭한
대명사이며 왕(王)은 조을(祖乙)임금이요 내(來)는 경(耿)으로 도읍을
옮겨옴이다. 원(爰)은 바꾸는 것이고 택(宅)은 도읍지(都邑地)에 사는

것이며 자(茲)는 경(耿)읍을 지칭한다. 유(劉)는 살해(殺害)함이요 서광
(胥匡)은 서로 바로잡아 구원(救援)함이며 복(卜)은 거북점이니 멀리
미래의 길흉(吉凶)을 신명(神明)에게 물어보는 것이다. 계(稽)는 자세히
고찰하는 것이니 세 사람이 점을 쳐서 종합하여 결론을 얻는 방법이
며 기(其)는 점치는 결론이고 여이(如台)는 나의 의견과 똑같이 일치했
다는 말이다.

　대저 천도를 결정함에 먼저 기후와 지형과 산업 등등 여러 가지 조
건을 과학적으로 정밀하게 살펴서 결정하는 것이나 먼 미래의 길흉은
인간의 지혜로 모두 예측할 수 없는 바가 있기 때문에 간혹 점을 치
기도 하는 것이니 오로지 미신이라고 배척할 수 없는 바가 있다. 그러
므로 국가의 흥망에 관계되는 중대사에 하늘의 뜻을 확인하기 위하여
점을 쳤는데 전쟁, 천도, 질병, 제사, 혼인 같은 일에 확신을 갖기 위
하여 때로 활용하였다.

3-9-3 ······························· 先王이 有服이어시든 恪謹天命하시되
茲猶不常寧하사 不常厥邑이
于今五邦이니 今不承于古하면
罔知天之斷命이어늘 矧曰其克從先王之烈아

『선왕은 일이 있으시거든 천명을 정성껏 부지런히 힘쓰시되 이에
오히려 늘 편안치 못하시어 그 도읍을 오래하지 않으심이 이제까지
다섯 왕도이니 이제 옛날 방식대로 따르지 않으면 하늘이 나라의 운
명을 끊어버릴지도 알지 못하거늘 하물며 그러고도 선왕의 빛나는 공
적을 잘 쫓아 따른다고 말하리오..』

　☯ 반경이 상나라는 그 동안 다섯 번이나 천도했던 역사적 실례를

들어 옛날 방식에 따라 천도해서 새로운 국운을 개척함이 마땅하다고
강조하였다.

선왕(先王)은 상(商)나라의 역대 임금들이고 복(服)은 직책에 복무하
는 일이며 각근(恪謹)은 정성껏 부지런히 힘쓰는 것이다. 상녕(常寧)은
늘 편안함이요 읍(邑)은 도읍(都邑)이며 방(邦)은 방기(邦畿)이니 왕도
(王都)를 중심으로 왕(王)이 직접 다스리는 지역이다. 고(古)는 옛날의
방식이고 명(命)은 나라의 운명이며 신(矧)은 하물며 열(烈)은 빛나는
공적이다.

채침(蔡沈)은 오방(五邦)에 대하여 한(漢)나라 공씨(孔氏)의 설과『사
기(史記)』의 말을 인용하여 탕(湯)임금이 박(亳)읍으로 천도하고 탕임
금의 6세손(世孫) 중정(仲丁)이 효(囂)읍으로 천도하며 또 중정의 아우
하단갑(河亶甲)이 상(相)읍으로 천도하고 하단갑의 아들 조을(祖乙)이
형(邢)읍과 경(耿)으로 두 번 천도하였다고 밝혔다.

○ 고대의 성왕(聖王)은 민중의 체력을 보호하여 노동력을 농업생
산에만 집중하고 검소질박한 풍속을 일으키기 위하여 궁궐과 도읍은
허술하고 엉성하게 건축하여 오로지 비와 바람을 막는 정도에 그쳤으
니 천도하기가 아주 쉬웠다. 그리하여 천도로 인한 국력의 손실보다
는 신도시를 건설하고 경작지를 개간하는 이익이 더 많았기 때문에
국가운명을 새롭게 개척하는 방법이 되었던 것인즉 후세에 왕권의 신
성화를 꾀하면서 거대한 토목공사를 일으켜 화려한 궁궐과 도시를 건
설하면서 인민을 학대하고 재정을 고갈한 것과는 아주 다르다.

3-9-4 ··· 若顚木之有由蘗이라

天其永我命于玆新邑하사

紹復先王之大業하야 底綏四方이시니라

『마치 자빠진 나무도 밑둥에서 움이 돋아남이 있듯이 하늘이 그렇게 우리의 운명을 이 새로 옮긴 도읍에서 영원케 하시어 선왕의 큰 사업을 이어 일으켜 사방을 안정하시니라.』

◉ 반경이 새로운 도읍으로 옮기는 것은 천명을 받들고 선왕의 대업을 다시 일으켜 사방을 안정시키기 위한 뜻임을 밝혔다.

전목(顚木)은 부러지고 자빠진 나무이고 유(由)는 말미암아 생겨남이요 얼(蘖)은 벤 나무에서 움트는 싹이다. 신읍(新邑)은 은(殷)읍을 지칭하고 소복(昭復)은 이어서 일으킴이며 대업(大業)은 덕치인정(德治仁政)을 베풀어 태평세계를 건설하는 사업이요 지(底)는 정(定)과 같고 수(綏)는 안(安)의 뜻이다.

3-9-5 ····························· 盤庚이 斆于民하시되 由乃在位하사
以常舊服으로 正法度하시며
曰無或敢伏小人之攸箴하라 하시고
王이 命衆하신대 悉至于庭하니라

『반경이 인민에게 깨우치시되 이에 벼슬자리에 있는 이로부터 떳떳한 옛날 일로써 법도를 바로잡으시며 말씀하시기를 "누구라도 감히 소인의 경계하는 바에 굴복하지 말라." 하시고 왕이 군중을 모으라고 명령하신대 다 뜰에 이르니라』

◉ 반경이 인민을 교육하기 전에 먼저 관리들에게 역사적 사례를 들어 천도의 정당성을 밝혀 소인배들의 반대여론에 굴복하지 말라고 당부하고 왕이 직접 군중대회를 소집하도록 명령하여 군중이 대궐마당에 모이게 되었음을 사관이 서술하였다.

효(斅)는 깨우쳐 가르침이며 유(由)는 부터, 재위(在位)는 벼슬자리에 있는 관리이고 구복(舊服)은 옛날의 일이니 곧 역사적 사례이다. 법도(法度)는 나라의 법률과 제도로 관리를 화합통일하여 정치사업을 능률적으로 추진하는 기강이요 소인(小人)은 사리사욕을 탐하는 부패한 관리이고 참(箴)은 경계함이니 곧 천도(遷都)의 위험성을 경고하는 말이다. 중(衆)은 군중(群衆)으로 신하와 민간인이며 정(庭)은 대궐의 안마당이다.

반경이 천도를 반대하는 여론에 직면하여 먼저 관리를 깨우쳐 설득하고 나서 군중을 직접 설득하는 방법을 취한 것은 대단히 지혜롭고 용기 있는 행동이다.

3-9-6 ··· 王若曰格하라 汝衆아
予告汝訓하노니 汝猷黜乃心하야
無傲從康하라

『왕이 어이쿠 하시고 말씀하시기를 오너라, 그대들 여러 사람이여! 내가 너희들에게 훈계하는 말을 알리노니 너희들은 너희 사심을 버리도록 도모하여 오만하게 안락만을 쫓지 말라.』

◉ 반경이 천도를 반대하는 군중 앞에 나아가서 직접 설득하는 대중연설의 내용을 기록하였으니 아래도 같다.

왕(王)은 반경(盤庚)이요 약(若)은 약차(若此)가 아니고 감탄사로 '아이쿠' 인데 사관(史官)이 천도(遷都)에 반대하는 군중을 직접 설득하는 왕(王)의 용기에 감탄하여 기록한 것이다. 격(格)은 가까이 오는 것이고 훈(訓)은 훈사(訓辭)이니 교훈이 되는 말이요 유(猷)는 꾀하여 도모함이며 출(黜)은 버리는 것이다. 내(乃)는 그대를 지칭하는 대명사이요 심(心)은 사심(私心)으로 천하국가보다도 개인의 사리사욕을 추구하는

마음이며 무(無)는 무(毋)와 같으며 강(康)은 개인의 안락(安樂)이다.

　천도는 국가의 중대사업이기 때문에 개인의 사리사욕이나 안락을 떠나서 생각해야 될 문제임을 천명하였다.

　　　　　　　　　　　　　　　　　고아선왕　　역유도임구인
3-9-7 ···························· 古我先王이 亦惟圖任舊人하사
　　　　　　　　　　공정　　　　　왕　　파고지수
　　　　　　　　　　共政하시니 王이 播告之脩커시든
　　　　　　　　　　불닉궐지　　　　왕용비흠
　　　　　　　　　　不匿厥指하므로 王用丕欽하시며
　　　　　　　　　　망유일언　　　　민용비변
　　　　　　　　　　罔有逸言하므로 民用丕變하더니
　　　　　　　　　　금여괄괄　　　기신험부
　　　　　　　　　　今汝聒聒하야 起信險膚하니
　　　　　　　　　　여불지내소송
　　　　　　　　　　予不知乃所訟이로다

　『옛날에 우리 선왕이 또한 오직 옛사람을 신임하도록 도모하사 공화정치를 하시니 왕이 정리할 일을 전파하여 알리시거든 그 취지를 숨기지 아니하므로 왕으로 하여금 크게 공경하게 하시며 빠진 말이 있지 아니하므로 인민으로 하여금 크게 변화하게 하더니 이제 너희들은 시끄럽게 떠들며 험담과 피상적인 견해를 일으켜 믿게 하니 나는 그대들이 공공연히 말하는 바를 알지 못하겠노라.』

　☯ 반경이 선왕의 공화정치는 위아래가 투명하여 정직한 공론을 따르는 것임에도 오늘날은 왕이 천도하려는 뜻을 왜곡하고 왕명의 내용을 누락시키면서 천도의 위험성만을 강조하는 피상적인 견해를 믿게 하고 있는 언론의 오도를 질타하였다.

　선왕(先王)은 탕(湯)임금을 비롯한 상(商)나라 역대 어진 왕(王)이요 구인(舊人)은 옛적 사람이니 곧 역대의 어진 왕(王)이 다스렸던 당시의 정직한 인민으로 금인(今人)과 비교한 어법(語法)이다. 공정(共政)은 공

화정치(共和政治)인데 왕권(王權)과 관권(官權)과 민권(民權)이 서로 조화를 이루어 전체가 합의하는 공론(公論)으로 나라를 다스리는 왕도정치(王道政治)의 체제이다. 수(脩)는 정리(整理)하여 다스리는 개혁정책이고 익(匿)은 감추어 숨김이요 지(指)는 정책의 취지이며 용(用)은 사(使)와 같다. 일언(逸言)은 말의 일부분이 누락되어 빠진 것이니 곧 왕명(王命)을 생략한 부분이다. 비변(不變)은 크게 변화하여 새롭게 떨치고 일어남이고 괄괄(聒聒)은 시끄럽게 떠드는 모양이며 기신(起信)은 신념(信念)을 일으키는 것이요 험(險)은 험담(險談)으로 헐뜯어 비난함이고 부(膚)는 부견(膚見)으로 표피적인 견해이다. 내(乃)는 대명사로 그대들을 지칭하고 송(訟)은 송언(訟言)이니 공공연히 하는 말이다.

공화정치의 아름다움은 공론을 존중하는 데 있지만 그 정치사회가 투명하고 정직하지 아니하여 편벽된 언론공작과 피상적인 견해에 의하여 각계의 여론이 분열하고 이익집단이 대립하면 정치혼란이 파생하여 결국 수습할 수 없는 파국으로 전락하는 것이니 언론을 장악한 사람들은 이 점을 깨달을지어다.

3-9 -8 ························· 非予自荒玆德이라 惟汝含德하야
不惕予一人하나니 予若觀火언마는
予亦拙謀라 作乃逸이니라

『내가 스스로 이 투명하고 정직한 덕을 황폐함이 아니라 오직 너희들이 투명하고 정직한 덕을 머금고 나 한 사람을 두려워하지 않으니 내가 불을 보는 것과 같지마는 나도 또한 졸렬하게 꾀하므로 너희에게 잘못을 저지르게 하였느니라.』

◑ 반경이 공론에 의한 공화정치의 기틀인 투명하고 정직한 정치도덕을 자기 스스로 폐지함이 아니고 천도를 반대하는 세력들이 편파적

으로 부정하게 여론을 오도하면서 왕을 고립시킨 사실을 꾸짖었다.

황(荒)은 황폐(荒廢)함이고 자덕(茲德)은 앞에서 말한 공론(公論)을 믿고 따라서 공화정치(共和政治)를 하는 투명한 정치와 정직한 지도이념이요 함(含)은 입에 머금고 발설하지 않은 것으로 함덕(含德)은 비공개하여 부정하게 처리함이다. 척(惕)은 두려워함이고 일인(一人)은 왕(王)이니 곧 왕권(王權)을 존중하지 아니함이다. 졸모(拙謀)는 졸렬하게 도모함인데 가볍게 생각하고 철저하게 확인하지 못했다는 뜻이고 내(乃)는 그대, 일(逸)은 과실(過失)이다.

반경이 언론자유를 존중하여 천도 반대여론을 조작한 사람들을 소상히 알고 있으면서도 처벌하지 않고 자기의 졸렬한 대비책으로 그 허물을 돌렸으니 너그럽기 그지없다.

3-9-9 ·························· 약 망 재 강 若網在綱이라야 유 조 이 불 문 有條而不紊하며
약 농 복 전 력 색 若農服田力穡이라야 내 역 유 추 乃亦有秋니라

『마치 그물이 벼릿줄에 붙어 있어야 가닥이 있어서 얽히지 않음과 같으며 마치 농부가 밭에서 일하여 농사에 힘써야 이에 또한 가을걷이가 있음과 같으니라.』

☯ 공화정치는 나라에 기강이 있어 각각 직무에 충실해야 성공할 수 있음을 그물과 농부의 일로 비유하여 설명했다.

망(網)은 물고기나 날짐승 등을 잡기 위하여 실이나 노끈, 새끼, 철사로 여러 코의 구멍이 나게 얽은 물건이고 강(綱)은 그물의 위쪽 코를 꿰어 오므렸다 폈다 할 때 잡아당기게 된 동아줄이니 그물이 삼천 코라도 벼리가 으뜸이라는 속담이 있다. 복(服)은 부지런히 일에 종사함이요 역색(力穡)은 농사에 힘써 곡식을 가꾸는 것이며 추(秋)는 가을에 수확함이다.

반경이 앞에서 말한 졸모(拙謀)가 바로 나라에 기강을 세우지 못하여 각각 직무에 충실하지 못한 것임을 여기에서 확인할 것이다.

3-9-10 ······················· 여극출내심 汝克黜乃心하야 시실덕우민 施實德于民하되
지우혼우 至于婚友라사 비내감대언여유적덕 丕乃敢大言汝有積德하리라

『그대들은 능히 너희 사심을 버리고 진실한 덕을 인민에게 베풀되 사돈과 벗에게 이르러야 크게 이에 감히 그대들이 덕을 쌓음이 있다고 큰소리 하리라.』

◉ 반경이 천도를 반대한 사람들에게 사심을 버리고 투명하고 정직한 덕으로 인민의 이해득실을 판단하여 천도에 찬성하면 대단한 공적으로 평가받게 될 것임을 약속하였다.

출내심(黜乃心)은 앞(3-9-6)에서 이미 해설하였고 실덕(實德)은 진실한 덕(德)이니 투명하고 정직한 심성(心性)이다. 혼(婚)은 시아버지가 며느리의 친정아버지를 일컫는 말이니 곧 사돈이고 대언(大言)은 큰소리로 정당성을 밝히는 것이며 적덕(積德)은 공덕을 쌓음이니 국가 사회의 발전에 이바지함이다.

3-9-11 ······························ 내불외융독우원이 乃不畏戎毒于遠邇하니
타농자안 惰農自安하야 불민작로 不昏作勞하며
불복전묘 不服田畝하면 월기망유서직 越其罔有黍稷하리라

『그대들이 여기저기에 큰 해독을 두려워하지 아니하므로 게으른 농부가 안일함을 쫓아 힘써 노력을 하지 않으며 밭이랑에서 일을 하

지 않으면 그 기장과 피를 얻지 못하리라.』

● 정치사회의 기풍이 쇠퇴하여 안일한 타성에 빠진 폐단을 바로잡아 악동하는 활기를 되찾기 위하여 천도의 필요성을 역설하였다.
　내(乃)는 그대를 지칭하는 대명사이고 융(戎)은 대(大)의 뜻이며 원이(遠邇)는 멀고 가까운 곳이니 여기 저기이다. 자(自)는 종(從)의 뜻이요 민(昏)은 민(暋)과 같으니 힘쓰는 것이며 월(越)은 어(於)와 같은 전치사이고 유(有)는 취득하여 보유함이다.

3-9-12 ·· 汝不和吉을 言于百姓하나니
惟汝自生毒이로다 乃敗禍姦宄하야
以自災于厥身하야 乃旣先惡于民하고
乃奉其恫하면 汝悔身인들
何及이리오 相時憸民한대
猶胥顧于箴言이라도 其發有逸口어늘
矧予制乃短長之命이리오
汝曷弗告朕하고 而胥動以浮言하야
恐沈于衆고 若火之燎于原하야
不可嚮邇라도 其猶可撲滅이니
則惟爾衆이 自作弗靖인댄 非予有咎니라

『그대들이 화목하고 길함을 백성에게 말하지 아니했나니 오직 너희가 해독을 저절로 생기게 했도다. 이에 부패하고, 해치며, 간사하고,

추악하여 재앙을 그 몸에 따르게 하여 이에 이미 인민에게 악을 선도
하고 이제 그 고통을 받는다면 너희가 자기자신을 뉘우친들 어찌 미
치리오. 이 간사하게 말하는 민중을 보건대 오히려 서로 경계하는 말
에 대하여 돌아보아도 그 발언에 말의 실수가 있거늘 하물며 내가 너
희에게 짧고 긴 명령을 공포함이리오. 너희는 어찌하여 나에게 보고
하지 않고 서로 떠도는 말로 충동하여 대중에게 두려워서 주저앉게
했는가. 마치 불이 벌판에 붙어서 마주보고 가까이 나아갈 수 없는 것
같을지라도 그 오히려 짓두드려 끌 수 있는 것이니 곧 그럼에도 너희
군중이 스스로 불안을 조성할진댄 나에게 허물이 있는 것이 아니로
다.』

　● 천도를 반대한 사람들의 안일한 생각이 곧 재앙을 초래하게 될
것임을 엄중히 경고하고 벌판에 무섭게 타는 불도 오히려 힘을 합치
면 짓두드려 끌 수 있는 것처럼 천도의 어려운 공사도 화합단결하면
어려운 일이 아님을 비유하여 설득하였다.
　화길(和吉)은 화합해서 천도(遷都)하여 번영을 추구하자는 왕(王)의
칙명(勅命)이요 패(敗)는 부패(腐敗), 화(禍)는 화해(禍害), 간(姦)은 간사
(姦邪), 궤(宄)는 추악(醜惡)함이다. 선악(先惡)은 나쁜 여론을 선도(先
導)하여 퍼뜨린 것이며 통(恫)은 고통이고 상(相)은 보는 것이요 시(時)
는 시(是), 험민(憸民)은 간사하게 말하는 민중이다. 참언(箴言)은 앞
(3-9-5)에서 말한 소인지유참(小人之攸箴)이요 발(發)은 발언(發言)이고
일구(逸口)는 실언(失言)이니 곧 말을 보태거나 빼는 실수이다. 신(矧)
은 하물며, 제(制)는 제조(制詔), 제칙(制勅)으로 왕(王)의 공식명령을
반포함이며 공침(恐沈)은 두려워서 주저앉는 것이고 향이(嚮邇)는 마
주 보고 가까이 나아가는 것이다. 박멸(撲滅)은 몹시 함부로 두드려
없애버리는 것이요 즉유(則惟)는 곧 그럼에도의 뜻이고 작(作)은 조작
함이며 정(靖)은 안정함이다.
　말이란 전달하는 과정에서 보태고 빠짐이 있으므로 오해가 생기는
까닭에 책임자는 항상 그 여론의 동향을 살펴 바르게 깨우쳐야 하는

바 부정부패한 무리는 오히려 그것을 더욱 왜곡선전하여 국론분열을
획책해서 결국 국가재앙을 일으키니 전체의 이념과 목적을 망각한 극
단적 당파이기주의가 극성한 말기적 폐단이다.

3-9-13 ······························ 遲任이 有言하니 曰人惟求舊요
器非求舊라 惟新이라하니라

『지임이 했던 말이 있으니 말하기를 "사람은 오직 오래 아는 사람
을 찾고 그릇은 오래 된 것을 찾는 것이 아니라 오직 새롭게 해야 한
다."고 하니라.』

☯ 반경이 천도의 목적은 국가의 제도와 기구를 쇄신함에 있고 절
대로 인사의 쇄신에 있지 않음을 밝혀 기존관리들의 관직을 보장할
것을 약속하였다.
　지임(遲任)은 옛날의 현인(賢人) 이름이고 구(舊)는 오래된 것이며
기(器)는 제도와 기구이다.
　여기에서 천도를 반대하는 세력들이 왕의 개혁정치가 인사의 경질
로 이어지는 것을 우려한 부패하고 무능한 집단임을 알 수 있는데 마
땅히 도태시켜야 됨에도 천도라는 막중한 사업에 차질이 생기는 것을
방지하기 위하여 짐짓 너그럽게 반성을 촉구하여 화합단결을 도모한
것이다.

3-9-14 ······························ 古我先王이 暨乃祖乃父와
胥及逸勤하시니 予敢動用非罰이리오
世選爾勞하나니 予不掩爾善이라

『옛날 우리 선왕이 너희 할아버지, 너희 아버지와 더불어 서로 편안함과 근로를 같이 하시니 내가 감히 꾸짖을 일이 아닌 것으로 움직이리요. 세세로 그대들의 공로를 간추려 뽑았나니 나는 그대들의 선덕을 감추지 아니하므로 이에 나는 선왕께 큰 제사를 지낼 때에 그대들의 조상도 거기에 따라서 더불어 제사를 지내서 복을 지으며 재앙을 지으리니 나는 또한 감히 덕이 아닌 것으로 움직이지 아니하리라.』

◐ 반경이 인사행정은 선왕의 법도를 지켜 공신을 기리고 앞으로도 천도에 공헌한 신하는 행복과 불행을 함께 할 것임을 확실히 약속하였다.

기(曁)는 더불어, 내(乃)는 그대를 지칭하는 대명사이고 급(及)도 더불어의 뜻이다. 일(逸)은 일락(逸樂)이요 근(勤)은 근로(勤勞)이며 용(用)의 이(以)와 같고 벌(罰)은 꾸짖음이다. 선(選)은 간추려 뽑음이고 대향(大享)은 큰 제향(祭享)이니 나라에서 거행하는 제사이며 종(從)은 임금을 주향(主享)으로 모신 태묘(太廟)에 종사(從祀)함이다. 작복(作福)은 제사를 정결하고 엄숙하게 지내서 신령(神靈)으로부터 복을 타는 것이요 작재(作災)는 정성이 없는 형식적인 제사로 귀신(鬼神)을 모독하여 앙화를 받는 것이다.

왕이 제사를 함께 지내서 복도 재앙도 같이 할 것으로 약속하였으니 곧 신령에게 맹세함과 다를 것이 없는 확고한 내용이다.

各長于厥居하야 勉出乃力하야

聽予一人之作猷하라

『내가 너희들에게 잘못을 따져 꾸짖음으로 알리노니 마치 활을 쏨에 적중함이 있는 것과 같으니라. 너희는 늙은이와 성인을 업신여기지 말며 고아나 어린이 있는 사람을 침범하여 괴롭히지 말며 각각 그 머무르는 곳에 나아가 힘써 너의 힘을 내서 나 한 사람이 작성한 계획을 따르라.』

☯ 반경이 천도작업에 있어서 그 공적과 과실을 정확히 평가하여 엄정한 문책이 있을 것임을 선포하고 노인을 존중하고 어린이를 보고하여 일사불란하게 총력을 경주할 것을 당부하였다.

난(難)은 힐난(詰難)으로 잘못을 따져 문책함이고 지(志)는 과녁에 맞추어 적중함이니 정당한 평가와 정확한 심판을 비유한 것이다. 노(老)는 노인이고 성인(成人)은 성년(成年)이 되어 관례(冠禮)와 계례(笄禮)를 거행한 사람이며 약(弱)은 침범하여 괴롭혀서 약화(弱化)시킴이요 고(孤)는 고아(孤兒), 유유(有幼)는 어린이가 있는 사람이다. 장(長)은 나아가는 것이며 청(聽)은 따라서 쫓음이고 작유(作猷)는 작성한 천도(遷都)계획이다.

왕의 말이 매우 인자하고도 단호하여 만인을 복종케 하도다.

3-9-16 ···························· 無有遠邇하고 用罪伐厥死하며

用德彰厥善하리니 邦之臧은 惟汝衆이요

邦之不臧은 惟予一人有佚罰이니라

『멀고 가까움을 두지 않고 죄로써 그 위험함을 처단하며 덕으로써

그 착함을 표창하리니 나라의 잘 됨은 오직 너희 군중의 노력이요 나라가 잘 되지 않음은 오직 나 한 사람에게 잘못한 벌이 있느니라.』

☯ 왕이 공명정대한 양심과 형법으로 신상필벌(信賞必罰)할 것임을 선언하였다.

용(用)은 이(以)와 같고 벌(伐)은 처단함이며 사(死)는 위험함이니 천도(遷都)에 방해가 되는 일이고 장(藏)은 선(善)의 뜻으로 잘 되는 것이다. 일(佚)은 허물이니 일벌(佚罰)은 잘못한 벌인데 왕(王)이 만약 천도(遷都)가 잘못된다면 스스로 모든 책임을 지겠다는 결연한 의지를 표명한 말이다.

3-9-17 ······································ 凡爾衆은 其惟致告하야
自今至于後日에 各恭爾事하야
齊乃位하며 度乃口하라
罰及爾身이면 弗可悔리라

『무릇 그대들 군중은 그 오직 극진히 알려서 이제부터 후일에 이르기까지 각각 너희 일을 공경하야 너희 위상을 가지런히 하며 너희 말을 법도에 맞게 하라. 형벌이 그대 몸에 미치면 뉘우칠 수 없으리라.』

☯ 반경이 끝으로 군중들에게 오늘의 훈고한 내용을 정성껏 널리 전파해서 천도를 반대한 여론을 잠재우고 은으로 도읍을 옮기는 일에 떨치고 일어나라고 강력히 경고했다.

치(致)는 지극함이고 치고(致告)는 정성껏 알리거나 전달하여 알림이니 곧 적극적으로 선전하여 모든 사람에게 널리 알리는 것이다.

반경(盤庚)이 상(商)나라의 중흥기(中興期)를 바로 인식하고 안일에

젖어 무기력한 사회기풍을 쇄신하기 위하여 은(殷)읍으로 천도(遷都)를 결정하였으니 그 역사인식이 철저하고 그 국가목표가 확고하기 때문에 그 말의 논리가 매우 합리적이고 그 말의 기운이 매우 힘차서 세왕(帝工)의 기개가 넘친다.

대저 국가는 창업기(創業期)와 수성기(修成期)를 지나면 경장기(更張期)를 맞이하게 되는 것인즉 이때에 대대적으로 정치개혁을 단행하여 국가기강을 쇄신해야만 나라를 중흥할 수 있는 것이니 이와 같이 큰 사업을 임금이 앞장서서 추진하지 않으면 성공할 수 없으므로 왕이 직접 일어나서 설득하였으니 장쾌하기 그지없다.

10. 반경중(盤庚中) / 반경(盤庚) 중편(中篇)

앞에 반경(盤庚) 상편(上篇)에서 이미 해설하였으니 중편(中篇)은 새로운 도읍(都邑)으로 옮겨감에 서민대중의 동참을 훈고(訓告)한 내용이다.

3-10-1 ······························ 盤庚이 作惟涉河할새 以民遷土록
乃話民之弗率하사 誕告用亶이어시늘
其有衆咸造하야 勿褻在王庭이러니
盤庚이 乃登進厥民하시다

『반경이 비로소 오직 황하를 건너려고 하심에 민중과 함께 옮기도록 이에 민중의 따르지 않은 이를 설득하시어 크게 진실로써 알리시거늘 그 친애하는 대중이 모두 이르러 무례하지 말자며 왕의 뜰에 있으려니 반경이 이에 그 민중 앞으로 올라 나아가시다.』

◉ 반경이 하남에 있는 은읍으로 천도하기 위하여 하북의 경읍을 떠나서 비로소 황하를 건너려고 할 때에 민중과 함께 옮겨가기 위하여 왕이 다시 설득하는 광경을 사관이 기술하였다.

작(作)은 시작(始作)함이니 비로소 착수함이고 하(河)는 황하(黃河)이며 이(以)는 여(與)의 뜻이며 화(話)는 설득하는 담화(談話)이다. 불솔(弗率)은 천도(遷都)에 반대하여 따라가지 않은 것이고 탄(誕)은 대(大)와 같으며 단(亶)은 진실함이요 조(造)는 이르러 오는 것이다. 물설(勿

藝)은 무례하게 행동하지 말자고 서로 경계하는 말이며 왕정(王庭)은
경(耿)읍에 있는 대궐의 안마당이고 등진(登進)은 민중의 앞에 있는 단
상으로 올라 나아감이다.

　반경이 민중과 더불어 함께 천도하려는 뜻이 지극하여 또다시 직접
설득하니 대단히 인애(仁愛)로운 임금이다.

3-10-2 ·························· 曰明聽朕言하야 無荒失朕明하라

『말씀하시기를 밝게 나의 말을 들어서 건성으로 나의 명령을 잊지
말라.』

　◉ 반경이 먼저 중대한 말임을 강조하여 경청하라고 당부하였다.
짐(朕)은 반경(盤庚)이 자기를 지칭하는 대명사이고 황실(荒失)은 건
성건성하여 잊어버림이다.

3-10-3 ······························ 嗚呼라 古我前后는
罔不惟民之承하야 保后胥慼이라
鮮以不浮于天時하니라

『오호라, 옛날 우리의 전후는 오직 민중이 받들지 않음이 없어 임
금을 보호함에 서로 근심하므로 하늘이 준 좋은 시기에 떠돌지 아니
함이 드물었느니라.』

　◉ 반경이 옛날에는 민중이 임금을 받들었기 때문에 임금이 천도함
에 임금을 호위하여 따라다녔던 역사적 사실을 설파하였다.

전후(前后)는 선왕(先王)과 같으니 탕(湯), 중정(仲丁), 하단갑(河亶甲), 조을(祖乙) 등을 지칭하고 승(承)은 받드는 것이다. 서척(胥慼)은 민중이 왕(王)을 위하여 서로 근심함이며 부(浮)는 정처가 없이 이곳 저곳으로 떠도는 것이니 곧 박(亳), 효(囂), 상(相), 경(耿)읍 등으로 이주하여 다님이다. 천시(天時)는 하늘이 준 좋은 시기로 곧 국운융성기(國運隆盛期)인데 천도(遷都)는 국운을 새롭게 개척하는 시대적 사업이라는 뜻이다.

3-10-4 ························· 殷降大虐이어늘 先王不懷하시어

厥攸作은 視民利하야 用遷하시니

汝曷弗念我古后之聞고

承汝俾汝는 惟喜康共이요

非汝有咎라 比于罰이니라

『크게 혹독함을 많이 내리거늘 선왕이 편안치 못하시어 그 경영하신 바는 민중의 이로움을 보아서 천도하시니 너희는 어찌 우리 옛 임금의 소문을 생각하지 않은가. 너희를 따르게 하고 너희를 쫓게 함은 오직 화합하여 할께 같이 함을 기뻐함이요 너희에게 허물이 있으므로 형벌에 미치게 함이 아니로다.』

☯ 이것은 선왕이 민리(民利)를 위하여 천도한 것처럼 반경의 천도 목적도 민중의 생활향상에 있는 것이므로 함께 옮기자고 설득하였다.

은(殷)은 많다는 뜻이니 나라이름이 아니며 학(虐)은 혹독한 재난으로 곧 가뭄이나 홍수 같은 천재(天災)이다. 회(懷)는 편안함이고 천(遷)은 천도(遷都)이며 고후(古后)는 선왕(先王), 전후(前后)와 같은 말이요 문(聞)은 명예로운 소문(所聞)이다. 승(承)은 따르는 것이고 비(俾)는 쫓

는 것이니 곧 천도(遷都)에 순순히 응함이며 강(康)은 화(和)의 뜻이다.
구(咎)는 허물이요 비(比)는 급(及)의 뜻이며 벌(罰)은 형벌이니 곧 잘
못에 대한 형벌로 유배를 보내서 고통을 주려고 신도(新都)를 경영함
이 아니라는 뜻이다.

3-10-5 ························· 予若籲懷玆新邑은 亦惟汝故니
以丕從厥志하라

『내가 어이쿠, 이 새로운 도읍으로 돌아가자고 외치는 것은 또한
오직 너희를 위하는 까닭이니 크게 그 천도하는 뜻을 따르도록 하라.』

　◑ 민중의 안전과 이익을 위하여 천도하므로 왕의 뜻에 적극 따르
라고 호소하였다.
　약(若)은 감탄사이고 유(籲)는 외치는 것이며 회(懷)는 돌아감이요
신읍(新邑)은 은(殷)읍이다. 지(志)는 왕(王)이 천도(遷都)하는 뜻인데
전배(前輩)들이 민중의 뜻으로 해석하였으니 억설(臆說)이다.

3-10-6 ····················· 今予將試以汝遷하야 安定厥邦이어늘
汝不憂朕心之攸困하야
乃咸大不宣乃心하야 欽念以忱하야
動予一人하니 爾惟自鞠自苦로다
若乘舟에 汝弗濟하면 臭厥載하나니
爾忱不屬하면 惟胥以沈이로다

_{불 기 혹 계　　　　자 노　　　　갈 추}
不其或稽인댄　自怒언들　曷瘳리오

『이제 내가 장차 너희들과 더불어 천도하여 그 나라를 안정시킬 대책을 더듬어 찾거늘 너희들은 내 마음의 곤란한 바를 근심치 아니하여 이에 모두 대대적으로 너희 충성심을 드날려 생각을 신념으로 받들어서 나 한 사람을 감동시키지 아니하니 그대들은 오직 스스로 궁박하고 스스로 곤고함이로다. 만약 배를 탐에 너희들이 노를 저어 건너가지 아니하면 그 적재한 물건을 썩게 하나니 그대들의 신념이 이어지지 않는다면 오직 서로 침몰하게 되리로다. 그 점을 아무도 살펴서 헤아리지 않을진댄 스스로 분개한들 어찌 고치리오..』

☯ 배를 탐에 협동하여 노를 계속 저어야 목적지에 도달할 수 있듯이 천도하는 일도 전체가 일치단결하여 계속 협력해야 실패가 없는 것임을 경고하였다.

시(試)는 이리 저리 더듬어 찾는 것이고 내심(乃心)은 신민(臣民)의 충성심이며 침(忱)은 신념(信念)이다. 국(鞠)은 궁박함이고 취(臭)는 부패하여 썩는 것이며 재(載)는 적재한 물건이요 속(屬)은 이어서 연속함이다. 침(沈)은 침몰함이고 노(怒)는 원망하고 분개함이며 추(瘳)는 병을 고침이다.

반경이 민중을 설득하는 방법이 대단히 평이하고 적절하여 사람의 마음을 감동시킨다.

_{여 불 모 장　　　　이 사 내 재}
3-10-7 ·································· 汝不謀長하야　以思乃災하나니
_{여 탄 권 우　　　　금 기 유 금}
汝誕勸憂라　今其有今이나
_{망 후　　　　여 하 생　　　　재 상}
罔後하리니　汝何生이　在上이리오

『너희들이 길게 도모하여 이러한 재난을 생각하지 않으니 너희들은 근심을 크게 권하므로 이제 그리하면 오늘은 있을지나 뒤는 없으리니 너희들이 어찌 생활에 향상이 있으리오.』

◉ 도읍을 옮기지 않으면 민중의 생활향상을 도모할 수 없는 사실을 변증했다.

모장(謀長)은 장구한 대책을 도모함이고 유금망후(有今罔後)는 현재는 편안하지만 미래의 발전이 없다는 뜻이며 생재상(生在上)은 민생(民生)이 향상함에 있는 것이니 정치사업의 목적이다.

금여 명여　　　　일
今予命汝하노니　一하야
무 기 예 이 자 취　　　공 인 의 내 신
無起穢以自臭하라　恐人倚乃身하야
오 내 심
迂乃心하노라

3-10 -8 ···

『이제 나는 너희들에게 명령하노니 한결같이 하여 더러움을 일으켜 스스로 부패하지 말라. 사람이 너희 몸에 기대어 너희 충성심을 굽힐까 두렵노라.』

◉ 일치단결하여 왕의 명령에 따르고 다른 사람이 유언비어에 속지 말라고 명령하였다.

일(一)은 일덕(一德)으로 일관(一貫)함이니 천심(天心)을 간직함이요 예(穢)는 더러움이니 분란을 일으켜 서로 모독함이다. 인(人)은 천도(遷都)를 반대하는 사람이고 의(倚)는 기대는 것인데 빙자한다는 뜻이며 오(迂)는 굽혀서 변함이다.

극단적인 반대론자는 끝내 심각한 분쟁을 일으켜 서로 모독하는 것을 싫어하지 않으므로 논쟁이 비방전으로 바뀌어 인신공격에 이르는 것을 경계하라.

3-10-9 ······································· 予迓續乃命于天하노니
내 아 속 내 명 우 천

予豈汝威리오 用奉畜汝衆이니라
여 기 여 위　　용 봉 휵 여 중

『나는 너희 명을 하늘에서 타서 이으려 하노니 내가 어찌 너희들을 위협하리오 너희 군중을 받들어 양육하기 위함이니라.』

☯ 천도의 목적이 1차적으로 민생경제의 발전에 있음을 밝혔다.

아(迓)는 영(迎)과 같으며 내명(乃命)은 너희들의 수명이니 곧 너희들의 명(命)과 복(福)을 타서 계속 누리게 한다는 뜻이며 휵(畜)은 양(養)의 뜻이다.

천재(天災)에 좌절하지 않고 다시 일어나 새로운 발전의 계기를 마련하는 것이 하늘로부터 도움을 받는 길이다.

3-10-10 ······································ 予念我先神后之勞爾先하노니
여 념 아 선 신 후 지 로 이 선

予丕克羞爾는 用懷爾然이니라
여 비 극 수 이　　용 회 이 연

『나는 우리 옛날 신성한 임금이 너희 선조를 위로한 것을 기억하노니 내가 대대적으로 너희를 잘 먹일려고 함은 너희들을 생각하는 까닭이니라.』

☯ 국가건설에 이바지한 공로는 결코 잊지 않을 것임을 다짐하였다.

선신후(先神后)는 옛날 신성(神聖)한 임금이니 천도(遷都)하여 국운을 개척한 왕(王)이고 수(羞)는 음식을 먹여 양육함이다.

3-10-11 ·································· 失于政하야 陳于玆하면
　　　　　　　　　　　　　　　　　　　실 우 정　　　진 우 자
高后丕乃崇降罪疾하사
　　　　　　고 후 비 내 숭 강 죄 질
曰曷虐朕民고하시리라
　　　　왈 갈 학 짐 민

『정책에 어긋나서 여기에 오래 있으면 고후가 대대적으로 이에 죄와 질병을 가득히 내리시어 말씀하시기를 "어찌하여 나의 민중을 학대하는고." 하시리라.』

　☯ 반경이 만약 천도정책을 중도에 연기하고 경읍에 오래 있으면 자기의 안일함을 탕임금이 엄중 문책하게 될 것이므로 도저히 연기할 수 없음을 선언하였다.
　정(政)은 천도(遷都)정책이고 진(陳)은 오래 있는 것이며 자(玆)는 경읍(耿邑)을 지칭한다. 고후(高后)는 탕(湯)임금이요 숭(崇)은 가득함이며 짐민(朕民)은 탕임금의 민중이다.

3-10-12 ···················· 汝萬民이 乃不生生하야 暨予一人猷로
　　　　　　　　　　　여 만 민　　　내 불 생 생　　　기 여 일 인 유
同心하면 先后丕降與汝罪疾하사
　　동 심　　　선 후 비 강 여 여 죄 질
曰曷不暨朕幼孫으로 有比오하시리니
　왈 갈 불 기 짐 유 손　　　유 비
故有爽德이라 自上으로
　고 유 상 덕　　　자 상
其罰汝하시리니 汝罔能迪하리라
　기 벌 여　　　　여 망 능 적

『너희들 모든 인민이 이에 싱싱하야 나 한 사람의 계책으로 더불어 마음을 같이 하지 않는다면 선후가 대대적으로 너희들에게 죄와 질병을 내려주시고 말씀하시기를 "어찌하여 나의 사랑하는 손자와 더불어

화합함이 있지 않은고." 하시리니 그러므로 덕을 잃음이 있는지라 하늘로부터 그 점에 대하여 너희들을 처벌하시리니 너희는 능히 타개하지 못하리라.』

◑ 만민이 끝내 천도에 반대한다면 탕임금으로부터 엄중한 질책을 받을 뿐만 아니라 또한 천벌(天罰)을 면치 못할 것임을 선언하였다.
　만민(萬民)은 모든 인민이고 생생(生生)은 원기(元氣)가 왕성하고 활기찬 모양이며 기(曁)는 더불어, 유(猷)는 천도정책이다. 동심(同心)은 마음을 한가지로 똑같이 함이요 선후(先后)는 탕(湯)임금이며 짐유손(朕幼孫)은 반경(盤庚)을 지칭하는데 유(幼)는 사랑한다는 뜻이다. 비(比)는 화합함이고 상(爽)은 실(失)의 뜻이며 상(上)은 하늘이요 적(迪)은 타개(打開)함이니 얼크러지거나 막힌 문제를 잘 처리하여 나갈 수 있는 길을 헤쳐 엶이다.

3-10-13 ······························· 古我先后가 旣勞乃祖乃父라
汝共作我畜民이어늘 汝有戕하야
則在乃心하면 我先后가
綏乃祖乃父하사 乃祖乃父도
乃斷棄汝하야 不救乃死하리라

『옛날 우리 선후가 이미 너희 할아버지와 너희 아버지를 위로하셨으므로 너희들이 다함께 내가 양육하는 민중이 되었거늘 너희에게 해침이 있다는 생각을 곧 너희 마음에 가지고 있다면 우리 선후가 너희 할아버지와 너희 아버지를 편안히 따르게 하시어 너희 할아버지와 너희 아버지도 이에 너희들을 잘라서 버리고 너희들의 죽음을 구원하지 않으리라.』

☯ 민중이 왕의 천도 목적을 오해하여 끝까지 반대하면 그 조상으로부터도 버림을 받을 것이라고 경고하였다.

장(戕)은 해침이니 민중이 천도(遷都)가 해롭다고 여기는 생각이다. 수(綏)는 수회(綏懷)로 편안케 하여 따르도록 함이고 단(斷)은 조손(祖孫)이나 부자(父子)관계를 끊어서 불효(不孝)한 자손을 징계함이요 구(救)는 구원(救援)함이다.

반경이 천도의 정책을 선왕의 뜻이고 하늘의 명령임을 밝혀 모든 인민의 조상까지 설득하였으니 선지(先知) 선각(先覺)의 사명감이 충만하여 사람을 숙연하게 하도다.

3-10-14 ·························· 자여유란정 동위구내패옥
茲予有亂政이어늘 同位具乃貝玉하면
내조내부 비내고아고후
乃祖乃父가 丕乃告我高后하야
왈작비형우짐손 적고후
曰作丕刑于朕孫이라하야 迪高后가
비내숭강불상
丕乃崇降弗祥하리라

『이에 나에게 혼란한 정책이 있거늘 같은 신민의 자리에 있는 사람들이 너희 패옥에만 만족한다면 너희 할아버지와 너희 아버지가 대대적으로 이에 우리 고후께 보고하여 말하기를 "큰 형벌을 우리 자손에게 주라."고 하여 고후가 대대적으로 이에 상서롭지 않음을 많이 내리는데 이르리라.』

☯ 천도에 대한 찬성론과 반대론이 첨예하게 대립하여 정치혼란이 극심한 상황에서 신민들이 개인의 재화에만 만족하고 국가중대사업을 망각한다면 그 조상들도 부끄러워하여 처벌을 요구할 것임을 경고하였다.

난정(亂政)은 천도(遷都)정책에 대한 찬반세력의 다툼이 심각함인데

전배(前輩)들은 치정(治政)으로 해설하였으니 문장의 뜻을 오해(誤解)
했고 동위(同位)는 동일한 처지에 있는 것이니 같은 시대에 같은 나라
에서 함께 사는 사람들이며 구(具)는 만족함이고 패옥(貝玉)은 조개와
옥돌인데 당시의 화폐와 보물로서 호화사치를 상징한다. 작(作)은 다
스려 처벌함이고 짐손(朕孫)은 천도정책을 반대하는 민중이며 적(迪)
은 지(至)의 뜻이다.

  치세(治世)에는 덕을 숭상하므로 정치가 아름답고 난세(亂世)에는
말솜씨를 숭상하므로 정치가 어지러운 것이며 군자(君子)는 정의를
숭상하므로 그 조상을 빛내고 소인(小人)은 이익을 숭상하므로 그 조
상까지 욕되게 하나니 부모와 조상을 생각하는 사람은 덕과 의를 숭
상할지어다.

3-10-15 ························· 嗚呼라 今予告汝不易하노니
　　　　　　　　　　　　　　　　　永敬大恤하야 無胥絶遠하고
　　　　　　　　　　　　　　　　　汝分猷하야 念以相從하야
　　　　　　　　　　　　　　　　　各設中于乃心하라

『오호라, 이제 내가 너희들에게 쉽지 않음을 알리노니 크게 이재민
을 구제하는 정책을 길이 공경하여 서로 끊어서 멀리하지 말고 너희
들이 좋은 대책을 헤아려 서로 순종할 것으로 생각하여 각각 너희 마
음에 중심을 세워라.』

  ☯ 천도의 중대한 사업이 이미 결정되었으니 이탈함이 없이 모두
적극 동참할 것을 거듭 촉구하였다.
  불이(不易)는 천도(遷都)사업의 어려움이요 경(敬)은 삼가고 조심함
이며 대휼(大恤)은 이재민(罹災民)을 대대적으로 구제(救濟)하는 일이

고 분(分)은 분별하여 헤아리는 것이요 유(猷)는 천도의 정책이다. 설(設)은 설치하여 세움이고 중(中)은 주관(主觀)이니 자기자신의 독자적인 견해를 가져서 중심(中心)을 잡아 흔들리지 아니함이다. 내심(乃心)은 니희 마음속이니 곧 민중의 마음이다. 민중이 어질면 스스로 주관(主觀)이 뚜렷하여 선동선전에 흔들리지 않고 민중이 어리석으면 주의(主義)와 주장(主張)이 없어서 세태의 흐름에 따라 부화뇌동(附和雷同)하는 것인즉 요임금은 백성을 고루 문채(文彩)가 나도록 똑똑하고 현명하게 교육하였으니 정치지도자는 본받을지어다.

내 유 불 길 불 적　　　　　전 월 불 공
乃有不吉不迪하며 顚越不恭하며

잠 우 간 궤　　　아 내 의 진 멸 지 무 유 육
暫遇姦宄어든 我乃劓殄滅之無遺育하야

무 비 역 종 우 자 신 읍
無俾易種于玆新邑하리라

3-10-16 ·······································

『이에 길하지 않다고 가지 않으며 비뚜름하게 떨어져서 공손치 아니하며 잠깐이라도 내부의 도적이나 외부의 도적과 접촉함이 있으면 내가 이에 그들의 코를 베고 사형에 처하여 먹이고 기르지 아니하야 하여금 종족을 이 새로운 도읍에 옮기지 아니하리라.』

　◐ 천도가 불길하다고 허위선동하거나 비협조적으로 난동을 일으키거나 내부 또는 외부와 결탁하여 방해한 자는 그 죄가 적으면 코를 베는 의형에 처하고 그 죄가 크면 사형에 처할 것임을 엄중 경고하였다.

　적(迪)은 진(進)의 뜻이니 신도읍(新都邑)으로 진출함이고 전(顚)은 비뚜름하게 버티는 것이며 월(越)은 이탈하여 떨어진 것이다. 간(姦)은 간사한 내부의 도적이고 궤(宄)는 악독한 외부의 도적이며 의(劓)는 가벼운 죄에 코를 베는 형벌이요 진멸(殄滅)은 사형(死刑)으로 곧 5형(刑) 가운데 대벽(大辟)인데 앞(1-2-11, 20)에서 이미 해설하였다. 유(遺)는

먹이는 것이고 역(易)은 옮김이며 종(種)은 종족(種族)이요 신읍(新邑)
은 은(殷)읍이다.

3-10-17 ························ 往哉生生하리니 今予將試以汝遷하야
永建乃家하리라

『가야만 비로소 싱싱하리니, 이제 나는 장차 너희들이 옮기는 것으
로 시험하여 영원한 너희 집을 건설하리라.』

☯ 반경이 경(耿)읍에서는 싱싱한 모습을 되찾을 수 없고 오직 은
(殷)읍으로 옮겨가야만 원기가 왕성하고 활기찬 모습을 찾을 수 있음
을 단언하였다.

재(哉)는 비로소, 생생(生生)은 앞(3-10-12)에서 이미 해설하였으며
시(試)는 천도(遷都)에 대한 민중의 호응도를 시험함이고 내가(乃家)는
민중이 머물러 살 주택이다.

반경이 안일한 구습에 젖어 천도에 반대하는 시민을 홀로 거듭 설
득하여 모두 데리고 가서 국가중흥의 기틀을 세운 정치지도력은 대단
한 용기와 결단이 필요한 것으로 합리적인 판단력으로 얻은 확고한
신념이 없이는 불가능한 일이니 가볍게 결정했다가 쉽게 바꾸는 정치
지도자는 본받을지어다.

11. 반경하(盤庚下) / 반경(盤庚) 하편(下篇)

앞에 반경(盤庚) 상편(上篇)에서 이미 해설하였으니 하편(下篇)은 은
(殷)읍으로 천도(遷都)한 다음에 전체 시민(市民)이 일치단결하여 신도
읍(新都邑)을 민중이 가장 살기 좋은 도시로 건설할 것을 훈고(訓告)한
내용이다.

3-11-1 ·························· 盤庚이 旣遷하사 奠厥攸居하시고
　　　　　　　　　　　　　　　乃正厥位하사 綏爰有衆하시다

『반경이 이미 천도하시어 그 거주할 곳을 정하시고 이에 그 벼슬자
리를 바로잡아 이에 친애하는 군중을 편안하게 하시다.』

☯ 반경이 은읍으로 천도하여 인민이 거주할 구역을 정하고 관청을
반듯하게 배치한 다음 신도읍을 건설하는 활기를 진작하기 위하여 군
중대회를 개최한 것을 사관이 기술하였다.

3-11-2 ·························· 曰無戲怠하야 懋建大命하라

『말씀하시기를 농탕치거나 게으름이 없게 하여 힘써 위대한 운명
을 건설하라.』

◐ 반경이 신도읍의 주민에게 분발노력해서 위대한 국가의 운명과 인민의 운명을 스스로 개척하라고 격려하였다.

희(戱)는 서로 잡담만 하면서 시간을 낭비함이요 태(怠)는 일을 게을리 하여 능률이 오르지 않음이며 대명(大命)은 위대한 운명(運命)이니 곧 국가의 운명과 국민의 운명이 걸려 있는 시대적 과업이다.

반경이 국가중흥의 추동력을 신도읍의 약진하는 개척정신에서 찾으려고 하였으니 인민이 희망을 가지고 용감하게 도전하는 정신은 무한한 추동력을 발휘한다.

3-11-3 ······························ 今予其敷心腹腎腸하야
歷告爾百姓于朕志하나니
罔罪爾衆이라 爾無共怒하야
協比讒言予一人하라

『이제 나는 그것을 가슴과 배, 콩팥과 창자를 펼쳐서 그대들 백성에게 나의 뜻에 대하여 다 알리하노니 너희들 군중에게 죄를 줌이 아니므로 너희들은 다같이 분개하여 나 한 사람을 참소하는 말에 협조하며 두둔함이 없도록 하라.』

◐ 반경이 천도의 근본취지가 민중에게 육체적 고통을 주려는 것이 아니므로 왕을 비난하는 여론에 가담하지 말라고 호소하였다.

부(敷)는 펼치는 것이고 심(心)과 복(腹)은 가슴과 배로 오장육부(五臟六腑)가 들어 있으며 신(腎)과 장(腸)은 콩팥과 창자로 깊은 속에 있는 기관이므로 진심(眞心)을 뜻한다. 역(歷)은 차례로 모두 다이고 짐지(朕志)는 반경(盤庚)이 천도(遷都)한 뜻이며 죄(罪)는 죄를 주어서 육체적으로 고통을 받게 함이요 협비(協比)는 협조하여 두둔함이다.

사람은 미래에 대한 확실한 희망이 있으면 현재의 고통을 가볍게 이겨내지만 미래에 대한 희망이 불확실하면 현재의 고통을 원망하게 되나니 지도자는 큰 사업을 추진함에 있어서 미래에 대한 희망을 확실하게 보장하고 새롭게 발전하는 현실을 모두 체감하도록 이끌어야 한다.

3-11-4 ···································· 古我先王이 將多于前功하나니
適于山하사 用降我凶德이라
嘉績于朕邦하시니라

『옛날 우리 선왕이 또한 이전에 쌓은 공적보다 많았나니 산읍에 가시어 우리의 흉악한 덕을 내리 깎으므로 우리나라에 치적을 아름답게 하시니라.』

◑ 도읍의 안전이 정치발전의 기초임을 역사적 사실로 증명하였다.

선왕(先王)은 탕(湯)임금이요 장(將)은 역(亦)의 뜻이며 전공(前功)은 이전에 쌓은 공로이니 상(商)나라는 설(契)이 처음 박(亳)에 도읍을 정했으나 그 뒤에 여러 번 옮겼다가 탕임금이 다시 박읍으로 천도(遷都)하였다. 적(適)은 적귀(適歸)요 산(山)은 산읍(山邑)인데 박읍의 동쪽에는 성고산(成皋山), 남쪽에는 환원산(轘轅山), 서쪽에는 강곡산(降谷山)이 있는 까닭에 산으로 갔다고 하였다. 강(降)은 강쇄(降殺)로 등급을 내리 깎아 낮춤이고 흉덕(凶德)은 흉악한 재난이며 가(嘉)는 아름다운 것이고 적(績)은 정치적 공적이다.

위기에 좌절은 멸망을 기다리는 것인즉 대혁신의 기회로 삼아서 용왕매진(勇往邁進)하면 전화위복이 될 것이다.

3-11-5 ·· 今我民이 用蕩析離居하야
罔有定極이어늘 爾謂朕하되
曷震動萬民하야 以遷고하도다

『이제 우리 민중이 망하여 흩어져서 떨어져 각각 살아 극단을 정함
이 있지 못하거늘 그대들은 나에게 이르되 "어찌하여 모든 인민을 흔
들어 움직여서 도읍을 옮기는고." 하도다.』

☯ 경읍에 홍수의 재난으로 인하여 민중의 고통이 가장 심각하거늘
이와 같이 어려운 시기에 어째서 거대한 천도사업까지 추진하느냐는
민중의 항변을 언급했다.
탕석(蕩析)은 망하여 흩어짐이요 이거(離居)는 떨어져서 각각 사는
것이니 경(耿)읍에 홍수피해로 집과 재산을 잃고 떠도는 유랑민이 많
이 생긴 것이다. 정극(定極)은 극단(極端)을 정함이니 최종목적을 결정
함이다.

3-11-6 ····································· 肆上帝가 將復我高祖之德하사
亂越我家어시늘 朕及篤敬은
恭承民命하야 用永地于新邑하니라

『이에 하느님이 장차 우리 고조의 덕을 회복하시려고 우리 집을 어
지럽히고 떨어지게 하시거늘 나와 독실하고 경건한 사람들은 민중의
명령을 공손히 받들어 새로운 도읍에 기리 터잡고 살게 하니라.』

☯ 반경이 경읍의 홍수재난이 극심한 까닭은 하느님이 은읍으로 천

도하여 탕임금의 덕치인정을 회복시키기 위함이라고 설득하였다.

　사(肆)는 이에, 고조(高祖)는 탕(湯)임금을 지칭하고 난월(亂越)은 어지럽혀서 추락(墜落)시킴이며 독경(篤敬)은 독실하고 경건한 신하들이요 민명(民命)은 민중의 명령이니 곧 민의(民意)인데 재난을 신속하고도 원천적으로 해결하기를 바라는 민심(民心)이다. 영지(永地)는 영원히 거주할 터전을 마련함이요 신읍(新邑)은 은(殷)읍이다.

　미봉책으로 재물과 시간을 낭비하는 것보다는 차라리 도읍을 옮겨서 영원한 안전대책을 세우는 것이 현명한 일이다.

3-11-7 ·······························　肆予冲人은 非廢厥謀라 吊由靈하니
　　　　　　　　　　　　　　　　　　各非敢違卜이라 用宏玆賁이니라

『이에 나 유충한 사람은 그 계획을 폐지할 일이 아니므로 신령한 거북점을 이용함에 이르니 각각 감히 거북점에도 어긋남이 아니므로 이 큰 사업을 대대적으로 추진하니라.』

　◉ 반경이 애당초(3-9-2)에 거북점을 쳐서 천도에 대한 신령의 뜻을 확인했음을 밝혔다.

　충인(冲人)은 유충(幼冲)한 사람이고 적(吊)은 지(至)의 뜻이요 유(由)는 용(用)의 뜻이며 영(靈)은 신령한 거북점이다. 각(各)은 거북점을 침에 세 번을 점치는 각각의 점괘(占卦)이고 복(卜)은 복사(卜辭)로 길흉을 판단하는 말인데 앞(3-9-2)에서 이미 해설하였다. 굉(宏)은 대대적으로 추진함이고 비(賁)는 큰 사업이다.

　정부가 이미 천도를 결정했고 또한 거북점에서 하늘의 뜻을 확인했으면 더 이상 망설이지 말고 적극적으로 추진해야지 또다시 의심하여 폐지하는 것은 정책혼란을 야기해서 불신을 초래할 뿐이다.

3-11-8 ················· 오 호 방 백 사 장 백 집 사 지 인 상 개 은 재
嗚呼라 邦伯師長百執事之人이여 尙皆隱哉아

『오호라, 지방국가의 임금과 스승과 어른과 일백 집사의 사람들이여, 아직도 모두 속으로 근심하는가.』

◑ 반경이 모든 신하들에게 천도에 대한 왕의 명령과 거북점의 뜻을 믿지 아니함을 힐문하였다.

방백(邦伯)은 제후(諸侯)이고 사(師)는 태사(太師), 소사(小師) 등의 공(公)이며 장(長)은 경(卿)이요 집사(執事)는 대부(大夫)이고 인(人)은 신하(臣下)이다. 상(尙)은 상금(尙今)이고 은(隱)은 마음속으로 근심함이다.

여기에서 모든 관료와 민중이 왕의 천도사업에 소극적으로 따른 것을 알 수 있다.

3-11-9 ···················· 여 기 무 간 상 이 념 경 아 중
予其懋簡하야 相爾念하고 敬我衆하니라

『나는 그 동안 힘써 분별하여 그대들의 생각을 보고 우리 군중의 여론을 공경하니라.』

◑ 반경이 그 동안 관리들의 생각과 군중의 뜻을 살펴 여론을 존중하였음을 밝혔다.

간(簡)은 분별함이고 상(相)은 보는 것이며 이념(爾念)은 관리들의 생각이요 아중(我衆)은 우리 민중의 뜻이다.

반경이 그 동안 여론을 존중하였지만 금번 천도에 반대하는 여론을 받아들일 수 없는 까닭은 국가중흥의 대사업이기 때문에 결단코 여론에 굴복할 수 없음을 천명한 것이다.

3-11-10 ·························· 朕은 不肩好貨하고 敢恭生生鞠人하며

謀人之保居를 叙欽하니라

『나는 재화를 좋아하는 사람을 임용하지 아니하고 감히 공경하여 성성하게 인민을 기르며 인민의 편안한 삶터를 도모하는 사람을 등용하여 우대하니라.』

☯ 반경이 여론을 존중하면서도 중요한 인사문제에서는 재화(財貨)를 좋아하는 사람을 멀리하고 오로지 사람을 성성하게 기르고 사람을 편안히 살게 하는 인재만을 등용하였음을 밝혀 위민(爲民)정책은 중지할 수 없음을 증명하였다.

견(肩)은 임용(任用)함이고 생생(生生)은 앞(3-10-17)에서 이미 해설하였으며 국(鞠)은 양육(養育)함이요 보거(保居)는 편안한 삶터이다. 서(叙)는 서임(叙任)으로 벼슬을 내림이고 흠(欽)은 공경하여 우대함이다.

반경은 정의의 주체로서 확고한 중심을 가지고 여론을 존중하는 어진 임금이요 아무런 소신도 없이 여론에 따라 흔들려 조령모개(朝令暮改)하는 용렬한 군주가 아님을 여기에서 살필지어다.

3-11-11 ·························· 今我旣羞告爾于朕志하노니

若否罔을 有弗欽하며

無總于貨寶하며 生生自庸하야

式敷民德하야 永肩一心하리라

『이제 나는 이미 그대들에게 나의 뜻에 대하여 자세히 알렸나니 그 부정적이고 망칙한 여론을 공경하지 아니함이 있으며 재화와 보물을

좋아하는 사람에게 화합함이 없으며 싱싱하게 스스로 떳떳하여 민중의 덕을 공경하여 베풀어 길이 한 마음을 책임지리라.』

○ 반경이 끝으로 부정적이고 해괴망칙한 여론과 재물을 좋아하는 사람들의 주장을 물리치고 적극적으로 천도사업을 추진해서 모든 책임을 스스로 부담하겠다고 결연하게 선포하였다.

수(羞)는 자세함이니 음식의 가지 수가 많은 것으로 여러 번 또는 자세함의 뜻으로 쓰였다. 지(志)는 천도(遷都)의 뜻이고 약(若)은 그것을 지칭하는 대명사이며 부(否)는 부정(否定), 망(罔)은 망칙(罔測)인데 모두 천도(遷都)를 반대하는 여론이다. 총(總)은 화합함이고 자용(自庸)은 스스로 떳떳함이니 곧 중용(中庸)의 마음이며 식(式)은 경건함이요 민덕(民德)은 민중의 착한 마음으로 선천적으로 타고난 양심(良心)이니 곧 진정한 민의(民意)이다. 견(肩)은 책임을 지는 것이고 일심(一心)은 왕(王)의 한결같은 마음이다.

반경이 일시적인 공론과 만세의 공론을 분별하여 개인의 현실적인 여건에서 조성된 일시적인 여론을 단호하게 물리치고 전체의 역사적인 사명에서 주장하는 여론을 수용하여 확고하게 천도사업을 추진하였으니 그 슬기로운 지혜와 꿋꿋한 용기 그리고 인민을 널리 포용하는 사랑은 만고에 사람을 감탄케 한다. 이리하여 반경이 은나라를 중흥하는 대업을 성공하여 왕도를 튼튼하게 만들었으니 그 누가 여론을 무시했다고 비판하겠는가? 반경은 천도를 반대한 여론조성자를 계속 용서하면서 설득으로 일관했으니 후세에 언성을 높이고 흥분하며 유언비어를 색출하고 언론을 탄압한 임금과는 아주 다른 것이다.

12. 열명상(說命上) / 부열(傳說)에게 명령(命令)함 상편(上篇)

부(傳)는 은(殷)나라 고종(高宗)이 건축공사장의 노동자 속에서 발탁한 어진 재상(宰相)의 이름이고 명(命)은 임금의 명령(命令)을 기록했다는 뜻이다.

고종(高宗)의 이름은 무정(武丁)인데 아버지 소을(小乙)에게서 왕위를 이어받았고 소을(小乙)은 형 소신(小辛)에게서, 소신(小辛)은 형 반경(盤庚)에게서 왕위를 이어받았다.

고종이 꿈속에 나타난 현인(賢人)을 보았는데 그와 똑같은 사람을 널리 찾으니 부험(傳險) 땅의 건축공사장에서 일하는 열(說)이라는 사람을 얻었다. 이에 고종이 불러서 정치와 교육을 논의함에 매우 어질기 때문에 즉각 부(傳)라는 성(姓)을 내리고 재상으로 임명하여 덕치인정(德治仁政)을 베풀었다. 그러므로 『사기(史記)』에서는 고종이 부험의 지명을 따서 성(姓)을 내렸다고 하였고 『맹자(孟子)』에서는 부열은 판축지간(版築之間)에서 발탁했다고 하였다.

열명(說命)은 상(上), 중(中), 하(下)의 세 편으로 되었는데 상편은 부열을 재상으로 임명하는 내용이고 중편은 부열이 왕(王)에게 천도(天道)를 받들어 밝게 다스리는 법을 진언(進言)한 내용이며 하편은 학문을 숭상하여 밝은 덕(德)을 닦는 법을 진언한 내용인데 모두 명령(命令)이라고 편명(篇名)을 붙인 것은 왕의 명령이 바탕이 되었기 때문이다.

열명(說名) 편은 『금문상서(今文尙書)』에는 없고 『고문상서(古文尙書)』에 수록되어 있는바 성왕(聖王)은 어진 이가 초야에 숨어 있지 못하도록 모두 발탁하는 요(堯), 순(舜), 우(禹) 이래 또 하나의 명백한 증거이다.

왕　　택 우 량 암 삼 사
王이　宅憂亮陰三祀하사

기 면 상　　　　기 유 불 언
旣免喪하시고　其惟弗言하신대

군 신 함 간 우 왕　　　　왈 오 호
群臣咸諫于王하야　曰嗚呼라

지 지 왈 명 철　　　명 철　　실 작 칙
知之曰明哲이요　明哲이　實作則이라

천 자　　　유 군 만 방
天子가　惟君萬邦이라

백 관　　　승 식　　　　왕 언
百官이　承式하야　王言을

유 작 명　　　　　불 언
惟作命하나니　不言하시면

신 하　　　　망 유 품 령
臣下가　罔攸稟令하나이다

『왕이 상제가 되어 3년간 상복을 입으시어 이미 상기를 마치시고 그 오직 말을 아니하신대 여러 신하들이 다같이 왕에게 간하여 말하기를 오호라, 아는 것을 일컬어 총명하여 이치에 밝다고 하며 총명하여 이치에 밝음이 진실로 법칙이 되므로 천자가 오직 일만 나라에 군림하시어야 일백 관리가 법식을 받들어 왕의 말을 오직 명령으로 삼나니 말을 아니하시면 신하가 명령을 받을 곳이 없나이다.』

◉ 고종이 부왕 소을(小乙)의 3년복을 벗었는데도 계속 말을 하지 않으므로 여러 신하들이 명철한 판단력으로 명령을 내려주어야 일백 관리가 직무를 처리할 수 있다고 간한 내용을 기록하였다.

왕(王)은 고종(高宗)이요 택(宅)은 거(居)의 뜻이며 우(憂)는 부모(父母)의 상(喪)을 당하여 상제(喪制)가 되었기 때문에 출입을 삼가고 집에 항상 있는 것이다. 량암(亮陰)은 천자(天子)가 부왕(父王)과 모후(母后)의 상(喪)에 상복(喪服)을 입고 정무(政務)를 재상(宰相)에게 위임한 기간이니 양암(諒闇) 또는 양암(諒陰)이라고도 쓴다. 사(祀)는 연(年)과 같고 면상(免喪)은 상기(喪期)를 마치고 상복(喪服)을 벗는 것이니 왕이 부왕이나 모후의 상기를 마치면 재상에게 위임했던 정무를 회수하여 친정(親政)하는 것이다. 이것은 오늘날 내각책임제도와 대통령중심제도를 교대로 활용하는 왕도정치(王道政治)의 체제라고 할 것이다. 군(君)은 군림(君臨)으로 임금이 되어 나라를 다스리는 것이고 승(承)은 받드는 것이요 식(式)은 법식(法式)이며 작명(作命)은 임금의 명령으로 삼는 것이며 품령(稟令)은 임금의 명령을 받는 것이니 중대한 것을 명(命)이라 하고 작은 것을 영(令)이라고 한다.

왕　　용작서이고　　왈이이
3-12 -2 ······························· 王이 庸作書以誥하야 日以台로
정우사방　　　이공덕불류자
正于四方이라 台恐德弗類玆하야
고불언　　공묵사도　　몽
故弗言하고 恭默思道러니 夢에
제뢰량필　　기대여언
帝賚良弼하시니 其代予言하리라

『왕이 하여금 글을 써서 훈고케 하여 말씀하시기를 나로써 사방에 표적을 삼으므로 나는 덕이 이에 같지 못할까를 두려워하여 그러므로 말을 아니하고 공손히 침묵하며 도를 생각했더니 꿈에 하느님이 어질게 보필할 사람을 주셨나니 그가 나의 말을 대신하리라.』

☯ 고종이 꿈속에서 본 현인의 초상을 그려서 널리 공고하여 반드시 찾도록 훈고한 전말을 기록하였다.

왕(王)은 고종(高宗)이요 용(庸)은 하여금으로 사역(使役) 조동사이며 이(台)는 자기를 지칭하는 대명사이고 정(正)은 과녁이니 곧 정곡(正鵠) 또는 표적(表的)으로 삼는 것이다. 유(類)는 유사(類似)함이고 제(帝)는 하느님이며 뢰(賚)는 내려줌이요 양필(良弼)은 어질게 보필(輔弼)하는 신하이다.

대저 꿈이란 낮에 염려한 것이 밤에 꿈을 통하여 나타나는 잠재적

정신현상으로 성실하게 생각하면 진실하게 감응하고 사특하게 생각하면 허망하게 감응하는 까닭에 모두 믿을 수도 없으려니와 또한 전혀 믿지 않을 수도 없는 바가 있다. 고종은 부왕이 붕함에 3년 동안 상복을 입고 효자의 도리를 다하였고 또한 정치를 함에 사방의 나라에 모범이 되는 임금의 길을 간절히 찾았기 때문에 마침내 하늘이 감격하여 그 꿈에 나타났으니 후세에 부도덕하고 불의부정한 군주들의 혹세무민하기 위한 꿈과는 아주 다르다.

3-12-3 ·································· 乃審厥象하야 俾以形으로
　　　　　　　　　　　　　　　旁求天下한대 說이
　　　　　　　　　　　　　　　築傅巖之野어늘 惟肖라 하시다

『이에 그 인상을 살피어 하여금 생김새를 그려서 널리 천하에 찾으니 열이 부암 땅의 들에서 건축공사를 하거늘 오직 똑같다고 하시다.』

　◉ 고종이 꿈속에서 보았던 현인의 인상을 살펴서 형사하여 천하에 공개하고 찾은 결과 부암의 건축공사장에서 노동하는 열이 꿈속의 인물과 동일함을 공인하였다.

　상(象)은 고종(高宗)이 꿈에 본 사람의 인상(印象)이고 형(形)은 그 생김새를 그린 형사(形寫)이며 방(旁)은 널리의 뜻이다. 열(說)은 부열(傅說)이요 축(築)은 건축공사를 함이며 부암(傅巖)은 땅이름으로 우(虞)나라와 괵(虢)나라의 사이에 있다. 초(肖)는 닮은 것으로 신하들이 마침내 부열을 찾아서 고종에게 대면시켜 확인하려고 대궐로 들어가니 고종이 문에 들어오는 부열을 보고 즉각 닮았다고 확인한 말이다.

3-12-4 ·····················　원 립 작 상 왕 치 제 기 좌 우
爰立作相하사 王이 置諸其左右하시다

『이에 서서 재상을 삼아 왕이 그 곁에 두시다.』

　☯ 고종이 하늘이 준 현인임을 굳게 믿고 즉각 재상으로 임명한 사실을 기술하였다.

　원(爰)은 이에이니 처음 부열(傅說)을 보는 순간이고 입(立)은 서로 만나 인사를 받는 자리에 선채로인즉 즉시의 뜻이며 작상(作相)은 재상(宰相)으로 발탁하여 임명함이다. 제(諸)는 지어(之於)를 합한 말이고 좌우(左右)는 가까운 곁이니 중용(重用)한다는 뜻이다.

　고종은 마음이 순수하고 정신이 총명하여 비록 꿈에 보았으나 그 믿음에 한 점의 의혹이 없었으니 그것은 스스로 밝은 인문주의적인 지성으로 사람을 식별하는 지인지감(知人之監)이 있었기 때문이다. 그러므로 후세에 어리석은 임금이 사람을 식별하는 혜안도 없이 즉흥적으로 인사를 처리하여 사람을 자주 바꾸는 것과는 전혀 다르다.

3-12-5 ·····················　命之曰朝夕에 納誨하야 以輔台德하라
若金인댄 用汝作礪하며
若濟巨川인댄 用汝作舟楫하며
若歲大旱인댄 用汝作霖雨하리라

『명령하여 말씀하시기를 아침과 저녁에 훈계하는 말을 주어서 나의 덕을 도우라. 만약에 쇠라면 그대로써 숫돌을 삼으며 만약에 큰 시내를 건는다면 그대로써 배와 노를 삼으며 만약에 해가 크게 가물면 그대로써 장마비를 삼으리라.』

☯ 고종이 부열에게 성왕(聖王)의 교훈으로 아침과 저녁에 직접 말하여 깨우쳐 줄 것을 명령하였다.

명(命)은 고종(高宗)이 부열(傳說)에게 직접 내린 명령이고 납(納)은 납입(納入)이며 회(誨)는 교훈(敎訓)이다. 약(若)은 만약이니 가설적으로 사물에 비유한 말이고 여(汝)는 모두 부열을 지칭하며 임우(霖雨)는 장마비로 3일 이상 흡족하게 내리는 비이다.

임금의 처지를 살펴 가장 중요한 역할을 맡아서 완전히 해결하도록 곁에서 이끌어 달라고 하였으니 그 비유가 절실하고 그 책임이 크도다.

계 내 심　　　옥 짐 심
3-12 -6 ·· 啓乃心하야 沃朕心하라
약 약 불 명 현　　　궐 질 불 추
若藥弗瞑眩이면 厥疾弗瘳하고
약 선 불 시 지　　　궐 족 용 상
若跣弗視地면 厥足用傷하리라

『그대의 마음을 열어 나의 마음을 윤택하게 하라. 마치 약이 독해서 어질어질하지 않으면 그 질병이 낫지 아니함과 같이 하고 마치 맨발로 걸으며 땅을 보지 않으면 그 발이 다치게 됨과 같이 하리라.』

☯ 고종이 부열에게 숨기지 말고 직간하여 임금의 마음을 확실하게 바로잡으라고 명령하였다.

내심(乃心)은 부열(傳說)의 마음이요 옥(沃)은 윤택(潤澤)하여 빛남이고 짐심(朕心)은 고종(高宗)의 마음이다. 명현(瞑眩)은 약(藥)이 독해서 눈이 어질어질함이고 추(瘳)는 병이 나은 것이며 선(跣)은 맨발로 걸어다님이요 상(傷)은 다쳐서 아픈 것이다.

왕의 마음속에 잘못 생각한 것이 있으면 통열히 간하여 위험을 미연에 방지하는 역할을 맡으라고 하였으니 그 뜻이 명확하고 그 기대가 높도다.

유 기 내 료　　망 불 동 심
3-12-7 ·························· 惟暨乃僚로 罔不同心하야

이 광 내 벽　　비 솔 선 왕
以匡乃辟하야 俾率先王하야

적 아 고 후　　이 강 조 민
迪我高后하야 以康兆民하라

『오직 그대의 동료들과 더불어 마음을 같이 하지 않음이 없게 하여 그대의 임금을 바로잡아 하여금 선왕을 따르게 하고 우리 고후를 뒤밟아 많은 민중을 편안케 하라.』

☯ 고종이 부열에게 조정의 신료들과 화합해서 왕을 바로잡아 덕치 인정을 베풀어 억조 인민을 안락하게 하라고 명령하였다.

기(暨)는 더불어, 내료(乃僚)는 그대의 신료(臣僚)이니 경사(卿士)이하의 대소(大小) 관료(官僚)이다. 내벽(乃辟)은 그대의 임금이니 곧 고종(高宗)을 지칭하고 선왕(先王)은 상(商)나라의 어진 왕(王)이요 적(迪)은 뒤를 밟아 나아가는 것이며 고후(高后)는 탕(湯)임금이고 조민(兆民)은 억조(億兆)의 민중이니 곧 천하에 많은 민중이다.

고종이 부열에게 명령한 내용은 임금의 마음을 바로잡고 조정의 일백 관료와 화합해서 억조 민중을 안락하게 다스리는 재상 본연의 임무를 충실히 수행하라는 것이니 진실로 재상의 역량을 갖추지 못한 인물이라면 실현하기 어려운 일이므로 즉각 사양하고 물러가는 것이 자기자신과 국가사회를 위하는 길이다.

오 호　　흠 여 시 명　　기 유 유 종
3-12-8 ·························· 嗚呼라 欽予時命하야 其惟有終하라

『오호라, 나의 이 명령을 공경하여 그 오직 끝냄이 있도록 하라.』

☯ 고종이 부열에게 앞에서 지시한 세 가지 명령을 받들어 시행해

서 아름답게 성공하도록 노력하라고 간절히 당부하였다.

　시(時)는 시(是)와 같고 명(命)은 임금을 보필(輔弼)하고 관료(官僚)와 화합하며 민중을 안락하게 다스리는 것이요 유종(有終)은 목적사업을 완수하여 유종지미(有終之美)를 거두는 것이다.

　임금다운 임금이 되기는 매우 어렵고 재상다운 재상이 되기도 쉽지 않으니 그 일을 벌리기는 쉬워도 그 일을 성공하기는 참으로 어렵기 때문이다.

3-12 -9 ·· 說이 復于王하야

曰惟木從繩則正하고

后從諫則聖하나니

后克聖이시면 臣不命其承이어늘

疇敢不祗若王之休命하리오

『부열이 왕에게 대답하여 말하기를 오직 나무가 먹줄을 쫓으면 반듯하고 임금이 간을 따르면 신성하나니 임금이 능히 신성하시면 신하는 명령하지 아니하여도 그것을 받들거늘 그 누가 감히 왕의 아름다운 명령을 공경하여 따르지 않으리오.』

　◉ 부열이 고종의 명령에 순응하여 재상의 소임을 다하겠다고 대답하였다.

　열(說)은 부열(傅說)이고 복(復)은 대답함이며 승(繩)은 먹줄이니 직선을 긋기 위하여 두 점의 사이에 먹줄을 퉁기는 도구이다. 주(疇)는 누구, 약(若)은 순(順)의 뜻이고 휴명(休命)은 아름다운 명령이다.

　고종은 재상이 어질어야 임금 노릇을 잘 할 수 있다고 말하였으나 부열은 임금이 신성하면 누구나 재상 노릇을 잘할 수 있다고 하였으

니 그 의미가 심장하다.

　대저 임금과 신하는 물과 고기처럼 맑은 물에는 맑은 물에 사는 물고기가 놀고 흐린 물에는 흐린 물에 사는 물고기가 노는 것이니 성왕(聖王)에게는 어진 신하가 있는 것이고 용렬한 군주(君主)에게는 어리석은 신하가 떠나지 않은 것이다.

13. 열명중(說命中) / 부열(傅說)에게 명령함 중편(中篇)

앞에 열명(說命) 상편(上篇)에서 이미 해설하였다.

3-13-1 ·· 惟說이 命으로 總百官하다

『오직 부열이 임금의 명령으로 일백 관리를 거느리다.』

◑ 부열이 임금의 임명을 받고 재상의 직에 나아가 일백 관리를 거느리고 취임식을 거행한 사실을 기록하였다.

명(命)은 임금의 명령이고 총(總)은 거느리는 것이며 백관(百官)은 모든 관리이다.

고종이 부열을 노동자 속에서 발탁하였으니 그 신분이 지극히 고단하고 미천하였지만 일단 임금이 재상으로 임명하자 일백 관료가 순순히 복종하여 따른 까닭은 부열에게 사람을 감동시키는 기상이 있었기 때문이다.

3-13-2 ································ 乃進于王하야 曰嗚呼라
　　　　　　　　　　　　　明王이 奉若天道하사
　　　　　　　　　　　　　建邦設都하야 樹后王君公하시고
　　　　　　　　　　　　　承以大夫師長하시니 不惟逸豫라

『이에 왕에게 나아가 말하기를 오호라, 밝은 왕이 천도를 받들어 따르시어 연방국가를 세우고 도읍을 설치하여 후왕, 군, 공을 세우시고 대부와 사와 장으로써 받들게 하시니 오직 안일하고 기쁘게 함이 아니라 오직 민중을 어지럽게 하는 것을 다스리려는 까닭입니다.』

☯ 부열이 고종에게 국가를 건설한 목적과 정부를 수립한 의의는 임금의 안일과 기쁨을 위해서가 아니고 서민대중을 어지럽게 하는 것을 다스려 민중의 행복을 보장하기 위함임을 뚜렷이 밝혀 모든 국가의 권력과 정부의 조직은 민중을 위하여 적극 봉사해야 됨을 설파하였다.

명왕(明王)은 밝은 임금으로 요(堯)와 순(舜)을 지칭한다. 약(若)은 순(順)의 뜻이니 앞(3-12-9)에서 이미 해설하였으며 천도(天道)는 하늘의 진리로 곧 자연법칙인데 강(江)과 산(山)의 자연적인 지형에 따라 국경선을 정하고 도읍(都邑)을 정하는 원칙이다. 후왕(后王)은 중앙정부의 최고지도자로 곧 천자(天子)요 군(君)과 공(公)은 제후(諸侯)이다. 대부(大夫)와 사(師)와 장(長)은 모두 신하이며 일예(逸豫)는 한 사람의 임금을 안일하고 예락(豫樂)케 함이고 란(亂)은 어지러운 것을 다스려 질서를 되찾아서 안전하게 함이다.

부열이 재상에 취임하여 정식으로 왕에게 진언하면서 모든 국가의 권력과 정부의 조직은 민중의 안락한 삶을 보장하기 위하여 헌신노력해야 할 의무가 있다고 설파하였으니 부열이 건축공사장에 숨은 대현(大賢)임을 누가 의심하겠는가?

유 천　　　총 명　　　　유 성
3-13-3 ······································· 惟天이 聰明하시니 惟聖이
시 헌　　　유 신　　홈 약
時憲하시면 惟臣이 欽若하며

유 민　　종 예
惟民이 從乂하리이다

『오직 하늘이 총명하시니 오직 왕이 이를 표준하시면 오직 신하가 공경하여 따르며 오직 민중이 순종하여 인정하리이다.』

　❂ 부열이 고종에게 공명정대한 지성을 개발하여 천덕(天德)을 스스로 주체해서 알지 못하는 것이 없고 사랑하지 않은 것이 없고 포용하지 못하는 것이 없어야 왕도정치를 성공해서 민중의 안락을 보장할 수 있다고 역설하였다.

　천총명(天聰明)은 앞(1-4-7)에서 이미 해설하였고 성(聖)은 왕(王)의 존칭이요 헌(憲)은 표준(表準)을 삼는 것이다. 흠약(欽若)은 흠순(欽順)이고 종예(從乂)는 순종하여 평온함이다.

　부열이 고종에게 천인합일(天人合一)의 도덕을 자임하라고 권유하니 재상의 도량이로다.

유 구 기 수　　　유 갑 주 기 융
惟口起羞하고　惟甲胄起戎하나니
유 의 상　　재 사　　　유 간 과
惟衣裳은　在笥하시며　惟干戈는
생 궐 궁　　　　왕 유 계 자 윤 자
省厥躬하소서　王惟戒兹允兹하사
극 명　　　　내 망 불 휴
克明하시면　乃罔不休하리이다

3-13-4 ·······························

『오직 입에서 부끄러움이 생기고 오직 갑옷과 투구에서 전쟁이 일어나나니 오직 화려한 의상은 상자 속에 두시며 오직 방패와 창은 그 몸에서 치워버리소서. 왕이 오직 이것을 경계하시고 이것을 진실로 하시어 능히 밝으시면 이에 아름답지 아니 함이 없으리이다.』

　❂ 부열이 고종에게 말과 전쟁을 경계하고 검소한 의복으로 덕치인

정(德治仁政)에 오로지 전념할 것을 요청하였다.

구(口)는 말하는 입이니 변설(辯舌)을 상징하고 수(羞)는 부끄러움이
니 말솜씨만 있고 실천이 없으면 도리어 욕(辱)을 먹는 것이다. 갑(甲)
온 갑옷이고 주(冑)는 투구인데 모두 군인의 전투복장이고 융(戎)은 전
쟁이며 의상(衣裳)은 임금의 화려한 옷이요 사(笥)는 옷상자이다. 산과
(干戈)는 방패와 창이며 생(省)은 치워버리는 것이고 궁(躬)은 임금의
몸이요 윤(允)은 진실로 함이다.

부열(傅說)이 고종(高宗)에게 실천하는 문치(文治)를 채택하여 무치
(武治)를 버려야 하며 따라서 화려한 임금의 옷은 옷상자에 넣어 두고
검소질박한 의복으로 호위하는 의장대나 경계병을 철수시켜서 모든
신하와 민중을 가까이 해야 된다고 설파하였으니 앞에서는 천인합일
(天人合一)의 도(道)를 말하고 여기에서는 군민일체(君民一體)의 정책
을 논했다.

부열이 문치의 단점은 말로만 번지르하게 포장하여 유명무실하게
됨이고 무치의 단점은 전쟁을 일으켜 원한을 쌓게 된다는 사실을 지
적하였으니 정확한 지적이다.

유치란　　　재서관
3-13 —5 ···················· 惟治亂이 在庶官하니

관불급사닐　　　유기능
官不及私昵하고 惟其能하시며

작망급악덕　　　유기현
爵罔及惡德하고 惟其賢하소서

『오직 잘 다스려짐과 어지러워짐이 뭇 관리에게 있나니 관직은 사
사롭게 친근한 사람에게 주지 않고 오직 그 능력자에게 주시며 작위
는 흉악한 행동을 한 사람에게 주지말고 오직 그 어진 이에게 주소
서.』

　● 부열이 고종에게 국가정책을 성공적으로 추진하기 위해서는 어

질고 유능한 관리를 등용해야 됨을 설파하였다.

치(治)는 잘 다스려짐이고 난(亂)은 어지러워짐이며 서관(庶官)은 여러 관리(官吏)들이다. 관리들에게는 관직(官職)과 작록(爵祿)이 있는데 관직은 정치와 행정의 사무를 주관하는 등급이 있으니 지방국가의 임금에게는 대국(大國), 차국(次國), 소국(小國), 부용국(附庸國)의 관등(官等)이 있고 또 국가의 관리에는 3공(公), 6경(卿)과 일백 집사(執事)의 직급(職級)이 있으며 작록은 학문과 도덕과 경륜의 품위를 표시하는 품계가 있으니 지방국가의 임금에게는 공(公), 후(侯), 백(伯), 자(子), 남(男)의 작위(爵位)가 있고 또 국가의 관리에게는 공(公), 경(卿), 대부(大夫), 사(士)의 위계(位階)가 있다. 사닐(私昵)은 개인적으로 친근한 사람이고 악덕(惡德)은 흉악한 덕(德)이니 부도덕한 생각으로 행동하는 사람이다.

부열이 공명정대한 인사행정으로 어질고 유능한 인재를 등용하여 관기숙정(官紀肅正)을 도모하였으니 그 논리가 정당하고 그 경륜이 치밀하여 사람으로 하여금 우러러 탄복케 하도다.

3-13 -6 ···························· 여 선 이 동
慮善以動하시되　동 유 궐 시
動惟厥時하소서

『생각을 잘 하여 움직이시되 움직임에는 오직 그 때를 맞추소서.』

◉ 여기에서부터 아래는 부열이 고종에게 정치지도력을 발휘하는 방법을 제시한 내용이다.

여(慮)는 생각이니 도모하여 계획을 연구함이고 선(善)은 최선의 방책을 강구함이며 동(動)은 행동으로 옮겨 추진함이요 시(時)는 적당한 시기(時期)를 얻음이다.

일이란 천시(天時)와 지리(地利)와 인화(人和)를 얻어야 완벽하게 성공할 수 있으므로 아무리 국가목적에 부합하고 정책사업에 합당하며 유능한 신하가 있다고 하여도 정치지도자는 사업추진의 시기를 조절

하는 정치지도력이 있어야 됨을 여기에서 배울지어다.

유 기 선　　상 궐 선
3-13 −7 ··· 有其善하면 喪厥善하고
긍 기 능　　상 궐 공
矜其能하면 喪厥功하리이다

『그 좋은 생각을 가지고 있으면 그 좋은 대책을 잃어버리고 그 능력을 뽐내면 그 공로를 잃어버리나이다.』

☯ 부열이 고종에게 민주적인 정치지도력으로 천하의 선(善)을 모두 모아서 화합단결해야 사업을 크게 성공할 수 있음을 경계시켰다.
　기선(其善)은 임금의 좋은 계획이니 자기의 생각이 최선책이라고 주장하면 독단(獨斷)에 빠질 것이요 궐선(厥善)은 천하의 만선(萬善)이다. 기능(其能)은 임금의 능력으로 임금이 자기의 능력을 뽐내면 독천(獨擅)하게 될 것이요 궐공(厥功)은 천하만민(天下萬民)의 공로(功勞)인바 상(喪)은 모두가 협조하지 않게 된다는 뜻이다.
　임금의 독선과 오만은 필연적으로 독재체제를 구축하여 어질고 유능한 사람을 멀리하고 아첨하는 소인배를 가까이 해서 정치혼란을 야기하여 민심을 잃게 되는 것이니 후세의 정치지도자는 여기에서 세 번 생각할지어다.

유 사 사　　내 기 유 비
3-13 −8 ······································· 惟事事에 乃其有備니
유 비　　무 환
有備라야 無患하리이다

『오직 모든 일에 이에 그 마음을 씀이 있어야 하나니 준비가 있어야 근심이 없으리이다.』

☯ 임금은 전체 인민의 생명과 재산을 보호하는 책임이 있으므로 모든 일에 관심을 가지고 안전한 대책을 세운 다음에야 뜻밖에 재난이 없게 됨을 역설하였다.

사사(事事)는 모든 일 또는 일마다이고 유비(有備)는 마음을 씀이 있는 것이니 관심을 가지고 안전대책을 강구함이며 무환(無患)은 환난(患難)에 대한 근심이 없는 것이다.

부열이 고종에게 왕의 무한책임론을 주장하여 국가의 안전은 물론 국민의 안녕을 길이 보장할 책임이 왕에게 있음을 밝히고 민생문제로부터 전란과 천재지변에 이르기까지 모든 일에 미리미리 마음을 써서 재난을 방지하라고 설파하였으니 후세의 정치지도자는 이것을 거울로 삼을지어다.

3-13 -9 ·· 無啓寵하사 納侮하시며

無恥過하사 作非하소서

『총애하는 마음을 열어서 업신여기고 조롱함을 받아주지 마시며 과실을 부끄럽게 여기시고 옳지 않은 것을 하지 마소서.』

☯ 임금은 나라의 원수로서 밝은 마음과 깨끗한 정신을 항상 가지고 있어야 하늘처럼 존엄한 권위를 유지할 수 있음을 경계하였다.

계(啓)는 개(開)와 같으며 총(寵)은 총애(寵愛)하는 마음이다. 과(過)는 실수한 것이고 비(非)는 옳지 못한 일을 의도적으로 함이다.

임금에게 특별히 총애하는 신하가 있으면 그 편벽된 심술로 인하여 반드시 업신여김을 당하게 될 것이고 임금에게 수치심이 없으면 반드시 자제력을 잃어서 옳지 않은 것도 꺼리지 않게 되는 것이다. 대저 용렬한 군주는 총신(寵臣)에 의지하여 후안무치한 일을 서슴없이 자행하나니 후세의 정치지도자는 경계할지어다.

惟厥攸居라사 政事惟醇하나니
黷于祭祀를 時謂弗欽이요
禮煩則亂하며 事神則難하니이다

『오직 그 항상 머물러 계신바라야 정치사업이 순수하나니 제사에 소홀하게 참여함을 이에 공경하지 않는다고 말하고 예법이 번거로우면 어지러우며 일이 신비하면 어렵나이다.』

☯ 부열이 고종에게 일반적인 상식에 의거해서 합리적으로 정치사업을 처결할 것을 요청하였다.

유거(攸居)는 한 자리를 정하여 두고 일상적으로 기거(起居)하는 곳인데 곧 상식(常識)에 의거한 합리적인 판단의 기준을 상징한 말이다. 정사(政事)는 정치사업이고 순(醇)은 순수하고 돈후(敦厚)함이니 곧 일관성을 유지하여야 발전한다는 말이다. 독(黷)은 소홀하게 생각하고 자주 거행하는 것이고 시(時)는 시(是)와 같으며 번(煩)은 번다(煩多)하여 행사가 길어짐이요 난(亂)은 난잡하여 문란함이다. 사(事)는 사업이고 신(神)은 신비(神秘)함이니 초능력이나 기적(奇蹟)을 바라는 것이며 난(難)은 정치사업을 성공하기 어렵다는 뜻이다.

부열이 고종에게 인간이 정치사업을 경영하는 주체임을 밝혀 인본주의를 설파하면서 귀신을 공경하되 절대로 귀신을 가까이 믿고 의지하지는 말라고 끝으로 요청하였으니 시대의 운명을 스스로 개척하려는 정신이 대단히 고매하다.

3-13-11 ··· 王이 曰旨哉라 說이여
乃言을 惟服이로다 乃不良于言이면

『왕이 말씀하시기를 아름답도다, 부열이여. 그대의 말을 오직 실행하리로다. 그대가 말에 대하여 연구가 깊지 않았다면 내가 행실에 대하여 듣지 못했으리라.』

◐ 고종이 부열의 진언을 듣고 그 탁월한 식견과 해박한 지식에 감탄하여 먼저 부열을 찬미하고 즉시 그 말을 실천할 것을 약속하였다.

지(旨)는 아름다운 것이고 복(服)은 행하여 따름이며 량(良)은 조예가 깊은 것이다.

부열의 말이 정치의 강령과 임금의 국가경영원리를 간추려 요약했기 때문에 대단히 난삽한 논리임에도 고종이 그 깊은 뜻을 파악하고 찬미하여 마지않았으니 고종은 참으로 총명하도다.

3-13-12 ······························ 說이 拜稽首하고 曰非知之艱이요

行之惟艱하니 王忱不艱하시면

允協于先王成德하시나

惟說不言하면 有厥咎하나이다

『부열이 절하여 머리를 조아리고 말하기를 알기가 어려운 것이 아니요 행하기가 오직 어렵나니 왕이 진실로 실천하기가 어렵지 않으시면 어여쁘게 선왕이 덕을 이루신 경지에 합하셨으나 오직 열이 말하지 않으면 그 허물이 있나이다.』

◐ 부열이 고종에게 알기보다는 실행하기가 어려운 일인데 만일 고종이 이미 알아서 실천할 능력을 가지셨다면 선왕처럼 거룩한 인격을

구비했다고 인정하지만 그러나 부열이 처음 재상의 직무를 수행하면서 국가목표와 정치체제 및 정책방향 그리고 임금의 직무원칙 등을 밝히지 않으면 재상으로서 소임을 다 하지 못하는 허물이 있기 때문에 직분상 언급했을 뿐이라고 겸양의 예를 표했다.

침(忱)은 진실로, 불간(不艱)은 이미 알고 실천할 수 있으므로 어려울 것이 없다는 뜻이며 협(協)은 합(合)의 뜻이고 선왕(先王)은 탕(湯)임금이요 궐구(厥咎)는 재상(宰相)의 직분을 다 하지 못하는 허물이다.

열명(說命) 중편(中篇)은 정치와 행정에 대한 왕도정치(王道政治)의 논리가 정연하고 그 말이 간절하여 천고(千古)의 명문장(名文章)이니 학자는 정독하여 정치관(政治觀)을 확립하라.

14. 열명하(說命下) / 부열(傅說)에게 명령함 하편(下篇)

앞에 열명(說命) 상편(上篇)의 해제(解題)에서 이미 해설하였다.

왕　　왈 래　　　여 열
3-14-1 ······································· 王이 曰來하라 汝說이여

이 소 자　　　구 학 우 감 반
台小子는 舊學于甘盤이나

기 내 돈 우 황 야　　　입 택 우 하
旣乃遯于荒野하야 入宅于河하고

자 하 조 박　　　기 궐 종　　　망 현
自河徂毫하니 曁厥終하야 罔顯이니라

『왕이 말씀하시기를 오너라, 그대 부열이여. 나 소자는 옛적에 감반
에게 배웠으나 이미 오래 전에 초야로 피하여 황하로 들어가서 살았
고 황하로부터 박읍으로 가니 그 마침에 미쳐 뚜렷하게 밝지 못하니
라.』

　☯ 고종이 옛날에 감반에게 배웠으나 그 뒤에 현장에서 실습교육을
받기 위하여 지방에 오래 거주했기 때문에 학문이 뚜렷하지 못한 것
을 고백하였다.

　이(台)는 고종(高宗)이 자기를 지칭하는 대명사이고 소자(小子)는 스
승을 높이기 위한 겸사(謙辭)이며 감반(甘盤)은 은(殷)나라 무정(武丁)
시대부터 있었던 어진 신하의 이름이다. 내(乃)는 오래 전이요 돈(遯)
은 피하여 물러가는 것이니 고종(高宗)이 세자(世子)로 있을 때에 그
아버지 소을(小乙)이 지방주민의 현실을 살피도록 도읍(都邑)을 떠나
게 함이다. 기(曁)는 급(及)의 뜻이고 종(終)은 학업(學業)을 마침이며

현(顯)은 뚜렷하게 밝은 것이다.

　고종이 감반에게 이론교육을 받았고 또 지방에서 두루 민간의 삶을 경험했으면서도 스스로 학문이 부족하다고 겸손하였으니 고종은 성학(聖學)의 극치가 끝이 없음을 진실로 알았도다.

3-14-2 ·························· 爾惟訓于朕志하야　若作酒醴어든

爾惟麴蘗이며　若作和羹이거든

爾惟鹽梅라　爾交脩予하야

罔予棄하라　予惟克邁乃訓하리라

『그대는 오직 나의 뜻에서 가르치고 이끌어 만약 술이나 단술을 빚는다면 그대는 오직 누룩과 엿기름이며 만약 국맛을 고르게 맞춘다면 그대는 오직 소금과 매실의 신맛이니라. 그대는 나를 번갈아 다듬어 나를 버리지 말라. 나는 오직 그대의 가르침을 힘쓰리라.』

　☯ 고종이 부열에게 의사를 결정하는 단계에서 깨우치고 인도하여 잘못된 생각을 미연에 방지하도록 지도할 것을 요청하였다.

　지(志)는 사물(事物)의 감촉(感觸)에 마음이 반응(反應)하여 정의(情意)가 발동(發動)하는바 이것을 사려(思慮)하고 계산(計算)하고 구성(構成)하여 오직 하나의 처리(處理) 방향을 결정한 내용이다. 따라서 지(志)는 의(意)의 다음 단계이고 언(言)이나 행(行)의 직전 단계인즉 지(志)에서 깨우치고 이끌면 언행(言行)의 과실(過失)을 미연에 방지할 수 있는 것이다. 국(麴)은 누룩으로 술을 빚는 데 쓰는 발효제인데 주로 밀기울이나 찐 콩 등에 누룩곰팡이를 번식시켜서 만들고 얼(蘗)은 엿기름으로 밀, 보리 따위에 물을 부어 싹이 나게 한 다음에 말린 것인데 단 맛을 내는 효소가 있어 식혜를 만드는 데 쓰인다. 화갱(和羹)

은 국맛을 고르게 함이고 염(鹽)은 소금, 매(梅)는 매실의 신맛으로 만든 매장(梅漿)이며 교(交)는 번갈아 가며 여러 번 함이다.

고종이 앞(3-12-5)에서는 숫돌과 배와 노 그리고 장마 비를 예로 들어서 현실로 나타난 문제를 잘 해결하는 능력을 요청하였으나 여기에서는 누룩과 엿기름 그리고 소금과 식초를 예로 들어 아직 현실로 나타나기 이전에 생각부터 성실하게 가지는 지혜를 요구하였으니 고종은 스스로 성인(聖人)이 되기를 희망하였도다.

열   왈 왕   인 구 다 문
3-14-3 ·· 說이 曰王아 人求多聞은
시 유 건 사   학 우 고 훈
時惟建事니 學于古訓이라야
내 유 획   사 불 사 고
乃有獲하나니 事不師古하고
이 극 영 세   비 열 유 문
以克永世는 匪說攸聞이니다

『부열이 말하기를 왕이시여, 사람이 많이 듣기를 추구함은 이는 오직 사업을 이룩하려는 것이니 옛사람의 가르침을 배워야 이에 얻음이 있나니 사업에 옛사람의 가르침을 본받지 않고도 능히 길이길이 세상에 더불으는 것은 부열이 들은 바가 아닙니다.』

◑ 부열이 학문의 목적은 사업을 이룩하는 실용성에 있고 이러한 실용학은 옛 사람의 가르침을 배워야만 학문을 완성할 수 있다는 교육철학을 설파하였다.

다문(多聞)은 많이 들어서 지식(知識)이 풍부함이고 건사(建事)는 현실적인 일을 합리적이고 능률적으로 경영해서 완벽하게 이룩함이며 학(學)은 자연의 진리와 인간의 성리(性理)와 사회의 윤리(倫理)를 배워서 지식(知識)을 넓히는 것이다. 고훈(古訓)은 옛날 성현(聖賢)의 가르침이니 밝은 이성(理性)과 많은 경험(經驗)으로 관찰하고 비교하고

판단한 현실사회의 귀감(龜鑑)이 되는 교훈(敎訓)이다. 획(獲)은 얻음으로 실질적인 소득인바 곧 학문의 실용적인 가치이며 사(師)는 본받는 것이고 이(以)는 여(與)의 뜻이요 세(世)는 현세(現世)이다.

부열의 학문관은 관념적인 논리학이 아니고 사업적인 실용학이며 초현실적인 신학이 아니고 현실적인 인간학이며 세속적인 출세학이 아니고 성인(聖人)을 배우는 성학(聖學)이며 글자만 익히는 문자학이 아니고 도덕심을 밝히는 도학(道學)이니 학자는 여기에서 학(學)의 의미를 깊이 음미하라.

3-14-4 ···惟學은 遜志니 務時敏하면
厥修乃來하리니 允懷于玆하면
道積于厥躬하리이다

『오직 배움은 뜻을 공손하게 가질지니 힘써 늘 민첩하게 실천하면 그 닦음이 이에 오리니 진실로 여기에 마음을 쓰면 도가 그 몸에 쌓이게 되리다.』

◉ 부열이 학문의 기본자세를 먼저 언급하여 배우겠다는 겸허한 뜻을 가지고 힘써 연구하고 민첩하게 실천하면 그 수양의 결과가 저절로 나타남을 설파하였다.

손지(遜志)는 교만하지 않고 제 몸을 낮추는 겸손한 마음이요 무(務)는 전력(專力)함이며 시민(時敏)은 늘 민첩하게 실천함이다. 수(修)는 수양(修養)이니 학문의 결과이고 내(來)는 자동적으로 오는 것이며 회(懷)는 기억하고 생각함이요 자(玆)는 학문수양(學問修養)을 지칭한다. 도(道)는 착하고 아름다운 진리이며 적(積)은 쌓여서 모이는 것이다.

부열의 학문은 일상적으로 통용하는 사물의 이치를 꾸준히 배우고 익혀서 연구하고 늘 실천한 가운데 점점 수양이 되는 것이며 이러한

학문수양을 계속해서 그 극치에 이르면 착하고 아름다운 진리를 모두
달통하여 자기자신이 진리의 주체가 되는 성인이 되는 도학의 공부방
법인즉 학자는 배우지 않고도 도통할 수 있다는 황당한 유혹에 속지
말라.

3-14—5 ·· 惟斅는 學半이니 念終始를
典于學하면 厥德修를 罔覺하리이다

『오직 가르침은 배움이 반이니 생각의 끝과 시작을 배우는데 일삼
으면 그 덕이 수양됨을 깨닫지 못하리이다.』

☯ 부열이 교육도 역시 학문의 과정임을 언급하고 학문으로 교양을
쌓아서 사람을 교육하고 교화를 크게 일으키는 가운데 자기자신의 덕
이 숭고하게 닦여짐을 설파하였다.

효(斅)는 교(敎)와 같으니 교육(敎育)을 베풀어 감화(感化)시키는 것
이고 학반(學半)은 학문의 전체과정 가운데서 절반에 해당한다는 뜻
이다. 염(念)은 사려(思慮)함이요 종(終)은 학문의 과정을 마침이고 시
(始)는 교육의 사업을 시작함이니 배우기만 하고 가르치지 않으면 학
문의 실용적 효과가 없는 까닭에 반드시 교육사업을 일으켜야만 그
학문이 더욱 주밀하고 확고하게 됨과 동시에 인격이 높아지는 것이
다. 전(典)은 주장(主張)하여 종사(從事)함이고 덕(德)은 지혜와 사랑과
용기가 충만한 인간성(人間性)이다.

부열이 앞에서는 학문수양을 통하여 사물의 이치에 밝은 도통법(道
通法)을 논하고 여기에서는 교육풍화(敎育風化)를 통하여 자기의 성명
(性命)에 성실한 성덕법(成德法)을 논하였으니 학자는 여기에서 학문
의 순수성과 교육의 성실성을 확인하라.

『선왕이 완성하신 모범을 보시어 그 길이 허물이 없게 하소서.』

   ☯ 부열이 고종에게 학문으로 도를 쌓고 교육으로 덕을 닦음에 선왕이 이룩한 헌법을 표준으로 삼아야 완전무결함을 설파하였다.
   감(監)은 감시(監視)함이고 선왕(先王)은 옛날의 훌륭한 왕(王)이니요(堯), 순(舜), 우(禹), 탕(湯)이며 성헌(成憲)은 완성된 헌법(憲法)이니 오랫동안 굳어진 최고의 모범(模範)적인 강령(綱領)이다.
   부열이 학문과 교육은 옛날 성왕(聖王)의 모범을 표준으로 삼아야 바르게 완성할 수 있음을 설파하였으니 학자는 모름지기 소성(小成)에 만족하지 말고 대성(大成)할 때까지 정진하기 바란다.

『오직 부열이 제도를 능히 공경하여 받들어 널리 재주와 슬기가 아주 뛰어난 사람을 초빙하여 여러 벼슬자리에 벌여놓으리이다.』

   ☯ 부열이 고종에게 선왕과 같은 학문과 교육을 완성하기 위해서는 천하의 영재가 조정에 있어야 됨을 설파하여 학문과 교육의 극치를 설파하였다.
   식(式)은 제도(制度)이니 정치와 교육의 제도이고 준예(俊乂)는 재주와 슬기가 아주 뛰어난 사람이니 곧 천하의 영재(英才)이며 열(列)은 포열(布列)이다.
   학문에는 스승이 있고 교육에는 제자가 있는데 스승이 현명해야 제자를 올바르게 지도하고 제자가 영재이어야 스승을 본받아 배우는 것이므로 어진 스승이 있어야 학문의 성과가 있고 또한 똑똑한 제자가 있어야 교육의 효과가 있는 것이다. 부열의 이 말은 정부에 학문적 정신과 교육적 분위기를 확립해서 교화정치를 제도적으로 이룩하려는 교육입국(敎育立國)의 논리로서 학문의 극공(極功)이요 교육의 극치(極致)이니 위정자는 깊이 음미하라.

3-14-8 ······················· 王이 曰嗚呼라 說아
四海之內가 咸仰朕德은 時乃風일새
股肱을 惟人하고 良臣을 惟聖하라

『왕이 말씀하시기를 오호라, 부열이여, 사방의 바다 안이 모두 나의 덕을 우러러 보게 함은 이는 그대의 풍교이므로 왕의 측근신하를 오직 인물로 임명하고 어진 신하를 오직 통달하게 하라.』

◉ 고종이 부열의 교육입국론을 듣고 사해의 인류가 모두 왕의 덕을 숭앙케 함은 재상의 풍교이므로 천하의 어진 이를 발탁등용해서 마음껏 능력을 발휘케 하라고 명령하였다.

내풍(乃風)은 그대의 풍교(風敎)로 곧 재상(宰相)에게 교육과 정치의 힘으로 국민을 선도(善導)하여 풍속을 잘 교화(敎化)시킬 책무(責務)가 있다는 뜻이다. 고굉(股肱)은 팔과 다리처럼 임금을 측근에서 모시는 신하이고 인(人)은 인물(人物)을 뽑아 등용함이며 성(聖)은 성철(聖哲) 함이니 능력을 발휘하여 사업을 달통(達通)하게 함인바 곧 전권(全權)을 위임하여 소신을 가지고 일하게 함이다.

고종이 학문과 교육의 극치를 추구하여 부열의 뜻에 즉각 동의하니 고종은 거룩한 지도자이다.

 ·························· 昔先正保衡이 作我先王하야

乃曰予弗克俾厥后로 惟堯舜이면

其心愧恥가 若撻于市하며 一夫라도

不獲이면 則曰時予之辜라하야

佑我烈祖하야 格于皇天하니

爾尙明保予하야 罔俾阿衡으로

專美有商하라

『옛적 선정 보형이 우리 선왕을 일으키며 이에 말하기를 "내가 능히 그 임금으로 하여금 요와 순을 꾀하지 못한다면 그 마음의 부끄러움이 마치 저자에서 매를 맞는 것과 같다."라고 하며 한 남자라도 제자리를 얻지 못하면 말하기를 "이것은 나의 허물이다."고 하여 우리 빛나는 조상을 도와서 하느님께 감통하였으니 그대도 이제 나를 밝게 보우하여 아형으로 하여금 상나라 정부에 아름다운 이름을 혼자 독점케 하지 말라.』

☯ 고종이 부열에게 탕임금을 어질게 보필했던 이윤의 뜻을 본받아 상나라 정부에 명재상이 되라고 명령하였다.

선정(先正)은 선세(先世)의 어진 장관(長官)을 지칭한 말로 곧 선철(先哲)과 같다. 보형(保衡)은 이윤(伊尹)의 벼슬이름으로 아형(阿衡)과 같으니 앞(3-5-1)에서 이미 해설하였고 작(作)은 일으켜 세움이며 선왕(先王)은 탕(湯)임금이다. 유요순(惟堯舜)은 요(堯)와 순(舜)과 같은 성군(聖君)이 되도록 도모(圖謀)한다는 뜻이며 달(撻)은 매를 맞는 것이요 시(市)는 저자거리로 곧 시장(市場)이다. 획(獲)은 제 자리를 얻는 것이니 삶의 조건을 충족함이요 격(格)은 감통(感通)함이고 황천(皇天)은 하느님이니 탕(湯)임금의 빛나는 덕(德)이 하늘에 감통하여 천명(天

命)을 받았다는 말이다. 상(尙)은 상금(尙今)이고 명보(明保)는 밝게 보우(保佑)함이며 전미(專美)는 아름다운 이름을 혼자 독점함이요 유상(有商)은 상(商)나라 정부이다.

이윤이 재상으로 천하의 도덕을 자임했던 것처럼 고종이 부열에게 천하의 도덕을 자임하라고 했으니 임금과 신하가 서로 격려한 뜻이 깊도다.

3-14-10 ······································· 惟后는 非賢이면 不乂하고
惟賢은 非后면 不食하나니
其爾는 克紹乃辟于先王하야
永綏民하라

『오직 임금은 어진 이를 얻지 아니하면 잘 다스리지 못하고 오직 어진 이는 임금을 만나지 아니하면 녹을 먹지 못하나니 그대는 능히 너의 임금을 선왕에게 이어서 길이 민중을 편안하게 하라.』

◐ 고종이 부열에게 선왕의 덕치인정을 계승하여 민중의 안녕을 길이 보장하라고 명령하였다.

현(賢)은 현인(賢人)이고 예(乂)는 잘 다스리는 것이며 식(食)은 식록(食祿)이다. 기(其)는 어조사이고 소(紹)는 계승함이며 내벽(乃辟)은 너의 임금이니 곧 부열(傅說)이 보필(輔弼)하는 고종(高宗)이다.

고종이 마지막으로 임금은 어진 신하를 얻기가 어렵고 어진 이는 모든 일을 믿고 맡겨주는 임금을 만나기가 또한 어려운 것을 말하여 고종과 부열의 만남을 기뻐하면서 그 성공을 믿어 의심치 아니하였으니 과연 하늘이 맺어준 기회이다.

열　　배 계 수
說이 拜稽首하고
왈 감 대 양 천 자 지 휴 명
曰敢對揚天子之休命하리이다

『부열이 절하여 머리를 조아리고 말하기를 감히 천자의 아름다운 명령에 답하여 그 뜻을 천하에 알리겠나이다.』

◐ 부열이 고종의 아름다운 명령에 대한 실천계획을 세워서 천하에 반포하겠다고 답하였다.

대양(對揚)은 임금의 명령에 답하여 그 뜻을 천하에 알리는 것이고 천자(天子)는 고종(高宗)을 지칭한다.

부열이 교육입국론을 제창하고 교화정치를 주장함에 고종이 즉시 허락하고 전권을 위임하여 천하의 도덕을 자임케 하였으니 고종의 정치이상이 덕치인정을 아름답게 실현하는 데 있었음을 알 것이다.

대저 정치이상이 낮은 임금은 어진 사람을 찾지 않을 뿐만 아니라 어진 신하가 있어도 권력을 위임하지 않으므로 세상에 성군(聖君)과 현신(賢臣)이 만나기가 지극히 어려웠던 것이니 모름지기 정치지도자가 어진 사람을 얻고자 한다면 먼저 스스로 정치인의 모범이 되고 인류의 사표가 되려는 그 정치이상부터 높이 가져야 할 것이다.

15. 고종융일(高宗肜日) / 고종(高宗)이 융제(肜祭) 지낸 날

   고종(高宗)은 앞에 열명(說命) 상편(上篇)의 해제(解題)에서 이미 해설하였고 융(肜)은 상(商)나라의 제사(祭祀)이름으로 제사를 지낸 다음 날에 또 간단하게 제물(祭物)을 차려 제사지내고 시(尸)와 빈객(賓客)과 집례(執禮)를 대접하는 행사이다.

   고종(高宗)이 융제(肜祭) 지낸 날에 꿩이 우니 폭풍(暴風)이 일어날 조짐이라고 두려워하므로 신하 조기(祖己)가 천재지변(天災地變)이 없도록 예방하는 방법은 민중을 위하는 정의로운 정치를 하는 데 있고 제사를 풍성하게 지내는 데 있지 않음을 훈도(訓導)한 내용이다.

   이 편은 『금문상서(今文尙書)』와 『고문상서(古文尙書)』에 모두 수록되어 있다.

3-15-1 ······································· 高宗肜日에 越有雉雉하다

『고종이 융제 지내신 날에 이에 우는 꿩이 있었다.』

   ◉ 고종이 덕치인정을 베풀어 천하 민중의 안락을 보장하여 태평성대를 건설하려고 하는데 융제일(肜祭日)에 꿩이 울어 폭풍의 조짐이 나타나므로 그 재해를 크게 두려워하여 예방대책을 논의한 사실을 사관이 기술하였다.

   융(肜)은 앞에 편제(篇題) 해설에서 이미 해설하였으니 주(周)나라에서는 역(繹)이라고 하였으며 월(越)은 이에, 구(雊)는 꿩의 울음소리인데 구치(雊雉)는 우는 꿩으로 옛날부터 꿩이 울면 폭풍(暴風)이 일어난

다는 속설(俗說)이 있었다.

　꿩이 제사를 지낼 때에 우는 것은 별로 이상한 일도 아니거늘 폭풍
의 재해를 걱정하는 마음이 크기 때문에 사람들이 괴이한 일로 심각
하게 받아들인 것이다.

3-15 -2 ·················· 祖己가 曰惟先格王이라사 正厥事하리라

『조기가 말하기를 오직 먼저 왕을 바르게 고정시켜야 그 일을 바로
잡으리라.』

　☯ 조기가 왕의 공포심을 해소하여 정상적인 심리상태로 고정시켜
야 민심이 소동하여 불안해 하는 사건을 바로잡을 수 있다고 하였다.
　조기(祖己)는 고종(高宗)의 신하로 조(祖)는 성(姓)이고 기(己)는 이름
이다. 격(格)은 바로잡아 고정(固定)함이며 왕(王)은 고종(高宗)이요 사
(事)는 융제(肜祭)에 꿩이 울어서 폭풍(暴風)의 재난이 있을 것이라는
민심소동(民心騷動) 사건이다.
　괴이한 일로 불안해하는 민심을 수습하기 위하여 먼저 왕의 마음을
바르게 고정시켜야 된다는 조기의 판단은 현명하다.

3-15 -3 ························· 乃訓于王하야 曰惟天이
監下民하시되 典厥義하나니 降年이
有永有不永은 非天夭民이라
民中絶命이니이다

『이에 왕을 훈도하여 말하기를 오직 하늘이 아래 인민을 살피시되

그 옳음을 주장하나니 나이를 내리심이 긴 것이 있고 길지 않음이 있은 것은 하늘이 사람을 일찍 죽이는 것이 아니라 사람이 중간에 생명을 끊은 것입니다.』

◑ 조기가 왕에게 재난은 하늘이 내리는 것이 아니고 사람이 스스로 불러들인 것임을 밝혀 재난을 방지하는 길은 하늘에 기도해서 될 일이 아니므로 스스로 올바르게 일을 처리해야만 예방할 수 있다고 설파하였다.

훈(訓)은 가르쳐서 인도(引導)함이고 전(典)은 주장(主張)함이며 의(義)는 올바른 마음으로 알맞게 행동함이니 합리적(合理的)인 당위성(當爲性)이다. 연(年)은 연령(年齡)이고 영(永)은 장수(長壽)함이며 요(夭)는 요절(夭折)이요 명(命)은 생명(生命)이다.

하늘은 인간의 수명을 개별적으로 주재하지 않고 오직 정의만을 주장하여 사람이 합당하게 살면 자연히 장수하고 부적당하게 살면 자연히 요절하게 된다는 사상은 천리(天理)를 깊이 깨달은 탁견으로 천도공명(天道公明)의 논리이다.

3-15-4 ···································· 民有不若德하고 不聽罪라

天旣孚命으로 正厥德이어시늘

乃曰其如台아

『사람들에게 덕을 쫓지 아니하고 죄를 받지 아니함이 있으므로 하늘이 이미 확고한 명령으로 그 덕을 바로잡으시거늘 이에 말씀하시기를 "그 문제를 내가 어찌할꼬." 하시나이까.』

◑ 조기가 왕에게 하늘의 경고는 사람의 덕을 바로잡으려는 것이므로 즉각 현실을 살피고 교화에 더욱 힘써서 불순한 사람이 없고 죄를

받지 않은 이가 없도록 사회도덕을 일으키라고 건의하고 대책없이 근심걱정만 하는 것은 부질없는 일임을 지적하였다.

약(若)은 순(順)의 뜻이고 청(聽)은 받는 것이며 부(孚)는 확신(確信)이요 기(其)는 꿩이 우는 사건이며 여이(如台)는 내가 어찌할꼬라는 말이다.

하늘의 경고는 현실정치에서 문제점을 찾아 바로잡아야 해결되는 것이지 한갓 근시걱정으로 시간을 낭비하며 하늘에 빈다고 해결될 문제가 아님을 여기에서 깨달을지어다.

오 호　　　왕 사 경 민
3-15 -5 ······································ 嗚呼라 王司敬民이라
망 비 천 윤　　　전 사　　무 풍 우 녜
罔非天胤이시니 典祀에 無豊于昵하소서

『오호라, 왕은 민중을 경애할 책무를 맡으셨으므로 하늘의 맏아들이 아님이 없으시니 제사를 주관하심에 아버지의 사당에만 풍성함이 없도록 하소서.』

◉ 조기가 왕에게 태묘에 제사를 지내서 재난을 예방하려고 하지 말고 민중을 공경하고 사랑하여 정의로운 도덕사회 건설에 더욱 힘써야 된다고 역설하였다.

사(司)는 맡아서 주관(主管)함이요 경민(敬民)은 민중을 공경하고 사랑하는 책임이며 천윤(天胤)은 하늘의 맏아들이니 곧 천자(天子)로서 모든 일을 공정(公正)하게 처리할 직분(職分)이 있다. 전(典)은 주관(主管)함이고 풍(豊)은 자주 제사를 지낸다는 뜻이며 녜(昵)는 아버지의 사당으로 곧 이묘(禰廟)이다.

괴이한 사건을 재난의 조짐으로 파악했으면 서둘러 문제점을 찾아서 근본적으로 해결하는 노력이 있어야지 한갓 요행을 바라며 기도나 제사에만 힘쓰는 것은 부질없는 일임을 조기가 밝혔으니 이 짧은 글

을『서경』에 편집한 공자의 뜻은 천자의 경민(敬民)사상에 있음을 여
기에서 확인하라.

16. 서백감려(西伯戡黎) / 서백(西伯)이 여(黎)나라의 혼란을 평정함

서백(西伯)은 주(周)나라 문왕(文王)의 벼슬이름이요 감(戡)은 감란(戡亂)이니 난리를 평온하게 진정시킨 것이며 여(黎)는 나라이름으로 상당(上黨) 호관(壺關)의 지역에 있는데 은(殷)나라가 직접 관할하는 연방국(聯邦國)이다.

문왕은 이름이 창(昌)이고 성(姓)이 희(姬)씨인데 은나라의 제후국(諸侯國)이었던 주나라 임금으로 덕치인정(德治仁政)을 베풀어 성군(聖君)으로 이름이 높았다. 이에 은나라 왕위에 오른 주(紂)가 궁시부월(弓矢鈇鉞)을 하사하여 서쪽 변방을 정벌케 하면서 서백(西伯)으로 임명하였다.

서백은 즉각 서쪽 변방의 오랑캐를 정벌하여 크게 승리함으로써 거대한 지방국가를 건설해서 강대국이 되었고 주(紂)는 주색에 빠져서 포학하게 다스렸기 때문에 천하 제후(諸侯)의 3분의 2가 주(紂)에 반기를 들고 문왕을 받드는 데 이르렀으나 문왕은 주(紂)를 정벌하지 않고 그가 반성하기를 기다렸다.

여나라 임금이 주(紂)를 추종하며 민중을 탄압하여 나라가 어지러운 까닭에 서백이 군사를 파견하여 혼란의 뿌리를 뽑고 정의로운 임금을 세워 인민을 해방시키니 이에 조이(祖伊)가 주(紂)에게 반성을 촉구하며 훈고(訓告)한 내용이다.

이 편은 『금문상서(今文尙書)』와 『고문상서(古文尙書)』에 모두 수록되어 있다.

서 백　　기 감 려
西伯이 旣戡黎어늘

3-16-1 ···

『서백이 이미 여나라에 혼란을 평정하거늘 조이가 두려워하여 왕
에게 달려가서 훈고하다.』

◉ 서백이 여나라의 잔학한 임금을 제거하고 그 민중을 해방시키니
문왕의 덕망이 천하에 진동하므로 조이가 은나라의 멸망을 두려워하
여 급히 주(紂)에게 가서 폭정을 반성하고 덕치에 힘쓰도록 훈고한 사
실을 사관이 기술하였다.

서백(西伯)은 문왕(文王)이고 감(戡)과 려(黎)는 앞에 편제(篇題) 해설
에서 이미 해설하였다. 조이(祖伊)는 은(殷)나라의 충직한 신하인데 조
(祖)는 성(姓)이고 이(伊)는 이름이니 조기(祖己)의 후손이며 분고(奔告)
는 급하여 달려가서 알림이요 왕(王)은 은(殷)나라의 폭군(暴君) 주(紂)
이다.

선유(先儒)들이 감(戡)을 반정(反正)으로 해설하지 않고 전쟁(戰爭)으
로 해석하여 서백(西伯)을 무왕(武王)으로 보려고 하였다. 그러나 주
(周)나라가 본격적으로 은(殷)나라를 정벌(征伐)한 때의 일이라면 조이
의 훈고는 너무 늦어서 한갓 자기 변명거리에 지나지 못하거늘 공자
(孔子)가 어찌 이러한 글을 『서경(書經)』에 편집했겠는가? 그리고 이
글의 끝에서 조이가 “은나라에 살륙전이 없지 않으리로다.”라는 말로
볼 때에 아직 무왕의 정벌이 시작되지 않았음을 알 수 있다.

서백은 서쪽 지역의 맹주국으로서 지방국가의 현실을 감독할 책무
가 있고 또한 민중을 탄압하는 잔폭한 제후는 제거하고 새로운 임금
을 세우도록 반정을 도와야 할 의무가 있으며 더욱이 주(紂)가 포악하
여 민중의 질곡이 극심한 상황에서 그 추종배를 징계하여 다스리는
것은 힘을 가진 충신의 임무이므로 문왕이 여나라의 혼란을 평정하여
반정을 성공하도록 도운 것은 하늘땅의 정도로 인류의 정의로서 천추
만세에 당당하다. 만일 인(仁)을 주장하면서 불인(不仁)을 방관하고 의
(義)를 주장하면서 불의(不義)를 더불은다면 어찌 옳다고 하겠는가?

3-16 -2 ····························· 曰天子에 天旣訖我殷命이라
格人元龜라도 罔敢知吉하노니
非先王이 不相我後人이라
惟王이 淫戲하야 用自絶이니이다

『말하기를 천자시여 하늘이 이미 우리 은나라의 천명을 종결했으므로 사람에게 큰 거북을 감통케 하여도 감히 길함을 알지 못하노니 선왕이 우리 후세의 사람을 돕지 않음이 아니라 오직 왕이 음란한 희롱을 하여 스스로 끊어버린 까닭이니다.』

☯ 조이가 주(紂)에게 은나라가 천명이 끊어지고 민심을 잃어 멸망하게 된 것은 오직 주의 음란한 희롱 때문임을 지적하고 대오반성을 촉구하였다.

천자(天子)는 주(紂)를 호칭한 것으로 천자의 직분(職分)을 환기(喚起)시키려고 특별히 호칭하였다. 글(訖)은 끝내서 종결(終結)함이요 명(命)은 천명(天命)이며 격(格)은 감통(感通)함이요 원귀(元龜)는 큰 거북으로 점(占)을 치는 것이다. 음희(淫戲)는 음란한 희롱이니 천자의 직분에 어긋나는 추악한 행동이며 용(用)은 이(以)의 뜻으로 이유를 설명하고 자절(自絶)은 스스로 천명(天命)을 끊어서 나라를 멸망시킨 것이다.

조상이 비록 훌륭한 역사를 창조했어도 현재의 왕이 역덕패륜(逆德悖倫)하면 천명이 끊어지고 민심을 잃어서 나라가 멸망하게 된다는 조이의 역사관은 만세의 정론이다.

3-16 -3 ····························· 故天이 棄我하사 不有康食하며

불우천성　　불적솔전
不虞天性하며　不迪率典하니다

『그러므로 하늘이 우리를 버리시어 풍년의 식량이 있지 않으며 천성을 갖추지 아니하며 법전을 따라 나아가지 아니하나이다.』

◐ 조이가 천명이 끊어진 증거로 흉년과 인간성 상실 및 법전의 문란함을 실례로 들어 그 심각성을 지적하였다.

기아(棄我)는 우리나라를 포기함이요 강(康)은 풍년(豊年)이고 식(食)은 식량이며 우(虞)는 갖춤이요 천성(天性)은 하늘로부터 받은 고유(固有)한 인간성(人間性)으로 만민평등의 통성(通性)인데 인(仁), 의(義), 예(禮), 지(智), 신(信)의 5상(五常)의 선덕(善德)이다. 적(迪)은 나아감이고 전(典)은 법전(法典)이니 아름다운 국가사회의 규범이다.

풍년의 식량이 있지 않으면 오랫동안 흉년이 든 것이고 사람이 천성을 갖추지 아니하면 사리사욕만 추구하여 인간성을 상실하고 물질의 노예로 전락한 것이며 법전을 따라 나아가지 않으면 나라의 기강이 무너져서 사회혼란이 극심한 것이니 곧 자연과 인간과 사회가 모두 비정상으로 전락한 것이다.

여기에서 천성(天性)이라는 말이 처음 보이니 앞(3-3-2)에서 말한 항성(恒性)과 그 다음(3-5-8)에서 밝힌 습여성성(習與性成)을 비교하여 살피면 제1의 천성(天性)과 제2의 습성(習性)을 구별할 수 있을 것이다.

금아민　　망불욕상
3-16-4 ·· 今我民이　罔不欲喪하야
왈천　　갈불강위　　대명
曰天은　曷不降威며　大命은
불지　　금왕　　기여이
不摯오　今王은　其如台라　하나이다

『이제 우리 민중이 망해 버리려고 아니함이 없어서 말하기를 "하늘

은 어찌하여 위협을 내리지 않으며 새로운 임금을 내는 천명은 이르
지 아니하는고. 지금의 왕은 그 우리를 어찌하리오." 하나이다.』

　☯ 조이가 주(紂)에게 민심이 완전히 이반하여 은나라 정부가 통제
할 수 없는 시국임을 지적하여 기아문제를 해결하고 인간성을 회복해
서 기강을 세우는 대대적인 개혁정치를 요청하였다.
　상(喪)은 상망(喪亡)이요 위(威)는 위협(威脅)이며 대명(大命)은 하늘
이 새로운 임금을 내는 천명(天命)이다. 지(摯)는 이르러 오는 것이고
금왕(今王)은 현재의 왕(王)이니 곧 주(紂)이며 여이(如台)는 우리 민중
을 어찌하리오의 뜻이다.
　왕의 타락으로 천명이 끊어지고 민심이 이반하였으니 대오각성하
여 민중을 위하는 정책을 적극 시행하라는 조이의 극간(極諫)은 혼탁
한 조정에 지혜의 빛이고 용기의 화신이다.

3-16-5 ······························· 王이 曰嗚呼라 我는 生을
不有아 命이 在天이니라

『왕이 말하기를 오호라, 나는 끝이 없음을 얻지 아니하는가. 운명이
하늘에 있느니라.』

　☯ 주(紂)가 자기는 무궁한 절대왕권을 얻었기 때문에 그 운명이 하
늘처럼 영원하다는 궤변으로 조이의 간언을 물리쳐버렸다. 조이가 선
각의 지혜와 구국의 용기로 극간하였으나 주(紂)가 맹성은 커녕 궤변
으로 우롱하니 한심하기 그지없다.
　생(生)은 낳고 낳아서 불궁(不窮)의 뜻으로 끝이 없음이고 유(有)는
취득(取得)의 뜻이며 명(命)은 왕위(王位)에 있을 운명이며 재천(在天)
은 하늘에 있기 때문에 인간의 힘이 미치지 못한다는 말이다.

             祖伊가 反하야 日嗚呼라 乃罪가
多하고 參在上이어늘 乃能責命于天가

『조이가 돌아와서 말하기를 오호라, 그대의 죄가 많고 참여하여 임금의 자리에 있거늘 이에 능히 운명을 하늘에 맡기는가.』

◉ 조이가 돌아와서 주(紂)의 궤변을 비판하였다.

반(反)은 돌아옴이요 내죄(乃罪)는 주(紂)가 포악한 정치를 한 죄이며 참(參)은 참여(參與)이니 정치에 참여함이고 재상(在上)은 임금의 자리에 있음이다. 책(責)은 맡기는 것이고 명(命)은 흥망성쇠(興亡盛衰)의 운명이다.

왕이 천리를 받들고 민심을 따르면 하늘이 보우(保佑)하여 길이 왕위를 보존하지만 만일 임금이 하늘을 거역하고 민중을 학대하면 천명을 회수하고 나라를 멸망시키거늘 주가 스스로 많은 죄악을 저지르고도 운명을 하늘에 돌리니 어불성설이다.

             殷之卽喪이라 指乃功이어늘
不無戮于爾邦이로다

『은나라가 이제 망하므로 그대의 대처할 일을 지적했거늘 그대의 나라에 살륙전이 없지 않으리로다.』

◉ 조이가 국가의 위기를 목도하고 충성심으로 극간(極諫)하여 대책을 강구하라고 하였으나 주(紂)가 궤변으로 물리치니 은나라에 장차 살륙전이 있을 것임을 예언하였다.

내공(乃功)은 주(紂)가 오로지 대처할 사항이요 육(戮)은 폭군(暴君)

의 세력과 혁명군(革命軍)의 세력이 대결하여 살륙전(殺戮戰)을 전개
함이다.

　역사적으로 걸(桀)과 주(紂) 같은 폭군은 정의로운 혁명군을 인정하
지 않고 끝까지 내결하여 싸우다가 세궁역진(勢窮力盡)한 다음에야
항복하는 것이다. 다만 이 편에서 주(紂)가 조이(祖伊)의 직언을 듣고
도 살해하지 않은 것은 주(紂)의 아량을 짐작케 한다.

17. 미자(微子) / 미(微)나라 임금

미(微)는 나라이름이요 자(子)는 임금의 작위(爵位)이니 미자(微子)는 이름이 계(啓)이고 제을(帝乙)의 서장자(庶長子)이며 주(紂)의 서형(庶兄)이다.

주(紂)가 달기(妲己)를 총애하여 주지육림(酒池肉林) 속에 포락지형(炮烙之刑)을 만들어 포학(暴虐)한 정치를 하니 천명(天命)이 끊어지고 민심(民心)이 이반(離叛)하여 은(殷)나라가 멸망하는 형세에 이르자 미자(微子)가 기자(箕子)와 비간(比干)과 더불어 그 대책을 논의한 내용인데 사관(史官)이 그 문답(問答)한 말을 기록하였으니 또한 훈고(訓告)의 문체(文體)이다.

이 편은 『금문상서(今文尙書)』와 『고문상서(古文尙書)』에 모두 수록되어 있다.

3-17 —1 ·························· 微子가 若하고 曰父師少師여
殷其弗或亂正四方하니
我祖底遂陳于上이어시늘
我用沈酗于酒하야
用亂敗厥德于下하도다

『미자가 '어이쿠' 하고 말하기를 부사와 소사여, 은나라도 혼란에 빠져 사방의 나라를 바로잡지 못하니 우리 조상이 이르시어 하느님께 모두 말씀드리시거늘 우리 임금이 술에 빠져 술주정을 함으로써 그

덕을 아래에서 어지럽게 허물었기 때문이로다』

◉ 미자가 탄식하고 기자와 비간에게 주(紂)가 미혹하여 사방의 나라가 이탈하므로 이미 선조들이 하느님께 주(紂)의 죄악을 고발하였음에도 계속 술에 취하여 덕을 허물고 있는 심각한 시국임을 먼저 언급하였다.

미자(微子)는 앞의 편제(篇題) 해설에서 밝혔고 약(若)은 감탄사이며 부사(父師)는 주(紂)의 숙부(叔父)로 태사(太師)의 관직(官職)에 있는 기자(箕子)이니 기(箕)는 나라이름이고 자(子)는 임금의 작위(爵位)인데 문정(文丁)이 아들이요 제을(帝乙)의 아우이다. 소사(少師)는 고경(孤卿)으로 비간(比干)을 지칭하는데 비간(比干)은 주(紂)의 제부(諸父)라고 하였다. 기(其)는 어조사이고 혹(或)은 있다는 뜻이니 혹란(或亂)은 혹란(惑亂)과 같은 말인데 전배(前輩)들은 난정(亂正)을 붙여 읽고 치정(治正)으로 해석하였으나 그 당시 바르게 다스리려는 노력이 전혀 없었으니 사실에 맞지 않는다. 아조(我祖)는 은(殷)나라의 선조(先祖)이고 지(底)는 이르름이요 수(遂)는 이미 이루어짐이며 진(陳)은 고(告)의 뜻이고 상(上)은 하느님이니 이미 조상들이 주(紂)의 죄악을 하느님께 고발(告發)한 것이다. 침후(忱酗)는 술에 빠져 술주정을 함이요 난패(亂敗)는 어지럽게 허물어 뒤엎는 것이며 덕(德)은 임금의 정치지도력이고 하(下)는 민중의 현실사회이다.

나라의 중신이 흥망성쇠의 도덕을 살피고 치란득실(治亂得失)의 정세를 판단하여 거취를 의논한 것은 어지러운 세상에 뜻이라도 깨끗이 보존하는 현명한 일이니 말세에 고관대작으로 출세한 사람은 본받을지어다.

3-17-2 ······························
　은　　　망불소대　　　호초절간궤
殷은 罔不小大가 好草竊姦宄하고
　경사　　　사사비도　　　범유고죄
卿士는 師師非度하야 凡有辜罪를

$$乃\underset{\text{내}}{罔}\underset{\text{망}}{恒}\underset{\text{항}}{獲}\text{이라 }\underset{\text{소}}{小}\underset{\text{민}}{民}\text{이 }\underset{\text{방}}{方}\underset{\text{흥}}{興}\text{하야}$$

내 망 항 획　　소 민　　방 흥
乃罔恒獲이라 小民이 方興하야
상 위 적 수　　금 은 기 륜 상
相爲敵讎하니 今殷其淪喪이나
약 섭 대 수　　기 무 진 애
若涉大水에 其無津涯하나니
은 수 상 월 지 우 금
殷遂喪越至于今이로다

『은나라는 작거나 크거나 좀도둑과 내부의 간당과 외부의 도적을 좋아하지 아니함이 없고 경대부와 사는 법도가 아닌 것을 서로 스승으로 본받아 무릇 허물과 죄가 있는 사람을 이에 항상 체포하지 않으므로 소인배들이 바야흐로 일어나서 서로 대적하여 원수가 되니 이제 은나라가 그 멸망하여 없어지게 되었으나 마치 큰물을 건너감에 그 나루언덕이 없는 것과 같나니 은나라는 마침내 오늘에 이르러서 망하는도다.』

　☯ 미자는 은나라의 부정부패가 극심하지만 죄인을 검거하지 않으므로 사회적 갈등과 모순과 분열이 첨예하게 대립해서 멸망의 위기에 처했음에도 아무런 수습대책이 없는 것을 통탄하였다.

　소대(小大)는 소인(小人)과 대인(大人)이며 초절(草竊)은 좀도둑이고 간궤(姦宄)는 앞(3-9-12)에서 이미 해설하였다. 경사(卿士)는 경대부(卿大夫)와 사(士)이고 사사(師師)는 서로 스승으로 삼아 본받음이요 획(獲)은 체포함이며 소민(小民)은 소인배(小人輩)이다. 윤상(淪喪)은 망하여 없어짐이고 진애(津涯)는 배를 붙이는 선착장(船着場)이며 상월(喪越)은 잃고 떨어짐이니 운월(隕越)과 같다.

　500년의 빛나는 역사를 이어온 나라가 멸망하는 것을 보고도 구국의 대책이 없으니 원통하고 슬프고 분함을 어찌하리오. 일찍이 주(紂)를 제거하고 반정(反正)을 일으키지 못한 것이 천고에 아쉬움으로 남는다.

3-17-3 ···························· 曰父師少師여 我其發出狂이라
왈 부 사 소 사　아 기 발 출 광

吾家耄가 遜于荒이어늘
오 가 모　손 우 황

今爾無指告予顚隮하니 若之何其오
금 이 무 지 고 여 전 제　약 지 하 기

『말하기를 부사와 소사여, 우리는 그 임금이 광폭한 정치를 발동하여 나아가므로 우리 집안의 노인이 황야로 물러갔거늘 이제 당신이 나에게 기울었다가 올라가는 법을 가르켜 알려줌이 없으니 그것을 어찌하리오.』

◑ 미자가 나라가 망하게 되었어도 대책이 없다고 비통해 하였으나 기자와 비간이 아무 말도 하지 않으니 미자가 답답하여 그 해결책을 물었다.

아기(我其)는 우리나라 그 임금을 지칭하며 광(狂)은 광폭(狂暴)한 형벌통치요 모(耄)는 70세의 노인이다. 손(遜)은 치사(致仕)하고 은퇴함이고 황(荒)은 궁벽한 황야(荒野)로 멀리 은둔함을 뜻한다. 이(爾)는 기자(箕子)와 비간(比干)을 지칭하고 전제(顚隮)는 기울었다가 올라가는 길이니 곧 추락했다가 상승하는 방책이며 기(其)는 어조사이다.

집안의 어른에게 어려운 문제의 해결책을 묻는 것은 당연하고 이에 어른은 옳은 길로 인도할 책무가 있다.

3-17-4 ···························· 父師가 若하고 曰王子여
부 사　약　왈 왕 자

天毒降灾하사 荒殷邦하나니
천 독 강 재　황 은 방

方興이어늘 沈酗于酒로다
방 홍　침 후 우 주

『부사가 '어이쿠' 하고 말하기를 왕자여, 하늘이 미워하여 재앙을

내리시어 은나라에 흉년이 들었나니 바야흐로 일으켜야 하거늘 임금
이 술에 빠져 술주정만 하도다.』

　☯ 기자가 흉년으로 나라가 황폐했음에도 주(紂)가 술에 빠져 술주
정만 하기 때문에 대책이 없음을 탄식하였다.
　왕자(王子)는 미자(微子)를 지칭하고 독(毒)은 미워함이며 재(灾)는
재(災)와 같으며 황(荒)은 흉년(凶年)이 든 것이다. 방흥(方興)은 바야흐
로 나라를 일으키는 것이니 정치를 바로잡는 것이다.
　주(紂)가 하늘의 경고를 무시하였으니 어찌 오래 가겠는가?

3-17-5 ·························· 내 망 외 외 乃罔畏畏하야 불 기 구 장 구 유 위 인 咈其耇長舊有位人하도다

『이에 두려운 일을 두려워하지 아니하여 늙은 어른과 옛날 벼슬을
했던 사람을 거역하도다.』

　☯ 주(紂)가 노성한 사람과 구신의 직간을 거역하여 바르게 인도할
방법이 없음을 안타깝게 생각하였다.
　외외(畏畏)는 두려운 일을 두렵게 여김이니 곧 하늘의 경고를 두려
워함이다. 불(咈)은 어기는 것이고 구장(耇長)은 노성(老成)한 사람이며
구유위인(舊有位人)은 전직 관료들이다.
　주(紂)가 사태의 심각성을 인식하여 널리 지혜를 모아 대책을 강구
해야 마땅함에도 안일하게 술만 마시고 노니 어찌 천벌을 면하겠는
가?

3-17-6 ······················· 금 은 민 今殷民이 내 양 절 신 기 지 희 전 생 乃攘竊神祇之犧牷牲이어늘
용 이 용 用以容하야 장 식 무 재 將食無災하도다

『이제 은나라 사람이 이에 하늘땅의 신령에게 바칠 순수하고 온전한 희생을 몰래 훔쳐가거늘 책임자가 용인하여 기르거나 잡아먹어도 재앙이 없도다.』

◑ 은나라의 관리와 인민도 역시 하늘땅을 두려워하지 않고 사리사욕만 추구하므로 나라의 기강을 세우기가 쉽지 않음을 지적하였다.
양절(攘竊)은 몰래 훔치는 것이고 신기(神祇)는 천지신명(天地神明)이며 희(犧)는 순일(純一)한 색의 희생(犧牲)이고 전(牷)은 형체가 완전한 희생이며 생(牲)은 소, 양, 돼지를 바치는 제물(祭物)이다. 용(用)은 책임을 맡은 유사(有司)이며 용(容)은 용인(容認)함이고 장(將)은 양(養)의 뜻이요 무재(無災)는 아무런 재난이 없다는 뜻이니 천벌(天罰)도 인벌(人罰)도 전혀 없이 무사하다는 말이다.
주(紂)의 폭정에 하늘도 땅도 외면하고 관리도 인민도 포기하여 모두 무관심하니 어떻게 나라를 일으키겠는가?

강 감 은 민   용 예 수 감
3-17-7 ································ 降監殷民하니 用乂讎斂이라
소 적 수 불 태   죄 합 우 일
召敵讎不怠하야 罪合于一하니
다 척   망 조
多瘠이라 罔詔로다

『내려가 은나라의 민중을 보니 책임자가 다스림이 적으로 여기고 탐하므로 원수를 불러모음이 게으르지 아니하여 죄가 한 가지로 똑같으니 대부분이 파리하여 가르칠 수 없도다.』

◑ 기자가 은나라의 관리들이 민중을 적대적으로 다스려 탐학을 자행했기 때문에 대부분 극도로 파리한 형편에 놓여서 예의도덕을 교육할 상황도 아님을 지적하였다.
강감(降監)은 민생(民生)의 현실을 찾아가서 살피는 것이고 용(用)은 책임자이니 앞(3-17-6)에서와 같다. 예(乂)는 다스림이고 수(讎)는 적대감(敵對感)을 가짐이며 감(斂)은 탐학(貪虐)이다. 합(合)은 똑같음이요 일(一)은 주(紂)와 그 신하들이 한 가지라는 뜻이며 척(瘠)은 민중이 기아(飢餓)상태에 있다는 말이고 조(詔)는 도덕을 가르침이다.

　하늘과 땅은 이미 혹독한 벌을 내렸고 임금은 주색에 빠져 정신이 혼미하며 신하는 부정부패하여 민중을 학대하고 민중은 기아상태에 있으므로 나라를 일으킬 대책이 없다고 하였으니 그 침통한 심경을 어찌 말로 다하겠는가?

3-17-8 ······················· 商이 今其有災할새 我는
興受其敗하리라 商이 其淪喪이라도
我는 罔爲臣僕하리라 詔王子出迪하노니
我舊云이 刻子니라
王子가 弗出하면 我乃顚隮하리라

『상나라가 이제 그 재앙이 있을 때에 나는 일어나 그 패망을 받으리라. 상나라가 그 멸망하여 없어지더라도 나는 벼슬을 하여 신하나 종은 되지 아니하리라. 왕자에게 출국하여 나아가라고 가르치노니 우리나라의 오랜 운명이 그대에게 붙어 있느니라. 왕자가 출국하지 아니하면 내가 이에 기울었다가 올라가는 일을 하리라.』

　◉ 기자가 자기는 벼슬을 버리고 초야에 살 것이니 미자는 망명하여 우리 상나라의 오랜 역사를 되살려 조상의 제사를 이으라고 당부하였다.

　흥수(興受)는 감수(甘受)함이고 패(敗)는 패망(敗亡)이며 신복(臣僕)은 벼슬을 하여 신하나 종이 됨이다. 왕자(王子)는 미자(微子)를 지칭

하고 출적(出迪)은 출국(出國)하여 변방지대로 망명(亡命)함이며 구운
(舊云)은 오랫동안 내려온 운명(運命)이요 각(刻)은 나무를 깎아 접합
(接合)시킴이니 곧 붙임이다. 전배(前輩)들은 구운(舊云)을 옛날에 했던
말로 해설하고 각(刻)을 해침으로 풀었으나 어불성설(語不成說)이니
이 절박한 상황에서 부질없는 이야기를 했겠는가? 자(子)는 대명사로
미자(微子)를 지칭한다. 전제(顚隮)는 앞(3-17-3)에서 이미 해설하였다.

　기자가 미자에게 망명을 권유하면서 만일 미자가 망명하지 않는다
면 자기라도 망명하여 기울어진 나라를 후대에 다시 일으키는 대책을
강구하겠다고 하였으니 반드시 망명할 것을 촉구한 것이다.

3-17-9 ······································ 自靖하야 人自獻于先王이니
　　　　　　　　　　　　　　　　　我는 不顧行遯하리라

『스스로 바르게 처신하여 사람마다 몸소 선왕에게 이바지할지니
나는 가서 숨는 것을 돌아보지 아니하리라.』

　☯ 기자가 망국의 순간에 바르게 처신해서 선왕에게 부끄럽지 않은
행동을 취하라고 당부하였다.

　자정(自靖)은 스스로 바르게 처신함이고 헌(獻)은 이바지함이며 행
돈(行遯)은 가서 은둔(隱遁)함이다. 기자(箕子)는 망명(亡命)하지 않겠
으니 미자(微子)에게 속히 가서 숨으라고 권유하였다.

　이리하여 은(殷)나라가 망함에 비간(比干)은 주(紂)에게 직간(直諫)하
다가 살해당하고 기자는 일부러 미친 척하여 죄수가 되었으며 미자는
마침내 망명(亡命)하였다. 공자(孔子)는 이를 모두 높이 평가하여 은
(殷)나라에 세 사람의 인자(仁者)가 있었다(『논어』 미자)고 하였다.

　대저 출처진퇴(出處進退)의 의리(義理)는 사람의 능력과 처지 및 시
대의 상황에 따라 각각 다르므로 일률적으로 논할 수 없는 것이다. 은

나라가 멸망함에 미자는 서장자(庶長子)로서 탕(湯)임금을 비롯한 조상(祖上)의 제사(祭祀)를 이어야 하는 책임이 가장 큰 일이므로 후일(後日)에 대한 대책을 마련해야 되기 때문에 망명을 단행했고 기자는 설(契)의 교육전통을 이어온 홍범(洪範) 등의 제왕학(帝王學)을 연구한 큰 스승으로서 도통(道統)을 후세(後世)에 전해야 하는 책임이 가장 큰 일이므로 명철(明哲)하게 보신(保身)할 대비책을 세워야 되기 때문에 거짓으로 미친 체하여 죄수가 되었으며 비간은 왕실의 어진 어른으로서 임금을 끝까지 바르게 이끌어야 할 책임이 가장 큰 일이기 때문에 달기(妲己)를 총애(寵愛)하며 주지육림(酒池肉林) 속에서 포락지형(炮烙之刑)을 즐기는 주(紂)에게 강력히 간(諫)하여 한 몸의 안위(安危)를 돌아보지 아니하였다.

그러므로 이 편에서 미자와 기자는 은나라가 기울었다가 올라가는 즉 멸망했다가 다시 일어나는 부활책을 논하여 미자는 종통(宗統)의 부활책을 도모하고 기자는 도통(道統)의 부활책을 강구하였으나 비간은 지성(至誠)으로 간(諫)하여 죽기로 결심한 까닭에 아무 말도 하지 않았으니 미자는 어진 자손이고 기자는 어진 스승이며 비간은 어진 충신이다.

나라는 비록 멸망했지만 이 세 사람이 있었기에 은나라의 아름다운 정신과 문화 그리고 역사가 길이 후세에 전하게 되었으니 멸망기에 처한 관리와 지식인은 최후의 장렬한 사명을 잊지 말지어다.

새 시대를 위한 서경 (상)

처음 찍은날 · 2003년 5월 1일

처음 펴낸날 · 2003년 5월 3일

역주자 · 서정기

펴낸이 · 송영현

펴낸곳 · 살림터

주소 · 121-820 서울시 마포구 망원1동 57-413 (1층)

전화 · 3141-6553 (대표)

전송 · 3141-6555

등록번호 · 제2-1008호 (1990년 5월15일)

인쇄 · 신화인쇄공사

제본 · 성용제책사

북디자인 · 애드브레인

값 17,000원

▶ 잘못된 책은 바꾸어 드립니다.

ISBN 89-85321-77-3 (03140)

ISBN 89-85321-76-5 (전2권)